EL ZAR

DE LA

DROGA

Una Historia Verdadera

EL ZAR

DE LA

DROGA

La vida y la muerte de un narcotraficante mexicano

DEMAND
PUBLICATIONS
SEATTLE

TERRENCE E. POPPA

Second edition
First print October 1998

Poppa, Terrence E.
    [Drug lord. Spanish]
    El zar de la droga : la vida y la muerte de un
narcotraficante mexicano / Terrence E. Poppa. — 2nd
Spanish ed.
    p. cm.
    Includes index.
    Spanish ed. first published in 1991 by Selector,
Mexico City.
    Preassigned LCCN: 98-72520
    ISBN: 0-9664430-1-2

    1. Acosta, Pablo, d. 1987. 2. Narcotics dealers—
Mexico—Biography. 3. Narcotics, Control of—Mexico—
Case studies. 4. Drug traffic—Mexico—Case studies. 5.
Drug traffic—United States—Case studies. 6. Political
corruption—Mexico. I. Title.

HV5805.A25P67 1998   363.45'092[B]
                                       QBI98-1146

Printed in the United States of America

Cover photo by Terrence Poppa

Demand Publications
2608 Second Avenue, Suite 2450
Seattle, WA 98121
Email: publisher@druglord.com
Web: http://www.druglord.com

*A Linda Bejarano, Víctor Manuel Oropeza,
Yolanda Figueroa y los cientos de periodistas de
este hemisferio que han sido asesinados,
secuestrados, torturados, amenazados o
perseguidos por buscar la verdad.*

El Zar de la Droga es una historia verdadera. Aunque algunos nombres han sido omitidos y otros varios cambiados para proteger al inocente, los personajes y las escenas son reales. El diálogo fue tomado palabra por palabra de entrevistas a los participantes, entre ellos el actor principal, Pablo Acosta.

CONTENIDO

Tercera Parte: Muerte de un Zar

PRÓLOGO

Durante las últimas décadas se han publicado muchos libros acerca del tráfico y los traficantes de drogas. Pocos han superado las limitaciones del género del crimen verdadero. La mayor parte de estos trabajos ofrece poco más que revelaciones sobre la avaricia de ciertos individuos. Es por lo tanto refrescante que aparezca un libro que va más allá del estrecho enfoque de la moralidad individual y ofrece perspectivas más amplias y herramientas conceptuales para entender los orígenes destructivos del narcotráfico. Éste es uno de esos libros.

El zar de la droga es un fascinante retrato de Pablo Acosta, el padrino caracortada mexicano que controló el crimen a lo largo de 400 kilómetros del curso del río Bravo. Es un trabajo lineal que rastrea el ascenso del narco desde sus orígenes humildes, su vertiginoso ascenso al poder mediante asesinatos y traiciones, su contrabando a los Estados Unidos de sesenta toneladas de cocaína al año, sus luchas por defender su creciente imperio contra sus rivales, las traiciones y excesos que causaron su ruina, y su dramático fin a manos del mismo sistema policiaco que le había proporcionado protección.

Esta historia habría valido la pena incluso si se hubiese limitado a la biografía; éste es de hecho el primer vistazo al interior de una organización de tráfico de drogas como jamás se ha publicado. Pero el libro de Poppa es mucho más. Siguiendo la vida y la trayectoria de Pablo Acosta, el abuelito de los traficantes de cocaína mexicanos y mentor de Amado Carrillo

Fuentes, el futuro "Señor de los Cielos", Poppa expone la verdad brutal que muchos en Washington D.C. todavía se resisten a creer: que el tráfico de drogas en México es controlado desde arriba por agencias clave del gobierno, las instituciones políticas y la elite de los funcionarios públicos. Los narcos, a pesar de sus riquezas y su violencia, son meros instrumentos del sistema. Son las cabezas de turco, la carne de cañón, los empleados reemplazables. Son como aquellos príncipes aztecas de antaño que retozaban al sol pero cuyos corazones eran extraídos en los sacrificios rituales cuando los días de gloria llegaban a su fin.

El éxito de Pablo Acosta al llegar a la cumbre del poder del crimen organizado no fue simplemente el producto de su intrepidez violenta y su capacidad de liderazgo, sino el resultado de la licencia, una franquicia otorgada por funcionarios de los gobiernos estatales y federal mexicanos a los traficantes de drogas, a cambio de un gran porcentaje de las ganancias y otros servicios. Así, Poppa fue uno de los primeros en comprender que esto no era el trabajo de unos cuantos políticos y policías "manzanas podridas", sino el producto de un arraigado sistema de corrupción organizada que va desde la ciudad de México, pasando por las capitales y los funcionarios de gobierno de los estados, hasta las regiones donde operan los traficantes. Estas concesiones se repartieron por zonas siguiendo las líneas administrativas y jurisdiccionales. Era un sistema conocido como la plaza y sería útil citar lo que dice el autor a este respecto, ya que constituye el tejido conceptual de todo el libro:

> Durante décadas, los informantes mexicanos trataron de explicar el sentido de esta idea a sus contactos encargados de hacer cumplir la ley en los Estados Unidos. Cuando alguien tenía la plaza, significaba que le estaba pagando lo suficiente a una autoridad o autoridades a fin de asegurarse de que no sería molestado por la policía federal o estatal o por el ejército. El dinero iba ascendiendo los peldaños, con repartición de porcentajes en cada uno de los niveles

de mando hasta llegar al gran protector dentro del esquema.

El poseedor de la plaza tenía dos obligaciones: generar dinero para sus patrones y ofrecer sus servicios de espionaje para señalar a los operadores independientes, o sea a aquellos narcotraficantes y productores de drogas que buscaban evitar pagar el tributo necesario. Los independientes eran los que resultaban aprehendidos por la Policía Judicial Federal Mexicana, el equivalente del FBI, o por el ejército.

En ocasiones, las autoridades protegían a su hombre de las facciones rivales; pero otras veces no lo hacían, optando por una variante de selección natural a fin de determinar quién iba a dirigir la plaza. Si el poseedor de la plaza era arrestado o eliminado por las autoridades, podía deberse a que había dejado de hacer sus pagos, o su nombre había empezado a aparecer en los diarios con suma frecuencia. Otras veces la presión internacional era tan intensa que el gobierno se veía obligado a proceder en contra de un individuo específico.

Era un sistema que le permitía a ciertas autoridades mantener un control en la cuestión de las drogas y al mismo tiempo obtener ganancias de una manera sumamente cómoda.

Esta, en pocos y concisos párrafos, es la historia del narcotráfico en México en la última mitad de este siglo, por lo menos. Gracias a estas revelaciones, ilustradas con la vida y muerte de Pablo Acosta, el libro de Poppa se coloca muy por encima de lo que se ha escrito hasta ahora sobre este tema. Es una hábil alegoría, un paradigma audaz, una valiente denuncia que corre la cortina de humo de las posturas oficiales, las refutaciones tajantes y los sofisticados encubrimientos.

Como alegoría, muestra que los narcos de México son, en realidad, simples piezas de la maquinaria que usa y explota un sistema oficial de corrupción y control político y gubernamental. Sustituyamos el nombre de Pablo Acosta por el de cualquier traficante, pasado o presente, y la historia se repite. Sustituyamos el pueblo de Ojinaga, el pueblo de Pablo Acosta, por México y tendremos el cuadro completo.

De este modo, El zar de la droga de Poppa es la biografía de Rafael Caro Quintero, el narcotraficante de Guadalajara que fue arrestado debido a la presión que ejerció Estados Unidos a raíz del asesinato del agente de la DEA Enrique Camarena. Es la historia de Miguel Angel Félix Gallardo o Juan García Abrego, traficantes que perdieron su franquicia en la plaza y su libertad tras los cambios de administración pública en México. Es el perfil de Rafael Aguilar Guajardo, un traficante convertido en comandante de policía de seguridad federal, que fue asesinado dos días después de que amenazó con revelar sus conexiones con funcionarios de alto nivel del gobierno de México. Es la trayectoria de Amado Carrillo Fuentes, que murió recientemente durante una cirugía después de declarar que cambiaría sus operaciones de México a Chile. Es la historia que se escribe en estos momentos acerca de los hermanos Arellano Félix, Benjamín y Ramón, del llamado Cártel de Tijuana, los nombres de moda del narcotráfico actual. Son muchos los nombres, pero la historia sigue siendo una.

Estas revelaciones y el valor tenaz de que echó mano para descubrir la verdad, colocan a Poppa, de origen franco-canadiense, junto a los más destacados periodistas de la última década. De hecho, la historia del origen de este libro es casi tan escalofriante como el propio libro. Periodista premiado y finalista del premio Pulitzer, Poppa llegó a la frontera como reportero y corresponsal para la agencia Scripps-Howards News Service en 1984, momento de conmoción política en México marcado por el temor de una probable revuelta en el norte de México. Examinó las fraudulentas prácticas electorales del Partido Revolucionario Institucional, el PRI, partido surgido de la Revolución Mexicana que ha monopolizado el poder hasta el día de hoy. Muy pronto, Poppa empezó a observar los nexos del crimen con el poder institucionalizado. Escribió numerosos reportajes sobre el robo de automóviles norteamericanos por parte de grupos policiales mexicanos, estatales y federales, aportando pruebas fotográficas y documentales. Más adelante comenzó a observar las conexiones entre los traficantes y las agencias policiales estatales y federales del PRI. Los grupos de interés rápidamente tomaron nota de esta inconveniente revelación. Pronto, el periodista empezó a ser señalado como agente de la CIA en un canal de televisión del gobierno mexicano. Se repartieron en las estaciones de policía anuncios de "Se busca" que llevaban su foto y lo calificaban de "agitador antimexicano". Cada reportaje que Poppa publicaba recrudecía las amenazas en su contra. Estas amenazas culminaron con el secuestro y tortura del fotógrafo periodístico norteamericano Al Gutiérrez, perpetrado por uno de los traficantes de la frontera como promesa de matar a Poppa en represalia por los artículos que éste último había escrito.

En respuesta, la organización periodística de la que Poppa formaba parte le compró una pistola y lo puso en camino. Esto le permitió desaparecer mientras las cosas se calmaban. Durante ese tiempo, Poppa investigó el corredor de tráfico de cocaína que estaba formándose en el norte-centro de México. Fue a dar al escondite de Pablo Acosta, en aquel entonces uno de los narcotraficantes más poderosos del norte de México, temido porque se decía que mataba a sus rivales cuyos cadáveres arrastraba con su camioneta Bronco a través el desierto hasta no dejar más que un torso en trizas. Poppa pasó dos días con Acosta, grabando horas y más horas de entrevistas con el temible traficante, quien hablaba de asesinatos, contrabando y protección, entre bocanadas de cigarros Marlboro adicionados con cocaína y tragos de brandy Presidente. Cuando los reportajes basados en aquella reunión fueron publicados, una ciudad de México avergonzada envió un escuadrón de policías federales de primera a por Acosta. Atraparon al zar cinco meses después en un poblado del río Bravo y lo mataron en una batalla a punta de metralleta que por su intensidad evocaba a la guerra de Vietnam.

Pocos meses después, Poppa escribió una de las series periodísticas más completas que hasta entonces se hubiesen publicado acerca de la naturaleza del crimen en México y sus nexos con el propio gobierno, un reportaje que le valió una invitación a atestiguar ante el Subcomité de Investigaciones del Senado de Estados Unidos. Al mismo tiempo, dos de los más notables traficantes mencionados en estos artículos, Rafael Aguilar Guajardo y Gilberto Ontiveros, ofrecieron 250,000 dólares en cocaína a quien secuestrara a Poppa, lo llevara a México y lo matara. La amenaza fue interceptada por un informante del Servicio de Aduanas de los Estados Unidos. Los agentes federales norteamericanos pusieron a Poppa sobre aviso y le recomendaron que tomara sus precauciones. Poppa reportó la amenaza a un senador estadounidense, quien a su vez solicitó ayuda al comisionado de Aduanas de los Estados Unidos. Se investigó la amenaza desde Washington y se determinó que la información provenía de una de las fuentes mejor colocadas en México. Varios días después, Poppa acudió a la oficina del Servicio de Aduanas en El Paso donde se le mostró un memorándum que había sido enviado a todas las oficinas de aduanas de la frontera, en el que se daba a todos los agentes federales norteamericanos instrucciones de informar a sus homólogos mexicanos que Estados Unidos pretendía cerrar la frontera desde San Diego hasta Brownsville si seguían las amenazas en contra del reportero. Dos días más tarde, Aduanas se enteró de que los traficantes habían retirado el ofrecimiento en especie.

Fue entonces cuando Poppa dejó el reportaje periodístico para iniciar la investigación, que duraría un año, sobre la organización de Pablo Acosta, trabajo que lo llevó al corazón del corredor de tráfico de cocaína más grande que jamás haya existido en el hemisferio occidental. Los resultados de dicha investigación son este libro, publicado por primera vez en 1990.

El autor siguió la pista de una de las historias más relevantes de nuestra época: el hecho de que uno de los verdaderos problemas a que se enfrenta Estados Unidos, como víctima de la narcodelincuencia, es un sistema gubernamental de explotación y corrupción al sur de la frontera, que controla y maneja a los traficantes para su propio beneficio. El resultado ha sido la invasión de Norteamérica por las drogas y la miseria generalizada y la descomposición social que esto genera. Al tiempo de la primera publicación de este libro, el estado norcentral mexicano de Chihuahua ya era utilizado como vía principal de transporte de cocaína a los Estados Unidos. La gubernatura de Fernando Baeza Meléndez en el estado de Chihuahua, la Quinta Zona Militar en la ciudad de Chihuahua, los cuarteles de la policía federal ubicados allí y las agencias de policía de todo el estado, por no mencionar a las agencias federales clave como la agencia de Aduanas, se encontraban bajo el férreo control de este complejo sistema de protección. Se estima que en los dos primeros años de esta operación se transportaron por aire cuatrocientas toneladas de cocaína de Colombia al norte de México. De aquéllas, veintidós toneladas fueron encontradas en 1989 en una bodega en Sylmar, justo al norte de Los Angeles. Subsecuentemente, varios de estos hechos han salido a la luz.

La historia de los últimos siete años, por tanto, ha sido de corroboración de este fascinante trabajo. No pasa un mes sin que se descubra algo nuevo. Muchas de las personas mencionadas en el libro de Poppa siguen siendo noticia, como Guillermo González Calderoni, el comandante de alto nivel de la policía federal mexicana que persiguió hasta la muerte a Pablo Acosta y huyó después a los Estados Unidos. A cambio de protección, proporcionó al FBI información acerca de la participación de su gobierno en el tráfico de drogas, incluyendo detalles de la incalculable fortuna que el hermano del entonces presidente de México estaba amasando gracias a la protección que proporcionaba a un traficante de la costa del Golfo y del tráfico de influencias que permitía a los traficantes adquirir empresas de transportes en puertos estratégicos del Golfo de México y del Océano Pacífico, para facilitar los envíos marítimos de los narcóticos. Poppa fue el primero en reunirse y escribir acerca de Amado Carrillo Fuentes, el socio y sucesor de Pablo Acosta, quien posteriormente se convirtió en el narcotraficante mexicano más poderoso de la década de 1990, hasta el momento de su horripilante muerte mientras se le hacía cirugía plástica. Los escándalos que involucran a ciertos generales mexicanos en la nómina de Carrillo Fuentes también han causado revuelo.

A la luz de todas estas revelaciones, es en efecto interesante escuchar los autocomplacientes discursos de los presidentes de México inculpando al consumo de drogas en los Estados Unidos del problema del narcotráfico. El ejemplo más reciente es la exigencia del presidente Ernesto Zedillo de que los Estados Unidos "indemnicen" a México por el "desastre" supuestamente causado por el consumo de drogas de los Estados Unidos. El libro de Poppa es una valiosa herramienta para interpretar correctamente estas grotescas distorsiones. Es posible que esta retórica aumente en frecuencia e histeria, a medida que se vayan descubriendo más elementos de la verdadera naturaleza mafiosa de los sistemas político y policiaco mexicanos.

Los molinos de los dioses muelen lento pero fino. Las cosas están cambiando en México. Los principales partidos, las instituciones y elites, y sus enraizados sistemas de corrupción, siguen en su lugar, pero la estructura empieza a agrietarse. El Partido Revolucionario Institucional está tan decrépito y tambaleante como lo estaba el Partido Comunista en la Unión Soviética hace una década. Las elecciones de julio de este año crearon nuevas coaliciones en el congreso mexicano y por primera vez han abierto la puerta a la investigación y combate al sistema de corrupción y sus nexos con el narcotráfico. Sin embargo, el que esta oportunidad se aproveche exitosamente está por verse. Las elites e instituciones de México, especialmente el ejército, que probablemente llene y controle las vacantes en el narcotráfico, son extremadamente poderosas. Es probable que veamos a muchos traficantes y zares de la droga como Pablo Acosta ir y venir y a las franquicias de la plaza cambiar de manos a lo largo de toda la frontera antes de ver cambios reales en el sistema mexicano. De ese modo, aunque el libro de Poppa cuenta una historia en un tiempo específico, ésta sigue siendo tan importante como cuando fue escrita, ya que aunque cambien los actores la obra continúa. Y, es triste decirlo, la mayoría de los estadounidenses y políticos de Washington siguen sin entender.

El zar de la droga es un libro emocionante e importante que puede ayudar a cambiar esta situación. Lo exhorto a seguir leyendo.

—Peter A. Lupsha, profesor emérito y decano del Latin American Institute de la Universidad de Nuevo México.

Albuquerque, octubre de 1997.

Primera Parte

LA PLAZA

*A*costa dirige su organización desde el pueblo de Ojinaga con mano férrea y no tolera ningún tipo de rebelión, ya sea evidente o encubierta. Si sospecha que se está fugando información, o si uno de los miembros o socios no actúa en la forma esperada, los retira cuanto antes y de manera permanente. Tiene una forma sumamente rigurosa de hacer valer su propia ley, que consiste en eliminar a los infractores. Acosta se interesa de manera personal y activa en cualquier tipo de maniobras sucias, o en lo que puedan decir sus enemigos y competidores. Sus ejecuciones son muy aparatosas y se realizan en formas muy peculiares, como ejemplo para los demás.

"Es una persona desalmada y extremadamente peligrosa, con muy poca consideración por la vida humana si ésta interfiere en el desarrollo de su operación. Y aun cuando es pequeño de estatura, no vacila en enfrentarse a tiros con sus enemigos o con las fuerzas de la ley. Acosta ha mandado matar a varios competidores y estuvo implicado en dos asesinatos en Hobbs, Nuevo México, y en cuatro en México

"Se ha asociado a su organización con por lo menos veinte asesinatos ocurridos desde 1982, cifra que podría ascender al doble. Se informa que ha comenzado a armar a sus miembros con municiones cubiertas de teflón, capaces de penetrar los chalecos antibalas tipo armadura que llevan los oficiales de la ley. Se sabe también que el propio Acosta usa un chaleco antibalas y generalmente lleva consigo guardaespaldas fuertemente armados.

"Algunos informes (no confirmados) de inteligencia indican que Pablo Acosta y su organización cuentan con protección de 'alto nivel', desde personas en la ciudad de México hasta el propio gobernador de Chihuahua. (...) Se cree que a nivel local, en el norte de Chihuahua y Ojinaga, Acosta cuenta con la protección del general mexicano encargado de la zona.

"Se dice que algunos de sus hombres han formado parte de la PJFM (Policía Judicial Federal Mexicana) del área de Ojinaga, que está bajo su control directo a través de uno de los comandantes. ... En otros casos se informa que algunos de sus hombres poseen credenciales de la PJFM ...."

Tomado de la introducción del informe confidencial de la DEA "La organización de Pablo Acosta", de abril de 1986 (223 pp).

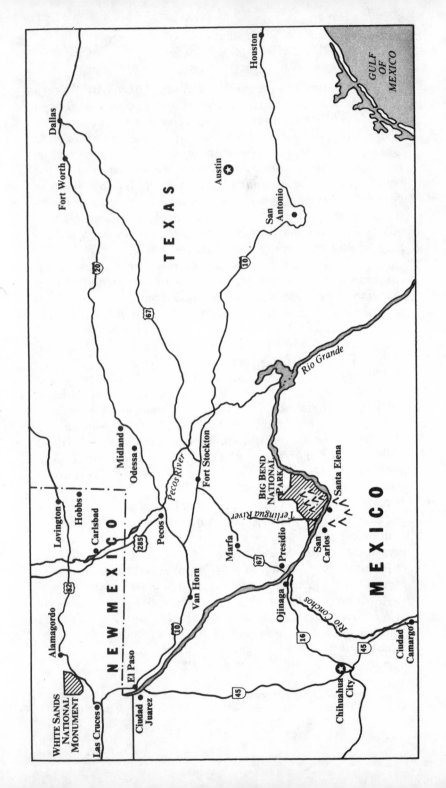

I

OJINAGA

Para llegar a Ojinaga por el lado norteamericano, hay que tomar una carretera de dos carriles desde Marfa, Texas e iniciar un largo descenso hacia la cuenca del río Bravo a través de escabrosas montañas. A veinte millas de distancia, en el horizonte azulado, se ve el pueblo situado en un llano del otro lado del río. A lo lejos se ven los enormes remolinos de polvo que atraviesan la árida planicie que rodea al pueblo. Grandes penachos de humo negro se elevan del basurero municipal hacia el cielo. Parece un pueblo en estado de sitio.

Como los poblados que aún existen a orillas del río Bravo, Ojinaga fue alguna vez poco más que un conjunto de casuchas de adobe. Fue a través de este seco pueblo fronterizo que John Reed, el apasionado cronista del cambio violento, entró a México para hacer su reportaje sobre la Revolución Mexicana, describiendo a la Ojinaga de aquellos violentos días como un pueblo de "calles blancas y polvosas cubiertas de estiércol y forraje".

Posteriormente Ojinaga creció gracias al estímulo del comercio, tanto legal como ilegal. Tan aislada de la autoridad del lado mexicano como Presidio, su ciudad hermana del lado americano, Ojinaga se convirtió en la ruta preferida de quienes se dedican al contrabando de todo tipo de mercancías. Durante la prohibición, lo usual era el licor falsificado y un fuerte aguardiente de cacto llamado sotol. Durante la Segunda Guerra Mundial, los pilotos y soldados apostados en un campo militar de las afueras de Marfa impulsaron el comercio del pueblo gastando a manos llenas en las tiendas del centro y en las cantinas de la zona roja.

Después de la Segunda Guerra Mundial, la heroína aportó nuevas remesas de dinero al polvoso pueblo fronterizo. Sustraída de las laderas de Sinaloa en la costa occidental de México, donde los campesinos se dieron cuenta de que la amapola se cotizaba más alto que el maíz, la goma extraída de esta flor era transportada a través de la Sierra de Chihuahua hasta los laboratorios clandestinos enclavados en las montañas que circundan el pueblo minero de Parral. Y siempre había alguien dispuesto a introducir el producto refinado a los Estados Unidos.

El pueblo de Ojinaga que Pablo Acosta llegó a dominar surgió de las cenizas de Domingo Aranda, un viejo contrabandista y narcotraficante que fue quemado vivo un día a orillas del río Bravo.

Aranda era uno de los contrabandistas más prósperos y fue posiblemente el primer zar de la droga de la región. Por lo menos, fue el primero de una sucesión de padrinos que hasta hoy se recuerdan. Campesino de Ojinaga, de elevada estatura, Aranda se inició como contrabandista durante la Segunda Guerra Mundial, a los veintitantos años de edad. Escoltaba una caravana de mulas en las que transportaba llantas, azúcar y café, y todo cuanto pudiera estar racionado o escaseara en los Estados Unidos durante esos años, llegando incluso tan lejos como Fort Stockton. Con cuarenta, cincuenta y hasta cien mulas, avanzaba pesadamente durante la noche a través de los cañones del Gran Recodo de Texas; a fin de evitar ser visto por las patrullas, recurría a señales para comunicarse a grandes distancias. Los rancheros del área del Gran Recodo sabían lo que significaba la presencia de fogatas en lo alto de las montañas a altas horas de la noche o el reflejo distante de espejos durante el día.

Después de la guerra, Aranda salió de Ojinaga y se fue a establecer a Ivory Street en Portales, pueblo agrícola de las planicies del sudeste de Nuevo México. El racionamiento concluyó con la guerra y al igual que otros contrabandistas que se habían quedado sin trabajo, Aranda se dedicó a vender una nueva mercancía: la heroína, café, pastosa y modestamente refinada que provenía de las montañas. Teniendo a sus hijos como aprendices, contrabandeaba la heroína desde las sierras sureñas de Chihuahua hasta el Río Bravo, luego se enfilaba hacia el norte por las antiguas rutas de contrabando siguiendo los senderos privados de rancherías o caminos sin pavimentar. Evitaba ser capturado distribuyendo la mercancía entre mexicanos de su confianza, los que a su vez se la vendían principalmente a otros mexicanos. Desde su modesta vivienda en Portales desarrolló eficientes conexiones en Albuquerque e incluso tan lejos como Chicago.

Si nos apegamos a las normas de los años sesenta, era un próspero traficante de drogas.

Al principio, Aranda se especializó en el contrabando de heroína. Estaba al tanto de los mercados. Pero conforme empezó a florecer la generación pacifista consumidora de mariguana, se dedicó a negociar con este tipo de droga.

Aranda hubiera continuado operando su negocio desde la comunidad agrícola de Nuevo México de manera indefinida de no haber sido porque mató ahí a uno de sus socios en 1969, hecho que le obligó a volver a Ojinaga. Se dice que Aranda le disparó a Pancho Carreón en defensa propia durante una discusión que se inició por un juego de cartas. Habían estado bebiendo fuerte y las bromas habían adquirido un tono bastante grosero: supuestamente Carreón hizo un comentario obsceno de la hermana de Aranda. Cuando Aranda se incorporó y amenazó con matarlo, Carreón arremetió contra él con una navaja. Al retroceder, Aranda extrajo de su bota una automática calibre 25 y le disparó a Carreón en la boca. La bala cercenó una arteria y Carreón murió asfixiado con su propia sangre.

Para evitar que lo aprehendieran por homicidio, Aranda regresó a México desde donde continuó dirigiendo el tráfico de heroína, estableciendo su base de operaciones en Ojinaga.

En 1969, Ojinaga era un pueblo pujante de diez mil habitantes. Al igual que la mayoría de los poblados mexicanos, contaba con el acostumbrado conjunto de edificios históricos dispuestos alrededor de una peculiar plaza central. Las pulcras y confortables moradas de la gente acomodada se encontraban sobre calles circundantes pavimentadas. Más allá del centro comenzaban los caminos sin pavimentar que llevaban hacia vecindarios llenos de endebles y erosionadas casas de adobe donde habitaban los menos afortunados.

En aquel entonces, los números de teléfono constaban de tres dígitos y las operadoras usaban tableros de conexión a mano. Las operadoras más antiguas cuentan de las llamadas mal dirigidas que recibían frecuentemente de los Estados Unidos, poniendo de manifiesto el aislamiento del pueblo fronterizo. "No señor, aquí no es Okinawa," explicaban pacientemente. "Okinawa está en Japón. Usted está llamando a Ojinaga, México. ¡O-ji-na-ga, Mé-xi-co!", articulaban.

Los pocos teléfonos reservados para las llamadas internacionales pendían de las paredes. En el exilio que él mismo se había impuesto para evitar ser juzgado por el asesinato de Pancho Carreón, Aranda transformó la mohosa oficina de teléfonos en su centro de operaciones. Las operadoras recuerdan cómo Domingo solía llegar temprano en la mañana y pasarse varias horas apoyado contra la pared o sentado en una silla. Tenía por costumbre encorvar la cabeza y poner el dedo en uno de sus oídos cuando el atestado lugar se volvía demasiado ruidoso. Con frecuencia las operadoras alcanzaban a oír la sonora voz de Domingo pero nunca lograban entender el lenguaje vedado. Siempre pagaba las costosas llamadas de un grueso fajo de dólares y pesos que extraía de sus bolsillos. "Ganadero", le decía a todo aquel que se mostrase lo suficientemente curioso sobre su ocupación.

Por 1968, antes de matar a su socio Pancho Carreón y de su propia huida hacia México, Domingo Aranda introdujo nuevos elementos en su organización.

Manuel Carrasco era un campesino alto, de rostro angulado, procedente del área de Ojinaga, que originalmente había acudido a Portales como trabajador migratorio. Nacido en 1934 en un poblado de las afueras de Ojinaga, se había casado con una de las sobrinas de Domingo. Al igual que tantos otros trabajadores agrícolas de las casuchas de adobe que circundaban

Ojinaga, Manuel se dedicaba por temporadas a trabajar en los campos algodoneros de la parte oeste de Texas y Nuevo México y luego se dirigía de regreso de Ojinaga para trabajar en el maizal de la familia. Al principio, Aranda le encargaba a Manuel la conducción de cargas de heroína "sobre mulas" siempre que éste venía de regreso de Portales; posteriormente le confirió mayor responsabilidad dejándolo llevar algunas cargas de heroína o mariguana hasta el propio Chicago.

Manuel Carrasco era inteligente, ambicioso. Durante sus viajes a Chicago y otras grandes ciudades pudo darse cuenta de que el mercado en los Estados Unidos iba mucho más allá de la visión que de él pudiera tener su patrón. A finales de los años sesenta e inicios de los setenta los partidarios de la contracultura de la época parecían estar decididos a fumar, inhalar y consumir toda sustancia alteradora de la mente conocida por la farmacopea. Y vaya que estaban pagando buen dinero por ello, sobre todo en las costas y en las grandes ciudades. Con sólo proponérselo, un hombre podía hacerse de una fortuna por el solo hecho de distribuir mercancía como la heroína y la mariguana.

Y, sin embargo, Manuel podía darse cuenta de que su pariente se conformaba con hacer dos o tres distribuciones en cada una de las comunidades con las que tenía arreglos. Después de trabajar durante unos años bajo la tutela de Aranda, Manuel empezó a hacer tratos por separado con algunos de los clientes de Aranda y a establecer conexiones con otros compradores. Al poco tiempo ya estaba dirigiendo una organización totalmente independiente de Aranda y ampliando sus redes de distribución a California y Arizona.

Con el tiempo, Carrasco también se las arregló para entrar en contacto con los distribuidores de Aranda en Parral, un extenso pueblo minero al sureste de Chihuahua. De acuerdo con la información recabada más tarde por los investigadores de narcóticos en Nuevo México, la fuente principal de heroína y mariguana que en ese tiempo había en Ojinaga era la familia Avilés. Los Avilés vivían fuera de Parral y controlaban la mayoría de los plantíos de mariguana que había en las montañas pueblo arriba. Se decía también que operaban laboratorios de heroína y se les consideraba como parte de un clan que controlaba los narcóticos a lo largo de la costa occidental de México y los Estados Unidos.

Carrasco conseguía su mariguana con esta familia y más tarde estableció sus laboratorios clandestinos para procesar heroína en las escarpadas montañas del sudoeste de la ciudad de Chihuahua. La policía estatal de Nuevo México que siguió de cerca la trayectoria de Carrasco, considera que adquirió tal grado de sofisticación como para transportar por aire goma, el extracto de la amapola, desde los cultivos de Sinaloa hasta sus laboratorios en las casi inaccesibles regiones montañosas de Chihuahua. Luego transportaba, también por aire, el producto refinado directamente de sus laboratorios a pistas de aterrizaje, en el desierto de los alrededores de Ojinaga. Con una mayor capacidad de organización y una ambición sin límites, a los pocos años Manuel llegó a dominar el tráfico de narcóticos en Ojinaga.

Mientras tanto, Aranda enfrentaba reveses financieros al serle confiscados algunos de sus cargamentos en los Estados Unidos. Estos imprevistos fueron tan graves, que se vio obligado a acudir a Manuel Carrasco para que lo contratara en el acarreo de cargamentos de mariguana. Entonces un día, en 1973, Aranda fue asesinado y su cuerpo quemado en las márgenes del río, crimen que horrorizó al pueblo de Ojinaga por su sadismo y señaló el principio de una nueva era para el aislado pueblo fronterizo.

Según una versión de Ojinaga, Aranda fue asesinado por los hijos de Pancho Carreón para vengar el asesinato de su padre cometido cuatro años atrás en Portales. En vista de que Carrasco se había convertido en el padrino del crimen en Ojinaga y había contratado los servicios de Aranda, los hijos de Carreón no podían matar al asesino de su padre sin el consentimiento del "don". A fin de lograr que Carrasco se lo entregara, los hijos de Carreón lo convencieron de que Aranda estaba extrayendo parte de sus cargamentos.

Otra versión era que Aranda se enteró de que Carrasco escondía bajo su cama, dentro de un compartimiento arreglado en el colchón, una gran cantidad de billetes de alta denominación. Aranda estaba ansioso por reanudar sus negocios, pero necesitaba capital. Aranda cometió el error de invitar a un policía estatal de Ojinaga para que juntos despojaran a Carrasco del dinero. El judicial le dijo a su jefe, y éste, amigo de Carrasco, se lo dijo al propio Carrasco.

Cualquiera que haya sido el motivo, una tarde de 1973 Carrasco le pidió a Aranda que le ayudara a traer un cargamento de mariguana a la orilla del río, cerca de El Mulato, poblado ubicado al otro lado del río, en Redford, Texas, donde varios compradores los estaban aguardando. Él y Aranda se dirigieron hacia el valle, con el cargamento de mariguana en la parte posterior del camión de Manuel. Estaba oscuro y todo lo que pudieron ver al llegar fue a algunos hombres paseándose frente a los faros de una pickup estacionada en las márgenes del río. Cuando se dirigieron hacia el grupo de hombres, Aranda reconoció a uno de los hijos de Pancho Carreón.

Según les contaron a los agentes de narcóticos de Nuevo México, Aranda se aprestó a huir tan rápido como pudo haberlo hecho un hombre de sesenta años. Pero no fue lo suficientemente rápido. Se oyó un disparo. Domingo se sacudió hacia atrás cuando el proyectil se le incrustó en la columna. Se tambaleó y cayó boca abajo.

Manuel les dijo a los hombres que trajeran cinco galones de gasolina de uno de los camiones y que cavaran una pequeña zanja alrededor de Aranda. El contrabandista, herido, pedía clemencia mientras los hombres apilaban ramas sobre él y vertían la gasolina. "Manuel, esto que estás haciendo es inhumano," imploró Aranda. Manuel encendió un cerillo y lo arrojó al combustible. La explosión de gasolina envió llamaradas muy por encima de la provisional hoguera. Si acaso hubo gritos de agonía, éstos no se pudieron haber oído por encima del rugir de las llamas mientras la pira jalaba aire como un gigantesco horno de fundición.

Alguien había traído cervezas y ahí permanecieron, bebiendo a la luz del fuego. Cuando las llamas se extinguieron, colocaron la mariguana en la parte posterior de la pickup, sujetaron el cargamento bajo unos alquitranes y cruzaron el río, habiendo cobrado venganza.

Finalmente, el cuerpo fue encontrado a unos cuantos centímetros bajo la arena. La policía estadounidense, que más tarde vio las placas, dijo que de Domingo sólo había quedado un torso carbonizado con muñones donde antes habían estado las extremidades. Más tarde, se dijo que le habían desprendido un dedo y una oreja y se los habían enviado a su familia en Portales.

Ya para entonces, Manuel se había ganado el mote de La Víbora. Algunos dicen que por sus maneras de hacer negocios; otros porque sus ojos se le habían puesto amarillos al contraer hepatitis, dándole el aspecto de una víbora de cascabel.

Se dice que Carrasco al despedirse expresó lo siguiente: "Esto es lo que le sucederá a todo aquél que intente traicionar a La Víbora".

Con el asesinato de Domingo Aranda, La Víbora asumía el control del hampa de la región de un lado a otro de la frontera. Con encender un cerillo, se había convertido en el primero de un linaje de narcotraficantes brutales y poderosos del norte del desierto de Chihuahua.

II

GOLPE DE ESTADO

Los habitantes de Ojinaga se dieron cuenta de que Manuel era un hombre poderoso cuando logró salir impune del asesinato de Domingo Aranda: nada se hizo a este respecto. Después del asesinato, la influencia de Carrasco con la autoridad pareció, en todo caso, afianzarse. Cuando un nuevo general se hizo cargo de la guarnición de Ojinaga, se veía frecuentemente a Carrasco con él en público. Ex oficial de caballería y aficionado a los caballos de carreras, el general pronto andaba trotando por el pueblo montado en un purasangre que el narcotraficante le había regalado. En algunas ocasiones, también vieron a Manuel Carrasco con una escolta de soldados, y no con el fin de llevárselo al calabozo.

Se decía que el general tenía un ojo de vidrio y algunos de los bromistas del pueblo empezaron a decir que ese defecto lo hacía el hombre idóneo para el trabajo: ¡así resultaba mucho más fácil hacerse de la vista gorda ante todo el narcotráfico de Manuel Carrasco! Se decía en Ojinaga que Manuel estaba pagando un total de cien mil dólares mensuales por gozar de determinados privilegios, aunque nadie sabía a ciencia cierta quién era el que recibía esta supuesta suma de dinero. Sin embargo, la gente del pueblo sacó sus propias conclusiones.

Simplemente vieron el poder que había alcanzado el zar de la droga cuando concibió un minigolpe de Estado poco después de las elecciones municipales de 1974, sometiendo a su influencia al gobierno de la localidad.

En ese entonces el pueblo fronterizo se encontraba en

condiciones deplorables. En menos de diez años había dupli-
cado su población, llegando a tener veinte mil habitantes,
debido en parte a las personas que venían en busca de trabajo
procedentes de la zona rural de Chihuahua y del interior de
México. Los servicios básicos municipales como electricidad,
desagüe y agua corriente, por no mencionar las calles pavimentadas, no habían ido a la par del crecimiento. Cuando llovía
las calles se convertían en verdaderas zanjas de lodo; el resto
del tiempo estaban tan polvosas como el desierto del Sahara.
Destartaladas colonias surgían en la parte sudeste del poblado. El hambre era evidente en algunos de los pueblos
circundantes, y la desnutrición se estaba convirtiendo en un
serio problema de salud.

Era época de elecciones y dieron inicio las campañas para
la contienda por la alcaldía. La gente de Ojinaga respondió a
un llamado abierto para designar delegados ante una convención patrocinada por el Partido Acción Nacional (PAN) a fin
de elegir candidato a alcalde. Sus seguidores afirmaban que
los problemas de México surgían de una falta de alternativas
políticas; y en tanto a los partidos de oposición se les permitía
competir durante las elecciones, rara vez se les daba oportunidad de ganar. Aun así, el PAN demostró que la democracia en
México podría alcanzarse cuando una proporción suficiente
de ciudadanos adquirieran conciencia de sus derechos humanos
y políticos y estuvieran dispuestos a defenderlos.

En la convención de candidatos a alcalde se postularon dos
comerciantes, un periodista y un agricultor. La convención tuvo
lugar en una calurosa tarde de domingo del mes de febrero en
Los Arcos, un popular salón de baile en el ala este del centro
de Ojinaga. Campesinos en camisas de algodón y sombreros
de palma empapados de sudor estaban hombro con hombro
con comerciantes enfundados en guayaberas y costosos sombreros; había también mecánicos todavía con grasa bajo las
uñas sentados al lado de las elegantes esposas de los abogados.

El discurso pronunciado por uno de los líderes del partido
de oposición, el abogado Antonio Vázquez, era típico de la
oratoria de aquel entonces:

"Gente de Ojinaga", comenzó, "una vez más un grupo de

hombres y mujeres libres se ha reunido con el propósito de lograr una participación ordenada en la vida política de nuestra comunidad. No podemos ignorar los grandes y serios problemas que vemos a nuestro alrededor en nuestra vida económica, social, familiar y laboral. Durante años, hemos estado inmersos en una existencia política, social y económica plagada de vicios e irregularidades. No es ningún secreto que el derecho por el cual se luchó en la Revolución, elecciones justas, ha sido violado en todo el país."

"Todos sabemos cómo nos manipulan. Sabemos que los trabajadores, para conseguir o conservar sus trabajos, tienen que estar afiliados a los sindicatos del gobierno. Sabemos que los campesinos, para no perder la tierra que el gobierno les permite trabajar, tienen que pertenecer al sindicato oficial. Y todos sabemos lo que esto significa para las elecciones. Votarán para no perder sus trabajos y para no perder su tierra."

"Otra de nuestras apremiantes es la corrupción que vemos todos los días entre los empleados del gobierno. Los vemos hacer sus tejemanejes. Y ya que tocamos el tema, porqué no agregar que han formado una alianza con el crimen organizado con el fin de obtener riqueza y privilegios, dándonos una idea equivocada de lo que debe ser la política."

"Conciudadanos, los que hoy dirigen México han olvidado que sólo el poder que busca el bienestar común es legítimo. La finalidad de la actividad política es satisfacer las necesidades de la gente y no la avaricia desvergonzada y aparentemente sin límites del partido oficial."

Los discursos se prolongaron durante varias horas. Finalmente, se llegó a la votación mediante el conteo de manos. El ganador de la primera ronda fue Ernesto Poblano, quien, sin ser el más elocuente de los candidatos, era por mucho el más conocido de los cuatro.

Comerciante originario de un poblado ubicado a orillas del río Conchos, al sur de Ojinaga, que había patrocinado equipos de béisbol dentro y en los alrededores de Ojinaga, había trabajado como contador en una firma de administración de aduanas en el pueblo fronterizo antes de abrir una tienda de maquinaria. Pronto llegó a ser presidente de la Cámara de

Comercio de Ojinaga. En ese entonces tenía veintisiete años de edad.

Así dio inicio la campaña más intensa del partido de oposición que Ojinaga jamás haya visto. Las elecciones en México generalmente van acompañadas de acusaciones de introducir votos alterados en las urnas electorales, hojas de registro falsificadas y otro tipo de tácticas fraudulentas. Estas elecciones no fueron la excepción. Pero de las seis mil quinientas papeletas contadas, Ernesto Poblano ganaba por mil votos. Y lo que resultaba todavía más sorprendente, el gobierno reconocía la victoria, la única de las sesenta y siete elecciones municipales que ese año en el estado de Chihuahua concedía a un partido de oposición y una de las pocas que hasta entonces haya concedido en México.

Pero la euforia de la victoria pronto se desvaneció. Se corrieron los rumores de que Ernesto Poblano se dedicaba a lavar dinero de Manuel Carrasco. Se sostenía que Carrasco le había dado a Poblano el dinero para comprar su establecimiento de maquinaria. También se rumoraba que Poblano primero había acudido en secreto al partido del gobierno a fin de buscar la nominación para alcalde pero que se le dijo que estaba destinada a alguien que hubiese militado durante mucho tiempo en el partido. También había otras suposiciones.

El comité municipal del PAN sostuvo una reunión a puerta cerrada con Poblano un mes antes del día de la inauguración, en octubre de 1974.

Poblano se obstinaba en seguir: sólo se trataba de rumores malintencionados concebidos para ponerlo en mal y afectar la credibilidad del partido de oposición antes de que pudiera asumir sus funciones. Poblano se las arregló para convencer a todo el mundo de que los cargos eran infundados.

Ocupó el puesto de alcalde.

Pero varios meses después de que la administración reformista tomara posesión, Manuel Carrasco empezó a realizar frecuentes visitas al palacio municipal. Pronto empezaron a escenificarse algunas conversaciones inusuales en la oficina del alcalde, lo cual convenció a los panistas de que su alcalde de hecho estaba involucrado de alguna forma en el submundo del narcotráfico. A lo largo de varias semanas, el joven alcalde llamó individualmente a su oficina a cada uno de los jefes de departamento implicándolos en conversaciones que al principio versaban sobre problemas que enfrentaba la municipalidad pero que invariablemente acababan tocando el tema de las drogas. Los funcionarios salían de la oficina del alcalde con la impresión de que Ernesto Poblano había estado tratando de sondearlos. El propio Manuel Carrasco se encontraba presente en una ocasión. Mientras el alcalde interrogaba a un administrador de alto rango, el narcotraficante se hallaba sentado en un sofá con su sombrero vaquero sobre el regazo, escuchando atentamente y sonriendo irónicamente de vez en cuando.

El alcalde manifestó: "Tenemos que reconocer que el narcotráfico es un buen negocio y que realmente no podemos hacer nada al respecto. De cualquier manera, todas las drogas se van a Estados Unidos."

El funcionario respondió: "Sí, pero siempre se queda algo en México donde se consume. El hecho es que este tipo de actividad no podrá nunca justificarse ética ni moralmente."

El alcalde y Manuel Carrasco intercambiaron sonrisas. El alcalde prosiguió: "Quizá no, pero puede justificarse históricamente como la venganza de un país vencido que perdió la mitad de su territorio en una guerra contra los Estados Unidos y sigue siendo explotado por ese país."

Después de haberse suscitado la extraña serie de reuniones, pocos integrantes de la nueva administración tenían dudas en cuanto a que el joven alcalde hubiera actuado con deslealtad, incluso mucho antes de convertirse en el candidato del partido de oposición. Es quizá por eso que el gobierno había dejado que ganase el partido de oposición: su candidato era uno de los suyos. Los miembros del partido más allegados a Poblano empezaron a presionarlo para que renunciara, pero él se negó a hacerlo.

Mientras tanto, el comandante de la guarnición cometía abusos evidentes contra el jefe de policía de la administración. En varias ocasiones, sus tropas golpearon a culatazos a varios de los policías municipales, lo que provocó que el jefe de la

policía enviara una queja a la oficina del gobernador y al comandante general de la Quinta Zona Militar en la ciudad de
Chihuahua. Las quejas fueron ignoradas.

Varios meses más tarde, Poblano renunciaba públicamente al partido de oposición y se sumaba a las filas del Partido
Revolucionario Institucional, el partido oficial. Anunció el
cambio por la radio y lo publicó en los diarios semanales.

Era como un carro bomba saliendo del interior del Palacio
Municipal. La administración de la ciudad se vino por tierra,
junto con las esperanzas de quienes habían creído que con su
participación podrían hacer cambiar las cosas. El jefe policiaco de la oposición renunció en señal de protesta; lo secundaron
los veinte policías de la ciudad. Entonces Poblano exigió la
renuncia del administrador de la ciudad y de todos los otros
funcionarios que no estuviesen de acuerdo con su punto de
vista. Un nuevo grupo de personas se hizo cargo del Palacio
Municipal y otro destacamento policiaco ocupó la estación
municipal.

Era obvio que Manuel Carrasco había estado detrás de esta
maniobra desde el principio hasta el fin.

Poblano se aprestó a transformar Ojinaga en un poblado
especialmente diseñado para el traficante de drogas. Gran aficionado a las carreras de caballos, organizó algunas de las más
importantes competencias que jamás haya visto el pueblo. Se
encargaba de invitar a las lucidas carreras a importantes
narcotraficantes de todo Chihuahua, ofreciéndoles un buen
hospedaje y jockeys. Entonces contrataba jinetes profesiona-
les, muchos de ellos de Albuquerque, donde también eran una
pasión las carreras de caballos. Bastaba una simple llamada
telefónica con la promesa de Poblano de recibir dos mil dólares por un día de jineteo para traer un alud de importantes
jockeys a Ojinaga.

Es fácil identificar a los narcos. Portan esbeltas automáticas en la cintura con el gatillo amartillado. Mientras más
importante sea el narcotraficante, más fácil resulta identificarlo a simple vista. Usan chaleco a prueba de balas y van
siempre acompañados de dos o tres pistoleros de fiero aspecto.
Son ellos quienes hacen las apuestas más grandes, en ocasiones

llegando hasta los cincuenta mil dólares, en billetes de alta denominación. Poseen, además, los mejores caballos, los cuales son transportados hasta la pista de carreras en costosos remolques.

Estos eventos eran verdaderas fiestas: había miles de personas, improvisados puestos sirviendo carne asada, tortillas de maíz y cerveza. Grupos de mariachis yendo y viniendo por el lugar. La pista de carreras era un tramo recto acondicionado de trescientos metros de largo en las afueras de Ojinaga, sobre la carretera a Camargo, y estaba equipada con un puerta mecánica de salida para dos caballos. Al salir los caballos de las compuertas, corrían entre cables tensados a lo largo de toda la estrecha pista. En la línea de llegada había jueces seleccionados por Poblano tomando fotos en caso de que se suscitaran disputas.

El gobierno enviaba tropas desde la ciudad de Chihuahua para supervisar las carreras. Los soldados no acudían ahí para catear a la gente en busca de armas o tratar de detener las apuestas ilegales. Su presencia era para evitar que los temperamentos se encendieran y asegurarse de que el sitio no se convirtiera en un baño público de sangre. Con tal cantidad de armamento automático podría suscitarse una situación verdaderamente fea.

En Ojinaga nunca ha habido mucho que ver: es un sitio pobre, miserable. En verano, el pueblo fronterizo es insoportablemente caluroso; en el invierno, el frío es de lo más inclemente. Sin embargo, la gente de Ojinaga llamaba con orgullo a su pueblo la "Perla del Desierto" por su reluciente blancura en medio de una extensión de pardas planicies y áridas montañas rojizas

Era una perla que había caído en manos de los narcotraficantes, botín del cual no tardaría en apropiarse Pablo Acosta.

III

CONTRABANDISTAS

La saga de la familia Acosta es la historia de decenas de miles familias fronterizas mexicanas que se han valido de su ingenio para sobrevivir durante generaciones en las duras circunstancias políticas, económicas y geográficas que las rodean. Cuando las tierras del desierto dejaban de producir suficiente alimento, la emigración como trabajadores del campo a los Estados Unidos y el pequeño contrabando, a veces ambos, permitieron a muchas familias campesinas sobrevivir.

Los Acosta eran una familia campesina que había ido de aquí para allá a través de la frontera durante varias generaciones en busca de trabajo. El abuelo de Pablo, Lucas Acosta, nació en 1888 en Fort Stockton, ranchería y comunidad agrícola ubicada al oeste de Texas. La madre de Lucas tuvo veintiséis hijos, de ellos once murieron de enfermedad y hambre. Al nacer Lucas, algunos de los miembros de la familia ya se habían hecho de propiedades y se habían establecido en Fort Stockton.

Pero Lucas pertenecía al tipo nómada; durante algún tiempo trabajó para las minas de mercurio de Terlingua, en el lado norteamericano del río, donde nació su primer hijo, Cornelio, el padre de Pablo, en el año de 1906. Después de que estallara la Revolución Mexicana en 1910 con sus promesas de tierra y libertad, Lucas se apropió, dieciséis kilómetros río abajo de Santa Elena, de un pedazo pedregoso de desierto que había pertenecido a un ejidatario prerrevolucionario. Lucas se dedicó a la agricultura. La única ventaja que tenía el terreno era la presencia de un manantial brotante.

El abuelo de Pablo era un hombre práctico. La granja, que llegó a conocerse como El Chupadero de Lucas, era un sitio ideal para alguien que no quería verse inmerso en el caos fratricida de la revolución. Las tropas federales e insurgentes se diezmaban entre sí y acababan con todo lo que se atravesase en su camino, durante feroces enfrentamientos en pueblos y caseríos ubicados a lo largo del río. Cuando el atronar de la guerra civil se aproximaba demasiado, Lucas se llevaba a su familia al otro lado del río. Después de todo, él era por nacimiento ciudadano estadounidense.

Las aguas del manantial, ricas en minerales, le permitieron a Lucas criar algunas vacas y cabras y sembrar maíz y frijol para alimentar a sus hijos, que pronto llegaron a ser diez. Cuando no se encontraba trabajando sus tierras, se llevaba a Cornelio y a sus otros hijos más grandes a bordo de una carreta en dirección a Fort Stockton a fin de vender madera de mezquite de los árboles que crecían hasta diez metros de alto a lo largo del río.

El contrabando también formaba parte del estilo de vida, uno de los ingredientes para la supervivencia en las inclementes tierras fronterizas. Lucas conocía las rutas que atravesaban las áridas planicies y montañas del Gran Recodo de Texas y las usaba. Al iniciarse la prohibición en los Estados Unidos se dio cuenta de que era rentable comprar garrafas de sotol, un aguardiente de cactus, en las destilerías de las montañas de Chihuahua y Coahuila y llevarlas de contrabando en mulas hasta Fort Stockton. El viaje le llevaba más de una semana y avanzaba sólo de noche a través de profundos arroyos y tenebrosos cañones para evitar que lo detectaran.

Al finalizar la prohibición, Lucas se llevó a Cornelio a fin de que juntos trabajaran en las montañas recolectando cera de candelilla, ingrediente usado en la goma de mascar, en los cosméticos y en la grasa de calzado. No era ilegal introducir de contrabando la cera los Estados Unidos; simplemente estaba prohibido sacarla ilegalmente de México.

El procesamiento de la candelilla era sucio y peligroso. Requería permanecer a un lado de las humeantes fogatas aspirando los vapores asfixiantes del ácido sulfúrico, indispensable para extraer la cera de las resistentes plantas de candelilla.

En medio del frío de la noche, alrededor del fuego, Lucas le enseñaba a Cornelio, entonces adolescente, aspectos sobre economía y la toma de riesgos. Ambos hombres eran iletrados pero distaban mucho de ser ignorantes. La "industria" de la cera era fuertemente controlada por un sindicato en Coahuila, Lucas le explicaba. Se requería ser miembro del sindicato para poder "explotar" candelilla. Los pobres podían obtener un permiso, de acuerdo, pero entonces tenían que afiliarse al sindicato de trabajadores de la candelilla, controlado por el gobierno, y venderle todo el producto al sindicato. Y, sin embargo, al otro lado del río los norteamericanos pagaban el doble de lo que el sindicato ofrecía por cada kilo de cera. "¿Quién debe producir el dinero extra?", Lucas le preguntaba. "¿El pobre trabajador, o el gobierno mexicano, que se da la media vuelta y le vende de cualquier manera una gran cantidad de cera a los norteamericanos?"

Lucas y Cornelio se pasaban de una a dos semanas en las montañas recolectando plantas de candelilla y extrayendo la cera. Trabajaban de noche para evitar ser sorprendido por los forestales. Para proteger los intereses del sindicato de la candelilla, el gobierno enviaba agentes bien armados para patrullar, a bordo de camiones. Llevaban tirando un remolque con caballos ya ensillados. En el momento en que detectaban humo en las montañas, montaban sus cabalgaduras y caían sobre los tiznados campesinos justo como los agentes del Departamento de Hacienda de los Estados Unidos sorprendían a los contrabandistas de licor en los Apalaches.

Con furia premeditada, los forestales asesinaban a todos los burros disparándoles entre los ojos, perforaban con balas los tanques de almacenamiento de cincuenta y cinco galones, quemaban las albardas de madera, así como las pértigas y confiscaban la cera. Luego se llevaban a los prisioneros encadenados hacia la cárcel en Saltillo, Coahuila. La pena por la recolección de candelilla iba de seis meses a dos años, dependiendo de si se estuviese a cargo de la operación, o de si sólo se fuese colaborador. Lo que más les enojaba a los campesinos era que en ocasiones los forestales se quedaban con la cera,

Los agentes mexicanos también se apostaban en las rutas que usaban los contrabandistas y los sorprendían en cuanto descendían de las montañas. Pero Lucas, que conocía las montañas como nadie, le enseñó a Cornelio cómo burlar a los agentes y llevar la cera hasta las tiendas generales en Cerro Chino, Castolón o Lajitas, serie de establecimientos de lado norteamericano que recibían gustosamente a los comerciantes de cera.

Más tarde, Pablo Acosta solía referir con orgullo cómo su padre y Macario Vázquez, el más famoso de los contrabandistas de candelilla, en una ocasión se enfrentaron a tiros con los forestales en las montañas arriba de Santa Elena. Nadie resultó muerto o herido en la balacera, y ellos lograron escapar con su cera. Sin embargo, los agentes mexicanos llegaron a sentir temor por esos dos hombres. Se compusieron canciones elogiando sus hazañas. Y si hubo una lección que Pablo Acosta aprendió de estas anécdotas, fue lo útil que resulta inspirar miedo.

Cuando los hombres regresaban a El Chupadero llevando consigo el dinero y una serie de emocionantes anécdotas, Pablo se sentaba cruzando los delgados brazos alrededor de las piernas y la barbilla apoyada en las rodillas a fin de escuchar ávidamente las historias referidas. Como cualquier muchacho, se impresionaba ante los despliegues de astucia y valor, y se imaginaba a sí mismo montado en un caballo combatiendo con los forestales. Anhelaba acompañar a los protagonistas de tales acciones en sus travesías.

Fue cerca de esta pequeña granja ribereña que poseía un manantial que ya había alimentado a dos generaciones Acosta, que Pablo nació, el 26 de enero de 1937. Su madre, Dolores, fue llevada al pueblo contiguo de Santa Elena a que diera a luz en una casucha de adobe con la ayuda de las mujeres del pueblo. A la edad de cinco años, Pablo era uno de ocho hermanos, y en ocasiones había hasta treinta personas viviendo en las dos casuchas de piedra de la granja. Dolores Acosta no sólo tenía que hacerse cargo de sus propios hijos. Cuando los hombres se iban, a veces ausentándose durante meses, a trabajar en los campos próximos a Fort Stockton y Lovington, también tenía que cuidar a la multitud de hermanos y hermanas menores de Cornelio. Los hombres se llevaban a los niños que tenían la edad suficiente para las labores del campo pero dejaban a los restantes en casa.

Dolores delegaba entonces responsabilidades. Cocinaba en una estufa de hierro fundido, la cual abastecía con madera de mezquite y se hacía cargo de las niñas y los recién nacidos. Hermenegilda, una de las hermanas más jóvenes de Cornelio, cuidaba a Pablo y a Juan, el hermano mayor de éste.

Pablo era el consentido de Hermenegilda. Y una de las obligaciones que ella debía cumplir por las tardes era reunir el pequeño rebaño de vacas y cabras que se había ido alejando de la granja a fin de pastar en la reseca hierba del desierto en las colinas circundantes. Solía llevarse a Pablo montado en los hombros y así trepaban las colinas detrás de los errantes animalitos. Pablo siempre llevaba consigo la quijada de una cabra dado que para él tenía la forma de un pistola. Mientras avanzaban por las colinas cubiertas de mezquites conduciendo a los animales, él pretendía dispararle a las vacas, a las sombras que proyectaban los árboles y a los conejos que se aprestaban a esconderse ante su cercanía.

Al muchacho también le gustaba llamar la atención. Con frecuencia se alejaba de la casa para esconderse en uno de los arroyos con el fin de que todo el mundo se pusiera a buscarlo.

Hermenegilda siempre se mostraba aprensiva en cuanto a Pablo y Juan. Esto hizo que en una ocasión Dolores la reprendiera: "Por qué desperdicias tus lágrimas en ellos? De cualquier manera, siempre van a hacer lo que quieran. Yo no tengo las fuerzas suficientes para preocuparme de ellos. Ya Dios se encargará de cuidarlos".

Cuando Hermenegilda se casó y se fue de ahí, Pablo lloró amargamente. "¿Y ahora quién me va a cuidar?", decía entre sollozos.

Alrededor de 1948, una plaga estaba diezmando el ganado a ambos lados de la frontera. Y aunque los animales de Acosta

estaban saludables, el gobierno obligó a la familia a extermi-
narlos. A cambio de ello, les prometieron un terreno en
Providencia, un ejido propiedad del gobierno en las tierras
altas de Sierra Ponce, a unos veinticinco kilómetros al sur de
El Chupadero.

El padre de Pablo decidió trasladarse ahí pensando también en la educación de sus hijos. Siendo él iletrado, entendía
las limitaciones que esto implicaba. La escuela más cercana
estaba en Providencia y a ella había empezado a enviar a Pablo y a Juan varios años atrás a fin de que aprendieran a leer
y escribir. Montados en un burro, los dos chicos llegaban hasta el poblado cruzando un camino entre las montañas. Durante
la semana, se quedaban en casa de unos parientes y el sábado
y el domingo regresaban a El Chupadero.

Providencia era un conjunto de abandonadas barracas de
piedra que había formado parte de una guarnición militar al
servicio de una u otra facción durante los años de la gesta
revolucionaria. Finalmente, el gobierno abandonó la guarnición convirtiéndola en un ejido. Los nuevos pobladores no
tardaron en instalarse en las abandonadas barracas de piedra.
Al igual que El Chupadero, Providencia contaba con un manantial natural que brotaba del suelo y satisfacía las
necesidades de agua de los colonos para cultivar maíz y frijol
y abastecer sus pequeños rebaños. Las cuatro familias que
habitaban ahí en ese entonces no tuvieron objeción en que se
mudara una quinta familia, sobre todo contando con tantos
niños. La escuela del ejido, de una sola aula, estaba asignada
a un profesor del gobierno en tanto la matrícula no bajara de
cierto nivel.

Los Acosta se instalaron en una de las derruidas edificacio-
nes de piedra, una construcción de tres habitaciones con piso
de tierra y un techo tan bajo que se corría el riesgo de golpearse la cabeza al incorporarse súbitamente. Las grietas entre las
rocas estaban selladas con barro. El techo estaba sostenido
con tablones de álamo cubiertos con una gruesa capa de tron-
cos, los que a su vez estaban unidos con tiras de hojas de yuca.
Todo esto estaba recubierto por una capa de caliche mezclado
con paja para evitar el paso del agua de la lluvia.

Ejidos como Providencia eran producto de la Revolución, que el gobierno había creado como un intento por adaptar una gran parte de las tierras agrícolas de México posrevolucionario a un sistema precolombino del uso de la tierra. Bajo tal sistema, los campesinos podían trabajar la tierra pero no poseerla. Si durante dos años dejaban de trabajar su parcela, ésta volvía a pasar a manos del gobierno. En teoría, el sistema pretendía evitar la acumulación de tierra en grandes propiedades, una de las causas de la Revolución Mexicana, pero resultó ser un triste fracaso como sistema encaminado a elevar la producción agrícola generando gran parte de la miseria rural en la cual se vio inmersa la familia Acosta.

A finales de los años cuarenta, cuando Cornelio se dirigía hacia los Estados Unidos, solía llevarse a los otros niños con él: Carmen, Aurora, María, Juanito, Pablo. Permanecían con miembros de la familia en algún punto de la zona de migración y se pasaban tres meses en la limpia, desyerbando los campos de algodón. Al menos durante seis m la familia quedaba separada.

El paso de la familia de Cornelio de México a los Estados Unidos fue gradual pero progresivo. A principios de los años cincuenta, ya se habían trasladado a comunidades ubicadas en la zona de trabajo agrícola y cuando regresaban a México sólo era de visita.

Era difícil regresar a casa. Cuando Juan Acosta llegó a la edad adulta, regresó a El Chupadero de Lucas y trató de reclamarlo como su propiedad, pero el gobierno ya lo había convertido en ejido.

En 1958 Pablo ya llevaba nueve años trabajando en la zona agrícola en compañía de su padre, su hermano y sus hermanas. Trabajaban los terrenos ubicados en las inmediaciones de Fort Stockton, Odessa y Lovington.

En octubre de ese año Cornelio fue asesinado en Fort Stockton. Padre e hijo habían ido al Salón de Sandy, en las afueras del pueblo, a tomar una cerveza. Al acercarse a la barra, alguien palmeó al padre de Pablo en el hombro y le dijo: "Oye, Cornelio, allá afuera hay alguien que quiere hablar contigo".

Dejando a Pablo en el bar, Cornelio salió en compañía de los otros hombres en dirección al estacionamiento de grava ubicado a las afueras del salón, donde varios automóviles y pick-ups se encontraban estacionados en una de las esquinas. Segundos después se escuchó un sonoro disparo y Pablo salió corriendo para encontrar a su padre tendido boca arriba sobre la grava con un orificio de bala en la frente. Pablo se precipitó tras una pick-up que vio saliendo velozmente del estacionamiento, pero sólo pudo acercarse lo suficiente para leer la matrícula. La policía de Fort Stockton logró detectar que la camioneta pertenecía a un encargado del rancho llamado Pablo Baiza, a quien arrestó. Durante el juicio, quedó claro el motivo del asesinato: las familias Acosta y Baiza habían estado cometiendo asesinatos entre sus miembros, como consecuencia de una enemistad que se había iniciado años atrás,

El abogado de Baiza era Travis Crumpton, un extravagante jurista de la parte oeste de Texas que agitaba ante el jurado una serie de fotografías de lo que afirmaba había sido el origen de la enemistad, aunque el jurado nunca logró verlas.

"Hace años, alguien de la familia Acosta mató a Baiza en el poblado de Santa Elena, en la zona del Gran Recodo —le dijo Travis Crumpton al jurado formado exclusivamente por hombres, diez sajones y dos mexicano-norteamericanos—. El motivo del asesinato carece de importancia. ¡Vean lo que Acosta le hizo a Baiza! —dijo Crumpton, exhalando una bocanada de humo mientras agitaba las fotos frente al jurado—. Colgó el cuerpo de un madero en una de las casas de adobe de Santa Elena, ¡y luego encerró en ese lugar a dos perros hambrientos!"

Crumpton prosiguió refiriendo las historias de la familia: "Las dos familias emigraron y se establecieron en la parte oeste de Texas, pero eran campesinos mexicanos y no se olvidaron de su enemistad. Hubo más asesinatos en ambas partes. Cornelio pudo haber tenido que ver o no con estos asesinatos, pero ésa no es la cuestión", argumentó Crumpton.

El abogado se apoyó contra la barandilla y exhortó al jurado a que se pusieran en el papel del defendido. "Pablo Baiza, por honor, estaba comprometido a vengar el nombre de su familia. Y así un día alguien acudió a él y le dijo que Cornelio

Acosta se encontraba en el Salón de Sandy. Pablo Baiza no hizo más que seguir el dictado de la tradición."

Pablo Baiza había puesto una X en todos los documentos legales que requerían de su firma. Era un trabajador acostumbrado a realizar trabajos pesados en el rancho MacDonald, en Gervin. Su rostro estaba tostado por el sol y sus manos lucían encallecidas y deformadas, producto de años de lazar y marcar ganado y ovejas, así como de arreglar corrales y otras tareas propias del rancho. La mayoría de los doce hombres que conformaban el jurado eran rancheros y sabían distinguir a un trabajador eficiente y confiable cuando veían a uno. MacDonald, el jefe de Baiza, incluso testificó en favor de su trabajador aludiendo a su buen carácter y a su inmejorable desempeño en el rancho.

Pablo Acosta también atestiguó cómo había salido del Salón de Sandy para encontrar a su padre con un balazo en la frente y cómo corrió detrás de la pick-up tomando el número de matrícula del vehículo del asesino.

El jurado condenó a Baiza por asesinato con "premeditación" y propuso cinco años de libertad condicional, disposición que fue aprobada. En total, Baiza pasó tres meses en la cárcel, el tiempo que tuvo que esperar a que llegara el juicio.

Para Pablo, que en ese entonces contaba con veintiún años de edad, se trataba de una amarga lección acerca del sistema norteamericano de justicia. El resultado del juicio no contribuyó en nada a disminuir el motivo de la enemistad. Pablo nunca le dijo a nadie si planeaba vengarse por su propia mano, pero los consanguíneos de ambas familias continuaron intercambiando amenazas durante años.

Incluso antes de la muerte de su padre, Pablo ya se había convertido en un sujeto conflictivo. En su expediente estaba especificado que había sido multado por manejar en estado de ebriedad y hacer desórdenes en la vía pública en 1957, en Lovington, comunidad agrícola de Nuevo México donde había estado viviendo por temporadas desde 1949. Cleto, uno de los tíos paternos de Pablo, y su esposa, Saturnina, vivían en un estrecho remolque de aluminio en Chaves Street, en la zona este de la vías del Union Pacific que dividían la comunidad de sajones del pequeño pero creciente número de familias de emigrantes mexicanos que se establecían dentro de los límites de la ciudad. Durante la semana, Pablo se quedaba en los alojamientos de la granja y los fines de semana ocupaba una pequeña choza de madera ubicada detrás del remolque.

Durante este tiempo, Pablo trabajaba en granjas durante la primavera, el verano y el otoño, mientras que en el invierno se ocupaba en las desmotadoras de algodón. Pablo era tranquilo mientras no se embriagara. Con unos cuantos tragos encima, estaba dispuesto a golpear a cualquiera. El asesinato

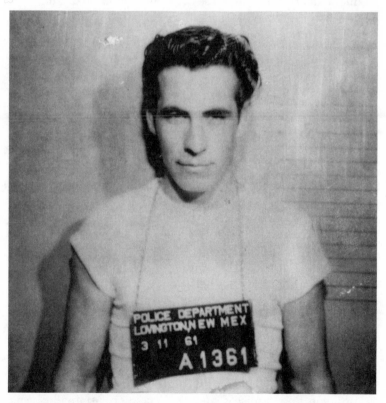

Pablo Acosta al momento de su primer arresto. El expediente de la policía de Lovington, Nuevo México dice: "El sujeto arrojó una jarra de cerveza a una ventana de vidrio cilindrado del bar Smokehouse. Se le multó con $25.00 y se le dio una sentencia suspendida de 10 días". (Foto cortesía del Departamento de Policía de Lovington.)

de su padre empeoró su comportamiento, al igual que el trato con el cual se encontró.

En los años cincuenta los latinos de Nuevo México se estaban abriendo paso en la política estatal y nacional, y esto se suscitaba a pesar de las tensiones entre lo viejo y lo nuevo que podían surgir de las incongruencias. Todavía se recuerda el día en que un latino de mediana edad ocupó un lugar en un restaurante de Tatum, población ubicada a unos treinta y cinco kilómetros de Lovington. Pidió la carta y secamente se le dijo: "Escuche, amigo. Aquí no le servimos a mexicanos". El dueño del restaurante no se dio cuenta sino hasta más tarde que el hombre a quien se había negado servirle era Dennis Chaves, entonces senador de los Estados Unidos por Nuevo México.

Los recién inmigrados como Pablo sentían las tensiones de una manera más marcada. Los braceros (trabajadores documentados temporales) no podían cortarse el pelo en las peluquerías del centro de Lovington y sólo podían ponerse en manos de los peluqueros mexicanos del otro lado de las vías. Los mexicanos no hacían sus compras en las tiendas de los anglosajones por miedo a recibir miradas hostiles y mal trato. Las barreras eran invisibles pero sumamente poderosas, cual si fuera un campo magnético.

Tal vez ésa sea la razón por la que el expediente de Pablo Acosta habla de un arresto en The Steakhouse, un popular restaurante-bar de Lovington, adonde los mexicanos no acudían en marzo de 1963. Para entonces ya llevaba media docena de altercados con la ley por beber en exceso y pelear. Pablo era engreído y desafiante y el 10 de marzo acudió al citado bar con una actitud de lo más pendenciera. Empezó a beber, se enfrascó en una pelea y acabó por arrojar un tarro de cerveza contra uno de los espejos.

Una instantánea Polaroid en blanco y negro llevada al Departamento de Policía de Lovington mostraba a un joven vestido con una camiseta blanca, el pelo envaselinado hacia atrás y un gesto desafiante con muestras de haber estado bebiendo. Se le impuso una multa de veinticinco dólares y una sentencia suspendida de diez días.

Ninguno de estos delitos pesaron lo suficiente para evitar que Pablo consiguiera hacerse ciudadano norteamericano. Generalmente, cuando regresaba a México de visita, le resultaba sumamente simple volver a los Estados Unidos con sólo cruzar el río en Santa Elena o en algún otro poblado pegado a éste. Sin embargo, en 1960 cruzó el puente internacional entre Ojinaga y Presido y fue detenido por las autoridades norteamericanas de inmigración. Pablo no pudo demostrar que era ciudadano de ese país o residente permanente, así que fue deportado por el Servicio de Inmigración y Naturalización de los Estados Unidos.

Para evitar los conflictos en la frontera, en 1963 Pablo solicitó la ciudadanía norteamericana. En su solicitud afirmaba tener derecho a tal ciudadanía en virtud de que su padre había nacido en los Estados Unidos y que tenía documentos que lo atestiguaban. Su padre había nacido en el pueblo minero de Terlingua, Texas, el 16 de septiembre de 1906. Un juez del Servicio de Inmigración y Naturalización en Carlsbad apoyó sus argumentos y en enero de 1964 Pablo recibía el certificado que lo reconocía como ciudadano norteamericano.

Pablo trabajó en las granjas de Lovington en la época del boom local del petróleo. En 1950 se descubrió en la región un enorme yacimiento de oro negro y pronto empezaron a perforarse pozos por doquier. Los trabajadores norteamericanos abandonaron las granjas en bandada para ocupar las bien remuneradas plazas que ofrecía la industria petrolera. Al mismo tiempo, florecía la producción de algodón. Las fábricas de hierro corrugado que almacenaban las desmotadoras podían producir un millón o más pacas de algodón durante los meses de otoño e invierno.

El incremento en la producción del algodón y la disminución en la mano de obra propiciada por los campos petroleros atrajo a miles de trabajadores de México, trescientos kilómetros al sur. Los braceros eran transportados en camión desde Ojinaga y otros pueblos fronterizos a fin de que trabajaran en las enormes granjas; una proporción mayor de ellos se internó ilegalmente.

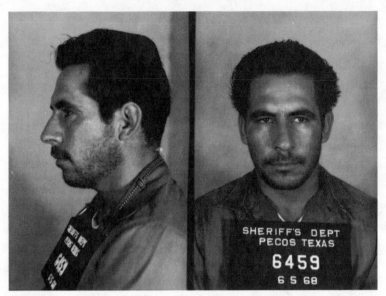

El 28 de mayo de 1968, Acosta introdujo narcóticos a los estados Unidos por primera vez. Fue aprehendido cerca de Marfa, Texas, con una onza de heroína pegada al brazo. Fue juzgado en el tribunal federal de Pecos, Texas, y enviado a la penitenciaria de Fort Leavenworth, Kansas. (Foto cortesía de la Comisaría del condado de Reeves.)

Los sábados por la tarde, los propietarios de las granjas de algodón en el área de Lovington disponían que los trabajadores fuesen llevados al pueblo a bordo de camiones abiertos. Los polvosos trabajadores eran depositados frente a La Poblanita, una fábrica de tortillas ubicada a un lado de las vías del tren. La Poblanita estaba a cargo de una familia mexicano-norteamericana establecida de mucho tiempo atrás. Además de la fábrica de tortillas, La Poblanita tenía al frente un café y un billar, y regaderas y barracas en la parte posterior. Era el lugar más popular del pueblo para los nuevos inmigrantes.

Además del café, las únicas diversiones que había en Lovington para los trabajadores mexicanos eran una sala de cine que proyectaba cintas en español, algunos bares situados en la zona este y algún baile ocasional. Muchos de los braceros acudían a Lovington por la tarde. Hacían las compras de la semana y regresaban a la granja el mismo día. Los que eran solteros, entre los que se encontraba Pablo, pasaban ahí la noche divirtiéndose. En ocasiones, la bebida propiciaba pleitos y éstos a su vez los arrestos.

Un sábado por la noche, en abril de 1964, Pablo se vio complicado en un tiroteo frente a La Poblanita, el altercado más serio que hasta entonces había tenido con la policía y la primera de las muchas balaceras que habrían de escenificarse en su vida. El altercado se inició ya avanzada la noche después de que Pablo se enfrascó en una discusión con otros tipos a causa de una chica, lo que propició que los retara.

"¿Quieren pelea? Síganme a las afueras del pueblo y ahí nos arreglamos", les dijo Pablo.

En lugar de seguirlo fuera del pueblo, uno de los hombres le disparó al salir hacia el estacionamiento, rozándole la mejilla. Pablo contestó el fuego a través de la ventanilla posterior de su automóvil con un rifle 22, dándole a uno de los hombres en el pecho.

Fue éste el tiroteo más impresionante que se había dado en Lovington en mucho tiempo. Por lo menos se hicieron veinticuatro disparos, muchos de ellos sin ton ni son. Los detalles del zafarrancho aparecieron en *The Lovington Daily Leader,* en una reseña de seis párrafos incluida al pie de la primera plana con el siguiente encabezado: "Tiroteo que provocó cuatro arrestos".

Pablo fue acusado de asalto a mano armada y se pasó varios meses encerrado en espera de ser juzgado. Sus tías le llevaban fruta fresca y en ocasiones condimentados platillos mexicanos hasta la vieja prisión del condado. Finalmente los cargos se redujeron a uso ilegal de armas de fuego y se le impuso una sentencia de noventa días. Acabó cumpliendo sólo treinta días.

En ese tiempo, Pablo no tenía nada que ver con las drogas. El motivo en parte se hacía evidente en el encabezado de *The Lovington Daily Leader.* Varios días después de la balacera escenificada a las afueras de La Poblanita, el pequeño diario apareció un reportaje sobre una importante confiscación de drogas en Lovington. El encabezado, de toda la página, daba a conocer la impactante noticia. Se habían confiscado tres

kilos de mariguana y varios miembros de una banda de narcotraficantes mexicanos habían sido arrestados en el mayor
golpe hasta entonces asestado en Lovington.

Eso era en 1964. La desastrosa relación que se iba a dar
entre el público norteamericano y las drogas apenas se estaba
gestando, al igual que la infortunada guerra al otro lado del
mundo. Los grupos de proveedores, distribuidores y protectores, así como la multitud de consumidores aún estaban en
espera de ser reclutados. Aguardaban en las sombras, antici-
pando un futuro que nadie podía haber predicho.

La requisición de Pablo vendría varios años más tarde cuando se encontraba trabajando en la zona de extracción de
Odessa, floreciente zona petrolífera.

Para entonces, había contraído matrimonio con Olivia Baeza, una muchacha mexicana, rolliza, de Ojinaga, a quien había
conocido en Odessa. Todo el pueblo fue invitado a la boda y a
la recepción, escenificada en el ejido a las afueras de Ojinaga.
El acontecimiento estuvo animado con mariachis y carreras
de caballos. Luego la pareja viajó de regreso a Odessa.

Además del trabajo agrícola, la construcción era la única
clase de trabajo a la cual podía dedicarse alguien como Pablo,
inmigrante con una educación equivalente al cuarto año de
primaria, que ahora era el principal sostén de su madre y hermanos menores. Asimismo, tenía que sostener a su propia
familia, y el dinero escaseaba.

En 1968, Pablo hizo migas con algunos trabajadores de la
construcción procedentes de Ojinaga, quienes afirmaban complementar sus ingresos mediante el contrabando a pequeña
escala. Era cuestión de traer de regreso la mercancía a Odessa
después de realizar una visita de fin de semana a los parientes
en Ojinaga. Muchos de los trabajadores de la construcción
provenían de familias campesinas que se habían dedicado al
contrabando de una clase u otra, en una dirección o en la otra,
a lo largo de varias generaciones. Odessa seguía formando parte
de la frontera, el contrabando continuaba siendo una forma
de vida y la droga permitía ganar dinero fácil.

Un día Pablo condujo hasta Ojinaga; todo había sido arreglado de antemano (más tarde se supo que la persona para

quien había accedido a transportarla droga era un pariente político). Pablo nunca antes había pasado nada de contrabando, y era una experiencia nueva y excitante.

Pudo sentir la descarga de adrenalina conforme le fijaban con cinta la mercancía al cuerpo. Ahora era un contrabandista, decidido a transportar la mercancía y a cobrar su comisión una vez entregada ésta. El sabía lo que podía pasarle si lo detenían. Y esto estaba a punto de suceder.

Mientras Pablo se aprestaba en Ojinaga a hacerse cargo de cierta cantidad de heroína el 6 de junio de 1968, alguien, al otro lado del puente internacional, estaba poniendo al tanto a las autoridades norteamericanas acerca de la operación. El informante llegó hasta la oficina de aduanas de los Estados Unidos detrás del puerto internacional de entrada, a escasos cien metros de Ojinaga. Y aunque no sabía cuál era su nombre, proporcionó una descripción física del portador de la droga, las señas del vehículo y el número de la matrícula. El informante no estaba seguro si el contrabandista iba a recoger la heroína en Ojinaga o en Presidio, pero afirmó que lo averiguaría.

Tres horas más tarde, el informante volvió a acudir a la oficina de aduanas para dar parte de los últimos acontecimientos: el joven contrabandista acababa de reunirse con un distribuidor de Ojinaga en algún punto de Presidio. Y en ese momento se dirigía hacia el norte por la autopista 67.

A la oficina de aduanas y a dos patrulleros de la frontera les tomó dos horas dar alcance al Buick cerca de Marfa. Se habla dado la alerta a la patrulla fronteriza en Marfa, que esperaba. Pablo sintió que le saltaba el corazón al ver las luces rojas destellando a sus espaldas. Su mente empezó a agitarse vertiginosamente. "Ahora manténte calmado y sereno, y actúa como un estúpido espalda mojada. Tú no sabes nada. Te diriges a Odessa y acabas de visitar a tu hermana en Ojinaga. Ellos son muy pendejos. No lograrán hallar nada. Simplemente no pueden." Los federales le ordenaron que saliera del vehículo. Lo obligaron a apoyarse contra el cofre, con ambas manos hacia adelante. Pablo sintió cómo lo cateaban, primero las piernas, luego la entrepierna, después el torso y los brazos.

Encontraron la carga de heroína dentro de un globo fijado en la parte posterior de su brazo. Le levantaron éste y tomaron una fotografía de la heroína en su sitio.

El se declaró inocente y fue sometido a juicio en el juzgado federal de distrito en Pecos. Fue sentenciado a ocho años en una penitenciaría federal. A manera de apelación, su abogado argumentó que las autoridades no tenían motivo fundado para registrarlo sin una orden. La apelación fue denegada. Entonces Pablo tenía treinta y un años de edad.

Para ser principiante, no parecía tener mucha suerte

IV
ESTADOS UNIDOS CONTRA PABLO ACOSTA

Pablo salió de la penitenciaría tres años antes gracias a su buen comportamiento. Se pasó cuatro años y medio en Fort Leavenworth trabajando durante el día en los talleres de la prisión y aprovechando por las noches el programa de educación para adultos. Le gustaba estudiar pero más tarde afirmaría que en realidad había aprendido más con el solo hecho de hablar con los abogados, contadores y otros profesionistas con quienes había compartido el espacio de la prisión. Los últimos seis meses los pasó en la penitenciaría federal de La Tuna, cerca de El Paso.

Las prisiones ofrecían otro tipo de educación. Al salir en 1973, Pablo Acosta tenía todas las conexiones que necesitaba al sur de la frontera para retomar lo que había dejado pendiente. Y todavía mejor, ahora podía entrar en contacto con numerosas redes delictivas de norteamericanos y chicanos gracias a las amistades que había hecho en prisión. Con tales redes, cualquiera que hubiera pasado cinco años en la penitenciaría federal por el delito de tráfico de heroína era poseedor de una respetable tarjeta de presentación.

Una de sus nuevas amistades más importantes era Shorty López, un acarreador de heroína originario de Odessa a quien Pablo había conocido en la penitenciaría. Shorty (chaparrito), que debía su mote a lo pequeño de su complexión era un bracero de la tercera generación. Había nacido en Corpus Christi, Texas, y se crió en el área de Odessa. Al igual que Pablo, se había dedicado a la pizca de algodón y a trabajar en las desmotadoras. Shorty ingresó a prisión unos nueve meses después de que Pablo lo hiciera, pero salieron libres más o menos al mismo tiempo y mantuvieron su amistad.

El objetivo primordial de Pablo al salir de prisión era salir adelante económicamente. Contaba con treinta seis años de edad y no tenía nada. Olivia y su hija Karen habían permanecido con unas amistades en Ojinaga mientras él estaba tras las rejas.

Pablo se llevó a su familia de regreso a Odessa; los tres se fueron a vivir a una casa rentada de dos recámaras ubicada en el distrito de clase media baja en la zona céntrica de Odessa, donde vivían su madre y algunos de sus hermanos y hermanas. Era una deslucida casa gris construida en un patio trasero con una cochera al aire libre y un calentador de agua exterior. Se dedicó a trabajar en cuadrillas de trabajadores de la construcción reparando techos y luego empezó a trabajar como subcontratista para las firmas a las cuales alguna vez había prestado servicio. En su tiempo libre, Pablo realizaba visitas a Ojinaga.

Para cuando Pablo había salido de prisión, a Domingo Aranda ya lo habían reducido a cenizas en las márgenes del río al este de Ojinaga. Manuel Carrasco era el reconocido zar de la droga del pueblo fronterizo y el principal contacto para cualquiera que se dedicara al tráfico de heroína, mariguana o cocaína en Odessa y Midland. Pablo empezó a conseguir droga tanto directamente de Manuel como a través de Shorty López. Los informantes al servicio de la policía de Odessa pronto identificaron a Pablo, el subcontratista reparador de techos, como un pujante traficante de heroína y mariguana. Los informantes llevaron a elementos disfrazados de la policía a fin de señalarles la casucha gris donde vivía Pablo así como los domicilios de sus contactos. Los oficiales de la policía de Odessa empezaron a detener a Pablo con el pretexto de verificar sus papeles

Pablo se había dejado crecer un fino bigotillo que hacía resaltar más sus prominentes pómulos. Cuando la policía lo detenía, tenía la costumbre de acercar cortésmente el oído, como tratando de entender lo que el oficial le decía. "Lo siento, no hablo inglés", era una frase que encontró sumamente útil en esos momentos, aun cuando entendía el inglés tan bien como cualquiera.

Pablo volvió a tener problemas con la ley en noviembre de 1974, pero esta vez no fue por narcóticos sino por haber golpeado a un ex juez del condado de Ector que se había negado a pagar el trabajo de reparación de un techo. El ex juez era socio de una compañía de techos que había subcontratado a Pablo Acosta para realizar el trabajo y no había podido pagar el importe de éste. Pablo se quedó con el camión de los desperdicios y el caldero de brea a base de gas y escondió el equipo detrás de un establecimiento de vestiduras para autos que Shorty había dispuesto como encubrimiento para arreglar sus negocios de heroína. Pablo llamó al ex juez y le dijo que acudiera al establecimiento a fin de que pudiera resolver el problema. Cuando se presentó, Pablo, su hermano Héctor Manuel y otro hombre empezaron a golpearlo con látigos de jinete y pedazos de manguera. Pablo fue arrestado, fotografiado y luego puesto en libertad con una fianza de mil quinientos dólares.

Pablo no tardó en darse cuenta de que había llegado el momento de irse de ahí. Su casa estaba constantemente vigilada, al igual que el establecimiento de vestiduras de Shorty y otros domicilios y negocios desde los cuales operaban los traficantes de heroína de Odessa. Se fue con su familia a Eunice, al noroeste de Odessa, pequeño pueblo agrícola y petrolero del sudeste de Nuevo México. Ahí vivió tranquilamente con su familia en una casa de madera de dos recámaras, próxima al patio de una iglesia bautista y a unas cuadras de la escuela de su hija.

En Eunice, Pablo estableció otra compañía especializada en techos, invirtiendo en equipo pesado. Compró un camión de volteo para llevarse las tejas viejas y otros desperdicios del lugar de trabajo, un caldero de brea a base de gas para derretir los bloques de brea y otra clase de equipo. Era una persona organizada y no le importaba ensuciarse las manos. La compañía producía dinero y era un disfraz ideal para hacer negocios. Además, los techos eran lugares seguros para hacer los arreglos; estaban a salvo de oídos indiscretos y era fácil

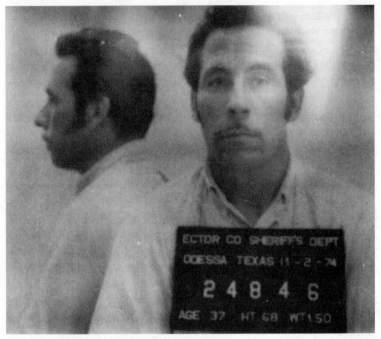

Esta fotografía de ficha criminal fue tomada el 2 de noviembre de 1974, después de que Pablo Acosta y su hermano golpearan a un ex comisionado del condado de Ector. Se afirma que el ex comisionado no le había pagado a Acosta, en aquel entonces subcontratista reparador de techos, lo que le debía por un trabajo hecho en Odessa. (Foto cortesía del comisario del condado de Ector.)

estar al tanto de lo que sucedía en el vecindario desde lo alto de las casas de uno o dos pisos.

Aunque se había mudado de Odessa, a dos horas en auto de Eunice, los investigadores de narcóticos no le habían perdido la pista. Pronto se difundieron las noticias entre la policía estatal de Nuevo México de que un traficante de heroína llamado Pablo era capaz de colocar medio kilo de heroína en una sola operación.

Es muy probable que Pablo hubiera continuado haciendo sus negocios desde Eunice indefinidamente de no haber sido por una confiscación accidental que se dio en el Aeropuerto Internacional John F. Kennedy en Nueva York a fines de noviembre de 1976.

Los agentes secretos arrestaron a un narcotraficante llamado Julio con varios gramos de cocaína encima. El narcotraficante tenía una firma de seguridad privada en Hobbs, pueblo petrolero justo al norte de Eunice, y una multitud de conexiones con la droga a lo largo de todos los Estados Unidos. Para salvar su pellejo, Julio hizo un trato con la DEA en el sentido de tender una trampa a un importante traficante de heroína de Nuevo México llamado Delfino Rendón.

Rendón era un peluquero de Hobbs de treinta y tantos años, de piel morena, cara de niño, dientes sumamente blancos, cabello rizado y personalidad muy agradable. Había trabajado en la peluquería ubicada en el centro de Hobbs hasta que se volvió adicto a la heroína. Para mantener su vicio, empezó a formar su propio grupo de adictos y se creía que era capaz de distribuir una libra de heroína a la semana. Los agentes norteamericanos pensaban que, directa o indirectamente, Rendón obtenía la heroína de Manuel Carrasco, el narcotraficante de Ojinaga.

La DEA se dirigió por aire con el traficante que había arrestado en Nueva York hacia Albuquerque, donde lo hicieron establecer un arreglo con Rendón por teléfono. Julio convenció a Rendón de que tenía dos compradores importantes de Nueva York que necesitaban un kilogramo de heroína de la mejor clase. Mientras tanto, la policía estatal de Nuevo México empezó a seguir al traficante de cabello rizado para ver con quién se ponía en contacto para despachar semejante pedido. Se sorprendieron cuando tuvieron que seguirlo hasta Eunice y lo vieron entrar en una casa blanca de dos recámaras ubicada en la Calle 19: la vivienda de Pablo Acosta.

Los vigilantes se quedaron extasiados cuando Rendón se fue de la residencia de Acosta media hora después. Lo siguieron de regreso a Hobbs. Pablo, pensaron los agentes, era un distribuidor más importante que Rendón. El año anterior, un agente secreto había estado a punto de comprarle a Pablo kilo y medio de heroína, pero el trato nunca llegó a cerrarse.

Ese mismo día, más tarde, los agentes secretos ya tenían la certeza de que era Pablo quien iba a proporcionar la heroína. Justo después de que Delfino entrara en su casa en Hobbs, un

agente de la DEA, haciéndose pasar por uno de los compradores de Nueva York, recibió una llamada de Rendón. "Mi gente
puede reunir en este momento medio kilo de heroína. ¿Podrías
venir mañana?"

A la mañana siguiente, los dos agentes secretos se dirigieron a Hobbs. Lester Tuell era un hombre larguirucho de la
parte central de los Estados Unidos, de cabello rizado. Tony
Riccio, por su parte, era un tipo de cabello oscuro, delgado y
con acento neoyorquino. Se reunieron con Rendón en un restaurante y almorzaron juntos. Después de comer, Riccio fue a
los sanitarios y Rendón lo siguió.

"Déjame ver qué tienes ahí", dijo Riccio, exagerando su
acento neoyorquino. Rendón le enseñó una muestra de la heroína. Riccio la examinó cuidadosamente y musitó algo en señal
de aprobación. Luego, le mostró a Rendón algunos billetes.

Desde Hobbs, los agentes condujeron a Rendón hasta Eunice y lo dejaron frente a la casa de Pablo. Al llegar, vieron el
camión de volteo de Pablo estacionado afuera. Luego vieron
cómo Rendón se dirigía hacia la puerta y se aprestaba a tocar.
La puerta se abrió y Delfino pasó al interior. Cinco minutos
más tarde, los agentes vieron que la puerta volvía a abrirse y
por ella salía Rendón. Se dirigió al auto e introduciendo su
rizada cabeza por la ventanilla dijo: "Ya está todo arreglado.
Nos vamos a reunir unos tres kilómetros afuera del pueblo".

Rendón les dio instrucciones acerca de cómo llegar a un
pro o pozo que se había cavado para obtener caliche, el blanco
y duro barro que se usaba para pavimentar los caminos de los
campos petroleros en las afueras de Eunice. A un lado de la
excavación había bajas colinas de arena cubiertas de maleza
del desierto, y luego estaban los campos petroleros con bombas y pequeños tanques de almacenamiento. "Esperemos a un
lado de la carretera. Llegaremos alrededor de las cuatro", dijo
Rendón.

Los oficiales pensaban que la entrega se realizaría en alguna casa o edificio, ya sea en Eunice o Hobbs, o en algún bar.
Habían preparado detallados diagramas de cada uno de los
sitios probables mostrando la ubicación de las puertas, ventanas y otros pormenores que podrían ser de utilidad en caso de

que alguien empezara a disparar. Sin embargo, tales dibujos ahora resultaban inútiles. En lugar de ello, solicitaron el envío de un Cessna de la DEA, desde Albuquerque, a fin de que estuviera atento al golpe y coordinara la acción desde el aire. Tan pronto como Riccio y Tuell abrieran el cofre del vehículo, la aeronave avisaría por radio a los agentes de refuerzo para que se movilizaran.

Rendón conducía una pick-up nueva, azul y gris. Cuando fue a recoger a Pablo, Rendón lucía aprensivo. Pablo entendió la situación y le dio un gramo, y esperó hasta que el traficante de cabello rizado se volviera a acomodar la manga en su lugar. Al salir de la autopista, pasando el cementerio, Delfino se encontraba de lo más relajado. Pablo extrajo de su abrigo un frasco de vidrio y lo colocó en el asiento del vehículo. En el interior del frasco había medio kilo de heroína "de brea negra". Era de color café oscuro y tenía la textura del barro. En vista de que se trataba de un arreglo de Rendón, él se iba a encargar de entregar la mercancía y recoger el dinero, mientras Pablo se mantenía a distancia.

Divisaron a Tuell y Riccio sentados en un sedán naranja junto a la entrada del yacimiento de caliche. Rendón enfiló por el camino de tierra y los dos agentes secretos siguieron de cerca. Se estacionaron cerca del yacimiento de caliche y todo el mundo se apeó.

Mientras Rendón se aproximaba a los dos compradores llevando consigo el frasco con la tapa firmemente apretada, Pablo tiró de su sombrero vaquero para cubrirse los ojos y se apoyó contra el vehículo para observar la operación. Estaba nervioso. Por lo general era extremadamente cuidadoso con los clientes y trataba sólo con personas a quienes había conocido de mucho tiempo atrás. Conocía a Julio, a Rendón y a otros traficantes. Sin embargo, ésta era la primera vez que veía a los dos neoyorquinos.

Rendón y los dos hombres se encontraban parados junto a la puerta posterior del sedán naranja. Rendón esbozó una sonrisa al extender el frasco a Riccio. Tuell abrió una botellita con el fin de realizar una rápida prueba de campo, procedimiento estándar entre compradores que quieren asegurarse de que están obteniendo aquello por lo que están pagando. Tuell dejó caer una pizca de heroína en el líquido y lo agitó. Los tres hombres observaron el frasco con interés y sonrieron cuando la solución adquirió un tono profundamente violeta. "Parece que todo está bien", dijo Tuell.

Rendón siempre se ponía nervioso en tales momentos, pero también sentía una profunda alegría. Hacer un negocio de ese tipo le significaba un diez por ciento de comisión, y el dinero implicaba proseguir con esa serenidad inducida por el opio que tan desesperadamente anhelaba. El sólo pensaba en obtener el dinero y salir cuanto antes de ahí.

Riccio abrió la cajuela, la señal para los agentes de refuerzo que esperaban escondidos a lo largo de la carretera. Con binoculares, el observador en el Cessna de la DEA que volaba en lo alto vio el momento en que Riccio abría la cajuela y entonces se aprestó a radiar a fin de que, los vehículos de apoyo se movilizaran. Mientras tanto, Rendón, Riccio y Tuell se agachaban a ver el dinero y a sacarlo de la cajuela. Justo en el momento en que Rendón introducía su rizada cabeza a la cajuela, Riccio extrajo una placa de la policía estatal agitándosela ante las narices y apuntándole con un revólver. "Policía estatal de Nuevo México. Estás arrestado, Delfino. Apoya tu inmunda cara contra el suelo."

Pablo se encontraba a unos diez metros; la camioneta estaba entre él y los otros hombres. No podía escuchar con claridad lo que estaban diciendo, pero se dio cuenta de que algo andaba mal cuando vio que Rendón se puso rígido abruptamente. Vio el destello del revólver en la mano del hombre de cabello negro con acento neoyorquino. Todo había sucedido tan rápido que no sabía qué pensar. ¿Se trataba acaso de un robo? ¿O era una confiscación? Pablo tenía en el cinturón una 38. La tomó en cuanto vio que el hombre obligaba a Rendón a tenderse boca abajo y contra el suelo, sin embargo, estaba al otro lado del sedán naranja y no podía apuntar con precisión. Riccio gritó: "¡Policía! ¡Ponga las manos en alto!"

Si acaso Pablo pensó en la posibilidad de disparar, pronto cambió de opinión al ver cómo se aproximaba una camioneta sobre el camino de tierra. Dio media vuelta y se precipitó hacia las colinas de arena, sorteando los mezquites de baja altura y los arbustos. Al correr se le cayó su sombrero vaquero. Escuchó que Riccio le gritaba: "¡Deténte o disparo!" Sin embargo, siguió corriendo. Se dejó oír un disparo y Pablo pudo escuchar cómo el proyectil se incrustaba en la arena justo delante de él. Prosiguió con su huida. Sabía que una condena más por tráfico de heroína le costaría por lo menos veinte años en prisión.

Uno de los tripulantes de la camioneta era un oficial de narcóticos de la policía estatal de Nuevo México llamado Richard Paz. Paz había estado al mando de la operación y había estado siguiendo a Rendón durante días. Ya tenía tiempo que quería arrestar a Pablo y ahora el infeliz estaba huyendo a través del desierto. Paz había nacido en Ojinaga y descendía de los indios tarahumaras, tribu de las montañas de Chihuahua famosa por su velocidad y resistencia al correr sobre terrenos abruptos. Se deshizo de su walkie-talkie a fin de poder correr más libremente. Pudo ver a la distancia cómo oscilaba la cabeza de Pablo hacia arriba y hacia abajo y empezó a descontar la distancia que lo separaba de él. Pablo tenía buena condición física, pero tenía treinta y nueve años de edad, catorce más que el oficial de narcóticos de origen mexicano que en ese momento le estaba pisando los talones.

Después de haber corrido aproximadamente kilómetro y medio a través de las colinas·de arena tapizadas de matorrales, el oficial de Nuevo México vio cómo Pablo se giraba y le apuntaba con su revólver a escasos cincuenta metros de distancia. Paz se puso rápidamente de rodillas y lanzó el primer disparo. Entonces vio que Pablo volvía a reanudar su huida escabulléndose entre los arbustos y las colinas de arena,

Gracias a su astucia y a la rapidez con que se hizo de noche, Pablo evitó ser capturado. La operación de entrega de la heroína en el yacimiento de caliche tuvo lugar alrededor de las cinco de la tarde, cuando el sol ya se había puesto. Una hora más tarde, todo estaba oscuro, y tanto la policía federal como la estatal habían perdido la pista de Pablo. Con el avión en lo alto tratando de detectarlo, peinaron el área hasta que la oscuridad ya no permitió ver más. Estaban seguros de que seguía en algún punto de las colinas de arena, pero toda búsqueda hubiera resultado inútil: tenía un revólver y era obvio que estaba dispuesto a usarlo. Dieron por terminada la cacería.

Un mes más tarde, el gran jurado federal de Albuquerque giró un auto de acusación contra Pablo Acosta, Delfino Rendón, el hermano de Delfino y una cuarta persona bajo los cargos de posesión de heroína con la intención de distribuirla y por ayudarse y encubrirse unos a otros para la realización de tal acción. Todos, excepto Pablo, cumplieron su condena.

Más tarde, Richard Paz, el policía estatal de Nuevo México, se enteró de que Pablo había estado haciendo preguntas sobre él. Pablo quería saber si "ese muchacho mexicano" era "chota" (policía) o sólo alguien que había tratado de robarle.

—Es chota —le dijo a Pablo un adiestrador de caballos familiarizado con ambos lados de la frontera, al igual que con ambos lados de la ley—. Lo he visto en Hobbs.

—Entonces te voy a pedir que le digas algo de mi parte —dijo Pablo—. Dile al desgraciado que podría echármelo si quisiera. El mal nacido casi me pone la mano encima, así de cerca llegó a estar de mí. Dile que le agradezco que haya sido mexicano. Si me hubiera pillado, menos mal que se trataba de un mexicano.

Paz se enteró por conducto del adiestrador de caballos cómo se las había arreglado Pablo para escapar: pocos minutos después de que Paz le disparara, Pablo se había arrastrado hasta una estrecha tubería de metal corrugado que había sido colocada para el drenaje bajo uno de los caminos de caliche. Tiró de un arbusto que tenía ante sí a fin de ocultar su rostro unos instantes antes de que Paz se acercara lo suficiente para ponerle la mano encima. Más tarde, esa noche, Pablo había caminado hasta la carretera donde pidió que le dieran un aventón a Odessa. De ahí, uno de sus primos lo condujo a Ojinaga.

Años más tarde, Pablo refería el incidente de otra manera. Simplemente fue una casualidad que él acompañara a Delfino Rendón esa vez, y fue el hecho de que Rendón hiciera el arreglo sin ponerlo al tanto de lo que estaba sucediendo lo que ocasionó que él quedara involucrado en la situación. En su condición de ex convicto, con cargos anteriores por tráfico de heroína, no tuvo más remedio que huir. "La única brea negra que yo jamás he manejado es la que se usa para impermeabilizar los techos", solía decir.

El hecho de que lo requiriese la justicia obligó a Pablo a huir a México. Pensó que con la acusación federal sería una buena idea permanecer ahí.

El cambio resultó ser también una acertada maniobra comercial. En 1976 el submundo de Ojinaga se encontraba en plena efervescencia y lleno de oportunidades para un narcotraficante astuto, emprendedor y dinámico con infinidad de conexiones en los Estados Unidos y una idea clara de cómo funcionaban las cosas en ambos países.

En unos cuantos años, Pablo habría de crear un imperio de drogas de enorme alcance, que lo colocaría entre los principales zares de la droga de México.

V

LA PLAZA

En México, preguntar quién está manejando la plaza quiere decir: "¿Quién está a cargo, quién dirige la situación?" En sentido coloquial, la plaza generalmente se refiere a la autoridad policiaca y a su jurisdicción. Sin embargo, en el medio mexicano de los narcotraficantes, tiene un significado muy específico: ¿quién tiene la concesión para dirigir el negocio de los narcóticos?

Durante décadas, los informantes mexicanos trataron de explicar el sentido de esta idea a sus contactos encargados de hacer cumplir la ley en los Estados Unidos. Cuando alguien tenía la plaza, significaba que le estaba pagando lo suficiente a una autoridad o autoridades a fin de asegurarse de que no sería molestado por la policía federal o estatal o por el ejército. El dinero iba ascendiendo los peldaños, con repartición de porcentajes en cada uno de los niveles de mando hasta llegar al gran protector dentro del esquema.

El poseedor de la plaza tenía dos obligaciones: generar dinero para sus patrones y ofrecer sus servicios de espionaje para señalar a los operadores independientes, o sea a aquellos narcotraficantes y productores de drogas que buscaban evitar pagar el tributo necesario. Los independientes eran los que resultaban aprehendidos por la Policía Judicial Federal Mexicana, el equivalente del FBI, o por el ejército.

En ocasiones, las autoridades protegían a su hombre de las facciones rivales; pero otras veces no lo hacían, optando por una variante de selección natural a fin de determinar quién iba a dirigir la plaza. Si el poseedor de la plaza era arrestado o eliminado por las autoridades, podía deberse a que había dejado de hacer sus pagos, o su nombre había empezado a aparecer en los diarios con suma frecuencia. Otras veces la presión internacional era tan intensa que el gobierno se veía obligado a proceder en contra de un individuo específico.

Era un sistema que le permitía a ciertas autoridades mantener un control en la cuestión de las drogas y al mismo tiempo obtener ganancias de una manera sumamente cómoda.

Cuando Pablo Acosta huyó de Nuevo México a Ojinaga a finales de 1976, el mundo del narcotráfico estaba sufriendo muchos cambios.

Manuel Carrasco, quien fuera el proveedor de Pablo de mariguana y heroína y el narcotraficante que había convertido a Ojinaga en un importante centro para la distribución de narcóticos, había huido, dejando disponible su plaza de Ojinaga.

Dichos cambios fueron el resultado de un relativamente insignificante tiroteo accidental que había tenido lugar en la zona roja del pueblo y que luego se convirtió en una balacera de gran escala, poniendo fin a la carrera de Carrasco, por lo menos en Ojinaga.

El incidente tuvo lugar una noche de marzo de 1976, ocho meses antes de que Pablo Acosta huyera a México. Carrasco y varios de sus asociados en el negocio de las drogas habían estado bebiendo en un bar de la zona de tolerancia y jugando a disparar sus pistolas al aire con varias chicas del bar. Al disparar sus pistolas al aire una de las balas, al rebotar, le dio a una de las mujeres en el pie.

Según los informes que se dieron acerca de este incidente crucial, Carrasco se encontraba en el bar en compañía de Heraclio Rodríguez Avilés, sobrino de un poderoso narcotraficante de Parral, ciudad situada a 150 millas al sur de Ojinaga, que además era uno de los principales proveedores de droga de Manuel Carrasco. Heraclio había llegado al pueblo en avioneta al principio de esa semana acompañado de tres pistoleros, con el propósito de tratar el asunto de un dinero que Carrasco le debía al narco de Parral. Heraclio era un miembro confia-

ble del clan de narcotraficantes de Parral que evidentemente
sabía cómo manejar las situaciones. Dos semanas antes, él y
sus hombres habían desarmado a toda la policía municipal de
Parral y luego habían conducido a los policías a punta de pistola hacia una colina en las afueras del pueblo, donde los ataron
y dejaron a su suerte.

Se cree que la visita de Heraclio a Ojinaga estaba relacionada con la crisis financiera por la que atravesaba Carrasco
debido a una sucesión de pérdidas graves: envíos de drogas
que le había adelantado el narco de Parral pero que habían
sido decomisadas en los Estados Unidos. Durante los nueve
meses anteriores, a Carrasco le habían decomisado catorce kilos de heroína y una tonelada de mariguana en distintas
operaciones en California, Illinois y Texas. Un avión que había pedido prestado a los Avilés se había estrellado. En total,
todo esto representaba pérdidas multimillonarias para Manuel.
El Don de las drogas de Ojinaga tenía que pagar esos cargamentos y ése era precisamente el motivo de la visita de Heraclio:
averiguar cómo y cuándo iba a saldar esas deudas. Al parecer,
Carrasco le había pagado al sobrino de su proveedor de Parral, ya que ambos estaban de gran juerga en la zona hasta
que la bala hirió a la muchacha.

Los borrachos condujeron a la lesionada a la casa del doctor Artemio Gallegos, un médico militar retirado que daba
consulta privada en la casa tapizada de libros que tenía cerca
de la plaza principal, no lejos de la estación de policía y la
guarnición militar. Mientras Carrasco, Heraclio y sus hombres esperaban sentados en la sala de espera, el Dr. Gallegos
se aprestó a curar a la mujer herida. Justo cuando acababa de
limpiar la lesión, una cuadrilla de policías encabezada por el
jefe de la policía llegó al lugar a investigar.

Heraclio estaba sobrio cuando echó del pueblo a la policía
municipal de Parral a punta de pistola, pero cuando el jefe de
la policía, junto con otros guardias municipales, entraron a la
sala de espera, Heraclio, borracho, apuntó su automática al
jefe policiaco y empezó a tirar del gatillo. El jefe lo tomó del
brazo y se lo apartó, retrocediendo para sacar su revólver.
Entonces todo mundo, policías y narcotraficantes, intervino

en el tiroteo. Narcos bebidos y policías aterrorizados corrían presos de la confusión de uno a otro de los cuartos atestados de libros o hacia la calle, intercambiando el fuego. Detrás de la mesa de auscultación se refugiaron el doctor, la enfermera, la prostituta y el jefe policiaco cuando uno de los pistoleros les vació el contenido de su automática.

El incidente habría tenido cierto aire de película muda cómica si nadie hubiese salido herido. Pero durante el tiroteo, Heraclio recibió un balazo en el corazón y murió instantáneamente. Uno de los policías fue herido en el brazo. Manuel Carrasco recibió un impacto en la parte inferior de la espalda. El fuego cesó cuando alguien gritó desde la calle que los soldados iban en camino. Eso hizo que los delincuentes huyeran.

Las tropas llegaron momentos después, pero ya entonces los narcos habían escapado. Manuel Carrasco fue conducido a un hospital de la ciudad de Chihuahua. La herida de Manuel Carrasco no era seria y pronto lo dieron de alta.

Mientras tanto, empezaron a circular rumores de que el tiroteo era consecuencia de la lucha por obtener el control de la plaza de Ojinaga. Alguien había querido deshacerse de Manuel Carrasco y tal suposición era lógica debido a la creciente importancia de Ojinaga como punto de tránsito para el manejo de narcóticos.

Sin embargo, más tarde la policía estatal de Nuevo México obtuvo una explicación que consideró más factible, dada la reputación maquiavélica de que gozaba Manuel. Se decía que Manuel Carrasco había aprovechado la inesperada confusión para disparar contra Heraclio y así librarse de una fuerte deuda por concepto de droga. Así podría asegurarle al viejo Avilés que ya había cubierto la deuda de Parral e insistir en que no sabía qué diablos había hecho Heraclio con el dinero.

Pero resultó que también Manuel recibió un tiro.

De acuerdo con la versión norteamericana, el viejo Avilés llamó al hospital de Chihuahua donde estaban atendiendo a Manuel y le preguntó qué había sucedido con su sobrino. Se dice que Manuel contestó con un tono de tristeza: "Hubo un problema, señor Avilés. Heraclio fue asesinado". Cuando Manuel le hubo dado los pormenores del tiroteo, el viejo le preguntó: "¿Y qué pasó con el dinero?" "No sé. Yo se lo di a él ese día, temprano. Ignoro qué haya hecho con él."

Sin embargo, los pistoleros de Heraclio tenían una versión distinta de los acontecimientos. Después de burlar al ejército, habían regresado a Parral unos cinco días después. Uno de ellos, un piloto llamado Huitaro, al parecer dijo: "Eso es mentira. Yo vi cómo Manuel le disparaba a Heraclio". Y ninguno de los supervivientes recordaba que a Heraclio se le hubiese dado dinero alguno.

El viejo Avilés no sólo le puso precio a la cabeza de Manuel Carrasco, también contrató a gente para que mataran a cada uno de los policías municipales de Ojinaga. Todos deberían ser eliminados.

Por todo el pueblo se empezó a rumorar que dos aviones llenos de hombres de Avilés armados con machetes y ametralladoras venían en camino con órdenes de despedazar a los policías. No hubo un solo policía que no huyera a los Estados Unidos. Algunos de ellos se fueron a pueblos de Nuevo México, otros a comunidades de Oklahoma, adonde ya tenían parientes establecidos. La policía norteamericana se mostró muy comprensiva. Obtuvo permisos especiales tanto para el jefe policiaco y su asistente como para sus familias. Asimismo, no pusieron objeción alguna cuando lo que quedaba de la fuerza policiaca de Ojinaga acudió a los Estados Unidos llevando consigo a sus familias.

Manuel Carrasco también desapareció, y con ello el mundo del narcotráfico de Ojinaga quedó en suspenso. Siendo traicionero por naturaleza, temía que alguien intentara algo en su contra y nunca dijo nada, ni siquiera a sus colaboradores más cercanos. Simplemente abandonó la lucrativa plaza. Era como si el propietario de una empresa multimillonaria se saliera un buen día sin decir adiós a ninguno de sus empleados y jamás regresara.

Más tarde, circularon rumores de que "los de arriba" habían decidido promoverlo a una plaza mayor, de más trascendencia, en el estado de Sinaloa. Se rumoraba también que mediante sobornos se había abierto paso en la milicia y ahora estaba como general de una unidad del ejército en el estado de Durango. Otros rumores afirmaban que, huyendo de la venganza del viejo Avilés, había decidido refugiarse en el puerto de Veracruz.

Se dice que durante un tiempo breve uno de los primos de Manuel Carrasco estuvo a cargo de la plaza, pero pronto fue arrestado en los Estados Unidos.

La plaza de Ojinaga acabó en manos de Shorty López, brazo derecho de Carrasco y amigo de Pablo Acosta, a quien había conocido en la penitenciaría federal de Fort Leavenworth. Al igual que Pablo, Shorty distribuía heroína y mariguana en la parte oeste de Texas para Manuel Carrasco. Pero mientras Pablo se contentaba con basar sus operaciones en Odessa, y más tarde en Eunice, Shorty prefería trabajar desde Ojinaga. Se había casado con una mujer de ese pueblo y cada vez fue pasando ahí más tiempo que en los Estados Unidos. Se dedicaba a distribuir droga entre clientes norteamericanos, para luego regresar a México con valijas llenas de dinero.

La estrella de Shorty en la organización de Carrasco empezó a brillar la noche que los oficiales de Seguridad Pública del Departamento de Texas lo persiguieron a través de las montañas en la autopista 67, entre Marfa y Presidio. Después, le comentó a sus amigos que esa noche venía de regreso de Ojinaga con el dinero de una entrega de mariguana que había llevado de parte de Manuel a Fort Stockton a través de los terregosos caminos del Gran Recodo. De regreso tomó la carretera de dos carriles a Presidio con el dinero metido en un saco. Nunca supo si lo persiguieron por exceso de velocidad o porque alguien lo había delatado. Tan pronto como vio el destello de las luces rojas, aceleró la marcha de su pick-up arreglada y trató de dejar atrás a los representantes de la ley. Hubiera sido de lo más difícil explicar cómo era que un ex convicto llevaba decenas de miles de dólares en ese saco de cuero. Además, de Ojinaga quedaba a sólo quince kilómetros de distancia. Todo lo que tenía que hacer era emprender una rápida carrera a través del puente internacional y así poder estar a salvo en casa.

La veloz persecución acabó en una curva pronunciada

cerca de Presidio. Shorty perdió el control y se salió de la carretera. Su camioneta se fue rodando por la ladera. Los policías creyeron que iban a encontrar un cuerpo destrozado en el fondo del barranco. Mas todo lo que encontraron fue una pick-up deshecha, arbustos de mezquite rotos, cactus aplastados y unas cuantas huellas de sangre en dirección al desierto.

Shorty se rompió la pierna al salir despedido de la camioneta. Sangraba del rostro y del pecho. Según refirió después, se las arregló para burlar a la policía y arrastrarse hasta el río Bravo, justo al oeste de Ojinaga. Lo cruzó a nado sosteniendo firmemente el saco entre los dientes y luego, cojeando, llegó hasta una casa de adobe próxima a la orilla del río. Tocó la puerta para despertar a un viejo viudo que vivía ahí solo. "Escucha, viejo —dijo Shorty, apretando los dientes de dolor—, te voy a pagar por tu tiempo. Ve a buscar a Manuel Carrasco y dile que venga por mí. Que estoy herido, seriamente herido."

El accidente le dejó la pierna rígida, pero su resolución y osadía le ganaron la estimación de Carrasco, así como una promoción: Manuel lo puso al cargo de un enorme rancho del desierto, ubicado al sudeste, donde Carrasco criaba ganado y cabras. Los animales eran el parapeto; el verdadero propósito del rancho era la larga pista de aterrizaje y el avión de carga que continuamente llegaba de puntos distantes, así como los almacenes subterráneos donde se guardaba la mercancía y se mantenía alejada de las miradas indiscretas.

Conforme fue haciéndose más importante para Manuel, empezó Shorty a tratar directamente con más clientes de este zar, así como con sus proveedores en las montañas de Chihuahua, Oaxaca y Sinaloa. Pronto llegó a ver la red de operaciones en su contorno general y no sólo en partes aisladas. Con el tiempo llegó a manejar el movimiento de las drogas a lo largo de toda la frontera, desde Pilares, poblado situado a unos ciento sesenta kilómetros río arriba de Ojinaga, hasta Boquillas, otro poblado ubicado a doscientos veinte kilómetros río abajo, cerca de la línea divisoria entre Chihuahua y Coahuila, el tramo del río Bravo que representaba la plaza de Ojinaga de Manuel Carrasco. Siempre era La Víbora quien trataba con las autoridades, reservándose celosamente sus contactos oficiales. Pero esto cambió tras la desaparición de Manuel.

Cuando Carrasco no pudo ser localizado para cubrir el dinero de la plaza, sus protectores empezaron a investigar quién había quedado a cargo. Supuestamente Manuel Carrasco había estado pagando cien mil dólares el día diez de cada mes. El saldo no cubierto empezó a crecer conforme pasaban los meses. Varios meses después de que Manuel desapareciera, Shorty empezó a recibir visitas de la ciudad de Chihuahua. Manuel no estaba haciendo sus pagos y se estaba quedando rezagado, tal fue la información confiada a Shorty. Alguien tenía que conseguir ese dinero y ese "alguien" se llamaba Shorty López.

Shorty protestó por la suma que se le quería cobrar. Por supuesto que él había estado muy al tanto de los negocios de Manuel, pero no de la totalidad de ellos. Se exigían cien mil dólares mensuales sobre el volumen total de las operaciones de droga de Manuel. Para Shorty, que apenas empezaba a recoger las piezas de una organización abandonada por su jefe, la suma resultaba ruinosa. Finalmente, llegó a un arreglo y se le dejó en paz con el manejo de la plaza.

Algunos asociados anteriores del mundo del narcotráfico dijeron que al principio Shorty realizó los pagos a nombre de Manuel, pero conforme transcurrieron los meses, empezó a considerar la plaza como de su propiedad. Después de todo, era él quien ahora estaba generando el dinero para los pagos de la plaza, y no Manuel. Este lo había dejado en una situación ambigua y no había hecho nada por ponerse en contacto con él.

Shorty pronto empezó a crecer gracias a su propio esfuerzo. No tardó en tener todo el equipo con que cuenta un zar de la droga: su propio rancho ganadero provisto de una pista de aterrizaje, una bodega para almacenar la droga y sus propios pilotos y mensajeros. El punto central de las operaciones de narcotráfico pasó de la propiedad de Manuel a la suya.

"Así que ¿qué debo hacer? —Shorty le preguntó en una ocasión a un amigo norteamericano— Si Manuel no está aquí para pagar la cuota de la plaza y ellos me obligan a pagar en su lugar, eso significa que yo soy el dueño de la plaza y no Manuel. A él yo no le debo nada."

Para cuando Pablo Acosta llegó a Ojinaga después de eludir a la policía norteamericana en las dunas de arena de las afueras de Eunice, Shorty había estado realizando los pagos de la plaza durante cinco o seis meses. Su encuentro en Ojinaga fue como una feliz reunión de camaradas de la infancia.

Shorty le facilitó a Pablo una ametralladora y una pistola automática y lo puso a trabajar con él. Al principio, Pablo hizo las veces de chofer y guardaespaldas de Shorty escoltando a su amigo y jefe a todos los puntos adonde iba en el polvoso pueblo fronterizo o al rancho de Shorty ubicado al este de San Carlos, la Hacienda Oriental. Quedaba a escasos sesenta kilómetros de Ojinaga, pero llevaba seis horas llegar hasta ahí a través de un irregular y con frecuencia estropeado camino de tierra.

Pablo se encargaba de realizar sus propios negocios de droga que había dejado en Nuevo México y la parte oeste de Texas, abasteciendo la red desde su santuario mexicano. Al anunciarse, en enero de 1977, la acusación en su contra por la transacción de los quinientos gramos de heroína en Eunice, Pablo supo que no podía volver a Estados Unidos. Contrató a sus propios hombres para que hicieran las entregas y a sus hermanos y a otras personas les asignaba la tarea de cobrar el dinero. De vez en cuando conducía hasta el estrecho puente internacional, situado a unos ochocientos metros de su casa de ladrillo en la Calle Sexta, y observaba la actividad en el puerto de entrada del lado norteamericano.

En México era intocable mientras permaneciera bajo la protección de Shorty. Shorty le garantizaba ésta a cambio de un porcentaje por cada negocio que hiciese. Si Manuel Carrasco hubiese todavía estado a cargo de la plaza, Pablo le hubiese pagado a él las comisiones. Había leyes que cumplir, que no tenían nada que ver con las que se escriben en los libros

Una vez ya establecidos, Pablo abrió una pequeña tienda de ropa en la avenida Trasviña y Retes para que se encargase de ella su esposa, Olivia. Le pusieron el nombre de Karen's, como se llamaba su hija. También abrió un pequeño restaurante en el centro de Ojinaga, en uno de los edificios de adobe cerca de la plaza principal. El lugar se especializaba en cabrito, y era el sitio favorito de reunión de los rufianes locales a la media tarde. Se cerraban también muchos negocios con norteamericanos que llegaban con automóviles robados u otras mercancías que querían cambiar por droga.

En los Estados Unidos, Pablo rara vez había andado armado. En México esto era una necesidad; una 45 automática y bien lubricada formaba parte de la vestimenta tan importante como las botas vaqueras y las hebillas ovaladas. Pablo sabía que tarde o temprano tendría que defenderse y quería estar preparado para ello. Llevaba la pistola metida en el cinto por la espalda. Al conducir a Shorty a su rancho o al ir con amigos por el desierto, solía frenar de improviso al ver un conejo o una codorniz, apuntar con su 45 ya preparada y disparar cartucho tras cartucho en dirección al escurridizo animal hasta que lo mataba o se quedaba sin balas. Llegó al grado de poder darle a una codorniz a cuarenta metros de distancia.

El y Shorty gustaban de hacer simulacros de duelo con sus pistolas con fines de práctica, sin embargo, Pablo llevaba esta actividad aún más lejos. Muchos de los narcotraficantes de Ojinaga se reunían por la mañana o por la tarde para alimentar, dar de beber y ejercitar a sus caballos en establos propiedad de Fermín Arévalo, uno de los asociados de Manuel Carrasco. Al igual que los otros narcotraficantes, Pablo había adquirido sus caballos y acudía a los establos, como todo el mundo, a realizar sus tareas. Pero él tenía la costumbre de apuntar con su revólver a todo el mundo, hábito que ponía nervioso a más de uno. Solía aparecer de súbito con su cromada automática destellando entre sus manos. 0 de pronto se daba la media vuelta para apuntarle a quien viniese detrás de él, o se enfrentaba con alguien cara a cara como los pistoleros de antaño.

Algunas de sus víctimas simplemente lo eludían con un ademán tomándolo por un necio fanfarrón. "Anda, métete eso por donde ya sabes", solían decirle. Pablo se encogía entonces de hombros. Algún día la velocidad marcaría la diferencia entre su vida y la de otros.

Al igual que muchos de los narcotraficantes de origen campesino, no estaba al tanto de los efectos que producían las sustancias con las cuales comerciaba. Podía vender medio kilo de heroína de brea negra, maquinando en su mente las ganancias que esto le iba a producir, sin que quizá nunca llegase a pensar en las miles de esclavizantes dosis químicas que sus ganancias representaban. Luego, acostumbraba repartir gran parte de este dinero entre los pobres del área de Ojinaga.

Formaba parte de la tradición de un zar de la droga el ocuparse de los indigentes, por supuesto. Por una sencilla razón, resultaba bueno para el negocio. Dele a un campesino comida para sus niños desnutridos y éste se convertirá en un incondicional par de ojos y oídos en el traicionero desierto. El repartir dinero de esta manera permitía obtener una importante red de espionaje.

Pero en el caso de Shorty, la generosidad no era mero pragmatismo. Realmente le gustaba ayudar a los mal alimentados campesinos que luchaban por una forma marginal de vivir en el inhóspito desierto. Se decía que Shorty llenaba de comestibles su pick-up en Ojinaga antes de emprender un viaje a su rancho. En el camino se detenía en un caserío de viviendas de adobe y distribuía víveres y artículos de primera necesidad, no quedándole nada al llegar a su rancho. Uno de los beneficiarios de la generosidad de Shorty era un inválido apodado Pata de Palo, que tenía una familia numerosa y vivía en un pueblo del desierto a las afueras de Ojinaga. Uno de los antiguos amigos de Shorty recuerda cómo en una ocasión éste llegó hasta la rústica vivienda de Pata de Palo y tocó su bocina para hacer salir de ella a su cojo morador.

"Escúchame, maldito viejo perezoso, te voy a poner a trabajar", le dijo Shorty, palmeando en la espalda al sorprendido hombre.

Se llevó a Pata de Palo a visitar varios ranchos y ejidos, le compró unos doscientos marranos, una carga de camión con alimento para éstos, iniciando así al hombre y su familia en la cría de puercos. Con el mismo método, puso a otras personas a criar cabras, ovejas, pollos y pavos.

Muchos rancheros del área de San Carlos, pueblito de dos mil habitantes próximo a la Hacienda Oriental de Shorty, contaban con bombas para agua, tractores y cercas gracias al dinámico altruismo de Shorty. Durante su breve reinado como zar de la droga, Shorty llegó a conocerse como el benefactor de San Carlos.

Shorty podía darse el lujo de ser generoso. El negocio empezó a florecer a partir de que ocupó el lugar de Manuel Carrasco. Con la cosecha de mariguana y amapola que se dio en el otoño de 1976, llegaban a Ojinaga camiones procedentes del interior de México con una doble carga: zanahorias, manzanas, cobijas de lana de Oaxaca y una infinita variedad de artículos para los comerciantes de Ojinaga; bajo algunos de estos cargamentos había encargos secretos para Shorty.

¡Resultaba tan fácil vender entonces la mariguana! La bonanza para los traficantes de droga como Shorty estaba asegurada con la sola concurrencia de hippies y rancheros, excursionistas y cazadores, latinos y sajones, negros y apaches de lugares tan distantes como California, Montana y Carolina del Norte que conducían hasta determinados puntos del río buscando adquirir la preciada droga. Sabían a qué lugar acudir. Una vez que detectaban a alguien del otro lado que sólo podía estar ahí por una razón, todo lo que tenía que hacer era gritar algo como: —¡Oye!, ¿eres mexicano?

El hombre al otro lado del fangoso río llevaba las manos ahuecadas a la boca y le contestaba: —Sí, gringo. ¿Qué quieres?

—Veinte kilos.

—Te los puedo conseguir.

—¿Cuánto cuesta?

—Ven para acá para que hablemos.

Y así empezaba el trato.

En este tipo de pequeñas transacciones que se llevaban a cabo a lo largo del Gran Recodo, escasamente habitado y con una vigilancia casi nula, podía disponerse de toda la carga de un camión de mariguana en una nada

Shorty también enviaba hombres de su confianza hasta Fort Stockton, a través de los terrosos caminos del desierto, con cargamentos de setecientos kilos escondidos en remolques. También llegaban avionetas directamente a la Hacienda Oriental de Shorty, recogían su carga y se iban de noche, regresando sin ser detectadas a los Estados Unidos a través de las montañas del Gran Recodo, con cargamentos que iban de doscientos a quinientos kilos de mariguana por viaje.

El dinero caía a manos llenas. Shorty cubría puntualmente sus pagos mensuales por concepto de la plaza, y todo el mundo estaba feliz. Todos, excepto Manuel Carrasco.

Hacia fines de 1976, empezaron a circular rumores en Ojinaga y en los ejidos y pueblos circundantes de que Manuel Carrasco, que seguía escondido, estaba planeando asesinar a Shorty. Los rumores se hicieron tan fuertes que finalmente Pablo Acosta y algunos de los demás narcotraficantes empezaron a tratar de convencer a Shorty de que se ausentara del pueblo durante un tiempo.

Manuel consideraba a Shorty un traidor. Shorty se había aprovechado del exilio que Manuel mismo se había impuesto para apropiarse de lo que por derecho le pertenecía. Y no importaba que Manuel no hubiera confiado lo suficiente en Shorty para establecer contacto con él y esclarecer la situación. Lo único que importaba era que ahora Shorty se consideraba dueño de la plaza, que hacía alarde de ello y que estaba ganando el dinero que a Manuel le correspondía estar haciendo. Shorty tendría que pagar esto con sangre.

Shorty solía llevar en el piso de su camioneta una automática y un rifle semiautomático, sin embargo, al caminar por el pueblo nunca iba armado ni se hacía acompañar de guardaespaldas.

A inicios de la primavera de 1977, Shorty y dos de sus hombres se llevaron a unas chicas de Ojinaga a la capital del estado. Se pasaron ahí varios días divirtiéndose y haciendo compras. Una tarde, al doblar la esquina en una de las calles más tranquilas del centro, próximas a los edificios de gobierno, vieron que Manuel Carrasco, del brazo de su esposa, se aproximaba caminando en dirección a ellos. Era como encontrar una aguja en un pajar, sólo que sin habérselo propuesto.

Manuel Carrasco lucía sumamente alto en sus botas vaqueras, con un aire de dignidad impasible, vestido de traje y sombrero de ranchero.

—Maldito hijo de puta —dijo Carrasco despectivamente al reconocer a Shorty—, si no te mato en este momento, es por respeto a mi mujer.

No se requería mucho para encender los ánimos del pequeño y ligero Shorty López. Se acercó hasta quedar cara a cara con Manuel, quien lo sobrepasaba por unos veinticinco centímetros. "Escucha, pedazo de inmundicia, estoy dispuesto a pelear contigo cuando quieras. Nada más dime dónde y cuándo."

La esposa de Manuel se apoyó nerviosamente en el brazo de su marido. Los hombres de Shorty lo hicieron retroceder. Sin decir más, Manuel y su esposa dejaron atrás al pequeño grupo de Ojinaga y desaparecieron a la vuelta de la esquina.

Durante el viaje de regreso de tres horas, los hombres de Shorty trataron de hacerlo razonar. Si Shorty no hubiese sido tan arrogante, podría haber arreglado las cosas justo en ese momento en la ciudad de Chihuahua. Tan sólo se hubieran requerido unas cuantas palabras para explicar la forma en que Manuel lo había dejado en medio de la comprometida situación.

—¿Por qué no buscaste llegar a un arreglo con él? Podrías todavía haber hallado una solución —le dijo uno de sus hombres.

—¡Al diablo con ese infeliz! —dijo Shorty.

Manuel Carrasco sorprendió a Shorty el 1 de mayo de 1977, en las afueras del poblado de Santa Elena. Ese día Shorty tenía que llevar un cargamento de mariguana y había conducido a sus mulas para que cruzaran el río Bravo en algún punto río abajo del pequeño poblado. Luego regresó a Santa Elena acompañado de su chofer y se divirtió un rato con los parroquianos.

Manuel Valdez era un afanoso y joven campesino que trabajaba para Shorty en el rancho junto con sus dos hermanos mayores. El joven Valdez de vez en cuando conducía a Shorty por el desierto haciendo a la vez funciones de guardaespaldas.

Una semana antes, Manuel Carrasco había difundido desde la ciudad de Chihuahua que los días de Shorty estaban contados, la clase de terrorismo psicológico al cual Manuel parecía ser tan afecto. Shorty se limitó a seguir atendiendo sus negocios.

Calle principal de Santa Elena, un poblado situado a orillas del río Bravo, que cuenta con una población de 300 habitantes. Pablo Acosta nació aquí, en medio de la pobreza que todavía caracteriza a gran parte del México rural. Posteriormente, utilizó este aislado poblado ribereño para pasar narcóticos de contrabando a los Estados Unidos. También regresó al pueblo en tiempos dificultosos debido a la aparente inexpugnabilidad de Santa Elena y a la lealtad que le brindaban sus habitantes. (Foto cortesía de Carolyn Cole.)

Shorty estaba convencido de que podría salir airoso de un enfrentamiento con Carrasco. Manuel podría escoger la hora y el lugar, pero la red de espionaje de Shorty, fruto de su amplia generosidad, le advertirían con anticipación de cualquier peligro. Y en eso tenía razón.

Esa tarde, Shorty y Valdez salieron de Santa Elena rumbo al rancho en las tierras altas del desierto. Tenían que conducir unos dieciséis kilómetros río abajo hasta llegar a una bifurcación en el camino de tierra, luego cortar hacia el sur a fin de tomar el camino hacia las montañas. El irregular camino era difícil incluso para la más sólida de las camionetas; seguía las colinas ubicadas al pie del impresionante muro de piedra caliza de la Sierra Ponce, iba y venía por extensos arroyos, en ocasiones siguiendo el lecho desecado a lo largo de kilómetro y medio antes de volver a tornarse normal.

A varios kilómetros de la bifurcación, Shorty vio que se aproximaba una pick-up y que su conductor les hacía señas vigorosamente. Los vehículos se detuvieron uno junto al otro, levantando un remolino de polvo. El conductor de la pick-up había recibido en un tiempo los beneficios de la generosidad de Shorty. "Ten cuidado —le dijo—. Te están esperando allá adelante, para matarte, los hombres de Manuel Carrasco."

El ranchero se había enterado de la emboscada al toparse directamente con ella. Un hombre con todos los dientes de acero inoxidable se había parado frente a su camioneta gritándole: "¡Judicial!" Otros hombres, llevando consigo ametralladoras y que también se hicieron pasar por judiciales, revisaron su camioneta. Se encontraban cerca de la bifurcación en la margen este de un arroyo. Ignoraba si Manuel Carrasco estaba ahí en persona, pero sí había visto muchos hombres.

Shorty sintió que le empezaba a hervir la sangre. Y no estaba dispuesto a huir; tenía la intención de demostrarles la clase de hombre que era. Tomó un rifle semiautomático del piso, un AR-15, la versión civil del M-16 militar, y le colocó la cartuchera. "Conduce tú, yo me voy a colocar en la parte de atrás", le gritó a Manuel Valdez.

Shorty tomó algunas cartucheras más, se metió en el cinto una de las pistolas automáticas y de un brinco se pasó a la parte posterior del vehículo. Mientras tanto, Valdez se encargaba de revisar sus propias automáticas, colocándolas cargadas y amartilladas junto a sí, sobre el asiento. Metió la velocidad y enfiló por el accidentado camino. Shorty yacía tendido en la plataforma de la pick-up, listo para saltar en el momento preciso.

El sitio de la emboscada estaba varios kilómetros adelante. El camino descendía cerca de tres metros hacia un arroyo amplio y de fondo plano. Era preciso conducir a través del lecho de éste y remontar la empinada ladera a fin de retomar el camino. Los hombres de Carrasco aguardaban a ambos lados, en lo alto de las cuestas. Tan pronto se dieran cuenta de que Shorty se hallaba en medio del arroyo se iban a abalanzar sobre él.

Sin embargo, el aviso le había permitido a Shorty prepararse para el ataque. Cuando Valdez condujo hasta el lecho, los pistoleros sólo pudieron ver un solo hombre, que no era Shorty. Dejaron que Valdez avanzara hasta el otro lado. Una vez que la camioneta llegó a lo alto del lecho, Dientes de Acero se interpuso en su trayectoria y gritó: "¡Judicial!"

Lo que sucedió a continuación tuvo lugar en el espacio de tiempo que le lleva a una docena de hombres disparando simultáneamente agotar varios cientos de cartuchos.

Shorty se incorporó de un salto de la plataforma de la camioneta, disparando una ráfaga de su AR-15 en contra de Dientes de Acero, y luego dirigiendo el fuego hacia un grupo de hombres que habían empezado a surgir de los arbustos de mezquite a partir del momento en que Dientes de Acero le había marcado el alto a la camioneta. Varios de estos hombres cayeron por tierra. En ese mismo instante, Valdez se apeó rápidamente de su vehículo, disparando contra el otro lado del camino. El martilleo de las automáticas era ensordecedor. Las balas, provenientes de tres direcciones, se incrustaban en la pick-up. Manuel Valdez fue alcanzado por los proyectiles y cayó al suelo. Shorty salió de la camioneta disparando hacia atrás mientras corría camino arriba.

Dientes de Acero, que había recibido un arañazo, se había tendido en el suelo para mantenerse a salvo de la línea de fuego de Shorty. Cuando vio que éste se alejaba corriendo, se puso de rodillas y apuntó hacia su blanco. La bala calibre 45 se impactó en la columna de Shorty, paralizándolo. Las marcas que más tarde la gente vio en la tierra mostraban que Shorty se había arrastrado algunos metros, y luego había arañado y hundido los dedos en la tierra, retorciéndose una y otra vez sobre la quemante arena. Las huellas de neumáticos mostraban que sobre su frágil cuerpo habían dejado pasar un vehículo pesado varias veces hasta que finalmente lo pasaron sobre su cabeza. Tal vez ya estaba muerto cuando alguien se aproximó a él, y levantando un pesado machete por los aires lo descargó con tal fuerza que le desprendió la tapa del cráneo, al borde del cuero cabelludo.

Sólo se encontraron los cuerpos de Shorty López y de Manuel Valdez. Los asaltantes cargaron con sus propios muertos y heridos. Poco después, llegaron informes al pueblo de que varios hombres habían sido atendidos en las clínicas de los pueblos ubicados a lo largo de la línea fronteriza con el estado de Coahuila. Uno de dichos hombres tenía dientes de acero inoxidable y aseguraba ser judicial.

Varios días después del tiroteo, el pueblo de San Carlos era escenario de las peculiares festividades que acompañan a los funerales rurales. La pequeña iglesia de piedra en la plaza principal fue festoneada de negro y la plaza estaba atestada de dolientes. Había venido gente de todos los lugares para asistir al funeral de Shorty. Un sacerdote ofició una misa en la creencia de que la generosidad de Shorty contribuyera a absolver algunos de sus pecados. Luego, los portaféretros, todos ellos compañeros narcotraficantes de Shorty, salieron de la iglesia con el ataúd a cuestas, llevándolo entre la multitud hasta la carroza fúnebre. El vehículo se dirigió hacia la Hacienda Oriental, donde Shorty fue enterrado con las notas provenientes de un grupo norteño que entonaba baladas referentes a sus hazañas.

El recuerdo de Shorty, perdura en esos corridos, así como en los pedazos de hueso que se dice fueron cortados de la parte del cráneo de Shorty que le habían desprendido a golpe de machete. Al hacer orificios en los fragmentos de cráneo se podía hilvanar un collar. Y tales pendientes empezaron a verse adornando los cuellos de los narcotraficantes de Ojinaga, dando pie a los rumores de que Manuel Carrasco seguía estando al cargo aun cuando rara vez se le veía en Ojinaga: los fragmentos de cráneo eran símbolo de lealtad y una siniestra advertencia contra cualquier intento de traición.

VI

INTERREGNO

Con el asesinato de Shorty López el movimiento de las drogas quedó sin capo a todo lo largo del Gran Recodo de Texas. Las acometidas de las autoridades civiles y militares desde la ciudad de Chihuahua, que solían suscitarse aun cuando alguien ocupara la plaza, se hicieron más frecuentes e indiscriminadas.

Tales acometidas constituían la forma en que el gobierno ejercía su autoridad en el aislado y casi anárquico pueblo fronterizo a raíz de algún asesinato escandaloso comentado por los diarios de la capital del estado o como consecuencia de protestas de las autoridades locales o de los ciudadanos influyentes en el sentido de que los gángsteres locales realmente se les estaban yendo de las manos. Las personas que eran aprehendidas en las redadas procedían a ser encadenadas del cuello, una junto a la otra, y las llevaban, en la parte posterior de las camionetas confiscadas, a la cárcel de Chihuahua o Ciudad Juárez.

Desaparecido Shorty, aquellos a quienes normalmente se habría prevenido desde la ciudad de Chihuahua en cuanto al arribo de las tropas de alguna manera no recibían el mensaje y acababan encadenados en la parte posterior de sus vehículos. A Pablo lo aprehendieron varias veces "para interrogarlo", según les contó a sus amigos más tarde. En una ocasión pasó varias semanas en la penitenciaría de aspecto medieval que había en la capital del estado.

Después de la muerte de Shorty, el mundo del narcotráfico de Ojinaga esperaba que se hicieran arreglos a la mayor brevedad.

Siempre que se reunían en el céntrico restaurante de Pablo o en los establos donde atendían a sus caballos, todos los traficantes coincidían en la misma pregunta: "¿Quién se va a hacer cargo de la plaza?",

Se especulaba que iban a enviar a alguien de otra parte del país, o que las autoridades involucradas en las operaciones de protección, ya sea de la policía federal o del ejército, designarían a un natural de Ojinaga para ocupar el puesto. Y si alguien recibía la designación, la noticia se difundiría rápidamente y los demás traficantes harían los arreglos necesarios para quedar bajo el ala protectora del nuevo padrino.

Pero pasaron seis meses y nada de esto sucedió.

Al igual que todo el mundo, Pablo Acosta sabía lo peligroso que era operar sin protección de algún tipo. De ser aprehendido con droga, uno podría esperar dolorosos interrogatorios y sentencias más largas que en los Estados Unidos, a menos, por supuesto, que se dispusiera del dinero suficiente para salir airoso de la situación.

Por otra parte, el mercado literalmente estaba echando abajo la puerta. Los compradores norteamericanos ocasionales atestaban las márgenes del río o deambulaban por la zona de tolerancia de Ojinaga tratando de hallar contactos. Sin embargo, en comparación con tiempos anteriores, no era mucha la droga que entonces circulaba; la gente que la tenía en existencia se mostraba cautelosa. Conforme fueron pasando los meses, los compradores al mayoreo de tiempo atrás, tanto de Texas como de Nuevo México, así como de sitios tan distantes como Alabama y California, empezaron a telefonear a los contactos de Ojinaga para preguntar qué estaba sucediendo. Los clientes importantes amenazaban con hacer sus negocios con otros proveedores.

Y, al igual que todo el mundo, Pablo sólo movía la cantidad suficiente de droga para cubrir su deuda y mantener su clientela. Como todos, se daba cuenta de que alguien tenía que hacerse cargo de la plaza si querían que el negocio volviera a florecer.

A principios de 1978, algunos de los integrantes más importantes del mundo del narcotráfico de Ojinaga se reunieron en los establos a fin de decidir qué hacer. Entre ellos se encontraban Pablo Acosta y otros dos traficantes en ascenso, Víctor Sierra y Rogelio González. También se encontraban presentes una docena de personas complicadas de una u otra manera en el contrabando de droga. Víctor Sierra, sobrino de propietarios de bares en la famosa zona de tolerancia, había trabajado para Manuel Carrasco como distribuidor y luego para Shorty López después de que Manuel desapareciera. Al igual que Pablo, Víctor había crecido lo suficiente como para hacer sus propios negocios de manera independiente, por supuesto que después de pagarle a Shorty un porcentaje por su protección. Rogelio González era un piloto estrella que llevaba cargas para cualquiera que requiriera de sus servicios y estuviera dispuesto a pagarlos.

Los presentes platicaban conforme realizaban sus tareas; casi todos poseían finos caballos que necesitaban alimentarse y ejercitarse diariamente. Alguien empezó a comentar que acababan de llegar al pueblo varias toneladas de mariguana procedentes del interior de la República, y que yacían escondidas en cuevas o en tanques de almacenamiento, bajo tierra, en ranchos al este de Ojinaga. Los dueños de la mercancía necesitaban empezar a vender a fin de pagarle a sus proveedores, pero tenían miedo de las inconsistentes autoridades mexicanas.

"Alguien debe ir a hacer arreglos con las autoridades", dijo uno de los hombres.

Ya antes había hablado de la necesidad de enviar a alguien "ahí" para que hablara con el comandante general de la ciudad de Chihuahua, la vistosa capital del estado rodeada de bellas montañas, prósperos ranchos ganaderos, florecientes granjas menonitas y empobrecidos ejidos. Ojinaga quedaba bajo la jurisdicción del mismo comandante de la policía federal de la capital del estado que estaba a cargo de las periódicas redadas.

Víctor Sierra sabía que Shorty había estado haciendo sus pagos mensuales en la comandancia, sede de la policía federal de la ciudad de Chihuahua. Si querían hacer arreglos encaminados a obtener protección, ahí era donde deberían empezar.

Víctor propuso que Pablo acudiera. "Tú podrías hacerlo bien", dijo, y algunos de los asistentes asintieron en señal de aprobación.

Pablo era arrogante, le gustaba ser el centro de la atención y aspiraba a ser el número uno, pero también estaba consciente de la realidad. Como ex convicto y ahora fugitivo de la DEA, estaba seguro de que la policía norteamericana sabía que estaba operando fuera de Ojinaga. Legalmente ciudadano norteamericano, le preocupaba que la DEA intentase presionar a México para que lo extraditara en caso de que llegase a adquirir mayor renombre.

Sin embargo, él sabía en realidad más acerca del sistema judicial norteamericano que del mexicano. Estaba consciente de que en México las cosas eran diferentes. Los policías recibían bajos salarios y algunos buscaban complementar sus ingresos aun recurriendo a medios deshonestos. La política y los puestos importantes dentro del gobierno se habían convertido en vías hacia el enriquecimiento. Era posible hacer que el sistema beneficiara a un narcotraficante si éste sabía cómo cultivar a las debidas autoridades y convertirse en miembro del club. Shorty López había llegado a conocer algunos de los trucos y ello le había permitido operar, si bien durante un periodo breve, con impunidad. Shorty le había referido a su amigo Pablo de manera general la forma en que se arreglaban las cosas, sin embargo, se había reservado toda la gama de sus contactos con el mismo celo que había mostrado Manuel Carrasco y se había llevado la mayor parte de sus secretos a la tumba. No, Pablo pensó, era mejor operar bajo la protección de alguien, al menos por ahora.

Pablo se estaba agachando para darle a su palomino una cubeta de avena. Se volteó y dijo: "No, ya tengo suficientes problemas por el momento".

La terna de candidatos era bastante reducida. Algunos de los asistentes a la informal reunión eran norteamericanos. Los restantes, mexicanos, eran demasiado jóvenes o demasiado viejos, con muy poca experiencia o no del todo dignos de confianza como para ser tomados en serio. Fuera de Pablo, sólo quedaban dos posibilidades serias: Víctor Sierra y Rogelio González.

Rogelio era un misterio para todo el mundo. Era de piel blanca y facciones refinadas, en contraste con los hombres de tez morena y rugosa que le rodeaban. Fácilmente podría pasar por un francés de Marsella. La mayoría de los contrabandistas mexicanos que volaban aviones eran pilotos improvisados, sin embargo, Rogelio González había sido instructor de vuelo y mecánico en la ciudad de México antes de dedicarse a volar para los narcotraficantes en Sinaloa. Podía aterrizar un Cessna 206 en un estacionamiento y luego hacerlo despegar de nuevo, o al menos eso era lo que se decía; todo el tiempo realizaba aterrizajes durante la noche en pistas de tierra sin más señal que una fogata en uno de los extremos a manera de guía. Al mismo tiempo, era una persona reservada, de aspecto tímido e incluso mojigato. Las obscenas pláticas sobre mujeres que constituían el noventa por ciento de las conversaciones que se daban entre los narcos le hacían retirarse lleno de disgusto. "Si no lo hubiéramos conocido tan bien, pensaríamos que era homosexual", comentaría más tarde un traficante.

Entre sus más cercanos allegados, se decía que Rogelio y su esposa, una atractiva india del sur de México, en una ocasión eliminaron a varios soldados durante un tiroteo en el estado de Sinaloa. Se trataba de tropas que habían acudido a arrestarlo y llevarse su avión aun cuando tenían arreglos establecidos con el comandante militar. El y su esposa andaban huyendo cuando llegaron a Ojinaga. A Rogelio nunca le gustaba hablar de dicho tiroteo.

Transportar por aire cargamentos de droga era una forma de vida para Rogelio, y dejó ver claramente que no aspiraba a hacer nada aparte de eso. "Denme un avión y yo me encargo de volarlo. Eso es todo lo que quiero hacer", dijo.

Con eso sólo quedaba Víctor Sierra.

Desde el punto de vista educativo, Víctor estaba por encima del campesino de Ojinaga común. Originario de Ciudad Juárez, su madre lo inscribió en el seminario después de que su padre y un tío perecieron en un accidente de Los Angeles. Era una mujer devota que acudía a la iglesia todas las mañanas, la cabeza cubierta con un velo negro. Siempre se hincaba en una de las bancas posteriores, con la cabeza agachada, inmersa en sus oraciones. Se encargaba de realizar tareas para la iglesia, como lavarle y plancharle al sacerdote sus ropajes del altar. Oraba fervientemente por que su hijo no sucumbiera a las tentaciones mundanas y que cumpliera con la voluntad de Dios. Algunos de los tíos paternos de Víctor habían emigrado durante su juventud a Los Angeles, donde hicieron dinero trabajando en lo que fuera. Luego regresaron a Ojinaga y compraron algunos de los destartalados bares de adobe de la "zona", donde se realizaban los espectáculos de striptease más obscenos y descarados del norte de México. Las plegarias de la madre de Víctor estaban dirigidas con la fuerza de un soplete a romper los lazos entre su hijo y sus descarriados tíos.

Al final los tíos ganaron la batalla por apropiarse del alma de Víctor. Cambió la sotana por un holgado traje de pachuco y un micrófono, a través del cual se encargaba de presentar los shows de striptease patrocinados por sus tíos. Con excepción del recatado Rogelio, todo el mundo acudía a la zona y no había quien no hubiese escuchado los alardes de Víctor por el micrófono. En realidad tenía facilidad para hablar.

—¿Por qué no vas tú, Víctor? —sugirió Pablo.

—Pero ¿qué sé yo de todo esto? Nunca antes lo he hecho.

—Ya sabes cómo son las cosas —le respondió Pablo—. Anduviste con Manuel Carrasco y luego con Shorty López y has podido darte cuenta cómo funciona esto, tanto hacia arriba como hacia abajo de los peldaños.

Uno de los presentes hizo un recuento de la trayectoria de Víctor: había llevado cargamentos de mariguana hacia las tierras del Gran Recodo por encargo de Shorty y conocía las entradas a los ranchos y los caminos vecinales que llevaban a Marathon y otros pueblos de Texas.

Fueron enumerando todas sus cualidades: no figuraba en ninguna lista de personas buscadas, ni en México ni en Estados Unidos; era joven, pero no demasiado; su vocabulario era refinado cuando se requería y nunca había estado en prisión.

Pablo se ofreció a respaldarlo con todo el dinero que fuese necesario para cubrir los pagos de la plaza. "Contribuiré con mi parte y con un poco más en caso de que así se requiera.

Estoy seguro de que Rogelio piensa de la misma manera." Pablo fue solicitando el parecer de cada uno de los narcotraficantes presentes. Todos asintieron en señal de aprobación. Sin embargo, tuvieron que pasar varias reuniones antes de que Víctor accediera.

El único que puso objeciones fue Rogelio. Sabía que estaban impedidos si no contaban con una especie de arreglo. Pero también sabía, basándose en la experiencia que había tenido en Sinaloa, que el establecer alianzas y arreglos con ciertos elementos del gobierno mexicano, amén de las presiones internacionales, los cambios en las administraciones federales y estatales y la simple codicia, hacían que la protección resultase costosa y precaria. Era preciso pagarle a todo el mundo o a nadie

"Estoy consciente de que alguien tiene que ir, pero no me agrada la idea. Una vez que empieza a pagar, te sangran por el resto de tus días y ya nunca puedes zafarte de ellos", comentó.

Más tarde, Víctor les refirió a sus amigos de Ojinaga en qué consistió su experiencia. Fue obligado a esperar varios días antes de que se le permitiera ver al comandante. Y no era que el comandante se rehusara a verlo; simplemente nunca estaba. Víctor se sentaba en la sala de espera recibiendo las escépticas miradas de los hombres de aspecto rudo que entraban y salían del lugar.

Después de varios días, Víctor fue recibido en la oficina del oficial federal, un cuarto pequeño e insignificante con la única particularidad de que había en él una serie de ametralladoras dispuestas en una de las esquinas. El comandante lo miró de arriba abajo y lo invitó a sentarse.

Antes de salir de Ojinaga, Víctor había estado repasando una y otra vez con Pablo y Rogelio, y cualquier otro que tuviera interés en el éxito de la empresa, lo que debía decir. Sabían que el jefe federal tenía sus informantes y probablemente ya tenía una idea general de quién estaba haciendo qué en Ojinaga. Así que no tenía caso ocultarle información. Por otra parte, tampoco era conveniente decirle todo. "Sólo convéncelo de que estás al tanto de lo que está sucediendo y que estás dispuesto a asumir la plaza", le dijeron.

Víctor inició la conversación en un tono amable, subrayando sus frases con "Señor comandante", como muestra de respeto. Finalmente, abordó el motivo real de su visita.

—No podemos hacer nada porque en Ojinaga la plaza está vacante, señor comandante. Quiero que me conceda el permiso de trabajar la plaza —le dijo.

—¿Cómo sabes que yo soy la persona indicada para esta clase de asuntos? —preguntó el comandante, inclinándose hacia adelante.

—Bueno, como ya le dije, durante algunos años trabajé para Manuel Carrasco y luego para Shorty López. Eso me permite saber qué está sucediendo.

El comandante siguió preguntando por qué había acudido a la comandancia de la ciudad de Chihuahua a presentar su petición:

—¿Cómo supiste que deberías venir conmigo?

—Algunas veces conduje a Manuel Carrasco hasta aquí, cuando venía a traer el dinero de la plaza.

Siguieron hablando durante un rato, luego el comandante se incorporó y se dirigió hacia la puerta. Hizo un ademán de que alguien viniera, y no tardaron en acudir dos de los elementos a quienes Víctor había visto entrar y salir de la comandancia.

Señalando a Víctor, el comandante dijo: —Prepárenlo.

Víctor pronto deseó haberse quedado en el seminario. Según más tarde les refirió a sus amigos, los agentes lo condujeron de la oficina a uno de los cuartos traseros. Lo amarraron a una silla y lo encapucharon. Empezaron a golpearlo y hacerle preguntas simultáneamente.

—Era distribuidor al servicio de Carrasco. Transportaba los cargamentos. ¿Qué más puedo decirles? —imploraba.

La golpiza resultaba todavía más terrible porque nunca sabía cuándo y dónde le iba a caer el siguiente golpe. Este tratamiento se sucedió durante tres días. De noche lo arrojaban en un maloliente calabozo con una losa de concreto por cama.

La tortura era una variante de tres técnicas eficaces que en esos días empleaban los interrogadores de la policía mexicana.

Le sumergían la cabeza en un tinaco de agua hasta que sentía que estaba a punto de ahogarse; luego lo ataban desnudo a una banca y le aplicaban descargas eléctricas en muslos y testículos mediante un aguijón para arrear ganado; después venían los golpes, los incesantes golpes a la caja torácica, el abdomen, los riñones y la cabeza.

Durante los momentos más severos de la tortura, el comandante no estaba presente. El asistía en los respiros, asumiendo el papel de amigo y protector, en lugar de verdugo, y haciéndole preguntas en un tono casi amable. Víctor había acudido a la ciudad de Chihuahua para solicitar permiso de trabajar la plaza y se había encontrado con el último confesionario.

Luego, al tercer día, sucedió el milagro. El comandante le ofreció la plaza. Seguro, Víctor había hablado, pero no sin oponer resistencia, y se había requerido más de lo normal para doblegarlo. El comandante estaba satisfecho de que Víctor tuviera "huevos", y el interrogatorio había dejado ver que tenía contactos y formaba parte de una sólida organización. "Encárgate del área de Ojinaga, pero acuérdate de traerme a este escritorio, cada mes, diez mil dólares. Y el primer pago lo quiero pasado mañana."

Tembloroso y maltrecho, pero ya tranquilo, Víctor se hallaba de regreso en Ojinaga al día siguiente. Cuando vio a Pablo, lo abrazó. "¡Esos tipos no son humanos! Pensé que me iban a matar, pero ya por fin tenemos la plaza."

Le llevó un tiempo a Víctor superar los efectos de la tortura. Era un hombre saludable de treinta años que tenía muchas chicas. Trataba de no quejarse de los persistentes dolores que padecía a causa de le electrochoques. Pero le confesó a Pablo y a otros amigos cercanos, en un tono matizado de temor, que creía haber quedado dañado para siempre: durante los siguientes seis meses no pudo tener una erección.

Una vez realizados los arreglos de la plaza, Víctor Sierra pudo dormir tranquilo, sin tener la preocupación de que fuese a ser arrestado. Pero la transacción tenía sus inconvenientes. Tal y como Rogelio había anticipado en la reunión de los establos, el codicioso comandante no tardó en presionar a Víctor para que le diera más dinero. Empezó a presentarse en su automóvil, dejando a dos hombres afuera mientras pasaba al interior sin tocar la puerta "¡Hola, muchachos! ¿Cómo va todo? ¿Bien?"

Víctor y varios de sus hombres vivían en una amplia casa de ladrillo con camas de agua en cada uno de las cuatro recámaras, un estéreo y una televisión a colores en la estancia, y una cocina y un bar bien abastecidos. La casa era un oasis de lujo en una insignificante barriada próxima a la pista de aterrizaje, sin pavimentar, del aeropuerto municipal.

Pablo evitaba acudir a la casa de Víctor siempre que el comandante se hallaba en el pueblo, y por una muy buena razón: el oficial tenía la costumbre de adueñarse de todo lo que estuviera a su alcance. En una ocasión irrumpió en la sala y vio una automática de seiscientos dólares con cachas de perla descansando sobre una mesa lateral. Lanzando un agudo grito, la recogió y dijo: "¿Un regalito, eh? —dijo ostentándola por la habitación como si acabase de abrir un regalo de Navidad—. ¡Pero mira nada más qué preciosidad!" Se la acomodó entonces en el cinturón y luego empezó a ver qué más se llevaba.

Su actitud había cambiado notablemente en comparación con la del siniestro inquisidor en aquellos primeros días en la ciudad de Chihuahua. Ahora era el compadre de Víctor, un íntimo allegado que se dejaba caer sobre el sofá pidiendo de beber. Solía indicar a uno de los compañeros de Víctor que invitase a pasar a los hombres que lo estaban esperando afuera. Esos agentes, en ocasiones los mismos que habían participado en la tortura de Víctor, se instalaban cómodamente en uno de los sofás y pedían también de beber. Y comida, y mujeres de la zona, las mejores. Y no en la noche, ¡sino en ese momento! Víctor tenía que enviar a alguien por las chicas, y los agentes se quedaban ingiriendo sus bebidas antes de dirigirse con paso vacilante hacia las recámaras posteriores.

Un día el comandante se presentó en la casa llevando malas noticias.

"Te va a costar más dinero poder seguir trabajando —le dijo, tras desplomarse sobre el sofá de Víctor—. Diez mil dólares fueron suficientes para principiantes, pero ahora me están presionando mucho desde arriba. Las cosas están muy difíciles. Me están imponiendo cuotas más elevadas para que pueda dejarlos que sigan trabajando. De ahora en adelante van a ser veinticinco mil dólares." Los informantes del comandante ya le habían comunicado todo lo que Víctor y su gente estaban moviendo en el mercado. Víctor quiso discutir, pero todo resultaba inútil. Todo lo que el comandante quería acababa por obtenerlo. Después de todo, tenía el apoyo de la policía federal y del procurador general y, en caso necesario, del ejército.

Con el tiempo, Víctor acabó pagando treinta y cinco mil dólares mensuales, según le confió a uno de sus asociados

A cada incremento de la cuota, Víctor le pasaba la voz a Pablo y a Rogelio, y a cualquier otro que le estuviese pagando, usando argumentos muy parecidos a los externados por el comandante. La situación era difícil, pero las embestidas de los soldados prácticamente habían cesado.

Víctor ejerció el control de la plaza de Ojinaga hasta el 18 de diciembre de 1980, día en que él y uno de sus principales colaboradores fueron arrestados por agentes de la DEA en el aeropuerto de Albuquerque, cuando se dirigían a Las Vegas a supervisar la llegada de un cargamento de quinientos kilos de mariguana que debía arribar al día siguiente a bordo de una camioneta. Rara vez Víctor viajaba a los Estados Unidos, como medida de precaución. Pero esta vez quería supervisar personalmente la operación porque era la primera vez que hacía una distribución en un punto tan distante, y quería estar seguro de que todo saliera bien. Además, siempre había tenido curiosidad por ver cómo la afamada ciudad del vicio, enclavada en el desierto, se comparaba con la zona de tolerancia de sus tíos en Ojinaga.

Fue un viaje del cual no tardó en arrepentirse. El y uno de sus clientes de Albuquerque se aprestaban a abordar el avión hacia Las Vegas cuando los agentes federales los palmearon en el hombro, diciéndoles que estaban arrestados por tráfico de drogas, el robo de un aeroplano y otros cargos. Los federales llevaban consigo órdenes de arresto basadas en un auto de acusación federal secreto de diecinueve cargos presentado en contra de Sierra y varios otros hombres. Un gran jurado federal de Albuquerque había emitido la acusación seis meses antes.

Víctor no tenía idea alguna de tal acusación hasta el momento en que volteó, en la puerta del aeropuerto, y vio las placas federales a unos centímetros de su rostro.

Víctor fue enjuiciado en Albuquerque y sentenciado a ocho años en la penitenciaría federal.

Durante los dos años y medio que estuvo a cargo de sus funciones, el control de Víctor sobre la plaza de Ojinaga fue relativamente benigno, reflejo de sus propias cualidades y del hecho de que el negocio estaba floreciendo. Todo el mundo obtenía su parte, así que ¿para qué pelear? Las represalias eran discretas y generalmente consistían en arrojar al canal a alguien que no había pagado sus deudas, con las manos atadas a la espalda, para luego sacarlo justo antes de que se le llenaran los pulmones de agua. De una u otra manera, a los morosos se les convencía de que tenían que pagar.

Los ciudadanos comunes sabían que en su pueblo había movimiento de drogas, pero era una actividad discreta y la gente vivía sus vida cotidiana sin prestar mucha atención a la actividad de los narcóticos. Muchos ni se preocupaban de cerrar sus puertas durante la noche, ni tampoco les inquietaba a los padres que sus hijos adolescentes atravesaran de noche la calle principal de Trasviña y Retes. El mundo del narcotráfico hacía su trabajo, y la gente el suyo. Fuera de la mafia de Ojinaga, pocas personas habían oído hablar de Pablo Acosta. O, si acaso conocían su nombre, sabían que era el dueño del pequeño restaurante del centro donde servían un cabrito delicioso, y cuya esposa administraba una tienda en Trasviña y Retes con todos esos hermosos vestidos importados en el escaparate.

Ojinaga estaba a punto de sufrir cambios profundos

VII

LICENCIA PARA TRAFICAR

El Servicio de Aduanas de los Estados Unidos no había contado con una oficina de vigilancia en Presidio antes de 1976. Los oficiales de patrullaje que había en el Gran Recodo de Texas vivían a ciento cincuenta kilómetros al norte, en Alpine, y sólo acudían a Presidio en asignaciones temporales.

Alpine era un pueblo acogedor enclavado entre hermosas colinas y entre cuyas atracciones figuraban las instalaciones universitarias. Presidio, por su parte, era un deslucido pueblo fronterizo con dos moteles, sin ninguna calle residencial pavimentada, con derruidos caseríos de adobe próximos al centro y casas rodantes por doquier. A media tarde la temperatura llegaba a los cuarenta y seis grados centígrados a fines de mayo y rara vez descendía a menos de treinta y ocho hasta los últimos días de octubre. Los residentes de Presidio decían en broma que nadie que hubiese vivido ahí tendría por qué temer ir al infierno: comparado con Presidio, el infierno no sería más que una brisa.

Aunque era difícil lograr que la gente se trasladara ahí de manera voluntaria, era imposible que las autoridades federales siguieran ignorando la importancia de Ojinaga como conexión para el movimiento de drogas o de Presidio como puesto fronterizo clave. Para 1976, Domingo Aranda, Manuel Carrasco, Shorty López, Víctor Sierra y otros traficantes, habían transformado a Ojinaga en el centro distribuidor de narcóticos más grande que jamás hubiera existido en la región. Se hacían grandes encautamientos de heroína y mariguana salidos de ahí en

Texas, Nuevo México y otros estados tan lejanos como Michigan y California. Los informes de inteligencia derivados de estos encautamientos de drogas mostraban que éstas habían sido introducidas por tierra o por aire a los Estados Unidos a través del Gran Recodo de Texas.

El Servicio de Aduanas estadounidense tomó cartas en el asunto y estableció una oficina de patrullaje en Presidio y autorizó a un cuerpo de diez oficiales a que trabajara justo detrás del estrecho puente internacional, en una pequeña estructura prefabricada con cuartos del tamaño de un armario. Uno de los oficiales era responsable de las actividades de inteligencia, en tanto que los demás patrullaban el río o, cuando recibían el "pitazo", se aprestaban a "pescar" a los narcotraficantes al momento que se disponían a cruzar la frontera.

Hacia 1978, el nombre de Pablo Acosta había empezado a figurar cada vez con mayor prominencia en los reportes de inteligencia del Servicio de Aduanas generados por la oficina de Presidio. Durante los años en que Víctor Sierra mantuvo la plaza, Pablo trabajó con ahínco por crear su propia organización de narcotráfico. Contaba con sus propios aviones, sus propios distribuidores, así como sus propias fuentes de mariguana y heroína en el interior de la República.

Con el paso del tiempo, los narcotraficantes que eran aprehendidos a lo largo de la frontera empezaron a mencionar a Pablo como su proveedor de droga. Incluso antes de que Víctor fuese arrestado, muchos investigadores de narcóticos tenían ya casi la certeza de que Pablo era el narcotraficante más importante de Ojinaga.

Por lo tanto, después del arresto de Víctor, los agentes norteamericanos de aduanas en Presidio no se sorprendieron cuando los informantes empezaron a mencionar la nueva línea de mando: Pablo Acosta había asumido el control de la plaza. Quienquiera que hubiera trabajado para Víctor Sierra o se hubiera beneficiado de sus arreglos de protección con las autoridades ahora le rendía lealtad a Pablo.

Exactamente cómo fue que Pablo se apropió de Ojinaga resulta difícil de determinar, pero es improbable que haya sido sometido al mismo tipo de despiadado interrogatorio que se le

El ex comisario del condado de Culberson, Ismael Espudo Venegas, era un miembro importante de la red de tráfico de cocaína de Pablo Acosta. Espudo fue agente federal de seguridad de la Dirección General de Investigaciones Políticas y Sociales, la policía política de la Secretaría de Gobernación, el ministerio del interior. La DGIPS se llamaba antes Dirección Federal de Seguridad, DFS. Pablo Acosta y otros narcotraficantes protegidos llevaban por todo México placas como la que se muestra en la fotografía, lo que les permitía operar impunemente. La placa o "charola" los autorizaba a portar armas y rogaba a las autoridades civiles y militares y a los ciudadanos particulares, a cooperar "para que el portador pueda llevar a cabo sus deberes legítimos".

aplicó a Víctor Sierra en la ciudad de Chihuahua. Se sabe que durante los casi tres años que Víctor Sierra estuvo a cargo de la plaza Pablo procedió con mucho tino y método a cultivar a las personas indicadas, poniéndose en posición de asumir el mando cuando llegase el momento.

Cualquier duda que pudiese quedar entre las autoridades norteamericanas en cuanto a que Pablo ahora estuviese al cargo fueron disipadas un día a principios de 1981 cuando un oficial de la Policía Montada de Texas asignado en Alpine solicitó la colaboración de la policía de Ojinaga.

El oficial, Clayton McKinney, había solicitado cortésmente

a sus contactos policiacos en Ojinaga que apresaran a un piloto norteamericano que acostumbraba realizar frecuentes viajes
entre el fronterizo pueblo mexicano y Albuquerque. El oficial
necesitaba interrogar al piloto. La policía mexicana estaba
obligada a atender a la solicitud; McKinney era un buen elemento que les había hecho varios favores en el pasado.
Aprehendieron entonces al. piloto, que se llamaba Cristóbal,
y lo llevaron a la oficina del asistente del director de inmigración mexicana en el puerto de entrada internacional, donde
los mexicanos dejaron al piloto a solas con el oficial norteamericano. Después de aproximadamente veinte minutos,
McKinney escuchó que varias personas discutían acalorada-
mente afuera de la oficina.

El oficial escuchó claramente que alguien decía: "¡Pero es
que Pablo dijo que lo soltaran!" El nombre de Pablo Acosta
fue repetido varias veces. Momentos después, uno de los oficiales de inmigración entró a la oficina y dijo: "Lo siento, pero
esta reunión tiene que terminar".

Durante los siguientes dos años, los informantes del Servicio de Aduanas norteamericano empezaron a proporcionar más
datos sobre el sistema de protección que Pablo había logrado
montar. Al principio, Pablo hacía los pagos a la policía federal
a través de intermediarios; después el gobierno mexicano creó
un cuartel de policía federal en Ojinaga, asignando como comandante al director suplente del servicio de inmigración de
Ojinaga. Una vez en sus funciones, el comandante le cobraba
directamente a Pablo, pasando luego las cuotas de la plaza
hacia los niveles superiores, según refirieron los informantes.

Pablo le entregaba los pagos para el ejército a un ex jefe de
policía de Ojinaga y propietario de una estación de radio.
Habiendo fungido como jefe de policía de 1977 a 1980, se le
confirió el rango honorífico de comandante del ejército en 1980,
lo que le permitía andar enfundado en un galoneado uniforme
de color caqui. Oficialmente, sus funciones consistían en ser
una especie de oficial de relaciones públicas entre el comando
militar local y la población civil.

Sin embargo, los informantes comunicaron a sus contactos
norteamericanos que su papel en realidad era servir de enlace

militar con los narcotraficantes. Procedía a cobrar los pagos que le hacía Pablo por concepto de la plaza y los llevaba adonde se suponía debían ir, comunicando a Pablo qué era lo que deseaban las autoridades militares. Pablo, por su parte, hacía llegar sus deseos y preocupaciones a través del mismo canal.

El papel de Pablo en Ojinaga era en muchos sentidos más complejo que el desempeñado por cualquiera de sus predecesores. A diferencia de Víctor Sierra y Shorty López, Pablo podía adquirir credenciales en las agencias que protegían sus operaciones, tanto para él como para sus colaboradores. Las placas militares y de la policía federal lo autorizaban a portar armas y le servían de resguardo para realizar sus actividades. Prácticamente lo hacían intocable adondequiera que fuese.

Los agentes norteamericanos en Presidio se enteraron también de que los oficiales comisionados que trabajaban bajo las órdenes del nuevo comandante federal de hecho eran elementos pertenecientes a Ojinaga que el mismo Pablo se había encargado de seleccionar. A ellos también se les facilitaron credenciales de la policía federal.

El ejército mexicano, a través del comando de guarnición local, le proporcionaba a Pablo una forma distinta de protección. Un documento de inteligencia del Servicio de Aduanas estadounidense, fechado el 14 de septiembre de 1982, informaba de manera sintetizada acerca de la venidera cosecha de un plantío de mariguana con una extensión aproximada de sesenta o noventa acres, a la altura del río Conchos, al sur de Ojinaga. El plantío fue cercado y resguardado por soldados al mando de un general asignado en Ojinaga. El informante también asevera que todo el tiempo hay de "seis a ocho soldados armados con ametralladoras y rifles automáticos vigilando la entrada principal. ... El informante también asegura que Pablo Acosta, un confirmado narcotraficante de Ojinaga, estuvo recientemente en ese lugar". La información se considera sumamente fidedigna.

Semanas más tarde, ese plantío en particular fue decomisado y quemado, en lo que resultó ser un "golpe" contra el narcotráfico, lo cual fue debidamente anunciado por los medios mexicanos de comunicación.

Sin embargo, los informantes mexicanos proporcionaron a sus contactos estadounidenses en Presidio una versión diferente de los hechos: los campos eran de sinsemilla, una variedad cultivada principalmente por las potentes hojas de encima. A Pablo se le permitió cosechar estas hojas y, una vez que hubo terminado, los militares procedieron a segar y quemar lo que había quedado, en presencia de los medios de difusión,

Con sus credenciales militares y federales, Pablo se había convertido de hecho en una autoridad federal. Pablo le mostraba sus documentos a determinadas personas en Ojinaga buscando con ello que estuvieran al tanto de los hechos: personas como el jefe de la policía, el alcalde, el comandante de la policía del estado. Era una forma de decirles que no interfirieran en sus actividades

Como fue creciendo la popularidad de Pablo, las agencias judiciales de la porción oeste de Texas y Nuevo México empezaron a solicitar una fotografía reciente del nuevo zar de la droga de Ojinaga para poder identificarlo en caso de que acudiese a los Estados Unidos. La foto más reciente que se tenía de Pablo era la que le habían tomado en el departamento de policía del condado de Ector en 1974, cuando fuera arrestado por atacar al juez de condado del lugar.

Uno de los más osados patrulleros del Servicio de Aduanas de Presidio logró fotografiar a Pablo durante una función benéfica de rodeo en la primavera de 1982, aproximadamente año y medio después de que Pablo se hiciera cargo de la plaza de Ojinaga. El patrullero identificó a Pablo sentado en las últimas graderías de la pequeña arena, rodeado de pistoleros armados con rifles M-1; el policía norteamericano estaba sentado abajo, a unos veinte metros de Pablo.

Al salir brincoteando de la compuerta el siguiente toro con su jinete a cuestas, el oficial respiró hondo e incorporándose tomó rápidamente dos fotos de Pablo y sus hombres sin que ninguno se diese cuenta.

Las fotografías se hicieron circular durante años entre las agencias policiacas de la zona oeste de Texas y Nuevo México. En una de las fotografías aparecía un grupo de seis hombres viendo hacia la arena. Cinco de ellos eran de aspecto y mirada rudos, supuestamente pistoleros y guardaespaldas al servicio de Pablo. El sexto hombre que aparecía era el hermano mayor de Pablo, Juan Acosta.

En la segunda fotografía aparecía una impresionante toma de Pablo a solas, también viendo en dirección a la arena y con un cigarrillo entre los dedos. La fotografía distaba de favorecerle; se había tomado contra el sol y la nariz y la barbilla quedaron parcialmente ocultas debido a la intensa luz. Sus ojos y mejillas se veían semiocultos en las sombras, lo cual le daba un aspecto cadavérico y cruel.

La distorsión producida por el juego de luz y sombra produjo una imborrable imagen de inclemencia. La fotografía en sí inspiraba temor y contribuyó a determinar actitudes respecto a Pablo entre los miembros de las agencias encargadas de hacer cumplir la ley, incluso antes de que se iniciaran las matanzas entre narcotraficantes en Ojinaga.

VIII

LUCHA SANGRIENTA

Las matanzas se iniciaron en el verano de 1982 y entre las agencias judiciales norteamericanas se llegaron a conocer como las Guerras Arévalo, nombre tomado de Fermín Arévalo, el jefe de un clan rival de narcotraficantes a quien no se había tomado en cuenta para ocupar la plaza de Ojinaga.

Fermín era un rudo y desaseado campesino que se había hecho famoso en la región durante los años sesenta como estrella de rodeo, asaltante de bancos y ladrón de ganado. Aunque sólo cuatro años mayor que Pablo, Fermín ya era una leyenda celebrada en corridos tiempo antes de que Pablo saliera de Fort Leavenworth.

Uno de los corridos describía la forma en que Fermín había robado un banco de Ojinaga en 1969, en un despliegue de osadía al estilo del Viejo Oeste y logrando escapar pese a haberse visto rodeado por la policía local. Luego relataba la forma en que finalmente había sido capturado en la carretera cuando los hombres del comandante lo alcanzaron formando un círculo con sus vehículos alrededor de su camioneta; el comandante se aprestó a salir de uno de los autos, gritando triunfante: "¡Esta vez no te me escapas, Fermín Arévalo!"

El corrido anticipaba problemas para el comandante una vez que Fermín saliera de prisión.

En la realidad, el robo del banco fue un episodio mucho menos osado en la trayectoria criminal de Fermín que el descrito en la versión cantada. En combinación con el gerente del banco, se había apropiado ilícitamente de trescientos mil pesos,

por lo cual fue arrestado, sentenciado y enviado a la penitenciaría de las Islas Marías, donde permaneció preso durante
nueve meses,

Mientras Pablo Acosta cultivaba en Fort Leavenworth y
en La Tuna amistades que habrían de servirle más tarde, Fermín se encargaba de establecer contactos de distinto tipo en
las Islas Marías. Algunos de los compañeros de prisión de Fermín eran amigos o parientes de importantes cultivadores de
mariguana y amapola en el estado de Sinaloa. Hicieron los
arreglos necesarios para presentarlo con ellos cuando Fermín
saliera libre; su innata habilidad se encargaría del resto. Pronto estaba distribuyendo narcóticos en grandes cantidades fuera
de Ojinaga, valiéndose de sus contactos en Sinaloa para obtener la heroína y la mariguana. La trayectoria ascendente de
Fermín se dio de manera paralela a la de Manuel Carrasco, y
se cree que trabajó bajo el sistema de protección de Carrasco.
Fermín abastecía de heroína y mariguana tanto a Odessa como
a Hobbs, distribuyendo la mercancía entre algunos de sus hermanos, quienes se encargaban de la entrega final.

Las utilidades del narcotráfico empezaron a verse en proporciones desmesuradas. Fermín compró un rancho ganadero de
doce mil acres, sesenta y cinco kilómetros al sur de Ojinaga,
enclavado entre las montañas, a unos quince kilómetros de la
carretera que conduce a Camargo. El lugar estaba aislado y
contaba con una pista de aterrizaje de caliche; Fermín mantenía ahí aviones robados con los cuales transportaba la droga
hacia los Estados Unidos.

Los investigadores de narcóticos en Nuevo México reunieron anécdotas acerca de los métodos de Fermín. Una de ellas
hablaba de que en una ocasión alguien había llevado por aire
un cargamento de mariguana al rancho de Fermín desde el
interior de la República. Al no contar con el dinero suficiente,
Fermín mató al piloto y con un bulldozer cavó un hoyo en
algún lugar de su rancho lo suficientemente grande para enterrar tanto al piloto como el avión. De esta forma, Fermín pudo
alegar que nunca había recibido la droga y que por lo tanto se
negaba a pagar lo acordado. Tiempo después, la policía estatal de Nuevo México envió a un informante con el fin de que

intentara infiltrarse en la operación de Fermín, pero el agente nunca regresó y se dio por sentado que lo habían eliminado.

La suerte dejó de sonreírle a Fermín una mañana del verano de 1976 cuando un helicóptero azul y blanco de la policía federal aterrizó afuera de su rancho. La operación se realizó seis meses antes de que Manuel Carrasco desapareciera de Ojinaga. Fermín, su esposa Antonia, sus hijas, así como su hijo Lilí y su esposa se acababan de sentar a desayunar cuando escucharon el inconfundible sonido de las hélices del helicóptero. Con su esposa, hijas y nuera ahí presentes, Fermín no tenía intención de oponer resistencia. Salió por la puerta principal con las manos en alto y Lilí tras él. Fueron llevados en helicóptero a Ojinaga. Mientras los judiciales realizaban la operación en su rancho, El Salto, los soldados se habían encargado de rodear los establos de Ojinaga arrestando a toda persona que ahí se encontrase. Fermín, Lilí y los demás cautivos fueron encadenados uno junto al otro sin mayores preámbulos.

Generalmente estoico y controlado, Fermín maldijo amargamente cuando los soldados empezaron a repartir entre los curiosos todos los caballos, monturas, sudaderos, frenos, costales de avena y diversas piezas de equipo para establo. Un soldado condujo hacia la multitud el caballo favorito de Fermín y dándole las riendas a uno de los hombres ahí presentes le dijo: "Tómalo, es tuyo".

En total, las autoridades aprehendieron a diecinueve hombres en esa operación. Encadenados del cuello, fueron llevados en un accidentado recorrido de seiscientos cincuenta kilómetros hacia Ciudad Juárez, vía ciudad de Chihuahua, en la parte trasera de la pick-up que las autoridades habían confiscado ese día. La mayoría de los hombres, entre ellos Lilí, salieron de la prisión de Ciudad Juárez a las pocas semanas. Una vez en Ojinaga lograron recuperar todos sus caballos y equipo. Fermín, por su parte, fue acusado de poseer un kilogramo de heroína y más de una tonelada de mariguana que se habían encontrado en algún lugar del pueblo.

Estuvo en prisión durante los siguientes tres años, primero en Ciudad Juárez y luego en la ciudad de Chihuahua, donde hizo amigos que le permitían efectuar "salidas" de fines de semana.

La primera de las salidas de Fermín se dio a escaso un mes de que Pablo Acosta ingresara en esa penitenciaría, encadenado al cuello junto con otros prisioneros. Pablo había sido arrestado en diciembre de 1977, un año después que Fermín, y lo más probable es que hubiese languidecido en prisión de no haber sido por la ayuda de Fermín. Fuera de su propio círculo de parientes y amigos, Fermín no era conocido por su generosidad. Sin embargo, en prisión empezó a ayudar a campesinos indigentes que consideraba habían sido arrestados injustamente, consiguiéndoles ayuda legal o pagando sus fianzas y multas.

Fermín sintió simpatía por Pablo. Ya se conocían de tiempo atrás, al coincidir en varias ocasiones en las operaciones de narcóticos de Manuel Carrasco. También tenían algunos lazos distantes de parentesco y una infinidad de mutuas amistades en Ojinaga, Odessa, Hobbs, Fort Stockton y otros pueblos de Texas y Nuevo México.

Para ayudar a Pablo en su caso, Fermín mandó llamar a la prisión a un abogado de la ciudad de Chihuahua. Asimismo, lo recomendó entre los conocidos que tenía en la administración de la penitenciaría. Finalmente le prestó el dinero suficiente para cubrir los gastos que implicaban el poder garantizar su libertad.

Pablo salió de prisión antes de que Fermín consiguiera su primera "salida" de fin de semana y le demostró su gratitud ayudando a organizarle una fiesta de bienvenida en su rancho del desierto. "Ofreció llevar toda la cerveza", recuerda uno de los parientes políticos de Fermín. Pablo llevó a su esposa e hija a la fiesta. Más tarde, Pablo y Olivia empezaron a socializar con el hijo de Fermín, Lilí, y con la esposa de éste, Yolanda, de origen norteamericano. Iban a bailar juntos a Los Arcos o a los bailes mensuales del Club de Leones. Dondequiera que hubiese carreras de caballos era seguro encontrar a las dos parejas. Pablo también solía acudir con frecuencia a la casa de Lilí en Ojinaga y llegó a conocer a los parientes políticos de Arévalo que vivían al otro lado del río, en Presidio. En vista de que resultaba riesgoso para Pablo cruzar hacia Presidio, a menudo les encargaba a sus nuevos amigos que le compraran giros en la oficina de correos de Presidio a fin de enviarle dinero a su madre, que se encontraba en Odessa, o a su esposa cuando iba a pasar unos días ahí.

De 1976 a 1979, Fermín dirigió desde la prisión en la ciudad de Chihuahua sus negocios de narcotráfico, asignando a sus hijos Lilí y Lupe la tarea de efectuar los arreglos. Con el tiempo, los hijos empezaron a realizar sus propios negocios.

Pablo pronto se dio cuenta de que estos hermanos preferían operar de manera independiente al margen del movimiento de Ojinaga. Cuando el pequeño grupo de narcotraficantes se reunió en los establos a principios de 1978 con el fin de enviar a alguien a la ciudad de Chihuahua, Lilí y Lupe no se hallaban presentes. Una vez que Víctor Sierra asumió el control de la plaza, se empezó a rumorar que los Arévalo no estaban contribuyendo.

La situación no cambió cuando Fermín salió libre en 1979. Supuestamente los Arévalo tenían ciertos arreglos por su cuenta que les permitían trabajar con libertad, se imaginaban los demás narcotraficantes. En algunas ocasiones se había visto a los Arévalo en compañía de miembros de la policía estatal de Chihuahua. Pablo sacó sus propias conclusiones pero sin decir nada.

Después de obtener el control de la plaza a principios de 1981, Pablo continuó frecuentando a los hijos de Fermín Arévalo, pero antes de que finalizara el año empezó a rumorarse entre los narcotraficantes de Ojinaga que las facciones de los Acosta y los Arévalo estaban a punto de entrar en conflicto.

Los celos y las mutuas sospechas se hallaban en el fondo de todo eso. Siendo uno de los pioneros del tráfico de droga en el área de Ojinaga, Fermín siempre había aspirado a establecer un arreglo con las autoridades federales para asumir la plaza de Ojinaga. Sin embargo, se la habían otorgado a Pablo, que no era más que un novato.

Fuera de Fermín, no fueron muchas las personas que se sorprendieron por la designación de Pablo: Fermín era de carácter hosco y no socializaba fácilmente con la gente. Pablo, por su parte, tenía una personalidad triunfadora y le gustaba estar rodeado de gente, sobre todo de aquella que ocupaba puestos de autoridad. Habiendo obtenido más éxito que Fermín, Pablo también tenía más dinero para derrochar.

El problema más serio para Pablo se centraba en torno a Lilí Arévalo, el más joven de los hijos de Fermín. Pablo sospechaba que Lilí había dado parte a la policía norteamericana de una carga aérea de mariguana. Eso no sólo propició la pérdida de un avión y del cargamento de droga, sino también que Rogelio González, el piloto, pereciera cuando, presa del pánico al suscitarse el arresto, se precipitó contra la hélice del propulsor.

La operación había tenido lugar el 22 de enero de 1981, a escaso un mes de que Víctor fuese arrestado en Albuquerque, y fue un suceso que se comentó en todos los diarios de la Unión Americana. Aunque generalmente Rogelio volaba para los Arévalo, Pablo necesitaba enviar tres cargas de mariguana a los Estados Unidos en una sola noche y le pidió a Rogelio que le hiciera ese favor. Las cargas deberían llevarse hasta el sendero que conducía a una granja ubicada cerca de Orla, Texas, lo que representaba un vuelo de trescientos veinte kilómetros hacia el norte de Ojinaga, requiriéndose tres viajes redondos de seiscientos cuarenta kilómetros cada uno, más el temple y la habilidad característicos de Rogelio.

El punto de destino era un camino pavimentado que Víctor, Pablo y otros narcotraficantes de Ojinaga habían estado usando desde 1978. Se encontraba al oeste de Orla, una pequeña comunidad agrícola cercana al río Pecos, uno de los sitios más solitarios de la de por sí desolada región oeste de Texas. Uno de los pilotos de Víctor Sierra la "descubrió" un día en 1978 cuando tomó una ruta equivocada al dirigirse de Pecos a Carlsbad, Nuevo México. Impresionado por lo aislado del lugar, el piloto se pasó las siguientes tres noches estacionado a un lado de la carretera contando el número de vehículos que pasaban desde el alba hasta el anochecer. A lo largo de las tres noches, sólo pasaron tres vehículos. El sitio contaba incluso con su propia guía: la enorme mina de sulfuro Duval, que brillaba de noche como una reluciente estrella. Todo lo que tenía que hacer Rogelio era ubicar la planta de sulfuro y luego virar hacia la carretera

Aproximadamente a las nueve y media de la noche del 22 de enero de 1981, Rogelio despegó con la primera de las cargas de Pablo. Sin embargo, nunca regresó. Pablo se quedó esperando, atento a ver si escuchaba el zumbido de un motor de avión. Varias horas después de que Rogelio debía estar de regreso por la segunda carga, Pablo se dio cuenta de que algo había salido mal y condujo de regreso a Ojinaga a fin de hacer algunas llamadas telefónicas. No tardó en averiguar que había habido un arresto, y que sólo una persona había logrado escapar. Gradualmente se fueron conociendo los detalles: la policía estatal de Texas había estado aguardando a un lado del camino que conducía a la granja. Tan pronto como Rogelio detuvo la aeronave, los oficiales salieron de sus escondites tomando por sorpresa a la tripulación de tierra. Contrariamente a su costumbre de permanecer en el avión, Rogelio se impresionó retrocediendo, pegado a la capota del avión. Fue a posarse justo donde se hallaba la hélice del propulsor y ésta lo cercenó desde la cabeza hasta la altura del pecho. Uno de los miembros de la tripulación de tierra fue batido a tiros cuando le apuntó con un rifle semiautomático a uno de los policías. En total fueron arrestados seis hombres, entre ellos Héctor Manuel, el hermano de Pablo.

La operación fue un serio golpe para Pablo. En una sola noche había perdido un piloto, a su tripulación, un avión, una carga de mariguana, una pista de aterrizaje de primer orden y a su hermano. El arresto fue considerado como un hecho sensacional y ampliamente comentado por los medios de difusión norteamericanos. Las autoridades tejanas comentaron que ésa era la primera vez que se capturaba a toda una tripulación en la frontera, con todo y piloto, avión y carga.

Pablo estaba furioso. Era obvio que la policía se había enterado con anticipación de que la carga iba en camino. Pablo empezó a sospechar de Lilí a causa de una observación fortuita que el hijo de Fermín había hecho la misma mañana del arresto. Lilí le debía a Rogelio cierta cantidad de dinero por un negocio de drogas y no había podido pagarle. Para asegurarse de que le pagara, Rogelio había tomado en prenda la camioneta arreglada de Lilí diciéndole que sólo se la iba a regresar cuando saldara su cuenta. La mañana del arresto realizado en Orla, incluso antes de que el cercenado cuerpo de Rogelio hubiese llegado al forense, Lilí se dirigió a la casa de Rogelio en Ojinaga para recoger su pick-up. Alguien escuchó a Lilí decir: "Ya no la va a necesitar más", observación que luego se le comunicó a Pablo.

¿Cómo pudo Lilí haberse enterado tan pronto que algo le había sucedido a Rogelio? Pablo se daba cuenta de que un simple comentario no constituía prueba suficiente de que Lilí estaba tratando de jugarle sucio, sin embargo, empezó a sospechar que los Arévalo se iban a convertir en un problema.

Durante el año siguiente, fueron decomisados varios cargamentos de Pablo procedentes del interior de México con destino a Ojinaga. De nuevo sin tener pruebas, Pablo sospechaba que había sido obra de los Arévalo.

Un año más tarde, Pablo y Lilí discutieron sobre una carga de mariguana que Pablo le había facilitado a Lilí a crédito. Más tarde, las autoridades norteamericanas se enteraron de la forma en que se había llevado a cabo la compleja transacción: Lilí le había fiado a uno de los primos de Pablo en Odessa un cargamento de mariguana con valor de cincuenta y cuatro mil dólares. Pero al cerrar el trato con el primo de Acosta, Lilí no disponía de la suficiente mariguana y tuvo que acudir a Pablo. Resultó que éste tampoco tenía a la mano la cantidad requerida y para completarla recurrió a uno de sus lugartenientes, un traficante alto y calvo llamado Marco DeHaro. Se había formado una cadena de deudas en la forma típica en que solían darse las transacciones en el tráfico fronterizo de drogas. Sin embargo, de alguna manera el dinero nunca llegó a manos de Pablo ni de Marco.

Pablo confrontó a Lilí; el hijo de Fermín aseguraba que nunca se le había pagado. Para confirmarlo, Pablo llamó a su primo en Odessa y éste le dijo que Lilí estaba mintiendo. El primo insistía en que sí le había dado el dinero a Lilí y que para entonces Pablo ya debería haber recibido su parte. A fin de conocer la verdad, Pablo ordenó que secuestraran a su propio primo a punta de pistola de un motel en Odessa. Fue llevado a Ojinaga encerrado en la cajuela de un auto y se le mantuvo vigilado durante varios días, sin embargo, el primo se mantuvo firme en lo que había dicho: que sí le había enviado a Lilí el dinero. De hecho había enviado a dos de sus hijos con esa cantidad y ellos se habían encargado de entregársela personalmente a Lilí.

Los hijos accedieron a venir a Ojinaga desde Odessa si con ello Pablo liberaba a su padre. Antes de la transacción, ninguno de los dos hijos había visto jamás a Lilí Arévalo. "Todo lo que queremos es que nos señalen a quién fue que le dieron el dinero", Pablo les dijo cuando llegaron a Ojinaga. Instaló a los dos hermanos en el asiento trasero de una camioneta Bronco con los cristales polarizados. La Bronco fue conducida por Marco DeHaro y otro pistolero de Acosta llamado Dámaso Martínez Prieto. "Tan pronto como vean a los tipos a quienes les pagaron, señálenselos a Marco y Dámaso", Pablo les indicó.

Era el 29 de agosto de 1982, día significativo en la historia de Ojinaga. Durante toda la mañana y parte de la tarde Lilí y su hermano Lupe habían estado en los establos de su padre alimentando y ejercitando algunos caballos de carreras. Esa noche se dirigieron al pueblo a comer algo y se detuvieron en la popular nevería Alegría, situada en una esquina de Trasviña y Retes.

Los dos chicos de Odessa vieron a los hermanos Arévalo en la fuente de sodas y de inmediato señalaron a Lilí. Ese es. "A él fue a quien le dimos el dinero."

La Bronco dio una vuelta alrededor de la manzana. Al regresar, sólo venían dos hombres en ella: Marco con un AR-15 y Dámaso con un M-1. La Bronco se detuvo frente a la fuente de sodas justo en el momento en que los hermanos Arévalo salían a la calle, con sendos helados en la mano. Uno de los pistoleros disparó a través de la ventanilla abierta, el otro por encima del cofre de la camioneta. Lilí recibió veintiún impactos de bala y cayó de espaldas sobre la acera. A Lupe lo alcanzaron dos disparos, uno de ellos atravesándole el hígado. Cayó golpeándose primero la cabeza contra el asfalto. Una bala de rebote hirió de rozón en la frente a un muchacho que pasaba por ahí. Según versiones de los testigos, Lilí trató de incorporarse pero volvió a irse de espaldas y luego empezó a arrastrarse. Marco corrió hacia él y le disparó en la cabeza con una semiautomática calibre 45. Entonces los pistoleros se subieron de inmediato a la Bronco y salieron huyendo de ahí.

En un restaurante con servicio para los automovilistas llamado La Estancia, en la autopista a Chihuahua, se encontraban en ese momento parientes de los Arévalo. El lugar estaba a tres kilómetros del centro del pueblo, pero ellos dijeron que pudieron oír desde ahí el tableteo de las armas automáticas. Más tarde, aseguraron ver a Marco dirigiéndose hacia el sur a bordo de una Bronco, seguido por Pablo en otro vehículo.

El tiroteo se escuchó en todo el pueblo. No tardó en regarse la noticia de que Lilí Arévalo estaba muerto y Lupe seriamente herido, o en empezarse a especular que había dado principio una guerra entre facciones rivales. Un amigo norteamericano de la familia Arévalo transitaba por Trasviña y Retes cuando se suscitó e tiroteo. Al igual que todo el mundo, escuchó los disparos y rápidamente se enteró de lo que había sucedido. Un poco más tarde, el norteamericano vio a Fermín entrando al pueblo con una res recién sacrificada en la parte posterior de su pick-up. Le hizo una señal indicándole que se parara. Por la amabilidad con que le contestó el saludo era obvio que aún no sabía nada.

"Me incomoda ser el portador de tan malas nuevas —el norteamericano empezó a decirle en un tono sombrío—, pero a Lilí lo acaban de asesinar a balazos y Lupe está muy grave."

Juntos se dirigieron al consultorio del doctor adonde habían llevado el cuerpo de Lilí. Fuera de la rigidez que imprimió a su quijada y de un ligero entrecerrar de ojos, Fermín no manifestó ninguna emoción al ver el maltrecho cuerpo de su hijo.

El norteamericano había conocido a los muchachos Arévalo desde que habían venido al mundo. Sacudió la cabeza y dijo: "¿Quién diablos pudo haber hecho esto?"

Fermín dijo fríamente: "Yo sé quien lo hizo".

El narcotraficante no dio más detalles y su amigo se abstuvo de presionarlo.

Según informes de la policía estatal de Chihuahua, se proce-

Fotografías que tomó un agente de aduanas de Estados Unidos a Pablo Acosta y sus hombres en un rodeo de beneficencia celebrado en Ojinaga en la primavera de 1982, poco después de que Acosta asumiera el control de la plaza de Ojinaga. Foto superior: Pablo Acosta fumando un cigarro mientras observa la acción del rodeo. Foto inferior: Los guardaespaldas de Pablo, entre ellos su hermano Juan, segundo de izquierda a derecha.

dió a bloquear las carreteras a los principales poblados del noroeste de Chihuahua con la esperanza de capturar a los asesinos. Un diario de Ojinaga identificó a Marco como uno de ellos.

El funeral de Lilí se organizó rápidamente, como se supone debe ser en el ardiente desierto. El cuerpo de Lilí yacía en el ataúd abierto en una pequeña capilla de una de las funerarias de Ojinaga.

La esposa de Pablo, Olivia, acudió al lugar en compañía de su hija Karen. Olivia había escuchado rumores de que Pablo había matado a Lilí, pero ella se negaba a creerlo y Pablo la había llamado para asegurarle que no era verdad y para pedirle que fuera a la funeraria. Ella tuvo que hacer un gran acopio de valor para dirigirse a la capilla. Al entrar en ella, su pequeña hija la tocó en el codo diciéndole: "¡Mamá, mamá, mira a Lilí! ¿Qué le pasó a Lilí?"

Olivia, rolliza y lujosamente vestida, rompió a llorar al ver a la viuda de Lilí. —Ignoro por qué pudo alguien matarlo y de una manera tan terrible —dijo Olivia, frotándose los ojos— ¿Quién pudo haber sido? ¿Sabes quién lo hizo?

—Ya tenemos una idea de quién lo hizo —dijo la viuda, fríamente.

—No fue Pablo —Olivia le aseguró—. El estaba fuera del pueblo, y sigue estando. Me llamó para decirme lo mucho que sentía la muerte de Lilí. Me pidió que viniera a verte. Debes creerme.

De nada sirve ya llorar —dijo Yolanda— A quien lo haya hecho ya le llegará su turno un día. Dejó a mis hijos sin padre y espero que quien haya matado a Lilí también tenga hijos, porque esto también habrá de dejarlos sin padre, tal y como acaba de dejar a mis niños.

Los hijos de Acosta y los hijos de los Arévalo siempre habían jugado juntos y sus respectivos padres habían abrigado la esperanza de que un día la hija de Pablo se casaría con Jaime, el hijo de Lilí, o Marco, el hijo de Lupe.

Con la cabeza gacha, Olivia abandonó la funeraria. A pedir de ese momento las dos mujeres no volverían a verse cara a cara.

IX

GATILLEROS

Si alguna vez hubo una investigación oficial en Ojinaga en relación con la balacera en contra de los hermanos Arévalo, los resultados nunca se hicieron del dominio público.

Pablo envió mensajes a la familia Arévalo diciendo que él no había mandado matar a Lilí. Nunca mencionó a Marco ni a los otros pistoleros por nombre, y sólo indicó que quien hubiera matado a Lilí había actuado por cuenta propia y él no se hacía responsable.

Los mensajes no lograron apaciguar a los Arévalo. Poco después del funeral de Lilí, Antonia, la robusta esposa de Fermín, visitó a ciertas amistades en Presidio pidiéndoles algunas cajas de cartuchos para una escopeta calibre doce. Las amistades nunca creyeron que los cartuchos fueran para tirar al blanco.

Fermín estaba desconsolado por la muerte de su hijo y se pasó largos periodos en el rancho El Salto rumiando su tristeza. Todo el mundo en Ojinaga y al otro lado del río, en Presidio, esperaba una confrontación intensa. Aquellos que tenían intereses creados en el resultado de tal enfrentamiento o que mantenían lazos familiares con cualquiera de las dos facciones se replegaron, ya sea del lado de Pablo o de Fermín.

Dada la reputación que tenía Fermín de ser una persona despiadada, hubo mucha gente en Ojinaga y en Presidio que supuso que Fermín Arévalo terminaría con Pablo de un momento a otro.

La rivalidad entre las familias se recrudeció dos meses después de la muerte de Lilí. Un día Pablo y Marco se encontraban inspeccionando una casa en construcción en una calle lateral sin pavimentar, a media cuadra de la autopista a Chihuahua. Marco llevaba consigo un rifle semiautomático de fabricación alemana, mientras que Pablo llevaba al cinto su eterna 45. Eran las tres de la tarde de un día nublado y ventarroso. La casa pertenecía a un conocido de Pablo que trabajaba en el registro federal de automóviles. Habiendo trabajado en el ramo de la construcción en los Estados Unidos antes de ingresar a Leavenworth, Pablo se interesaba en las técnicas arquitectónicas y le gustaba señalarle a Marco las deficiencias en la construcción, explicándole de qué manera habría él realizado el trabajo.

Cuando se aprestaban a salir del lugar, Marco se dio cuenta de que un automóvil con los cristales polarizados se detenía y pasaba cerca de ellos, como si sus tripulantes quisieran examinarlos de cerca. Entonces vieron que el auto se echaba en reversa abruptamente y se detenía en la calle sin pavimentar, próxima a la pared de concreto que rodea a conocido restaurante del pueblo.

"Más vale que nos vayamos de aquí", dijo Pablo.

Habían ido ahí en el camión de Pablo. Este se puso de un brinco al volante mientras Marco alistaba su rifle. Pablo se precipitó hacia la carretera. Por la ventanilla trasera Marco vio que del auto saltaba un hombre con una ametralladora y agazapándose un poco apuntaba hacia ellos. "Va a disparar —Marco gritó—. Acelera, Pablo."

"¡Maldición!", Pablo dijo, mientras oprimía el acelerador a fondo. La carretera de asfalto de dos carriles estaba unos ocho centímetros más arriba que el camino de tierra. El camión brincoteó sobre el asfalto justo en el momento en que el pistolero abría fuego. Las balas penetraron por la ventanilla trasera. Por la carretera venía una pick-up con un hombre, una mujer y una pequeña a bordo, y Pablo se fue a estrellar directamente contra el costado del vehículo. El camión de Pablo dio un giro y fue a quedar en el lado opuesto de la carretera. Pablo cayó de espaldas fuera del vehículo con la sangre bañándole el rostro. Marco se preguntó si seguía con vida.

Marco se arrastró hasta Pablo. Estaban detrás del camión

y pudo ver por debajo que el pistolero se dirigía corriendo hacia ellos. El hombre se encontraba a escasos veinte metros de distancia y era evidente que pretendía cruzar la carretera y acabar con ellos a quemarropa. Marco se apoyó contra el camión y ubicó la posición del pistolero. Entonces se asomó y soltó varias descargas por encima del cofre del vehículo. El hombre giró sobre sí mismo cuando las balas le dieron en el pecho y luego cayó por tierra.

Para entonces otros dos hombres habían salido del auto y estaban disparando sus rifles automáticos desde el otro lado de la carretera.

Marco arrastró a Pablo, colocándolo detrás de la llanta delantera, mientras él de cuclillas disparaba por encima del cofre.

Uno de los tiradores se había ocultado detrás de un pesado camión carguero que estaba estacionado frente al restaurante. Con una ráfaga bien dirigida, Marco logró alcanzarlo y luego se volvió a proteger detrás del camión. Marco pudo oír cómo las balas del tercer hombre daban contra el otro extremo del camión. Al voltear hacia la izquierda, vio que el hombre, la mujer y la niña que venían en la camioneta contra la cual Pablo se había estrellado se hallaban tendidos en el suelo, protegiéndose de las balas. El hombre cubría a la niña con su cuerpo. Marco miró en la otra dirección y se percató de que se aproximaba un camión escolar. Era el camión de la secundaria Agropecuaria, la escuela de agricultura ubicada cerca del poblado de Tecolote, sobre la carretera a Chihuahua.

El camión siempre se detenía frente al restaurante a fin de dejar ahí algunos estudiantes. El conductor aminoró la marcha cuando vio los dos vehículos chocados, pero luego aplicó los frenos cuando se dio cuenta de que se hallaban en medio de una balacera. Marco pudo oír cómo el conductor les gritaba a los estudiantes que se echaran al piso. "Bajen la cabeza, estúpidos", gritó el chofer cuando varios de los estudiantes, movidos por la curiosidad, se asomaron por la ventanilla trasera del camión.

El pistolero que quedaba aprovechó la protección que le ofrecía el camión escolar para arrastrar a su compañero herido hasta el sedán y disponerse a huir de ahí. Metió rápidamente la velocidad y se precipitó hacia la carretera. Con un rechinido de llantas, el vehículo se remontó por la autopista. Marco los estaba esperando. En el momento en que el camión se detuvo, había corrido unos cuantos metros hacia éste y se había echado al suelo detrás de una de las enormes llantas. En el momento en que el sedán brincoteó sobre el pavimento y se enfiló hacia la carretera, Marco corrió hacia la parte posterior del camión y abrió fuego. El auto empezó a zigzaguear y luego fue a estrellarse contra una zanja.

Marco corrió hacia Pablo y le sintió el pulso. Aún seguía con vida. Entonces le hizo señas a una camioneta que pasaba, conducida por un maestro de una de las escuelas federales. El maestro, un hombre maduro y gordinflón con círculos oscuros alrededor de los ojos, venía de regreso a casa no lejos del camión escolar, sintiéndose cansado y con ganas de dormir. Pensando que el camión había tenido un desperfecto, se había acercado a él para empujarlo hacia el costado de la carretera. Entonces se dio cuenta de que Marco lo estaba llamando.

Marco sostenía a Pablo y miraba nervioso en todas direcciones. En un tono que tenia más de orden que de petición, le dijo: "Profe, ayúdeme a llevar a este hombre con un doctor".

Al igual que todo el mundo en Ojinaga, el maestro conocía a Pablo Acosta de nombre, pero no sabía cómo era ni tampoco preguntó por la identidad del hombre herido. Marco levantó a Pablo tomándolo de las axilas mientras el maestro se encargaba de levantarte las piernas. Pablo sangraba profusamente del cuero cabelludo y de la ceja y el maestro sugirió que lo colocaran en la plataforma de la pick-up y no en la cabina. "Está sangrando demasiado", le dijo a Marco.

Vio cómo Marco se dirigía al camión chocado y sacaba varias cartucheras de ametralladora. Luego Marco recogió la automática 45 de Pablo que había quedado en el suelo y la puso a un lado del asiento del pasajero. Al ponerse al volante, el maestro se percató del cuerpo que yacía al otro lado de la carretera y de las redondas manchas de sangre que tenía en el pecho.

—Acelere a fondo —Marco le ordenó—. Es probable que anden otros por aquí.

—¿Qué sucedió? —el maestro se atrevió a preguntar

—Una bola de imbéciles trató de matamos.

El maestro sintió de pronto que un escalofrío le recorría la espalda. Se precipitó hacia el pueblo, pasando las intersecciones sin dejar de tocar el claxon, ansioso de llevar a esas personas lo más pronto posible adonde tenían que llegar. Marco veía nerviosamente a derecha, a izquierda y a través de la ventanilla trasera, como esperando que en cualquier momento salieran más carros llenos de asaltantes.

Marco señaló hacia una de las calles laterales. Se detuvieron en la Calle Sexta frente a una casa de ladrillo de color canela con una elevada cerca de hierro forjado al frente. Entre los dos hombres sacaron a Pablo de la camioneta. Pablo parecía estar recobrando el conocimiento. Olivia dejó escapar un grito cuando abrió la puerta y medio cargaron a Pablo hasta una de las recámaras, donde procedieron a instalarlo en la cama. Olivia corrió a traer una toalla y con ella le limpió a Pablo la sangre del rostro.

El maestro se dio cuenta de quién era el hombre herido cuando escuchó que Marco le contaba a Olivia lo que te había pasado a "Pablo". A lo largo de los años, el maestro había observado con consternación la forma en que los narcotraficantes habían venido convirtiéndose en héroes a los ojos de muchos de sus estudiantes. Había reprendido a algunos de ellos por imitarlos tanto en sus atuendos como en su forma de hablar, sin embargo, los sermones surtieron poco efecto. Los estudiantes acabaron por solicitar que uno de los narcos patrocinara su fiesta de graduación, idea que fue rechazada por la administración de la escuela. Ahora él se encontraba en la casa del padrino de todos ellos. Los ojos del maestro se fueron posando primero en Marco, luego en Pablo, después observaron el mobiliario francés importado y finalmente a Olivia. Se dio cuenta de que ya no tenía nada que hacer ahí.

—Bueno, pues me retiro —dijo, dirigiéndose hacia la puerta.

—Gracias, Profe —le contestó Marco.

El amable maestro se dirigió a su casa, al lado de su familia un poco más tarde, demasiado agitado para conciliar el tan anhelado sueño.

Pronto Pablo recuperó el conocimiento. Al levantarse apoyado sobre sus codos, dijo vacilante: "¿Ya acabó todo?"

La mayor parte de la sangre provenía de arriba de la ceja, lugar en el cual se había pegado contra el volante al momento del choque. Una bala también lo había alcanzado en la parte superior de la cabeza, y Olivia temía que tuviera el cráneo fracturado. Le dolía terriblemente la cabeza y era preciso brindarle atención médica.

Olivia estaba enfurecida y culpaba a Marco del tiroteo. Estaba segura de que era consecuencia de la muerte de Lilí Arévalo. Con gritos, empezó a reprocharle a Marco por haber involucrado a Pablo "en otro tiroteo" y le dijo que se fuera de su casa

Pero Pablo no estuvo de acuerdo. Consideró que no era buena idea buscar tratamiento médico en Ojinaga. Estaba seguro de que la emboscada sólo podía haber sido obra de los Arévalo, y es posible que estuviesen esperando que lo llevaran a una de las clínicas de Ojinaga. El tenía la protección de las autoridades para realizar sus negocios, pero cuando se trataba de lidiar con sus rivales tenía que valerse por sí mismo. Quería que Marco lo llevara a bordo de una avioneta a Torreón, la ciudad industrial de Coahuila, para recibir ahí atención médica. Aunque autodidacta, Marco tenía experiencia como piloto. Sin embargo, el viento había empezado a soplar con fuerza y en cualquier momento podía sobrevenir un temporal, de ahí que resultara peligroso despegar en un avión ligero.

Decidieron ir en automóvil al rancho de Pablo ubicado en las afueras de San Carlos y luego tomar los caminos vecinales a Coahuila. El trayecto era lento y accidentado, pero era más seguro que tomar la carretera pavimentada a Torreón. Les llevó más de un día llegar a Torreón atravesando el desierto. Se dirigieron a una discreta clínica particular donde le tomaron radiografías a Pablo. El cráneo no presentaba fracturas, de modo que el doctor se limitó a limpiar y suturar la herida de la cabeza y el corte que se había hecho arriba del ojo.

Al salir de la clínica, emergió el espíritu despiadado de Pablo. Apretando los dientes, dijo: "Regresemos, quiero encontrar a ese hijo de perra", refiriéndose al pistolero sobreviviente.

A Marco no le agradó la idea. Aún había la posibilidad de otra emboscada. "Vamos a la ciudad de México", le sugirió.

Pero Pablo era obstinado. Sabía quién estaba detrás del ataque, pero quería escucharlo de labios del pistolero sobreviviente. Se había enterado antes de salir de Ojinaga de que los dos hombres a los que Marco había herido a bordo del sedán habían sido llevados a un hospital, gravemente heridos pero vivos. Uno de ellos murió más tarde ese día. El otro había recibido ocho impactos, pero ninguna de sus heridas parecía ser mortal. El sobreviviente se encontraba en un pequeño hospital de dos pisos en el centro de Ojinaga, bajo vigilancia policiaca.

Regresaron al rancho a las afueras de San Carlos a las tres de la mañana del día siguiente. Pablo levantó a su hermano Juan de la cama y reclutó a varios otros hombres. "Tenemos que apresurarnos, debemos estar ahí a las cinco de la mañana." El pequeño cortejo avanzaba en frenética precipitación por el camino de tierra que los separaba de San Carlos. Hicieron el viaje en poco menos de dos horas. Una vez en Ojinaga, Pablo tocó a la puerta de una amiga y le pidió un favor: que se hiciese pasar por la hermana del lesionado. "Diles que acabas de llegar del pueblo y que quieres ver a tu hermano. Observa cuántas personas lo están vigilando", le indicó.

El pequeño ejército de narcotraficantes se detuvo cerca del hospital. La amiga de Pablo se dirigió a la entrada de emergencia y se le permitió entrar después de tocar a la puerta. A los pocos minutos regresó. "Dicen que no han recibido a nadie con heridas de bala", pero indicó que había visto a dos policías en el edificio.

Media hora más tarde, Pablo tocó el timbre de emergencia y golpeó la puerta. Una joven y delgada enfermera entreabrió la puerta. Pablo deslizó la mano y el pie en la abertura y dijo gritando: "¡Policía federal, abran!" La enfermera abrió por completo la puerta y se le quedó viendo con desconfianza. Iba tan vendado como una momia. Marco, Juan Acosta y varios más de los hombres de Pablo, todos ellos armados con rifles de asalto, se introdujeron al corredor. "Queremos al hombre que tienen aquí. El que tiene heridas de bala —dijo Pablo— Tiene muchos enemigos que quieren acabar con él y la única manera de salvarlo es sacarlo de aquí en este preciso momento."

La enfermera dijo: "Espere un momento", dirigiéndose hacia un cuarto y tratando de cerrar la puerta. Pero Pablo se adelantó a abrirla y vio que otra enfermera estaba en el interior. "¿Dónde está?", Pablo exigió que le dijeran. Una de las mujeres señaló hacia el piso de arriba. Pablo sacudió su 45. "Caminen delante de mí. ¡Caminen!" Al llegar al cuarto, Pablo empujó a las dos enfermeras y le gritó a los policías que soltaran sus armas. El hombre herido, al que tenían conectado a una mascarilla de oxígeno y a una diversidad de cables y tubos, se despertó y sus ojos se llenaron de terror al ver a Pablo y sus hombres.

La enfermera protestó. —Si lo desconectan y se lo llevan, morirá.

—De todos modos va a morir —le contestó uno de los hombres de Pablo.

Al ver las ametralladoras, los policías habían sacado cuidadosamente sus revólveres 38 de la época de la Revolución Mexicana y los habían colocado en el piso. Un policía retirado de Ojinaga comentó más tarde que los dos guardias habían recibido la visita de los comandantes de la policía estatal y federal justo antes de que Pablo y sus hombres llegaran y que les habían dado instrucciones de que no ofrecieran resistencia si alguien venía por el paciente que estaban vigilando.

Los hombres de Pablo sujetaron al lesionado y lo arrastraron fuera del edificio en medio de sus gritos. Lo golpearon para apaciguarlo y luego lo metieron a la camioneta de Pablo. Al salir de Ojinaga, se detuvieron en la orilla de la carretera y Marco colgó los dos revólveres confiscados en un poste de teléfonos para que los policías pudieran recuperarlos.

Se dirigieron de vuelta a San Carlos. Marcos conducía y el hombre lesionado iba entre él y Pablo. Era joven, de tez oscura y fino bigote negro. Sólo la oscuridad ocultaba el terror que sentía. En el trayecto le dijo a Pablo lo que éste quería saber. Habían sido los Arévalo quienes lo habían contratado para llevar a cabo el atentado. Tanto a él como a sus compañeros les habían dado, a cada uno, doscientos cincuenta mil pesos para que mataran a Pablo. Los tres hombres eran originarios de Cuauhtémoc, pueblo situado en la región productora de manzana del sur de Chihuahua.

"Eres un pendejo —Pablo le dijo, enfurecido—. Sí me hubieras pedido esa cantidad, yo te la habría dado. Ahora no vas a poder disfrutar de ese dinero ni tampoco tu familia."

La camioneta entraba y salía de diversos arroyos. Juan Acosta conducía otra pick-up a corta distancia, y más atrás venía otro vehículo con más pistoleros.

El lesionado se quejaba del dolor que le producían las heridas y no cesaba de implorar piedad. "Por favor, compadézcanse de mí. Tengo familia."

"¿Y tú crees que yo no tengo familia? —contestó, Pablo ásperamente, sintiendo todavía el dolor de cabeza—. Hubieras pensado eso antes. Ahora es demasiado tarde."

Pablo apenas había dormido durante los últimos tres días. Colocó la pistola bajo su glúteo derecho de modo que el hombre herido no pudiera apropiarse de ella y se recargó contra la puerta tratando de dormir. Sin embargo, su lastimada cabeza se golpeaba constantemente contra la puerta. Finalmente le dijo a Marco: "Debemos detenernos. Tengo que dormir un poco".

Metieron al lesionado en una de las otras camionetas y Pablo les dijo que se lo llevaran al rancho.

Mientras Marco montaba guardia, Pablo se estiró en el suelo del desierto junto a la camioneta y durmió durante unas horas. Cuando despertó, ya había salido el sol. Se dirigieron entonces hacia el rancho. Al llegar ahí, Pablo se dio cuenta de que sus hombres se habían estado divirtiendo con el pobre infeliz. Su fin no pudo haber sido muy agradable. Juan le dijo a Pablo que habían tirado su cuerpo en el desierto a fin de que los buitres dispusieran de él.

Pablo estaba furioso. La noche anterior había estado demasiado cansado para interrogar al hombre. "Pero es que yo quería hacerle más preguntas y matarlo personalmente, estúpido hijo de perra", Pablo gritó, a lo que siguió una larga perorata.

"Hermano, yo pensé que anoche le habías preguntado todo lo que querías saber", dijo Juan, deshaciéndose en disculpas.

Después del atentado frente al restaurante, Pablo empezó a tomar más precauciones. En las carreras de caballos de los domingos se hacía rodear de más pistoleros que nunca y empezó a viajar por el pueblo con carretadas de guardaespaldas.

Ambas facciones parecían estarse preparando para una confrontación definitiva. Uno de los sobrinos de Pablo, Pedro Ramírez Acosta, abandonó su vida en Odessa para enlistarse en la causa de Pablo; éste le dio una ametralladora.

Hombre hosco con cicatrices de acné y cara de comadreja, Pedro le dijo a sus parientes en Odessa mientras se preparaba para partir a Ojinaga: "Ya no me gusta estar en este país y me voy para siempre. Es probable que ya no nos volvamos a ver. Voy a unírmele a mi tío Pablo".

A Pablo siempre le había gustado cambiar armas por droga, pero ahora el adquirir un verdadero arsenal se había convertido en una necesidad: requería una gran cantidad de armas, de preferencia Colt AR-15 y automáticas calibre 45, a fin de armar a todos los recién llegados.

El tiroteo frente al restaurante no sería más que el primer episodio. Un domingo en la tarde, a escaso un mes de aquella emboscada, dos integrantes del clan Arévalo fueron balaceados en un encarnizado enfrentamiento que tuvo lugar en la calle principal próxima al centro de Ojinaga. Se encontraban estacionados a bordo de una Bronco frente a un puesto de tacos en Trasviña y Retes. En la parte trasera del vehículo se encontraba un comandante de la policía estatal. Había asistido a un rodeo en compañía de los Arévalo. En el momento en que se disponía a bajar de la camioneta, surgió de pronto una pick-up con siete hombres, tres en la cabina y cuatro en la parte posterior, que abrieron fuego con rifles Uzis, AR-15 y Kalashnikovs. Tres de los atacantes se apoyaban sobre el toldo de la cabina y los rifles se sacudían en sus manos por la fuerza de los disparos mientras lanzaban descargas contra la Bronco. Los otros pistoleros disparaban tras las puertas de la camioneta. El fuego combinado de las armas generó un ruido ensordecedor y levantó una espesa nube de humo hacia el cielo.

Lo único que salvó a los dos hermanos Arévalo fue la llegada de uno de sus primos, quien se encargó de emboscar a los atacantes desde una esquina cercana con una pistola de 9 mm. Cuatro integrantes de la facción de los Acosta cayeron antes de que pudieran darse cuenta siquiera de que les estaban disparando. Los otros, presas del pánico, apilaron sus bajas en la parte posterior del vehículo y salieron huyendo de ahí, haciendo unos cuantos disparos más a la Bronco antes de partir patinando por la esquina. Las autoridades encontraron un rifle AR-15 y más de doscientos casquillos tirados en la calle. Contaron setenta y ocho orificios en la carrocería de la Bronco de los Arévalo. Los dos hombres de los Arévalo recibieron media docena de impactos de bala cada uno y los llevaron gravemente heridos a un hospital de Alpine. Ambos sobrevivieron.

El comandante de la policía estatal, que se tiró al piso del vehículo al momento de iniciarse el tiroteo, milagrosamente salió sin un solo rasguño. Según se dice, trató al día siguiente de arrestar a algunas de las personas involucradas en el atentado. Testigos afirmaban haber visto entre los atacantes al asesino de Lilí, Marco DeHaro, y a Juan, el hermano mayor de Pablo. Sin embargo, los arrestos fueron impedidos por el comandante de la policía federal. Como en el caso de los otros asesinatos, los oficiales prometieron emprender una investigación. Nunca se dieron a conocer los resultados de ésta.

Según se dice, Pablo estaba sumamente molesto por el tiroteo, sobre todo con su hermano Juan. De nuevo, Pablo negó haber ordenado el atentado y aseguró que los hombres habían actuado por cuenta propia. Se dice también que reprendió a Juan diciéndole: "El problema es entre Fermín y yo. ¿Por qué deben pagar otros por lo que sucede entre nosotros?" Una vez que los dos hombres se recuperaron, les mandó decir en tres ocasiones que sentía mucho lo del tiroteo.

Esto no logró impresionar a los Arévalo. Cinco meses más tarde, Juan Acosta y uno de sus guardaespaldas fueron asesinados en un salón de baile en San Carlos, cerca de la plaza principal. Hacia las tres de la mañana casi todo el mundo se había ido a casa, excepto los parranderos de carrera larga. De repente las luces se fueron. Se escucharon disparos y cuando las luces se volvieron a encender Juan se estaba arrastrando hacia la salida apoyado en sus cuatro extremidades y con una profusa hemorragia emanando de su pecho.

Murió antes de llegar a la puerta. Su guardaespaldas, un primo de la familia Acosta, fue eliminado en las afueras mientras corría a la camioneta a tomar una arma automática. Más tarde, los Arévalo se jactaron de ser los autores de tales asesinatos.

Las matanzas continuaron. En marzo de 1983 se encontraron dos cuerpos a la orilla del río Bravo. Cada uno de ellos tenía dos balazos en la parte posterior de la cabeza. Uno de los cuerpos pertenecía a un primo distante de Pablo que había sido jefe de la policía de Ojinaga. El otro hombre, de setenta y un años de edad, era el padrino del ex jefe policiaco.

Hubo otros asesinatos además, muchos de los cuales se atribuyeron a la Guerra de los Arévalo. Durante un periodo de tres años, que se inició con el asesinato de Lilí Arévalo, los oficiales de inteligencia de los Estados Unidos compilaron una lista de veintiséis homicidios que de alguna manera estaban conectados con la organización de Pablo y la rivalidad con el clan de los Arévalo. Se consideraba que la lista estaba incompleta.

"Sólo figuran en ella aquellos de los cuales logramos enterarnos", comentó más tarde un agente.

X

Muerte en el desierto

Qué carajo, Pablo! Es una friega. Necesitas hablar con
él, asustarlo, o..." Héctor Manuel Acosta, hermano menor de Pablo, enumeraba las opciones un día de finales de agosto
de 1983, cuando Pablo acababa de regresar de un viaje a la
ciudad de México, secundando la opinión de todos los miembros de la facción de los Acosta. Los asesinatos tenían inquietos
a todos. Fermín parecía no pensar en otra cosa que en la venganza hasta que Pablo o el propio Fermín acabasen asesinados.
Y muchas personas podían morir, de hecho ya lo estaban haciendo, durante el proceso.

Pablo se inclinó por acordar un trato. En lo que a él concer-
nía, había llegado el momento de olvidarse de los muertos y
continuar como si nada. Sobre todo porque las balaceras estaban propiciando que las autoridades locales empezaran ejercer
presión. Una desaparición relativamente discreta como el asesinato y secuestro del único sobreviviente del atentado frente al
restaurante era fácil de acallar.

Ni siquiera los oficiales de inteligencia de narcóticos, con
sus habituales y eficientes fuentes de información, lograron enterarse del hecho. Pero otra cosa muy distinta eran los tiroteos a
plena luz del día. Mantener las cosas en silencio estaba costan-
do mucho dinero, aun cuando Pablo sostuviera que él no había
ordenado ninguno de esos atentados. Quizá con el deseo de com-
placer a su jefe, sus hombres habían actuado por iniciativa propia.
Sin embargo, se consideraba que Pablo era el responsable.

Pablo dijo que a través de intermediarios había sondeado la

situación con Fermín para tratar de arreglar sus diferencias, poco después del asesinato de Juan.

"Hablemos. Escoge el lugar que quieras y yo acudiré a verte, pero hagamos a un lado las armas", Pablo le mandó decir.

Fermín se rehusó a tener cualquier tipo de entrevista.

Al regresar de la ciudad de México ese mes de agosto, Pablo había decidido que era el momento de una confrontación definitiva. Ya sea que Fermín y él arreglaran sus diferencias de una vez o recurrieran a las armas para acabar definitivamente con todo.

—Yo mismo me encargo de matarlo si se decide por lo último —dijo Pedro, el sobrino de Pablo que había venido de Odessa.

Pablo dijo: —No, vayamos y hablemos y a ver qué sucede.

Mas Pablo no quería dejar nada a la casualidad. Más tarde le comentó a la esposa de Fermín que personalmente acudió a observar el rancho El Salto con unos binoculares. Se instaló entre los árboles de mezquite en compañía de sus hombres sobre una colina de poca altura, a cierta distancia del rancho de Fermín. Desde un punto de observación, podía ver la modesta estructura de ladrillo con varias pick-ups llenas de polvo estacionadas al frente. A un lado se encontraban los rústicos corrales en cuyo interior se veían varios caballos.

Fuera de eso, sólo había el deslumbrante y reseco desierto y profundos arroyos distribuidos caprichosamente dando la impresión de ser el Gran Cañón en miniatura. Pablo observó las carreteras con sus binoculares. En una dirección, un camino uniforme de caliche alcanzaba a llegar hasta la autopista a Camargo. Después, había un segundo camino accidentado que conectaba el rancho con la misma autopista, sólo que más al sur.

Más tarde, los Arévalo llegaron a la conclusión de que Pablo había permanecido dos días en la colina, esperando que Yolanda Arévalo—en otro tiempo amiga de Pablo y viuda de Lilí—se fuera de ahí antes de hacer cualquier movimiento.

Fermín estaba en el proceso de vender su rancho de doce mil acres, sin embargo, la propiedad estaba registrada a nombre de sus hijos. Después de la muerte de Lilí, Yolanda se había ido a vivir a Fort Davis, a unos ciento cincuenta kilómetros al norte de la frontera. Fermín, que necesitaba su firma para consolidar la venta, la invitó a pasar al rancho. Hizo el viaje con sus niños el 23 de agosto de 1983, y salieron de ahí a la siguiente mañana.

Con eso sólo quedaban Fermín y su esposa Antonia, una sirvienta y un puñado de trabajadores al cuidado del ganado mayor; al menos eso era lo que Pablo podía ver.

La mañana que Yolanda salió del rancho, Pablo y sus hombres regresaron a Ojinaga. Se dedicó a seleccionar gente que lo acompañara de nuevo al rancho de Fermín: Héctor Manuel, Pedro, Zacarías Guzmán Gutiérrez, medio hermano del ex jefe de policía que hacía poco habían asesinado. Iba además una quinta persona, que más tarde los Arévalo describieron como un hombre rechoncho, de tez morena y frente muy amplia.

Héctor Manuel no era muy buen tirador, así que Pablo lo puso al volante. Todos llevaban chalecos antibalas a pesar del calor del desierto. Media hora más tarde, llegaron al camino de tierra que conducía hasta el rancho de Fermín. Héctor Manuel guiaba la Bronco rojiblanca a lo largo del accidentado camino mientras todo el mundo iba atento a alguna posible emboscada en alguna de las frecuentes depresiones del camino que bajaban hasta algún arroyo. Llegaron hasta la guardaganado que señalaba la entrada al rancho, un par de postes y tubos de metal dispuestos a lo ancho del camino para evitar que el ganado se saliera de los pastizales. En cualquier dirección un irregular cercado de alambre de púas se remontaba hacia las desérticas tierras tan lejos como podía abarcar la vista.

Unos ochocientos metros adelante divisaron la casa de ladrillo. Al aproximarse a ella, Pablo dijo: "Primero da una vuelta por el corral. Quiero asegurarme de que nadie esté escondido por ahí". Entonces se detuvieron a unos diez metros de la entrada de la casa

Pablo y Manuel se bajaron, la tensión reflejada en los músculos. Pablo vio que Antonia, la esposa de Fermín, se asomaba a la puerta.

—¿Que quieres? —le dijo en un tono áspero. Antonia, una

mujer de carácter fuerte que había traído al mundo y criado a ocho niños, permanecía frente a la puerta parcialmente abierta—. "¿Qué piensas hacer, matarme a mí también? —le dijo.

—Quiero hablar con Fermín.

—No está aquí. Fue al pueblo.

Pablo pudo ver que estaba nerviosa y además tenía la seguridad de que Fermín estaba en el interior. En el corral había el mismo número de caballos que en la mañana, cuando había observado el rancho a través de los binoculares. Las dos camionetas seguían estacionadas frente a la casa. Si Fermín había estado en casa cuando Yolanda estuvo ahí, era obvio que no había salido.

El zar de la droga se había dirigido hacia la casa llevando la automática en mano. Sus nombres le cubrían las espaldas. Sabía que Fermín no se atrevería a dispararle mientras Antonia estuviese ahí parada. Caería muerta unos cuantos segundos después que Pablo.

Pablo señaló hacia las colinas: —Sé que Fermín está aquí. Los he estado observando. Vi a Yolanda salir antes del mediodía con sus dos niños. Sé que tu esposo está aquí en alguna parte del rancho con algunos de sus hombres. Si ese infeliz quiere pelear, dile que podemos hacerlo ahora y acabar de una vez por todas. —Pablo hablaba fuerte, imaginándose que Fermín lo estaba escuchando—. Si ya no quieren que peleemos, dile a Fermín que renunciemos a nuestras disputas y hagamos las paces.

—Fermín no está aquí —dijo Antonia, una vez más—. No ha venido para nada el día de hoy. Dios, allá en las alturas, sabe que te estoy diciendo la verdad.

Había ahí dispuestas un par de sillas. Pablo se acomodó la pistola en el cinto y se sentó. Invitó a Antonia a que ocupara la otra silla. —Siéntate; tenemos que hablar. —Ella sacudió la cabeza negativamente y cruzó los brazos en actitud desafiante.

—Tenemos que poner un fin a esto —dijo él—. Sé que tú piensas que yo tuve que ver con el asesinato de Lilí, pero no fue así. Ni tampoco mi hermano Juan —prosiguió, casi en tono suplicante, explicándole que los autores habían sido Marco y Dámaso, y no él—. Seguro que fueron mis hombres, pero yo no estaba en el momento en que lo hicieron y actuaron sin mi consentimiento. Me enfurecí mucho con ellos dos, ¿sabes? Pero ya lo habían hecho y era demasiado tarde.

Antonia había escuchado eso antes y no lo creía. Si Pablo estuviese diciendo la verdad, no hubiera dudado en hacer algo con los dos hombres. Cuando menos, no hubiese opuesto ninguna clase de obstáculos para que las autoridades intervinieran en el asunto. Pero en lugar de ello, Pablo acudía al pueblo en compañía de Marco, tal como antes, uno al lado del otro. Todo el odio que sentía de pronto empezó a aflorar.

—Tal vez no lo hayas hecho con tus propias manos, pero pagaste por que lo hicieran —dijo, en un tono de profundo desprecio—. Comparado contigo y con quienes lo mataron, él no era más que un muchacho. Un muchacho indefenso que ni siquiera te debía dinero.

Pablo sentía sobre su cuerpo los candentes rayos del sol. Bajo el chaleco a prueba de balas el calor era insoportable y el sudor le corría por la espalda y por su todavía firme abdomen. Debían estar a unos cuarenta y tres grados de temperatura y se arrepentía de no haber llevado su sombrero. Alrededor de ellos zumbaban las moscas provenientes del corral, atraídas por el sudor y el miedo. Se dio cuenta de la resolución en los oscuros ojos de Antonia.

—Están equivocados y se ha derramado mucha sangre porque no tienen razón —dijo. Empezó a enumerar a las personas que habían muerto en ambos bandos debido a que estaban equivocados. Entre ellos estaba Juan, el guardaespaldas de éste, Sergio González, José Luis Acosta y su padrino Agapito. Dos hombres de los Arévalo habían resultado gravemente heridos en Trasviña y Retes. Haciendo un balance, el derramamiento de la sangre había afectado mucho más a los Acosta, aun incluyendo a los tres frustrados atacantes frente al restaurante y a los cuatro hombres eliminados por el primo de los Arévalo cuando disparaban contra dos hermanos de este clan en el centro del pueblo.

—¿Por qué no dejamos las cosas por la paz? Aún nos llevan ventaja —dijo Pablo.

La esposa de Fermín sacudió la cabeza.

—¿Crees que podrías arreglar las cosas si me matas?

Las lágrimas empezaron a rodar por el rostro de Pablo. Al verlas, Antonia recuerda haber pensado que en ese momento Pablo debe de haber comprendido en toda su dimensión lo que había iniciado, que las excusas y las disculpas estaban fuera de lugar y que ya no se podía volver atrás. Simplemente era demasiado tarde

Pablo se llevó la mano hacia la parte baja de la espalda y con un rápido movimiento sacó la plateada semiautomática 45 de su cinturón. Puso una bala en la cámara y amartilló el gatillo. Luego, sosteniendo la pistola por el cañón se la extendió a Antonia. Ella la tomó de la cacha de perla y sostuvo el arma flácidamente.

—Sí piensas que con esto puedes recuperar a Lilí, entonces mátame. Todo lo que tienes que hacer es... —dijo, haciendo con el dedo el movimiento de tirar el gatillo.

Antonia se quedó viendo la pesada automática. Ahora tenía la oportunidad que tanto había anhelado de vengar la muerte de Lilí. Una ligera presión en el gatillo bastaría para disparar el arma Entonces miró por encima del hombro de Pablo. Pudo observar a sus hombres a bordo de la Bronco a escasos diez metros de distancia. El vehículo estaba atestado de ametralladoras. Los hombres de Pablo se habían puesto a la expectativa a partir del momento en que él le extendiera su pistola a Antonia y no le quitaban la vista de encima. Era muy probable que Pablo se hubiese olvidado de sus hombres durante un instante, pero Antonia sabía que no le quedarían más que unos segundos de vida en caso de aceptar su oferta. Le devolvió el arma.

—No es ésta la forma en que te voy a matar, Pablo —le dijo, temblando de coraje.

La joven sirvienta salió de la casa y le dijo algo a Antonia, que entró a la casa por unos momentos y luego volvió a salir. Su expresión había cambiado. Se veía tan inflexible como siempre, pero con mayor disposición a hablar. Pablo sospechó más tarde que Fermín debió haber salido por la puerta trasera y que la sirvienta le había dicho a Antonia que entretuviera a Pablo.

Prosiguieron con el fútil diálogo durante un rato más. Pablo empezó a incomodarse ante su intransigencia. Había pasado una hora bajo el quemante sol de la tarde y no estaban llegando a nada claro.

Entonces empezó a maldecir. Luego se dirigió de regreso a la Bronco. Mientras procedía a subirse al asiento del pasajero, gritó: "Si Fermín no quiere ponerle fin a esto, dile a ese hijo de perra que vamos a acabar con él bien y bonito".

Pablo le indicó a Héctor Manuel que saliera por el camino más accidentado de los dos. Pensaba que, si Fermín se había adelantado para organizar a sus hombres para tenderles una emboscada mientras él estaba hablando con Antonia, lo más seguro es que ésta tuviera lugar en el otro camino. Ya que, si bien ésta estaba en mejores condiciones, ofrecía numerosos sitios potenciales donde tender la emboscada.

La Bronco iba dejando tras de sí una espesa estela de caliche blanco al ir avanzando por el accidentado camino. A unos ochocientos metros de la casa se encontraba el guardaganado, y a partir de ahí sólo desierto abierto hasta la autopista a Camargo.

Al irse aproximando al guardaganado, vieron una pick-up grande aproximarse hacia ellos en sentido contrario, a escasos cien metros de distancia. "Tenemos que detener esa maldita camioneta. Tal vez en ella venga Fermín", dijo Pablo.

Cuando estaban a unos treinta o cuarenta metros de la cerca,

Héctor Manuel aminoró la marcha. Lo que sucedió a continuación reiteró la convicción que tenía Pablo en cuanto a su inherente destino privilegiado, elevándolo a la categoría de leyenda viviente.

Según la versión de Pablo, Fermín se había escabullido de la casa por la puerta trasera en compañía de uno de sus trabajadores mientras Pablo trataba de convencer a Antonia de que pusieran fin a los enfrentamientos. Atrás de la casa corría un arroyo. Agazapándose y llevando consigo ametralladoras, Fermín y su peón se escurrieron hasta el lecho del arroyo y se acomodaron a ambos lados del camino, cerca del guardaganado, esperando emboscar a Pablo y sus hombres si salían por ese sendero. Al aproximarse la Bronco, salieron de sus escondites y abrieron fuego.

Pablo y Héctor vieron el desarrollo de la escena como en cámara lenta: Fermín incorporándose, Fermín parado sobre un montículo de tierra junto a una zanja, descamisado; Fermín acomodándose la caja del rifle en el hombro y sosteniendo el mango con la otra mano; y luego Fermín disparando una descarga de plomo primero hacia abajo y luego hacia la parte superior del vehículo. Los proyectiles primero poncharon una de las llantas delanteras de la Bronco, luego se incrustaron en el radiador, después arañaron el cofre y finalmente empezaron a entrar por el parabrisas, esparciendo por doquier fragmentos de vidrio y balas. En el interior de la atestada Bronco cinco hombres gimieron, gritaron y maldijeron al apoderarse de ellos el terror de la inminente muerte. Pablo y Héctor instintivamente se agacharon hacia el centro, golpeándose cabeza con cabeza al tratar de resguardarse detrás del tablero.

Pablo fue arañado en la frente por uno de los fragmentos de vidrio y una bala le rozó la ceja derecha y otra el cráneo. Sintió que la sangre caliente le empezaba a bañar el rostro. En el asiento posterior, varias balas se estamparon en el chaleco a prueba de balas de Pedro impulsándolo hacia atrás. Zacarías se echó hacia el piso del vehículo mientras el otro pistolero en la parte posterior yacía sobre los tapetes presa del pánico. Zacarías deslizó una de sus manos hasta la manija de la puerta donde iba Pablo y la abrió totalmente. Sacó su ametralladora por debajo de la puerta y disparó abiertamente para evitar que alguien pudiera llegar corriendo a la Bronco y los acabara.

Pedro quedó semiinconsciente por los impactos pero pronto volvió en sí. Viendo que no le quedaba otra alternativa, hizo girar su ametralladora justo encima de la cabeza de Pablo y empezó a disparar con un ruido ensordecedor a través del parabrisas, dejando caer sobre Pablo todo un alud de casquillos calientes. Pedro tenía el arma en la posición automática y primero apuntó hacia Fermín, después hacia el peón y finalmente hacia la camioneta que se había detenido al otro lado del guardaganado. El capataz de Fermín, que en ese momento regresaba de Ojinaga, se había apeado del vehículo sumándose al tiroteo.

Fermín cometió un error fatal: una vez que tiró del gatillo, no lo soltó hasta que agotó la carga completa de cuarenta balas. Fue en ese momento cuando Pedro apoyó su ametralladora sobre el asiento delantero. Pedro tenía nervios de acero y una puntería infalible.

Se escuchó a alguien gritar: "¡Aaahhh! Ya me dieron". Fermín cayó en la zanja. Después el capataz se desplomó a un lado de la camioneta.

Luego todo fue calma. Ya nadie más les estaba disparando. Se bajaron cautelosamente de la baleada Bronco. Pablo tenía el rostro cubierto de sangre. Héctor Manuel estaba temblando. "Hermano —le dijo a Pablo—, había otro pero no pude ver adónde se fue."

Pablo lo mandó a buscar al tercer pistolero pero sólo encontraron una ametralladora en el suelo y huellas que señalaban que el hombre había huido hacia los matorrales. Más tarde se enteraron de lo que le había sucedido, Una de las balas le había dado en medio de su ovalada y grande hebilla tirándolo al suelo el impacto y dejándolo sin aire. Al recuperarse vio que Fermín era abatido y que el capataz caía sobre un montículo de tierra. Arrojando su arma al suelo, el peón se dirigió hacia los matorrales corriendo por su vida.

El zar de la droga y sus hombres se encontraban en un salvaje frenesí. Más tarde se dijo que Zacarías había corrido hacia el cuerpo de Fermín y que lo había abierto de una tajada desde el estómago hasta el esternón para vengar la muerte de su medio hermano, José Luis Acosta. Otro de los hombres hizo más disparos contra el cuerpo de Fermín.

El capataz del rancho yacía sobre la carretera cerca de la camioneta. Había recibido un disparo en la cadera y otro en la cabeza. La bala hizo una profunda y triangular incisión en el cráneo. Arrastraron el cuerpo por las piernas y lo dejaron a un lado del camino, detrás de un arbusto de mezquite.

Luego se apropiaron de la camioneta del capataz y se dirigieron de vuelta al rancho. Pablo más tarde aseguró que dos camionetas con tres hombres cada una se habían dirigido hacia la otra salida del rancho y temía que los sorprendieran en la carretera a Camargo.

"Tenemos que ir por las mujeres. No se atreverán a emboscarnos si las llevamos con nosotros", le dijo, a sus hombres.

A medio camino localizaron a Antonia y a la sirvienta. Se dirigían hacia el guardaganado y cuando vieron aproximarse la camioneta del rancho sus rostros esbozaron amplias sonrisas. No vieron el rostro ensangrentado de Pablo hasta que detuvo el vehículo y se apeó de un brinco.

Pablo sangraba profusamente. Se limpió la sangre de los ojos y sujetó a Antonia del brazo. Sacudiéndola, le dijo con sarcasmo:

—¿Vas a algún lugar en especial?

Los labios de Antonia temblaban. —Voy por mis hijos.

—¿A pie? ¿Hasta Ojinaga? Déjame que te dé un aventón.

La abofeteó con furia y la metió junto con la sirvienta en la cabina de la pick-up entre él y Pedro. Los otros hombres iban en la parte posterior. Se dirigieron hacia el rancho a buscar una llanta para la Bronco, pero no pudieron encontrar una que le quedara. Esculcaron toda la casa en busca de parque. Luego condujeron de regreso hacia el guardaganado.

Pablo nunca había estado tan cerca de la muerte y al mismo tiempo que sus sangrantes heridas le provocaban náuseas experimentaba un salvaje regocijo por haber sobrevivido.

—Pensabas que yo era el que había muerto. Pude verlo en tu cara —dijo, con siniestra alegría—. Pero yo no fui. ¿Quieres saber quién fue el que murió? Te voy a enseñar.

Condujeron hasta donde estaba la Bronco baleada. Los hombres que iban en la parte posterior de la pick-up se bajaron, abordaron la Bronco y la echaron a andar a pesar de la llanta baja.

Pablo disminuyó la velocidad al aproximarse al guardaganado. Lo único que se veía de Fermín eran sus botas. Con el dedo manchado de sangre, Pablo señaló hacia un costado del camino.

—¿Y decías que Fermín no estaba en el rancho? —dijo Pablo, con sarcasmo.

—No.

—Entonces, ¿quién es ése?

—No lo sé.

—Claro que sabes quién es. Tú lo mandaste a que me matara. Y eres responsable de su muerte.

Antonia se llevó las manos al rostro y empezó a llorar.

—Lo abrimos en canal como una cabra —dijo Pablo, con una sonrisa grave, gutural y afectada.

Un poco más adelante, pasaron por donde estaba el cuerpo del capataz, corpulento hombre de treinta y cinco años y primo de la sirvienta, el cual yacía boca abajo sobre la tierra. Ahora le tocaba llorar a la sirvienta.

Las dos mujeres garantizaban la seguridad de Pablo hasta que llegaran a Ojinaga y así él pudiera prevenir a su gente. Estaba seguro de que seis hombres lo estaban esperando y que tratarían de tenderle una emboscada.

Pero también sabía que no podrían intentar nada mientras llevaran a Antonia como rehén. Los vehículos llegaron hasta El Chapo, pequeña estación ferroviaria y poblado de donde sale la carretera a San Carlos. A ambos vehículos se les había agotado el agua debido a las fugas que las balas habían ocasionado en los radiadores y los motores se habían empezado a calentar. Pablo consiguió una camioneta con uno de los pobladores y esperaron hasta el anochecer para salir de ahí.

Se detuvieron en un motel de Ojinaga, de donde Pablo hizo unas llamadas, obviamente para darse una idea de la situación en Ojinaga y hacer que más pistoleros se reunieran con él frente a la casa de Antonia. Camino a casa de ella, Pablo le advirtió: "Si alguien trata de dispararme durante el trayecto, yo te disparo primero. Morirías antes que yo".

Haciendo un viraje brusco, se detuvo frente a la casa de Antonia, ubicada en una esquina. "Métete ahí y no salgas —le dijo—. Si algo te sucede me van a echar la culpa. Así que no salgas de esa maldita casa."

Una de las hermanas de Fermín llamó a la policía judicial casi de inmediato, pero no fue hasta ya muy entrada la tarde del día siguiente cuando la policía federal y estatal acudió a El Salto a recoger los cuerpos. Temían que pudieran ser emboscados. Debido al ardiente sol, los cuerpos ya se habían empezado a descomponer. Las autoridades inspeccionaron el área y recogieron en total noventa y cinco casquillos de diferentes calibres. Luego llevaron los cuerpos a la funeraria de Ojinaga en la parte posterior de la pick-up.

La viuda de Fermín y una de sus hermanas, Victoria, acudieron a la oficina del procurador estatal de Ojinaga para exigir justicia. Pero el procurador se limitó a lavarse las manos. "Este tipo de casos se arreglan a más altos niveles —les dijo—. Y francamente, temo hacer cualquier cosa al respecto", se dice que el funcionario argumentó.

No obstante, la viuda de Fermín hizo lo que nadie antes se había atrevido a hacer. Presentó cargos criminales contra Pablo y el caso logró llegar hasta un juez.

En México no hay grandes jurados de acusación ni tampoco juicios con jurado. El procedimiento por homicidio es el siguiente: los investigadores redactan un informe, dan fe de la muerte, solicitan que se lleve a cabo la autopsia y toman la declaración de los testigos. Entonces el expediente se envía a un juez estatal a fin de que determine si las pruebas son suficientes para presentar los cargos criminales. En el caso de que así lo decida, expide una orden de arresto, la cual es turnada al procurador, quien a su vez la hace llegar al comandante de la policía judicial del estado.

Tres semanas después de la muerte de Fermín, un juez expidió órdenes de arresto contra Pablo, Héctor Manuel, Pedro. Zacarías y el quinto hombre anónimo. Se les acusaba de asesinato, secuestro y robo con allanamiento de morada.

Más tarde, Pablo le comentó a un amigo íntimo que en total había pagado doscientos millones de pesos para anular las órdenes de aprehensión.

Acabó por estacionarse con frecuencia frente a la casa de Antonia en Ojinaga, o pedirle a uno de sus hombres que lo hiciera en su lugar, para intimidarla. Antonia, mujer de carácter recio y desafiante, nunca abandonó el pueblo, aunque sí lo hicieron muchos de los del clan de los Arévalo. Algunos se fueron a Presidio y muchos más a Houston.

XI

PADRINO

Ya sin la presencia de Fermín Arévalo, Pablo podía sentarse cómodamente y disfrutar de su fama de "padrino", un papel que requería de muestras de generosidad.

Realmente le complacía hacer obsequios a la gente. Con frecuencia iniciaba el día repartiendo billetes de mil pesos entre los chicleros y limpiabotas en la plaza central o en los hoteles. Si él no acudía en persona, enviaba a alguien en su representación.

La gente, en su mayoría ancianas desamparadas, tocaba el timbre en la alta reja de acero forjado que daba acceso a su casa en la Calle Sexta. Cuando se encontraba en casa, invariablemente las hacía pasar y escuchaba como correspondía a un padrino. Atendía a sus peticiones en respetuoso silencio y les hablaba con amabilidad.

Le conmovía ver la desesperación reflejada en sus ojos. Le recordaban los ojos de su madre y de su tía Hermenegilda, cuando vivían en esas miserables casuchas por Santa Elena y en el ejido Providencia, cuando el dinero y la comida escaseaban y había una multitud de bocas hambrientas.

Pablo también comprendía lo que para la gente orgullosa significaba el tener que acudir a él y pedirle ayuda. Mas él nunca les "daba" lo que le pedían; se los "prestaba", en la idea de que la inocente mentira permitía al solicitante disimular su embarazo.

"No tenga cuidado, señora. Ya me lo pagará cuando tenga dinero." En alguna ocasión alguien le hizo ver que se suponía que los préstamos debían pagarse.

"Olvídalo —respondió—. Es gente pobre. ¿Cómo esperas que puedan pagarme?"

Los farmacéuticos de Ojinaga estaban familiarizados con la frecuente llegada a sus establecimientos de hombres y mujeres de edad llevando consigo notas de Pablo que decían: "Procédase a surtir la receta. Más tarde alguien le llevará el dinero". Entonces uno de sus hombres, casi siempre su sobrino Pedro, pasaba a la farmacia ese mismo día, pero más tarde, y liquidaba lo que se debía de un grueso fajo de billetes.

En ocasiones, Pablo cubría los gastos de transporte de personas enfermas al hospital general de la ciudad de Chihuahua o pagaba el importe total de su tratamiento quirúrgico o médico. Otras veces le encargaba a uno de sus hombres que trajera una vaca (por lo general de uno de sus propios ranchos, pero no siempre se mostraba exigente en cuanto a la procedencia del animal) y la sacrificaba. Entonces repartía la carne entre las familias necesitadas.

Uno de los allegados de Pablo recuerda haber presenciado alguna de las audiencias informales que éste daba: "Con frecuencia hablaba acerca de su pobreza. Y me preguntaba: '¿Cómo es que el gobierno no hace algo por ayudarlos? ¿Por qué se les paga tan poco? En los Estados Unidos, a la gente se le paga más o menos, cuando menos lo suficiente para irla pasando. En cambio aquí los salarios son de miseria'."

Sin embargo, para Pablo la generosidad no era tan compulsiva como lo había sido en el caso de Shorty López. El daba con la idea de obtener algo a cambio, aun cuando se tratase de una pizca de valiosa información de un viejo y desdentado campesino de río arriba. ¿Qué era un reluciente billete de veinte dólares a cambio de que se le avisara que la policía norteamericana andaba patrullando el río, digamos por Lajitas? ¿O que una camioneta con trescientos kilos de mariguana había logrado pasar por su plaza sin que el propietario hubiese pedido permiso o pagado el tributo correspondiente? Con el paso de los años, Pablo llegó a tener una fortuna en bombas para agua, cercas, tubería de plástico para irrigación y demás equipo traído de los Estados Unidos. Los materiales se distribuían gratuitamente entre multitud de hacendados. Estos hacendados se hacían de la vista gorda cuando los hombres de Pablo conducían a través de sus propiedades o aterrizaban un avión ya entrada la noche. Había sabido comprar su discreta complicidad.

Había ocasiones en que los solicitantes no eran del todo bienvenidos. Un ex amigo de Pablo recuerda que un día se encontraba en compañía de éste en el bar Los Alamos, situado frente a la casa tipo hacienda del comandante de la guarnición. Junto a la residencia del general había un edificio de departamentos para los oficiales de dicha guarnición, quienes solían frecuentar el bar.

En esa ocasión, un teniente vestido de civil se dirigió a Pablo y sin andarse por las ramas le pidió dinero. Estaba por tomar sus vacaciones y pensaba ir a visitar a su familia en el estado de Michoacán. Pablo sacó algo de dinero de la bolsa de su camisa y le dio al oficial cien mil pesos. Este se quedó viendo el dinero con un gesto de insatisfacción y le dijo: "¿No podrías darme más?" Pablo volvió a sacar su fajo de dinero y le dio otros cien mil pesos, luego vio cómo el oficial se metía el dinero en el bolsillo y se marchó de ahí.

Pablo era el beneficiario de los arreglos con ciertos militares. De no contar con ellos, simplemente no habría forma de que hiciera lo que estaba haciendo. Ellos protegían sus cultivos y sus embarques. Mas esto no le impedía disgustarse por el comportamiento del teniente. "Es una verdadera lástima que un hombre en tal puesto pueda degradarse de una manera tan vergonzosa", le comentó a su amigo.

Todo el mundo acudía a Pablo para obtener dinero, y él tenía que trabajar duro para conseguirlo. Era casi como un sistema de impuestos. Mandó construir un puente sobre un arroyo en la carretera que conduce a El Mulato, un asilo de ancianos en el centro de Ojinaga y aulas adicionales en la escuela superior de agricultura, cuyo mobiliario compró; adquirió los uniformes e implementos para diversos equipos de fútbol y béisbol; mandó pintar y reparar varias escuelas de Ojinaga.

A los funcionarios del gobierno les hacía llegar automóviles y camionetas robados en los Estados Unidos y que le llevaban a Ojinaga con el fin de intercambiarlos por droga.

No era difícil registrarlos en México, fuesen robados o no, y constituían regalos espléndidos.

Muy pocas personas adultas conscientes en Ojinaga se dejaban engañar por la forma en que Pablo ejercía el control del pueblo. Su colusión con las autoridades era difícil de encubrir, y muchos ciudadanos la concebían por lo que en realidad era: una forma de desprecio hacia la gente. Cuando un nuevo comandante de guarnición llegaba al pueblo, enviaba soldados a que bloquearan la calle donde se ubicaba la casa de Pablo, en la Calle Sexta; y no con el fin de arrestar a Pablo sino de preparar el camino para una visita de cortesía por parte del nuevo general. A los soldados no se les apostaba afuera para que aprehendieran a los delincuentes, sino para que detuvieran e interrogaran a todo aquel ciudadano que por casualidad se encaminara por la calle donde vivía Pablo mientras el general conversaba con éste, probablemente arreglando lo concerniente al pago de la plaza.

Los jóvenes eran quienes más fácilmente se dejaban llevar por la figura de Pablo; para evaluar la influencia que ejercía entre ellos no había más que abordar a cualquiera en la calle. Aproximadamente un año después de que todo terminara, comentaba lo siguiente un joven trabajador de caminos y carreteras una calurosa tarde en Ojinaga: "Si alguien controlaba este pueblo, era Pablo. El tipo tenía cojones de sobra. Si alguien se atrevía a robarle hierba, no tenía más que acudir al ejército y a la policía y ellos se dedicaban a investigar hasta encontrarlo. El sabía cómo repartir el dinero".

El obrero, cubierto de sudor y polvo de la cabeza a los pies, proseguía con sus comentarios. "En efecto, él era muy respetado, así como sus hombres. Si uno de ellos me hubiera dicho: '¡Eh, tú, toma esta ametralladora y esta pistola y vente con nosotros!', no hubiera vacilado en irme con ellos."

Al joven obrero se le preguntó si alguna vez lo invitaron a que se les uniera.

"No, nunca lo hicieron. Pero en caso de haberlo hecho, pueden estar seguros de que me hubiera ido con ellos. Esa es la manera de hacer dinero. Y también la manera de tener muchas... —arqueó sus escuálidas caderas para darse entender mejor y sonrió a través del polvo que le cubría la cara—. Pablo tenía muchas chicas, mano. Y también tenía algo grande para hacerles el amor —extendió sus callosas manos una distancia considerable para mostrar lo grande que se imaginaba podía tenerlo Pablo—. ¡Ese tipo tenía todo!"

El tiroteo que acabó con Fermín ayudó a Pablo a engrandecer su aureola de invencibilidad tanto como lo perjudicó al imprimirle una mayor popularidad a ambos lados de la frontera.

A los pocos días, en una de las publicaciones semanales de Ojinaga apareció una crónica dando los puros hechos y señalando que Fermín Arévalo y Adalberto Hinojosa, el capataz del rancho, habían sido cruelmente asesinados alrededor de las cinco de la tarde del jueves pasado en el rancho de Fermín llamado El Salto.

En el artículo se omitía el nombre de Pablo, aun cuando su papel en el fatal duelo había sido la comidilla del pueblo en los últimos días. Pronto empezaron a circular versiones "floridas" acerca del enfrentamiento. En una de ellas se afirmaba que Pablo le había cortado a Fermín el pene y los testículos y se había dirigido al rancho para presentárselos a la viuda haciéndole la siguiente pregunta: "¿Qué parte de Fermín prefieres?" Otra versión describía a Pablo llenando el abdomen de Fermín con piedras y luego arrastrando el cuerpo detrás de la balaceada Bronco hasta que de Fermín no quedó más que un desgarrado torso.

El doctor Artemio Gallegos, cuyo consultorio había sido el escenario de la balacera que puso fin a la carrera de Manuel Carrasco en Ojinaga, realizó la autopsia en la funeraria. En total contó catorce orificios de bala y cosió la extensa incisión abdominal que Zacarías le había ocasionado. El doctor certificó que en el cadáver del narcotraficante no faltaban ni los genitales ni ninguna de las extremidades.

Lo exagerado de las versiones contribuyó a que Pablo pareciera imponente, invencible, feroz: una advertencia para los que aspiraran a disputarle la plaza de Ojinaga. Solamente Pablo y sus cuatro acompañantes en El Salto sabían lo cerca que ese día habían estado de ser los perdedores.

Pablo acrecentó su imagen de invencibilidad con un gesto de gran habilidad: mandó remolcar la balaceada y rojinegra Bronco hasta Ojinaga y la mandó colocar cerca de la autopista principal, escasamente a una cuadra de su casa en la Calle Sexta. El vehículo permaneció estacionado ahí durante años, como una advertencia para todo aquel que se atreviera a desafiarlo.

La popularidad también tenía sus desventajas. Para los norteamericanos, se había convertido en uno de los narcotraficantes más conocidos del norte de Chihuahua. La notoriedad de Pablo ayudó a otros narcotraficantes a mantenerse en el anonimato y afianzarse en el negocio de las drogas. Los capos de las drogas en el interior de la república les decían a sus distribuidores que, en caso de que los agarraran, declararan que la carga pertenecía a Pablo. Fuera o no verdad, una gran parte de la droga confiscada en la parte oeste de Texas se consideraba propiedad de Pablo. Era uno de los precios de la fama que debía pagar un zar de la droga.

Otro precio que Pablo tenía que pagar era cargar con la responsabilidad por actos violentos en los cuales él no había participado. Tal y como sucedía con los cargamentos de narcóticos, cualquier balacera se le atribuía automáticamente a Pablo. Y con los asesinatos y las mutilaciones que parecían proliferar por doquier, Pablo empezaba a verse en realidad como un ser de lo más sanguinario.

Para las autoridades norteamericanas, el problema era que la violencia empezaba a extenderse hacia Presidio y las tierras fronterizas de Texas, tanto al este como al oeste.

Justo dos meses antes de la muerte de Fermín, dos hombres se balacearon a muerte en el centro de Presidio en lo que se supuso fue una discusión vinculada con el tráfico de droga. Transitaban por la calle principal a bordo de una pick-up con un tercer ocupante sentado entre ellos cuando de pronto empezaron a dispararse entre sí con pistolas semiautomáticas. El vehículo se fue a estrellar contra la pared de una gasolinera. Cuando los curiosos abrieron la portezuela del lado del conductor, el hombre que iba al volante cayó al suelo, muerto. Lo mismo ocurrió cuando abrieron la portezuela del otro lado: el pasajero cayó muerto al suelo. El hombre que iba en medio se encontraba en estado de shock: cruzándole todo el pecho tenía rozaduras de bala del tiroteo que se había escenificado entre sus dos amigos.

Más tarde se supo que los finados habían empezado a beber en la casa de Pablo, de lo que se concluía que el tiroteo tenía que ver con la droga y que Pablo estaba detrás.

Varios meses después de la muerte de Fermín en septiembre de 1983, alguien se aproximó a una pick-up que iba por la carretera camino a Redford y abrió fuego contra unos chicos que iban en la parte trasera. Resultó muerto un niño de doce años. Las autoridades de Texas no pudieron obtener una pista acerca del asesino, pero se corrió la voz de que había sido obra de Pablo Acosta, justo como los otros tiroteos.

Los oficiales de policía norteamericanos estaban siendo objeto de atentados con mucho mayor frecuencia que antes. Un año antes de la muerte de Fermín, alguien procedente de El Mulato, un poblado río abajo situado al otro lado de Redford, disparó contra un patrullero de la frontera, hiriéndolo gravemente. Poco después del incidente, un grupo de oficiales tejanos de narcóticos que esperaban sorprender a algunos narcotraficantes cerca de Redford fueron rociados por una descarga de ametralladora desde el otro lado del río Bravo.

Por estos y otros hechos las autoridades de los condados de Presidio y de Brewster empezaron a temer que sólo fuera cuestión de tiempo para que sus jurisdicciones se convirtieran en incontrolables campos de batalla. Lo que pasara en México no era de su incumbencia; pero lo que sucediera en Texas, al otro lado del río, sí lo era. Poco después de la muerte de Fermín, el alguacil del condado de Presidio, Rick Thompson, mandó a un "enviado" con Pablo a fin de que le hiciera una simple petición con la esperanza de frenar el avance de tales acontecimientos. "Le pedí una cosa a Pablo —Thompson recuerda—. Le pedí que cualquier cosa de carácter explosivo, como los asesinatos y otras operaciones, se escenificaran fuera de mi condado. No quería que aparecieran más cuerpos diseminados en este lado del río sin ningún tipo de explicación."

Pablo nunca le envió una respuesta al alguacil, sin embargo, en noviembre de 1983 invitó a uno de los miembros de la policía montada de Texas asignado en Alpine, Clayton McKinney, a que se reuniera con él en México. McKinney y un oficial de narcóticos del Departamento de Seguridad Pública de Texas se reunieron con Pablo en una colina a las afueras de Ojinaga. En una arrogante demostración de su poder, Pablo apostó unos dieciocho hombres bien armados alrededor de la colina. Pablo nunca dijo exactamente por qué quería reunirse con el oficial norteamericano; ni cuando extendió la invitación, ni en el momento en que McKinney se presentó. Pero resultó obvio conforme hablaban entre los matorrales y la parda hierba del desierto que el zar de la droga de Ojinaga quería poner en claro todo lo referente a los tiroteos. Insistía en no tener nada que ver con los asesinatos más recientes; e incluso la muerte de Fermín Arévalo se había estado exagerando por los rumores que circulaban en la frontera: él y sus hombres habían ido al rancho El Salto con el objeto de arreglar las diferencias y Fermín les había tendido una emboscada. Qué puede hacer un hombre en tales circunstancias sino defenderse, comentó Pablo.

Era claro que Pablo quería apaciguar a los norteamericanos. Del lado mexicano del río, él tenía a las autoridades bajo su control. Ahora era el momento de hacer unos arreglos de ayuda mutua con las autoridades gringas. Al estar a cargo de la plaza de Ojinaga, Pablo podría auxiliarlos en algunas investigaciones cuando no pudieran obtener la cooperación de las autoridades mexicanas. Pablo y Clayton McKinney tuvieron otras reuniones más adelante.

Los tiroteos y asesinatos en Presidio no dejaron exactamente de suscitarse: justo después de la reunión, un forestal mexicano mató a tiros a un hombre en las afueras de Presidio. Sin embargo, Pablo se adelantó a hacer algunos cambios. Después de los inusitados encuentros con el oficial tejano, ya no hubo más atentados contra representantes norteamericanos de la ley. La patrulla fronteriza de los Estados Unidos más tarde obtuvo informes acerca de que Pablo había difundido la siguiente noticia: todo aquel que dispare contra un oficial norteamericano va a tener que vérselas con Pablo. "Cuando presientan que los van a sorprender con un cargamento —supuestamente

Pablo les dijo a todos sus hombres—, dejen todo y corran. Si no pueden correr, ríndanse. Siempre podré sacarlos bajo fianza. No quiero que resulte muerto ningún oficial norteamericano."

Según McKinney, Pablo también colaboró en ocasiones para la recuperación de ganado y vehículos robados, así como en proporcionar ayuda en otras investigaciones cuando no era posible obtener el auxilio de las autoridades mexicanas. En una ocasión envió a alguien al otro lado del río a fin de que llevara un "mensaje" de su parte, ya entrada la noche. El chico a quien se le hizo el encargo era alguien a quien los norteamericanos buscaban por haberse fugado de prisión y obviamente era un elemento del cual Pablo consideraba que podía prescindir. Cuando el muchacho llegó al otro lado del río, Pablo, que estaba estacionado en la margen opuesta, encendió las luces altas de su vehículo y el fugitivo fue arrestado.

Hubo otros ejemplos de "cooperación". Pero años más tarde, reflexionando sobre ese primer encuentro que tuvo con Pablo, McKinney dijo que nunca había entendido realmente qué era lo que buscaba obtener el zar de la droga. Mientras Pablo permaneciera en México, no había manera de que la policía norteamericana pudiera arrestarlo; y a la luz de toda la actividad criminal en que su organización estaba implicada, la ayuda que en ciertos casos le proporcionaba a las autoridades norteamericanas no era demasiada. McKinney especulaba que Pablo tenía otro motivo, uno proveniente de una suposición muy lógica: Pablo sabía que, tarde o temprano, acabaría por perder el poder que tenía en México. Podría llegar el momento en que en realidad prefiriera rendirse a los norteamericanos. Y Pablo quería tener algunos contactos que le suavizaran el camino

Segunda Parte

La
Organización

*E*ste informe se concentra en la organización de Pablo Acosta, presumiblemente responsable de la mayor parte del flujo de narcóticos desde el área de Ojinaga, Chihuahua, hacia Texas. Esta organización realiza sus operaciones de tráfico de drogas principalmente por tierra y en ocasiones a bordo de avionetas particulares. La heroína que distribuye Acosta se caracteriza por su alta pureza ... se sabe que llega a un noventa y tres por ciento ... y se le conoce como brea negra debido a su apariencia. Su mariguana ha mejorado; la mayoría de las recientes incautaciones atribuibles a su organización han sido de cargas de la más alta calidad...

Esta organización es también responsable por cerca del setenta por ciento de los robos de pick-ups y camionetas de doble tracción en las zonas de Panhandle, en el oeste de Texas y el este de Nuevo México. Los robos generalmente son de Broncos Ford, Jimmies: GMC, Suburbans Chevrolet Blazers, camionetas de doble tracción, etc., nuevos y usados. Los vehículos se llevan directamente a México para intercambiarlos por droga. Se sabe, asimismo, que la organización de Acosta recibe gran cantidad de armas robadas que canjea por droga.

Se afirma que la organización de Acosta tiene más de quinientos miembros, con grupos diseminados en Amarillo, Dallas, Fort Worth, Hereford, Lubbock, Big Spring, Odessa, Midland, Kermit, Pecos, Monahans, Fort Stockton, Presidio, El Paso y Big Bend, Texas, al igual que en Hobbs, Portales, Artesia and Roswell, Nuevo México. Del mismo modo, se han identificado socios de la organización en otras ciudades de Texas y Nuevo México. ... Para gozar de esta impunidad, paga protección de alto nivel tanto a funcionarios federales como locales del gobierno mexicano, y gasta cerca de cien mil dólares mensuales por esta protección.

La organización es sumamente fluida y muchos de sus miembros sólo conocen a la persona con quien tratan directamente. Esto hace que Acosta quede bastante protegido. El único requisito para pertenecer es tener lazos consanguíneos, familiares o comerciales de mucho tiempo atrás. ... Debido a estos criterios para la membresía, resulta en extremo difícil penetrar en la organización...

Tomado de la introducción del informe confidencial de la DEA "La organización de Pablo Acosta", de abril de 1986 (223 pp).

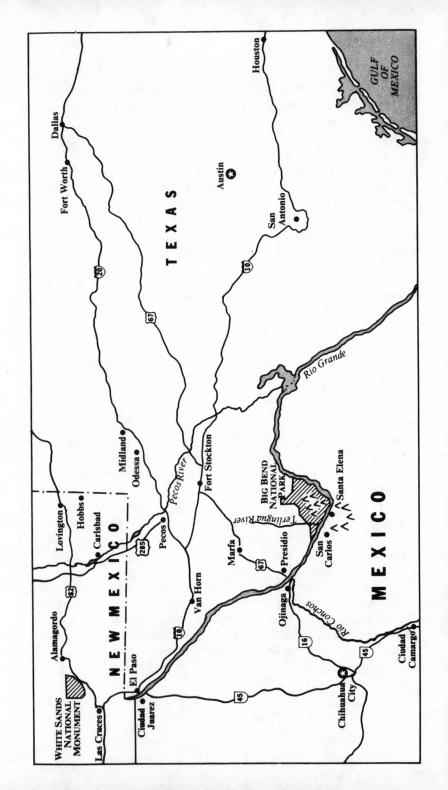

XII

TRAFICANTES

La organización de Pablo ya había empezado a crecer con gran rapidez aun antes del enfrentamiento con Fermín Arévalo y tenía ramificaciones por todo Texas y Nuevo México. Distribuidores de droga de puntos tan distantes como California, Carolina del Norte y Michigan acudían a Ojinaga para tratar directamente con Pablo.

En ocasiones los compradores enviaban a su propia gente a recoger la droga e introducirla de contrabando a los Estados Unidos, pero lo usual era que pagaran un monto adicional porque Pablo se las enviara a través de sus propios emisarios.

Sammy García era en muchos aspectos el típico narcotraficante al servicio de Pablo.

Hijo de un vaquero que trabajó durante toda su vida en el enorme rancho King al sudeste de Texas, Sammy conocía muy bien la vida del campo y quería dedicarse a otra cosa. Trabajó en una diversidad de empleos en la parte central de Texas hasta que un día, en 1973, cayó en manos de la justicia por primera vez. El y su amigo vaquero llamado Billy tuvieron la audaz idea de apropiarse de unas reses ajenas e irlas a vender a un remate de ganado en Abilene, sin embargo, fueron arrestados esa misma noche mientras celebraban en un restaurante de Abilene. Cuando salió de prisión, Sammy empezó a transportar heno de Nuevo México a la zona este de Texas, después trabajó reparando techos en dondequiera que lo solicitaran. Al mismo tiempo, Sammy y su segunda esposa, Becky, empezaron a vender mariguana en su casa, cerca de Fort Hood, Texas.

En 1975, Sammy fue contratado para realizar un trabajo de reparación de techos en Hobbs que se le había encomendado a Pablo Acosta. De rostro redondo y elástico, Sammy se caracterizaba por ser amistoso, alegre y divertido, por lo que la gente lo aceptaba de inmediato. Después de realizar varios trabajos juntos, Pablo invitó a su nuevo colaborador a beber cerveza. Este no tardó en darse cuenta de la verdadera ocupación de su anfitrión. Pablo, el subcontratista, reparador de techos de Eunice, pronto se convirtió en el principal contacto de mariguana de Sammy.

Cuando Pablo huyó a México a finales de 1976, Sammy empezó a ir a Ojinaga a comprarle mariguana ahí o, aprovechando su amistad, para conseguirla con los primos de Acosta en Fort Stockton. Para entonces, Sammy se había ido a vivir a Nuevo México y trabajaba de tiempo completo en los campos petroleros transportando equipo de perforación para una compañía de camiones. El contrabando de droga continuaba siendo sólo un trabajo eventual.

Mientras Pablo formaba su organización desde su santuario fronterizo, Sammy se mantenía como leal y constante comprador: cincuenta kilos aquí, cincuenta allá. Entonces empezó a realizar diversos trabajos para Pablo en Ojinaga. Cuando dio inicio la violencia, Sammy insistió en definir los límites de su relación. "Haré todo lo que me pidas, con una sola excepción. No me pidas que mate a nadie. No quiero saber nada de eso."

El afable ex vaquero se convirtió en un distribuidor al servicio de Pablo en 1982, más o menos cuando los pistoleros de Pablo asesinaron a Lilí Arévalo. De ahí en adelante se dedicó a introducir a Estados Unidos de dos a tres cargamentos de mariguana cada semana. Su tarea consistía en llevarla droga hasta su destino, cobrar el dinero y traerlo de regreso a Pablo.

Las palabras con que Pablo solía despedir a sus distribuidores cuando salían de Ojinaga a cumplir con una entrega a veces eran ligeramente amenazadoras, insinuaciones de lo que podría ocurrir les si de alguna manera lo traicionaban. Para Sammy siempre había un sincero "Vaya con Dios". Si por alguna razón Sammy pasaba por Odessa, Pablo le pedía que pasara a ver a su madre y le dejara algún dinero.

La amistad de tiempo atrás aunada a la manera de ser de Sammy influían en parte en ese trato cordial. Pero también había un motivo pragmático de índole comercial, uno que puede tener el empresario con el empleado inteligente que ha encontrado la forma de incrementar substancialmente las utilidades de la compañía.

Sammy perfeccionó una técnica de contrabando difícil de detectar que con el tiempo permitió a Pablo introducir narcóticos a los Estados Unidos por millones de dólares (miles de millones si se toma en cuenta su valor en las calles).

En los primeros años, la vigilancia en el Gran Recodo de Texas era tan esporádica que los distribuidores al servicio de Manuel Carrasco o Shorty López no se tomaban grandes molestias en esconder la droga: simplemente acomodaban sacos de harina llenos de mariguana en la parte posterior del vehículo, le echaban una manta encima y atravesaban el río en algún punto de poca profundidad. Pero con el paso del tiempo las restricciones se fueron haciendo mucho menos casuales. Y cuando las autoridades hicieron sentir su presencia en el Gran Recodo mediante la introducción de una unidad de patrullaje dependiente del Servicio de Aduanas norteamericano, algún narcotraficante de Ojinaga tuvo la brillante idea de transportar cargamentos de narcóticos dentro de tanques vacíos de propano.

Las camionetas pick-up alimentadas con propano empezaron a adquirir popularidad a ambos lados de la frontera con el advenimiento en los años setenta del embargo árabe al petróleo y los exagerados aumentos del precio de la gasolina. En realidad se podía ir bastante lejos con un tanque de ciento diez galones de gas licuado.

Al principio, el método era rudimentario pero eficaz. Los narcotraficantes hacían un orificio rectangular en el tanque que rellenaban de paquetitos de mariguana, muchas veces sin siquiera molestarse en volver a sellar el agujero. Una vez ocupados todos los rincones y hendiduras con los sesenta kilos de mariguana, el tanque se atornillaba firmemente a la plataforma de la pick-up, justo contra la pared de la cabina a fin de que el orificio no pudiera verse. Los tubos de metal y demás implementos se disponían de tal forma que parecía que iban hacia el motor, que en realidad se alimentaba de la tradicional gasolina. A las autoridades norteamericanas les llevó algunos años descubrir la artimaña.

Con la dedicación de un experto ingeniero, Sammy se dedicó a inventar formas para continuar usando el tanque de propano. Otros narcotraficantes habían descartado el método buscando otras cavidades dentro de los vehículos, instalando falsos tanques de gasolina o compartimientos bajo la carrocería. Sammy consideraba que estos métodos eran adecuados, sólo que ofrecían muy poca capacidad de carga.

El ex vaquero empezó a experimentar en el taller de hojalatería de un conocido de Ojinaga. Al principio, cortó una abertura rectangular en la base o parte posterior del tanque, tal como hacía todo mundo, pero él sí reinsertaba la placa de metal después de introducir la mariguana. Luego procedía a sellar las junturas con bondo, una pasta usada en trabajos de hojalatería y que al secar queda con la consistencia de una roca. Luego procedía a alisarlo con una pulidora eléctrica hasta que no quedaban huellas de la unión. Pintaba con compresora el acabado y luego restregaba el tanque contra el polvo de caliche. Sus tanques ya terminados daban la apariencia de haber permanecido durante años en la parte posterior de su camioneta, expuestos a los efectos del viento, la lluvia y el candente sol.

La innovación resultó sumamente útil hasta que un día un oficial norteamericano abrió la válvula de liberación de presión de un tanque modificado y le llegaron las emanaciones del olor característico de la mariguana. Se trataba de una permanente carrera tecnológica: cómo llevarles la delantera a las autoridades que siempre estaban a la búsqueda de pistas que les proporcionaran un motivo legalmente aceptable para inspeccionar y abrir un tanque de propano.

A la policía local, estatal y federal de los Estados Unidos se le instruía en seminarios sobre la forma de detectar cilindros falsos, aun aquellos firmemente sellados y vueltos a pintar con gran habilidad: toquen el vástago de la válvula de presión; si no está frío, quiere decir que no hay propano; abran la válvula liberadora de presión, déjenla que ceda un poco y luego echen una olfateada; no tardarán en notar la diferencia. Las autoridades norteamericanas de inmigración y aduanas en el destartalado y antiguo puente internacional entre Ojinaga y Presidio empezaron a inspeccionar una gran cantidad de tanques, sobre todo en aquellos vehículos conducidos por algún mexicano solitario que llevara puesto un sombrero vaquero de paja, cinturón con hebilla ovalada y botas vaqueras. Entonces todo se convertía en un minucioso proceso de palmoteo, tocamiento, golpeteo y auscultación hasta que las autoridades se convencían de que en realidad el tanque sí contenía propano. Sammy le expuso el problema técnico a Pablo. Si pretendía que el truco del tanque siguiera funcionando, el tanque de propano de ciento diez galones tenía que tener la apariencia y consistencia de un tanque normal. De hecho tenía que ser un tanque que funcionara y al mismo tiempo sirviera de escondite. En un golpe de inspiración, a Sammy se le ocurrió agregar un tanque más pequeño dentro del tanque de propano normal. Conectó un tanque de propano de uno o dos galones de capacidad a todas las válvulas y medidores del tanque grande. De esa forma, en realidad había propano en el interior en caso de que a alguien se le ocurriera abrir la válvula de presión o inspeccionar los medidores. Estos registraban la presión. El vehículo se alimentaba del propano que le suministraba el tanque pequeño. En caso de que el propano empezara a agotarse, Sammy invertía en el tablero los cables correspondientes al medidor de gasolina; cuando éste registraba propano, de hecho la camioneta se alimentaba de gasolina y viceversa. Toda esta serie de trucos engañaron a las autoridades norteamericanas durante varios años más.

Cuando Sammy terminó por primera vez su nueva versión mejorada, nadie en Ojinaga que apreciara su libertad se atrevía a seguir cruzando el puente internacional con droga escondida en un tanque por temor a que algún inspector perspicaz descubriese una imperfección fatal en el sistema.

El día que concluyó con sus pruebas, Sammy invitó a Pablo al taller de hojalatería. Con una sonrisa que le llenaba todo el rostro, apuntó hacia el tanque que estaba montado en la parte posterior de su pick-up y retó a Pablo a que descubriera una forma de detectar que no era auténtico. Pablo lo inspeccionó una y otra vez y quedó impresionado. Tuvo que reconocer que no podía ver la diferencia entre ése y un tanque de propano normal y, sin embargo, sabía que en el interior había más de cincuenta kilos de mariguana; ya antes había visto que Sammy los había cargado en uno de los depósitos de droga. Sammy estaba tan seguro de que no podían detectar la droga, que le dijo a Pablo que se proponía cruzar el puente internacional con el cargamento.

—¡Estás loco! —le dijo Pablo.

—Te apuesto mil dólares a que en quince minutos te llamo a tu casa desde el otro lado —le contestó Sammy.

—Estás loco de remate. No lo hagas —agregó Pablo.

—¿Apuestas?

Pablo encogió los hombros como diciendo que iba a ser culpa de Sammy y no de él si lo aprehendían.

—Apuesto —contestó.

Sammy puso marcha su vehículo y enfiló hacia el puente internacional; Pablo y su pistolero en turno lo siguieron. Observaron cómo Sammy tomaba la vía de inspección de salida del lado mexicano. Luego regresaron a su casa de tabique en la Calle Sexta y aguardaron.

Exactamente veintidós minutos más tarde, Sammy llamó para cobrar el importe de la apuesta. Tal y como esperaba, las autoridades habían revisado su camioneta de pies a cabeza. Y tal como había anticipado, lo dejaron pasar al no hallar nada. "Inspeccionaron el tanque como una sarta de monos tratando de abrir un balón de fútbol —comentó orgulloso desde la cabina telefónica ubicada frente al restaurante Balia en Presidio—. Ten el dinero listo para cuando yo regrese."

Más tarde, Sammy modificó su invención todavía más cortando la placa en la parte superior, alrededor de todos los indicadores. Aseguró la placa con un tornillo de un metro de largo que se ajustaba a una tuerca soldada en el fondo del tanque. La cabeza del largo tornillo quedaba oculta bajo uno de los indicadores. Entonces Sammy cubría con bondo las junturas de la placa y volvía a darle al tanque su apariencia original con un poco de pintura de aerosol y tierra de la calle.

Esa mejora en especial se dio poco después de que las autoridades norteamericanas sorprendieran a alguien que usaba placas fijas con bondo. Entonces empezaron a palpar debajo de todo tanque que les pareciera sospechoso para detectar cualquier tipo de protuberancias o muescas. Aun en trabajos bien realizados era posible sumir de un golpe la placa, una vez que se adivinaba la ubicación de ésta. Pero a las autoridades jamás se les ocurrió buscar indicios de bondo donde Sammy había cortado las placas. ¿Quién iba pensar hacer el corte en la parte superior del tanque? Y con el tornillo de un metro de largo que la aseguraba al fondo del tanque, la placa no podía ser movida de su sitio ni con un marro.

Sammy continuó usando el puente para introducir cargamentos de droga hasta que un suceso inesperado lo puso al borde del colapso, lo cual lo obligó a volver a cruzar el río. Poco después de haber alardeado ante Pablo de su ingeniosa audacia, cruzó el puente internacional con otro cargamento perfectamente oculto. Justo al momento de cruzar se daba el cambio de turnos del lado norteamericano. Uno de los oficiales de la patrulla fronteriza estadounidense lo reconoció y le hizo la seña de que se bajara del vehículo después de haber pasado por la estación de inspección de aduanas.

Sammy podía herrar un caballo tan bien como el mejor herrero de Texas, y el patrullero lo sabía. En una ocasión Sammy había cometido el error de mostrarle el certificado de un curso que había llevado de herraje profesional de caballos y acabó prometiéndole herrarle un caballo la próxima vez que lo viera. Una promesa era una promesa, y así se lo hizo ver el oficial. Con displicencia, Sammy lo siguió bajo el calor ardiente del verano (cuarenta y cinco grados) hacia un rancho en las afueras de Presidio. Durante todo el tiempo, el patrullero estuvo apoyado contra la camioneta de Sammy, observando en respetuoso silencio mientras el narcotraficante levantaba las pezuñas del corcel y se dedicaba emparejar y limpiar los cascos y a colocar las nuevas herraduras.

El sudor que afloraba en el rostro de Sammy no era sólo producto de la elevada temperatura. Al paso de cada minuto, la presión se iba acumulando en el tanque debido a la descomposición de la mariguana, un proceso natural que se ve acelerado por el calor. Si la presión seguía aumentando, la placa acabaría por botarse, bondo o no bondo, enviando un tufo del aroma característico hasta donde se encontraba el oficial.

El federal todavía estaba en uniforme. Su placa, al igual que su pistola, relucía bajo los rayos del sol. Al terminar con el caballo, el rostro de Sammy parecía estarse derritiendo.

"¿Estás bien?", le preguntó el patrullero.

Sammy se estaba limpiando la cara con un pañuelo empapado. "Sí, claro —dijo, colocando rápidamente sus herramientas en la cabina de su camioneta—. Es sólo el calor. Tengo que alejarme de este maldito calor. Si quieres, puedes pagarme después, ¿está bien?"

Durante la temporada de cosecha de la mariguana, Ojinaga era una ciudad con escasez de cuartos de motel. La gente acudía ahí para hacer arreglos con Pablo o con otros traficantes bajo su tutela. El zar de la droga hacía que sus clientes se hospedaran en el motel Ojinaga o en el hotel Rohana adonde apostaba un guardia para que controlara sus movimientos. El no quería que se conocieran entre sí, ya que podía ser malo para el negocio. Y como los llevaba a algunos de sus emporios para seleccionar la droga, los llevaba de uno por uno por la misma razón. Por lo general, los norteamericanos no se aventuraban mucho por Ojinaga, en ninguna circunstancia. De hecho, en ocasiones era preciso convencerlos con halagos para que salieran de sus habitaciones, sobre todo en el caso de los primerizos, amedrentados por todos los elementos armados que andaban por la ciudad.

A Pablo le gustaba hacer crecer ese ambiente de terror porque de esa manera lograba un mayor control de la situación. Solía llegar al cuarto de motel del comprador con media docena de pistoleros. Tan pronto como abrían la puerta de la habitación, los guardaespaldas se precipitaban al interior como comandos y tomaban posiciones en el cuarto, después de revisar el baño, el armario y cualquier otro sitio donde pudiera ocultarse alguien con fines siniestros.

Entonces Pablo entraba en la habitación con la apariencia de un bandido mexicano que está más dispuesto a disparar que a dialogar con uno. Pasaba por enfrente de los compradores, que para entonces ya se encontraban semiinconscientes de terror, y se desplomaba sobre una de las camas. Apoyando la espalda contra una de las almohadas y con sus sucias botas de piel de ñandú subidas sobre la colcha, profería un simple: "¡Hablemos!"

Inspirar miedo. Era una lección que había aprendido sobre las rodillas de su padre y sus tíos cuando se dedicaban al contrabando de candelilla. Quienes acudían a México para comprarles droga recuerdan el miedo que experimentaban, la helada corriente de terror que les recorría el pecho y la garganta. Era el primer paso para crear una clientela dócil. Pablo sabía que más tarde, cuando enviara cargamentos con su gente, los clientes pagarían de buena gana y agradecidos, ya que pensaban que si no lo hacían esa horrible aparición que habían visto en el cuarto de motel de Ojinaga podría acudir en persona a cobrarles.

Y ahí era donde intervenían los distribuidores como Sammy. Los clientes buenos y dóciles que solían llamar a Pablo desde ciudades distantes en los Estados Unidos preferían tratar con minoristas que con un distribuidor al mayoreo, y hacer un pedido, en clave en caso de que los teléfonos estuviesen intervenidos. Pablo acostumbraba anotar un número telefónico y dárselo a Sammy. "Lleva el cargamento a Fulano, en tal ciudad. Al llegar ahí, llama a este número. Si tienes algún problema, me llamas y yo me encargo de arreglarlo."

Cuando Sammy regresaba de un encargo, por lo general traía consigo cuarenta, cincuenta o sesenta mil dólares en efectivo dentro de un maletín. Pablo esperaba que le entregaran el dinero perfectamente ordenado por denominaciones, en fajos de cinco o diez mil dólares atados con ligas. Le incomodaba encontrarse con billetes de uno, cinco o incluso diez dólares. Había noches en que dos o tres distribuidores coincidían y eso se convertía en un maratón de toda la noche contando todos los billetes. A la mañana siguiente, Pablo llevaba el dinero en un carrito a la sólida bóveda de acero de un banco ubicado en uno de los costados del hotel Rohana.

Aunque su inventiva le había permitido a Sammy llevarle la delantera a las autoridades, sabía que tarde o temprano lo iban a arrestar. No cesaba de decirle a Pablo que quería iniciar un negocio de reparación de techos y dejar por completo el asunto del narcotráfico. Pablo, que a veces también hablaba de salirse de eso y abrir un restaurante en Tijuana o adquirir un enorme rancho ganadero en algún lugar del norte de México, lo alentaba y prometía colocarlo en el negocio de los techos.

Pero invariablemente, después de iniciadas las cosechas de primavera y otoño había una gran cantidad de mariguana que transportar, Pablo solía llamar a Sammy a su casa en Hobbs y le decía: "Estamos listos. ¿Crees que puedes venir a ayudarnos?"

Y, como era su costumbre, Sammy se aprestaba a acudir a Ojinaga. Resultaba mucho más fácil hacer dinero de esa manera, aun cuando Sammy tenía que reconocer que la violencia y los asesinatos habían empezado a atemorizarlo, incluso más que la idea de que lo fuesen a arrestar. El había conocido a Lilí y Fermín y lo habían recibido amablemente en sus hogares. Al ser asesinados, se dio cuenta de que estaba quedando en medio de una mortal e interminable batalla sangrienta. Justo después de la muerte de Fermín, uno de los hermanos Arévalo en Nuevo México le ofreció veinte mil dólares por matar a Pablo. Pablo, sin estar al tanto de la oferta de Arévalo, le prometió cien mil dólares por secuestrar a ese mismo hermano Arévalo y llevárselo a Ojinaga. En se momento Sammy le hizo ver claramente a Pablo que él no quería tener ninguna participación en la violencia.

Todo era una locura. Poco a poco, iba siendo asesinadas personas que él conocía; otras simplemente desaparecían. A su mente acudían imágenes de buitres describiendo círculos en el cielo y descoloridos huesos resplandeciendo en el desierto cuando imaginaba lo que les había sucedido. Sammy pensaba en lo irónico de su situación: había logrado librarse del reclutamiento y de Vietnam sólo para enlistarse en otra guerra. Y si bien los "soldados" de la droga no estaban siendo exterminados, sí se hacían irremediablemente adictos. Había visto cómo sucumbían a la heroína los dos hermanos menores de Pablo, Héctor Manuel y Armando.

Uno de los sucesos que persuadieron a Sammy de que había llegado el momento de empezar a considerar otras opciones fue cuando a Héctor Manuel lo llevaron ante él herido de bala e intoxicado con heroína. Héctor Manuel y Pedro se habían enfrascado en un tiroteo con unos cultivadores de mariguana de las montañas. Según le explicaron a Sammy, el hermano y el sobrino de Pablo habían ido en camionetas al plantío a cosechar parte de la producción y llevarla de regreso a Ojinaga. Pero los cultivadores, indios de la montaña que Pablo había contratado para cultivar la mariguana, sostenían que estaban trabajando en un plantío por el cual no se les había pagado. Y ahí fue cuando se inició la balacera. Sammy se disponía a llevar un cargamento a través del río, cuando Héctor Manuel se presentó con las manos sobre el abdomen y suplicándole que lo llevara a casa de su hermana en Odessa. "Te voy a llevar, pero no creas que vas a poder traer ninguna de tus malditas jeringas, o tu heroína, o alguna de tus armas. Puedes pedirle a tu esposa que pase esa mierda por ti." Entonces Héctor Manuel se inyectó en el brazo antes de subirse a la camioneta de Sammy y luego tiró la jeringa. Al estar atravesando el río, el hermano menor de Pedro ya había vomitado todo el piso del vehículo.

Pero entonces el mismo Sammy empezó a abusar de las drogas, especialmente de la cocaína pura. Su segundo matrimonio había empezado a tambalearse cuando su esposa, Becky, lo sorprendió en la cama con otra mujer en un motel de Ruidoso, Nuevo México. Ella le dio una oportunidad más, que desgraciadamente también perdió al llegar una noche a casa bebido y después de haber pasado una semana de parranda en Ojinaga. Sammy y su esposa tuvieron un pleito. La golpeó tan fuerte que la parte posterior de su cabeza dejó una huella en la pared. El culpó de todo a la cocaína. Su esposa comentó que ya nada importaba, que su matrimonio había terminado.

Cuando fue arrestado en enero de 1985, Sammy se sintió aliviado en realidad. El viaje final había empezado al igual que cientos de otros que había realizado, aunque con un par de diferencias que más tarde lo llevaron a entender el motivo de que lo hubieran arrestado. Unos días antes de la aprehensión, la esposa de uno de los tíos de Pablo había empezado a persuadirlo de que le llevara un cargamento de mariguana a Odessa en uno de sus tanques de propano. "La Tía", como todos la llamaban, era la segunda esposa de Manuel Acosta, el tío de Pablo, a quien habían arrestado en 1984 los investigadores aduanales estadounidenses por traficar con mariguana a través del Parque Nacional del Gran Recodo. Manuel había logrado implantar una red de narcotráfico que era abastecida por Pablo y distribuida a Dalias fundamentalmente en pesados vehículos recreativos.

Tras el arresto de Manuel, la Tía continuó viviendo en Ojinaga. Era una mujer regordeta, de nariz achatada y cabello largo. Sammy ya tenía tiempo de sospechar que ella se encargaba de suministrar heroína a Héctor Manuel y Armando. Los hermanos no podían conseguir heroína en ninguna otra parte de Ojinaga, pues Pablo había corrido la voz de que cualquiera que le vendiera heroína a sus hermanos se las tendría que ver con él. A escondidas, los hermanos sustraían pequeñas cantidades de mariguana de las bodegas de Pablo y acudían con la Tía a intercambiarlas por heroína.

El día anterior a que Sammy fuera arrestado, a finales de enero de 1985, La Tía se presentó en su habitación del motel Ojinaga. Le dijo que tenía ochenta kilos de mariguana que necesitaba llevar a Odessa.

"Confío en ti porque sé que si la llevas llegará bien y no me harás una trastada", le explicó.

El fue a revisar la mariguana y no pudo evitar sacudir la cabeza al verla. Sammy había aprendido a detectar las diferencias. La droga era exactamente igual a la que Pablo tenía en ese tiempo en una de sus bodegas de Ojinaga.

"Sé de dónde proviene esto —le dijo Sammy—. Y yo no estoy dispuesto a ir en contra de Pablo. Vas a tener que conseguir a otro."

La anciana mujer se enfureció con él y empezó a maldecirlo. Sammy la calmó con la promesa de hallar a alguien que le pasara la mercancía. "Y descuida, que no le voy a decir a Pablo de esto. Lo que hagas de ahora en adelante es tu asunto y no el mío."

Al día siguiente Sammy cargó su tanque en un rancho de ochocientos acres que Pablo tenía justo al este de Ojinaga, en el camino a El Mulato. Todo empezó a salirle mal a partir del momento en que llegó al río Bravo esa noche. El tenía pensado tomar la carretera que corre paralela al río hasta Study Butte y luego dirigirse hacia el norte por la carretera estatal después de cruzar el río. Pero ahí se atascó y tuvo que conseguir a alguien que lo jalara con un tractor. Una vez que estuvo del otro lado, condujo hasta Study Butte y luego en dirección al norte, por la autopista 118.

Justo a las afueras de Alpine, elementos del alguacil del condado de Brewster le hicieron señas de que se detuviera y con amabilidad le informaron que estaba bajo sospecha de transportar mariguana. Los agentes del alguacil, que evidentemente sabían de antemano que venía en camino, no se ocuparon de ponerlo bajo custodia, se limitaron a decirle que no saliera de la ciudad y lo siguieron hasta el motel, donde consiguió una habitación. Tras horas de insomnio preguntándose cómo es que pudieron haberlo descubierto, escuchó que alguien llamaba a la puerta. Afuera, el estacionamiento estaba atestado de agentes antinarcóticos tanto de la policía estatal como de la federal. Querían inspeccionar el tanque de propano de su camioneta. Después de inspeccionarlo durante quince minutos, un agente de la DEA sacó su navaja y removió un poco de pintura, no tardando en dar con el bondo. "Enciérrenlo", dijo.

Más tarde Sammy se quejó de que un agente de la DEA procedió a interrogarlo en una celda de la cárcel del condado oprimiéndole el plexo solar con la rodilla. Mientras Sammy luchaba por tomar aire, el agente tomó asiento y le dijo en un tono relajado: —Necesito que hablemos acerca de algo. Sólo que quiero que sepas que mañana por la tarde podrías andar libre caminando por las calles.

—¿Cómo es eso? —dijo Sammy, tosiendo.

—Tú conoces a Pablo Acosta, ¿no?

—He oído hablar de él, pero no lo conozco.

—Claro que lo conoces. Esta es parte de su mercancía, ¿verdad? —dijo el agente, aludiendo a la mariguana que había encontrado después de romper el tanque de propano de Sammy—. Es necesario que entiendas que queremos poner fin a todo este lío maldito del narcotráfico, especialmente en pequeños pueblos como Marfa y Alpine. Quiero que nos ayudes.

—No puedo ayudarte, hombre —contestó Sammy—. Esa camioneta me la dejaron en el parque. No hice más que treparme a ella y conducirla hasta aquí.

—No digas idioteces, cruzaste el río con ella. ¿Qué sabes de Pablo Acosta?

—Nada.

—Mira, dame cinco nombres y dos lugares donde crucen el río, y te juro que mañana serás hombre libre.

Sammy lo pensó por un momento. Esos cinco nombres que la DEA quería conocer pertenecían a amigos suyos. Además, si lo soltaban al día siguiente, se vería terriblemente sospechoso a los ojos de una clase de gente propensa a la paranoia. Tendría que vivir con el miedo de que alguien sospechara que había hablado, y el terror de lo que esas suposiciones podrían ocasionar a su salud. Además, Pablo era un buen amigo. Podría ser un criminal peligroso, pero siempre había tratado a Sammy con respeto.

—Lo siento, no puedo ayudarte —repitió Sammy.

Al día siguiente, Sammy fue llevado a Pecos, adonde se le hizo comparecer ante el tribunal de circuito federal.

Más tarde comprendió quién lo había señalado a las autoridades norteamericanas. Incluso se enteró antes de ingresar a la penitenciaría. El hecho se lo confirmaron en El Reno, una penitenciaría federal de Oklahoma, donde tanto él como el tío de Pablo, Manuel, cumplían su condena. Al llegar, Manuel fue a disculparse con él por lo que había hecho su esposa. Era evidente que alguien había acudido a la Tía con una proposición similar a la que le hicieron a Sammy mientras estaba en la cárcel del condado de Alpine: "Danos cinco nombres y dos puntos donde crucen el río y nos valdremos de nuestra influencia para sacar pronto a tu marido de la cárcel". Obviamente ella accedió a la propuesta. Por eso se estaba dedicando a vender heroína, Sammy ahora se daba cuenta: para cambiarla por yerba. La Tía acumulaba cargamentos de mariguana y luego acudía a alguien como Sammy y le pedía que se la pasara al otro lado del río, donde los agentes norteamericanos ya lo estaban esperando. Por lo menos la sentencia sería menos larga que si los hubiese mandado con un cargamento de heroína. Algún día, ella iría a saldar sus cuentas con la policía norteamericana.

Sammy no se había tragado el anzuelo, pero estaba convencido de que la Tía de alguna manera había averiguado el día en que él iba a llevar un cargamento al otro lado del río. Los agentes del alguacil el condado de Brewster parecían saber con exactitud qué clase de vehículo debían detener.

Para la Tía, era un acto de devoción hacia su marido, el tío de Pablo. Pero para éste era un acto de traición. Si no hubiera sido la esposa de su tío, Pablo la hubiera hecho pagar con su propia vida. En vez de ello la desterró de Ojinaga.

XIII

BONNIE

Sammy fue juzgado en el mes de mayo en la sala del tercer piso del viejo edificio federal en Pecos. La madre de Pablo y cuatro de sus hermanas se encontraban sentadas en silencio en la parte posterior de la sala del juzgado. Sucede que Armando Acosta, uno de los hermanos menores de Pablo, había sido arrestado aproximadamente al mismo tiempo que Sammy en una operación independiente efectuada en el Parque Nacional del Gran Recodo. El juicio de Sammy se inició al día siguiente que Armando fue declarado culpable. Las mujeres de la familia Acosta continuaron acudiendo desde Odessa cada mañana para asistir a su juicio. Pablo había llamado a sus hermanas desde Ojinaga y les había pedido que asistieran. Después de todo, Sammy siempre se había mostrado leal a él y siempre se había ocupado de pasar a ver a Dolores, la madre de Pablo, cuando iba a Odessa.

Becky, la esposa de Sammy, nunca lo perdonó por haberla golpeado. Se había ido a vivir a un departamento en Carlsbad llevándose con ella a su hijo, Chase. Pero después de que Sammy fue arrestado, prometió esperar hasta que él saliera de prisión para poder iniciar los trámites de divorcio; incluso asistió al juicio. Después de haberse leído el veredicto, la madre de Pablo, que entonces sobrepasaba los setenta años, consoló a Becky. Una de las hermanas de Pablo tradujo lo que la anciana decía en español: "No te preocupes, todo va a salir bien. Pablo se encargará de cuidarte."

Varios días después del juicio de Sammy, Becky, en efecto,

recibió una llamada de Pablo. Le habló con mucha amabilidad y se oía preocupado. Le dijo lo mucho que siempre había
procurado a Sammy y que lamentaba en realidad que lo hubieran aprehendido.

"Sí puedes pasar a verme, quiero hablar contigo acerca de
algunos asuntos. Tengo intenciones de ayudarte", le dijo.

Ya antes Pablo la había ocupado para algunos trabajos en
los Estados Unidos, como el de pasar a recoger personas al río
y llevarlas adonde tenían que ir. También había conseguido
una licencia de manejo y otros documentos para Marco De-
Haro, hombre de confianza de Pablo. Incluso le suministraba,
en ocasiones, pequeñas cantidades de cocaína cuando él tenía
dificultades para conseguirla con otros proveedores. Había
hablado con él por teléfono en varias ocasiones cuando necesitaba comunicarse con Sammy.

Pero Pablo y Becky no se conocían en persona.

Una semana más tarde, Becky pidió prestado dinero a una
de las hermanas de Pablo y se dirigió a Ojinaga. Eran las cuatro de la tarde cuando llegó a la casa de tabique de Pablo, en la
Calle Sexta. El no se encontraba en ese momento, de modo
que le dejó dicho a Olivia, la esposa de Pablo, que se iba a
hospedar en el motel Ojinaga. Poco después de la media noche, Pablo acudió a verla y le propuso que fueran a hablar a
un bar del centro.

En 1985 Pablo ya había adoptado la costumbre de mandar
despejar los restaurantes y bares siempre que quería dirigirse
a uno. Era por su propia seguridad, así como la de los clientes
en caso de que quisieran tenderle alguna emboscada. Para
cuando llegaron al centro, el bar Bikini, popular centro de
reunión ubicado en uno de los costados de la plaza principal
de Ojinaga, se encontraba vacío a excepción del cantinero. El
sitio se había despejado rápidamente cuando los pistoleros de
Pablo entraron indicándole a todo el mundo con sus rifles de
asalto que salieran de ahí. Pablo apostó a dos pistoleros al
frente, mientras otro se ocupaba de vigilar la puerta posterior.
El y Becky se sentaron bajo la tenue luz con una botella de
brandy Presidente, la bebida favorita de Pablo, ante ellos.
Hacían una pareja extraña: ella, una rubia gringa con unos

ojos chispeantes, de aspecto inocente, y él, un mafioso de pelo negro, bigote caído y el rostro surcado por siniestras cicatrices.

Pablo no dejaba de disculparse por el arresto de Sammy. De no haber sido por la Tía, Sammy seguiría siendo un hombre libre. Si él hubiese sabido de antemano los manejos que andaba haciendo la Tía, hubiera podido evitar toda esa situación.

—No te preocupes de nada —le dijo Pablo—. Yo me voy a encargar de este asunto. ¿Cuándo vas a ir a visitar a Sammy?

—Tal vez dentro de un mes —Becky le dijo.

—Cuando lo veas, dile que yo me voy a ocupar de él y que no se preocupe. Eso es todo lo que necesitas decirle.

Becky se preguntaba si Pablo tenía intenciones de acabar con la Tía. ¿Y a ella qué piensas hacerle? —preguntó.

—Voy a obligarla a que salga de México y ver si es capaz de sostenerse por sí misma. No obtendrá ayuda de parte de mi familia; jamás —comentó.

Pablo se ofreció a pagar las deudas de Becky mientras Sammy estuviera en prisión, pero pronto se dio cuenta de que Becky no quería ninguna clase de ayuda. Ella quería trabajar y estaba lista para hacerle una proposición de negocios.

Ni ella ni Sammy jamás habían planeado dedicarse de lleno a la venta de droga, le dijo a Pablo. Ella era la hija de un soldado de Fort Hood y se había enamorado de Sammy poco después de egresar de la preparatoria, atraída por la inquieta forma de ser del simpático vaquero. Se involucraron en la cuestión de las drogas en 1973, cuando un conocido de Sammy les pidió que guardaran un poco de mariguana durante la noche en su casa de la zona este de Texas, ofreciéndoles quinientos dólares por su ayuda. Becky no podía esperar el momento en que acudiese el amigo al día siguiente para llevarse la droga. Nunca antes había visto la mariguana. Un año más tarde, empezaron a negociar vendiendo paquetitos de yerba entre sus amistades y en su propia casa.

Becky tenía montada su propia operación de tráfico de droga. Periódicamente acudía a una fuente de El Paso a adquirir medio kilo o un kilo de cocaína para luego tomar el avión a Hobbs con el producto oculto bajo sus ropas. Nadie sospecha-

La Casa Chávez era una bodega que Pablo usaba para almacenar grandes cantidades de mariguana y para reunirse con los miembros de su banda. La mariguana era curada en un patio trasero grande protegido con cobertizos y un muro de bloques de cemento. Ubicado frente a una escuela primaria, la bodega había sido una tienda de abarrotes. (Foto de Terrence Poppa.)

ba al ver descender del avión a la jovial mujer con el aplomo propio de una ejecutiva.

Mientras ella le relataba sus experiencias dentro del narcotráfico, Pablo se dio cuenta de que Becky estaba mucho más involucrada de lo que jamás se hubiera imaginado. Con Sammy como intermediario, Pablo había ocupado algunos de sus servicios, pero en realidad Sammy nunca le había dicho mucho acerca de sus otras actividades. A los ojos de Pablo, ella parecía ser mucho más ambiciosa de lo que jamás se había mostrado Sammy. Mientras Sammy se conformaba con llevar cargamentos y cobrar su cuota de dos mil quinientos dólares, Becky se había encargado de hacerse de una clientela propia en sitios tan distantes como Alabama, Kansas, Oklahoma y Utah, a la cual había estado abasteciendo a través e sus propias fuentes. Traficaba principalmente con cocaína y mariguana.

Pablo se imaginaba que podría hacer negocios con ella. Pero quería que ella se iniciase transportando cargamentos tal y como Sammy había estado haciendo. Quería ver cómo se manejaba en esa actividad, y luego podrían hablar acerca de facilitarle sus propios cargamentos. Le explicó cómo operaban las cosas en Ojinaga: cuánto le pagaría por cada cargamento que le transportara; a cómo le vendería la mariguana una vez que estuviese en condiciones de comprarla; qué porcentaje le tendría que pagar a él cuando adquiriese mariguana de otra fuente, por el hecho de pasarla por su jurisdicción, y otros detalles más. Aunque ella ya comprendía la situación vagamente, él le explicó lo concerniente a la plaza: por el derecho de dirigir la zona, tenía que pagar una cuota a las autoridades mexicanas, y cualquiera que estuviera bajo su tutela gozaba también de protección; siempre y cuando le cubriesen el debido porcentaje por sus operaciones.

Empezaron a beber y a fumar cocaína pura, la cual el sobrino de Pablo se había encargado de prepararles mezclándola con bicarbonato de soda. Pablo se dedicó a contarle anécdotas acerca de los viejos tiempos que él y Sammy habían pasado juntos.

A Pablo le gustaba contar historias exageradas acerca de sí mismo, especialmente cuando había estado bebiendo y fumando droga y tenía tiempo de sobra. Cuando Becky le preguntó si alguna vez había regresado a los Estados Unidos, le contestó que no, que lo habían incriminado en Eunice y expedido una orden de arresto contra él. Le refirió una versión inflada de la forma como había escapado de la policía: de cómo le hicieron multitud de disparos mientras él huía corriendo de matorral en matorral; de cómo unos viejos mexicanos a bordo de una destartalada camioneta lo habían encontrado tendido a un costado de la carretera y se habían ofrecido a llevarlo a Odessa. De ahí logró llegar a Fort Stockton, donde uno de sus primos lo envolvió en una manta y se lo llevó a Ojinaga. La sangre iba empapando la manta, dejando sobre ella grandes manchas. Cuando pasaron por la estación de inspección del lado mexicano, en el puente internacional, un oficial de inmigración se asomó por la ventanilla y le preguntó a su primo: "¿Qué le sucede?" Y éste le contestó: "¡Oh! nada. Está enfermo. Lo llevo a México para que vea a un doctor".

Pablo incluso se apartó el cabello y le dijo que palpara las
dos largas cicatrices que tenía en la parte superior de la cabeza, producto de viejas heridas de bala. Se abrió la camisa para
mostrarle algunas cicatrices más. También tenía la cara llena.
Todas eran auténticas heridas de bala, sin embargo, ninguna
se la habían ocasionado al escapar de los Estados Unidos.
No obstante, Becky estaba impresionada. Y tan sólo con lo
que Sammy le había contado acerca de él, ella ya creía decidida-
mente en la legendaria invencibilidad de Pablo.

Cuando finalmente salieron del bar Bikini, ya eran las nueve
de la mañana y estaban sumamente bebidos,

Sammy le había hablado con frecuencia a Becky del emporio
que tenía Pablo en frente de una escuela primaria en Ojinaga.
Era indispensable ver para creer. Al día siguiente de la mara-
tónica charla celebrada en el bar Bikini, Pablo la llevó a ese
lugar para entregarle su cargamento de mariguana.

En realidad no era una bodega, aunque Pablo solía referirse a ella como tal. Era una vieja casa de adobe situada frente
a una escuela primaria construida a base de bloques de cemento y pintada en colores vivos, en una zona donde vivían
familias de obreros, y a unas cuantas cuadras del entronque
de las carreteras a Chihuahua y Camargo. Antes de que Pablo
adquiriese la propiedad en 1983, había sido una tienda de
abarrotes, y nunca se había molestado en retirar el letrero de
Casa Chávez del muro cercano a la puerta de enfrente o el
anuncio de Pepsi-Cola. Esos eran los únicos vestigios del anterior uso lícito de la propiedad. La construcción tenía pisos
de concreto, varias recámaras pequeñas, una desaseada cocina con una estufa de gas, una estancia escasamente amueblada
y un baño provisto de una sucia regadera.

Adyacente a la casa de adobe, se encontraba un lote de un
tercio de acre rodeado por un muro de concreto. Dentro del
complejo había una construcción de adobe de menor tamaño
pintada de blanco. Pablo almacenaba toneladas de mariguan-
na en esta construcción o en las afueras del mismo lote. Solía
llevar a ese lugar mariguana recién cortada de los plantíos del
sur de Ojinaga a fin de procesarla. En las montañas las plantas

de mariguana eran cortadas desde la base y apiladas a gran altura, como árboles de Navidad, en la parte posterior de las camionetas. De ahí eran conducidas sin discreción alguna a la "fábrica" de Pablo en Ojinaga. Dentro de las instalaciones, Pablo hacía que sus trabajadores apoyaran las plantas contra los muros para que se secasen y curasen. Desde la calle sin pavimentar podían verse bien las puntas de las plantas sobresaliendo por el muro. Una vez concluido el proceso de curación, de una semana, una cuadrilla de doce a veinticuatro hombres (dependiendo de la cantidad de mota que requiriese ser procesada) se dedicaba a pelar las plantas y clasificar las hojas. En la construcción pintada de blanco había compresoras de basura para formar bloques de mariguana de un kilo o fardos de quince, veinticinco o cincuenta kilos. Después de las cosechas de mariguana, no era raro que sus trabajadores estuvieran contratados durante meses enteros, que ambas construcciones estuviesen atestadas de fardos de mariguana y que a todas horas del día y de la noche entrasen y saliesen vehículos del lugar.

Protegiendo la droga las veinticuatro horas del día se encontraban los pistoleros de Pablo, fuertemente armados.

El zar de la droga de Ojinaga también tenía otros sitios de almacenamiento. Uno de ellos era una enorme fortaleza sobre la carretera a El Mulato, no lejos del río Bravo. En una ocasión el Servicio de Aduanas norteamericano la fotografió desde el aire. La foto mostraba un área de aproximadamente dos acres rodeado de muros de cuatro metros de altura. En medio de la propiedad había una casa de tabique; a los costados había cobertizos e instalaciones para almacenamiento, un enorme tanque de propano y una torre de agua. El único acceso era a través de una enorme compuerta de metal rematada por un arco de tabique. Daba la impresión de ser inexpugnable.

Dado que estaba en Ojinaga, la Casa Chávez resultaba más conveniente para llevar a cabo en ella las transacciones menores, y era usada por muchos amigos de Pablo para guardar ahí su propia mariguana.

Sammy García había visto varias veces, en 1984, que el comandante de la policía federal llevaba a esas instalaciones cargamentos de su propia mariguana a bordo de camionetas. En una ocasión que Sammy se encontraba parado en el patio, el comandante entró con su camioneta cargada a más no poder de plantas de mariguana, y le gritó a Sammy: "Oye, ven acá y dame una mano para descargar esto".

Sí la bodega de Ojinaga resultaba conveniente para Pablo, los vecinos no pensaban lo mismo. Los maestros de la escuela primaria que se encontraban justo al otro lado de la calle se angustiaron al enterarse de quién era el dueño de la propiedad y para qué se usaba. La antigua tienda de abarrotes se encontraba a escasos treinta metros de dos de las aulas construidas en cemento. Las ventanas daban directamente a la Casa Chávez. Durante el recreo, los niños en ocasiones jugaban en la calle de tierra, justo a la entrada del muro que rodeaba el lote.

Cuando Pablo empezó a ocupar el lugar, su fama ya se había extendido a raíz de la muerte de Lilí, ya no digamos de los tiroteos y las emboscadas escenificadas en el pueblo, así como del asesinato de Fermín Arévalo en el rancho El Salto. La sola idea de que los niños pudieran verse atrapados en medio de un fuego cruzado hacía sudar frío a los maestros. ¿Qué pasaría si algún vehículo se aproximara al complejo y empezara a disparar? Pablo y sus hombres forzosamente tendrían que contestar, y la escuela quedaba justo en la línea de fuego. Las autoridades escolares mandaron construir una contención y mandaban a los niños a jugar en el costado opuesto de la escuela durante el recreo. En vano abrigaban la esperanza de que los narcotraficantes pudieran hallar algún otro lugar adonde llevar a cabo sus operaciones.

Algunas de las aulas que daban hacia la Casa Chávez: también eran usadas durante la noche para impartir clases a personas adultas. Los maestros se sentían obligados a explicar la situación a cada nuevo grupo, indicándoles que al menor indicio de tiros de inmediato se echaran al suelo. Los estudiantes por lo general cruzaban miradas aprensivas, pero no se sentían especialmente impactados por los comentarios. Así era la vida en Ojinaga.

Con los ánimos que le infundió Pablo, Becky no tardó en formar una pequeña organización bajo la sombra de la de su poderoso protector. Éste le dijo que podía hacer lo quisiera. Al principio, sólo contaba con un ayudante, un trabajador de los campos petrolíferos de Hobbs que solía transportar droga con Sammy. Becky le pagaba quinientos dólares sólo por conducir cargamentos de mariguana al otro lado del río y luego entregárselos a ella ya en territorio seguro. Su teoría era que existía una relación entre las probabilidades de ser aprehendido y la distancia que mediaba hasta el río. Y bien valía la pena pagar el veinte por ciento de sus propias ganancias con tal de que alguien asumiera el riesgo mayor.

Sammy le había enseñado cómo preparar un tanque de propano. "Encárgate de arreglar tu propio tanque —Sammy le advirtió cuando se enteró de que iba a trabajar para Pablo— El día que dejes que alguien prepare tu tanque, ése será el día en que te arresten."

Tal como Sammy hacía, cargaba los tanques con paquetes de mariguana de un kilo en Casa Chávez, luego se dirigía a unas cuantas cuadras de ahí a un taller de hojalatería propiedad de Armando, amigo de Sammy. Era un contrabandista de baja estatura y barrigón, de rostro grasoso y picado de cicatrices de viruela. En ocasiones Armando hacía algunos trabajos de hojalatería y pintura de automóviles. Pero las autoridades norteamericanas del otro lado del río estaban al tanto del verdadero propósito de ese pequeño taller: tenían la sospecha de que Armando se especializaba en modificar vehículos para que pudieran transportar pequeñas cantidades de heroína, cocaína y mariguana.

Becky usaba la pulidora de Armando y la pistola de compresión para preparar sus tanques; pero, siempre teniendo presente el consejo de Sammy, se rehusaba a aceptar la ayuda de Armando. Se pasaba dos horas, a veces hasta tres, aplicando bondo, puliendo y pintando sus propios tanques. Con el tiempo llegó a ser tan buena como Sammy en la preparación de tanques falsos.

Durante el primer mes que sucedió al juicio de Sammy, Becky se entregó en cuerpo y alma a los negocios. Le transportaba a Pablo hasta tres cargas por semana, en ocasiones regresando sin haber dormido durante dos o tres días seguidos. Entonces se dedicaba a dormir durante veinticuatro horas en su departamento de Carlsbad antes de regresar a Ojinaga para otro viaje. Una joven de diecisiete años que había abandonado la escuela y era novia de uno de los choferes a su cargo vivía en el departamento de Carlsbad y se encargaba de cuidar a su pequeño hijo mientras ella se ausentaba o se dedicaba a dormir.

Pablo estaba impresionado por la eficiencia y el frío aplomo de Becky. Ella seguía sus instrucciones al pie de la letra. Le gustaba que fuera dura y desinhibida con los clientes que pensaban que podían escatimarle el dinero a una mujer. Incluso le gustaba que fuese dura y desinhibida con él.

Una vez que logró acumular cierto capital, empezó a vender cargamentos por cuenta propia y a distribuirlos entre sus propios clientes.

La gente de Ojinaga se había acostumbrado a verla deambulando por la ciudad. Y no sólo eran su rubio cabello, su piel blanca y sus ojos los que llamaban la atención. Adondequiera que se dirigía llevaba consigo un rifle de asalto o una pistola automática con el mismo descaro con que procedían a hacerlo los otros narcotraficantes de Pablo. Con frecuencia se la veía escoltada por otro norteamericano que también portaba un rifle, uno de sus conductores que también hacía las veces de guardaespaldas cuando se encontraban en Ojinaga.

Salvo los más osados, la mayoría de los turistas no se desviaban de su camino para pasar por Ojinaga. Y cuando lo hacían era porque tenían que dirigirse a la ciudad de Chihuahua o venían de ella. En una ocasión Becky fue a comprar unas blusas en una tienda de Trasviña y Retes armada como de costumbre con un rifle de asalto. Al salir de la tienda se encontró con otros pistoleros igualmente armados. Justo en ese momento, una pareja de norteamericanos de edad madura con cámaras fotográficas pendiendo del cuello detuvieron su vehículo en la intersección, en espera de la luz verde del semáforo. Mientras esperaban, se volvieron hacia la multitud de pistoleros. Becky escuchó al hombre decir, mientras señalaba en su dirección emocionado: "¡Te lo dije! ¡Te lo dije que así era aquí!"

Becky ya conocía a Marco DeHaro, el pistolero que había iniciado el enfrentamiento con la facción de los Arévalo en el asesinato de Lilí Arévalo; repetidas veces lo había visto en los Estados Unidos y le había ayudado a atender los negocios de Pablo en Texas y México

Después de que empezara a llevar cargamentos para Pablo en mayo de 1985, Becky empezó a toparse con Marco prácticamente adondequiera que se dirigiera en Ojinaga. Cuando acudía a la bodega de Pablo a recoger un cargamento de mariguana, ahí estaba Marco merodeando por la casa; si se dirigía al taller de Armando a arreglar un tanque de propano, Marco también estaba ahí recargado contra el muro; cuando Pablo la visitaba en su habitación del motel Ojinaga, era frecuente que Marco lo escoltase unos pasos atrás, ametralladora en mano.

Marco, alto, de complexión sólida y calvo, nunca decía gran cosa. Al ver a Becky, siempre lo hacía entrecerrando los ojos, y al principio ella no sabía cómo reaccionar ante eso. El parecía aburrirse cuando ella hablaba. En una ocasión en que Becky le estaba hablando de negocios, le preguntó bruscamente: "¿Acaso me estás escuchando?"

Un día, a principios de junio, ella llegó a Ojinaga por otro cargamento de mariguana. Resultó que Pablo no tenía la mercancía a la mano. Estaba esperando que llegara un cargamento grande, y le pidió que se hospedase en el motel un par de días mientras llegaba. Sin embargo, ella la necesitaba cuanto antes. Le preguntó a Armando si sabía de alguien que tuviera disponibles cincuenta kilos de yerba, y no tardó mucho en que Marco se la ofreciese. Se la vendió a un precio más bajo que el que Pablo le fijaba. En el viaje de regreso, Marco le sugirió que hicieran negocios juntos. El tenía contactos para conseguir mariguana y heroína, además de clientes propios, le comentó, pero no contaba con una buena operación para efectuar el contrabando de la droga. Y eso era lo que ella podría aportar. Becky le expuso la propuesta a Pablo. El dijo no tener objeción alguna, en tanto se le cubriese la cuota de plaza correspondiente.

El primer negocio que Marco y Becky hicieron juntos consistió en la venta de cien kilos de mariguana. El cargamento se dividió en dos partes y ella envió a dos choferes con la mercancía con un comprador llamado Rocky, en Oklahoma, Ella y Marco fueron juntos en auto a cobrar el dinero. Pablo no intervino para nada durante el arreglo. Era la mercancía de Marco; y Becky se encargaba del transporte y el cobro. Sin embargo, era su plaza. Por lo tanto, cuando regresaron de Oklahoma, le dieron a Pablo once mil dólares, el privilegio por pasar la droga por la zona que controlaba Pablo en el norte de México y verse a salvo de la intervención de las autoridades

Su relación de negocios duró aproximadamente tres semanas antes de convertirse en algo más que simples transacciones comerciales. Pablo nunca comentó nada al respecto. El quería a Sammy como a un hermano, Marco era su amigo y respetaba a Becky. Lo que sucediera entre los dos no era de su incumbencia.

XIV

CLYDE

Marco Antonio Haro Portillo, que prefería le llamasen Marco DeHaro, había despertado la curiosidad de las autoridades norteamericanas desde que los informantes lo identificaron como uno de los pistoleros que había asesinado al hijo de Fermín Arévalo, dando inicio al sangriento enfrentamiento entre las dos familias de Ojinaga. Se pensaba que era el principal elemento de Pablo Acosta encargado de hacer valer su "justicia", y los investigadores de espionaje contra el narcotráfico lo consideraban como el segundo o tercer hombre en importancia dentro de la enorme organización de Pablo.

Como ejecutor al servicio de Pablo, la policía de los Estados Unidos sospechaba que Marco había asesinado a dos hombres en Hobbs, Nuevo México, en septiembre de 1983 y a otro hombre en Odessa en marzo de 1985, siguiendo las órdenes de Pablo. En Ojinaga, Marco se hizo acreedor al sobrenombre de El Carnicero de Ojinaga, por el número de personas que se creía había asesinado en el pueblo fronterizo. El atentado más brutal que se le atribuía tuvo lugar en febrero de 1984, cuando tres hombres jóvenes fueron acribillados a muerte mientras se encontraban sentados en un restaurante, a una cuadra de la plaza principal. Dos pistoleros, de los cuales se dice que uno era Marco, entraron al lugar y los abatieron antes de que tuvieran oportunidad de ir por sus armas.

A través de fuentes de información, los agentes de inteligencia norteamericanos se enteraron de que Marco llegó a Ojinaga en 1976 procedente de Sonora. Su padre había sido oficial de la policía, en tanto que su madre se había dedicado al narcotráfico. Al principio Marco había trabajado como guardaespaldas y chofer de un funcionario mexicano de aduanas en el pequeño pueblo fronterizo de Sonoita, al otro lado de la igualmente pequeña población de Lukeville, Arizona. Cuando el oficial fue transferido a Ojinaga, Marco se fue con él. Una vez en Ojinaga, Marco no tardó en verse involucrado en el floreciente mundo de las drogas. Para cuando Becky llegó a Ojinaga, Marco poseía una hermosa casa blanca de estilo mediterráneo, espléndidamente amueblada y con una enorme antena parabólica en el patio. Era la mejor casa de la calle.

Trabajó en estrecha colaboración con Pablo hasta principios de 1984. Después, varios informes señalan que fue arrestado y encarcelado en Tampico bajo los cargos de posesión de armas o que había sido enviado fuera de Ojinaga porque estaba matando a muchas personas, lo cual hacía que las autoridades mexicanas empezaran a ejercer una gran presión sobre la mafia de Ojinaga.

Más tarde, el calvo narcotraficante le comentó a Becky que había trabajado durante un año en la policía federal mexicana, asegurándole que estaba vinculado con la oficina mexicana de la Interpol. Ella se negaba a creerle esto último, hasta que un día le enseñó una credencial de la policía. Era una placa del tamaño de una cartera, perteneciente a la Policía Judicial Federal Mexicana. En una de las placas de latón aparecía una fotografía de Marco, pero el nombre en el documento era el de Juan Barrera. En la otra placa figuraba la palabra Interpol, arriba de los colores verde, rojo y blanco de la bandera mexicana. Aun así ella dudaba de su autenticidad hasta que Marco empezó a ser visitado por un amigo a quien a veces llamaba Juan. Charlaban animosamente de los "buenos tiempos" en la ciudad de México cuando trabajaban para la división de la Interpol, dependiente de la policía federal mexicana.

El también tenía otras credenciales policiacas.

La DEA obtuvo una historia que consideraba auténtica referente a una ocasión, en 1984, en que Marco y un piloto aterrizaron en el aeropuerto de Torreón con un cargamento de mariguana. El aeropuerto estaba atestado de soldados y vehículos militares y el piloto no quería descender: cualquiera hubiera podido detectar la droga con sólo asomarse a la cabina del avión. Marco le dijo que no se preocupara, que estaban protegidos. Aterrizaron y el piloto condujo la nave hasta las bombas de combustible. Marco mostró una credencial de la Dirección de Seguridad Federal, la casi secreta policía política de la Secretaría de Gobernación de México, y solicitó le entregasen un documento específico para firmarlo, citando el nombre y el número de éste. Después de cargar combustible, despegaron de nuevo. O bien era una muestra de insólita desfachatez, o simplemente no tenía que preocuparse en absoluto de la presencia de los militares. Los agentes de narcóticos norteamericanos se inclinaron por lo último.

Después de su permanencia en la ciudad de México, Marco regresó a Ojinaga aproximadamente seis meses después de que Sammy fuera condenado en Pecos. Cuando Pablo lo contrató por primera vez en 1979, Marco trabajó como chofer, guardaespaldas y mensajero, realizando tareas generales como escoltar cargamentos de mariguana y vigilar los plantíos de esta hierba. Después de asesinar a Lilí, Marco se convirtió en el ejecutor de Pablo y empezó la serie de asesinatos que le adjudicaron el sobrenombre de El Carnicero de Ojinaga. Cuando Marco regresó a Ojinaga, después de haber trabajado con la policía federal en la ciudad de México, ya había montado su propia organización, capaz de llevar grandes cantidades de droga a la frontera, un nuevo nivel que ponía a Marco a la altura de Pablo. Este lo tomó como socio y juntos trabajaron en los negocios de mayor envergadura. Dentro de lo que era característico de la mafia mexicana de las drogas, Marco podía hacer sus negocios de manera independiente de Pablo: lo único que tenía que hacer era pagar el porcentaje por el derecho de operar en la plaza del zar de la droga.

Una de las primeras inversiones fuertes que Marco y Becky hicieron juntos fue la preparación de un acre de mariguana en un pequeño rancho que tenía Marco en las montañas, ochenta kilómetros al sur de Ojinaga. La propiedad, que abarcaba quince acres de terreno al pie de una montaña, contaba con un par de construcciones de hormigón, una barraca, un inver-

Marco Antonio Haro Portillo, alias Marco DeHaro, era el mayor de Pablo Acosta y el pistolero que dio inicio a una guerra de drogas en Ojinaga al matar al hijo de Fermín Arévalo. Esta foto fue tomada poco después de que DeHaro fuera arrestado en Odessa, Texas, el 20 de noviembre de 1985, por cargos de tráfico de cocaína, mariguana y heroína. (Foto cortesía de la Comisaría del condado de Ector.)

nadero provisional, un pozo profundo, una bomba para extraer agua del suelo y un generador a base de gasolina para obtener electricidad. Marco y Becky se dirigieron a las montañas de Oaxaca a bordo de una avioneta particular y ahí compraron semillas de mariguana por un valor de veinticinco mil dólares a un conocido de Marco que tenía plantíos de mariguana en lo más recóndito de las montañas. De regreso de Ojinaga, contrataron a experimentados trabajadores del campo para que prepararan el terreno de un acre que iban a destinar para el plantío. Debido a las heladas temperaturas que a veces había en la noche, tenían que dejar que las plantas germinaran en macetas dentro de una construcción de hormigón, la cual mantenían caliente durante la noche con reflectores alimentados con el generador. Cuando los plantones tenían unos ocho centímetros de alto, los trabajadores los trasladaban al campo bajo la vigilancia de Marco. Marco le asignó a alguien la tarea de capataz y distribuyó rifles de asalto para defenderse contra los intrusos. Muy pocas eran las personas que tenían que quedarse ahí durante los tres mese que abarcaba el periodo de crecimiento a fin de mantener el plantío libre de maleza y descepar las plantas macho de mariguana. Durante la experimentación que se dio en los años sesenta y setenta, los cultivadores de mariguana se dieron cuenta de que las plantas hembra contenían la concentración más elevada de resinas psicotrópicas características de cáñamo, pero que la concentración disminuía si la planta era polinizada. Marco sabía que era crucial descepar las plantas macho tan pronto como fuesen detectadas.

Al observar el trabajo que implicaba el poner a producir un terreno de tan sólo un acre, Becky quedó profundamente impresionada del alcance que tenían las operaciones de cultivo de mariguana de Pablo. Se enteró de que contrataba indios para que cultivaran pequeños plantíos a lo largo del río Conchos; se enteró también de que operaba cuando menos un extenso campo de su propiedad, y que probablemente tenía muchos más. En una ocasión visitó una plantación de cuarenta acres al sur de San Carlos; los campos estaban en la ladera de una colina y eran irrigados con agua de la primavera que bajaba en cascada de un acantilado. Se daba cuenta de que la inversión debía ser enorme, pero también así lo eran las ganancias.

Marco y Becky frecuentemente acudían a su rancho a inspeccionar la mariguana y divertirse en grande. Cuando la cosecha llegaba a finales de octubre, transportaban a los trabajadores hasta el rancho. Una tarde, en esa época, llevaron a un grupo de mariachis. Pablo llegó después, ese mismo día, con su grupo de pistoleros. Mientras los mariachis se encargaban de tocar, los narcotraficantes prepararon una barbacoa de chivo, bebieron cajas de cerveza, se dedicaron a bailar y a divertirse bajo el azul cielo del desierto y a fumar cocaína pura.

Becky era la única mujer entre varias docenas de hombres. Por la forma en que gritaba órdenes en un español híbrido, los trabajadores empezaron a llamarla la Jefa. A todo el mundo le causaban gracia los errores que cometía en español. Marco, cuyo apellido modificado, "DeHaro", denotaba ya un desdén hacia sus orígenes humildes, quería que todo el mundo lo llamara "El Príncipe de León", sin embargo, a Becky le parecía que lo que decían era "Pinche Pelón", sobrenombre que prevalecía sobre el otro.

Un acre de terreno producía aproximadamente una tonelada de cotizadas colas, la parte superior de la planta de la mariguana donde se concentra la mayor parte de la resina. Las colas, acomodadas en fardos, se envolvían en amplias hojas de celofán y se aseguraban con cinta de estaño. Marco y Becky mandaban todos sus fardos por avión al otro lado de la frontera, los cuales eran depositados en un rancho de Nuevo México, en las afueras de Jal. Hasta donde sabía, nunca hubo una sola confiscación de mariguana por parte de las autoridades norteamericanas.

Aun cuando Pablo no había invertido ningún dinero en el plantío y no levantó un solo dedo para ayudar, él cobraba un porcentaje de las utilidades que producía la venta de mariguana.

En teoría y a través de su sistema de protección, eran tan intocables como Pablo, sin embargo, de vez en cuando se suscitaban malentendidos. En una ocasión, a mediados del verano de 1985, Marco, Becky y varios hombres fueron detenidos por una escuadra de soldados y llevados a la guarnición del centro a fin de interrogarlos. Marco, Becky, Armando, el hermano de Armando, Joaquín, algunos de los pistoleros y un comprador de mariguana de Hobbs se encontraban reunidos en una de las habitaciones del hotel Rohana. El comprador quería adquirir doscientos cincuenta kilos de mariguana y estaban arreglando los detalles de la transacción: el precio, cómo y dónde se iba a entregar; cómo y cuándo se iba a realizar el pago y otros detalles apremiantes de la operación. A la mitad de las negociaciones se escuchó un toquido en la puerta. Alguien abrió y de inmediato irrumpieron cuatro soldados acompañados de un oficial del ejército, el cual se aprestó a gritar: "¡Manos arriba!" Los soldados desarmaron rápidamente a todo el mundo, les ataron las manos a la espalda y los condujeron hasta la derruida guarnición de adobe situada a unas cuantas cuadras de ahí.

Teniendo Pablo "arreglos" con los militares, se suponía que no debían haber sido molestados por ningún oficial del ejército. Marco se imaginaba que el oficial era nuevo en la ciudad y quería presionarlos para que le dieran dinero. Normalmente, Marco se hubiera concretado a sacar sus credenciales policiacas y con ello enviar de retirada al oficial, pero no se había ocupado de llevarlas consigo. No cesaba de decirle al oficial que trabajaba para Pablo Acosta, que éste tenía arreglos con el ejército. Finalmente, el oficial consintió en que Marco hiciera una llamada.

Habían estado ahí cerca de cuatro horas cuando de pronto irrumpió en el cuarto un Pablo enfurecido. Se dirigió con el oficial a uno de los cuartos contiguos y habló con él en voz baja. Minutos más tarde, Pablo volvió con las armas confiscadas y empezó a devolvérselas a cada uno de ellos. "Vámonos", dijo.

Se dirigieron de regreso al hotel Rohana. Pablo todavía seguía enojado. Una vez en la habitación, dijo: "Cuéntame lo que sucedió. Quiero saber todos los detalles."

Marco hizo una exposición rápida de los acontecimientos, mientras Pablo asentía con la cabeza y de vez en cuando hacía preguntas. Acabó por decir que iba a encargarse de ese asunto. Becky no volvió a saber nada, pero ya nunca más volvieron a molestarlos.

Según Becky, Marco a veces mataba al calor del momento, en un acceso de ira. Más tarde, ella aseguró verle matar a varias personas durante el verano de 1985.

En una ocasión, Marco le había fiado unos cinco kilos de mariguana a un hombre de veintitantos años diciéndole que quería su dinero en determinada fecha. Llegado ese día, Marco y Becky se estacionaron frente a una derruida casa de adobe pintada de color verde pastel, en una desolada calle al pie del pronunciado declive que conducía hacia el centro de Ojinaga. Vieron que fuera estaba estacionada una pick-up nueva.

Marco tocó la bocina varias veces; salió una mujer con un vestido gastado llevando en brazos un bebé, la cual le dijo a Marco que su esposo no estaba en el pueblo. Marco entró en la casa y lo encontró sentado en la orilla de un sucio colchón. Los hombres salieron al exterior. Marco tenía la costumbre de mover mucho las manos cuando hablaba. Becky oyó cómo le decía que no le gustaba que le vieran la cara de tonto, que le pagara el dinero que le debía. El joven hombre, descamisado, seguía insistiendo en que no tenía dinero. Marco, por su parte, le decía: "Bueno, ¿cuánto dinero tienes? Dame lo que tengas y ya me irás pagando después el resto. Pero dame ahora una parte del dinero."

Para entonces, Becky ya sabía que a Marco le obsesionaba la idea de que lo respetaran y que podía enfurecerse cuando se sentía desairado. Sin embargo, Becky no contaba con la relampagueante velocidad con que Marco se llevó la mano al cinto, donde guardaba su 45 automática. Marco apuntó el cañón a escasos centímetros del rostro del joven y tiró del gatillo. La bala se le incrustó entre los ojos con la fuerza de un marro y lo mandó despedido hacia atrás en dirección al patio de tierra.

Aterrorizada, Becky se había apresurado a subir de nuevo a la Bronco. No podía creer la precipitada e irreversible brutalidad. Con frialdad Marco bordeó el vehículo y de un brinco se puso al volante.

Más tarde, en un departamento donde Becky se estaba quedando, Marco le dijo que todo lo que el tipo debió haber hecho fue darle algo de dinero, cualquier cantidad, a fin de que él no se sintiera como un tonto. Pero el tipo no iba a hacerlo. Era una escoria que merecía morir. No se ocupaba de cuidar a su familia. Había acudido a él con la lacrimosa historia de que estaba arruinado, de que su familia estaba hambrienta y su esposa necesitaba operarse. Marco le había dado dinero y luego le fió mariguana. Lo había ayudado y se había mostrado generoso con él. Y luego resultó que el individuo andaba conduciendo una camioneta nueva, la que estaba frente a la casa.

Y, sin embargo, ¿no podía pagarle a Marco? Le estaba viendo la cara de tonto y por eso fue que lo mató, Marco procedió a explicarle.

Becky no expresó su opinión, pero era evidente que ella no pensaba que valiese la pena matar a alguien por cinco kilos de mariguana. Con frecuencia a Marco le gustaba instruir a Becky en cuanto a su filosofía del negocio. No importaba que alguien te debiera un dólar o un millón, la situación debe manejarse de la misma manera, le decía. Si bajas la guardia, alguien se va a aprovechar de ti, te estafan o te ven la cara. Él había bajado la guardia y el tipo había tratado de aprovecharse de él.

Marco había preparado algunos cigarrillos de cocaína pura mientras hablaba. Aparentemente perdiendo interés en el tema, le mencionó un pequeño restaurante cerca del centro. Era pleno verano y hacia un calor insoportable en Ojinaga. Fueron al lugar y ordenaron un par de sodas de cereza y lima.

Un día, Becky le preguntó a Marco si no sentía a veces remordimiento o tenía pesadillas a causa de los asesinatos que había cometido.

—No —dijo—. Ellos tenían que morir.

—¿Y cómo puedes vivir en paz contigo mismo? Quiero decir, sabiendo que has dejado familias sin esposo y has dejado a muchachos fuera del ciclo de la vida. ¿Cómo te sientes al respecto? ¿Algunas vez piensas en eso?

—No.

—¿Nunca tienes sueños acerca de ello?

—No, en realidad no —respondió Marco—. Ellos tenían que morir.

XV

JULIO DE 1985

El ritmo que Pablo imponía a sus operaciones era verdaderamente frenético. Su propia vida se caracterizaba por una actividad incesante. El y sus colaboradores en ocasiones se pasaban hasta dos o tres días sin dormir atendiendo los diversos asuntos del tráfico de drogas: como obtener heroína, mariguana, cocaína; llevarla hasta la frontera; hacer los arreglos con los clientes; y transportarla con seguridad hasta el otro lado del río. Después había que atender las actividades adyacentes, como arreglar lo del robo de vehículos y aeronaves y su conducción hasta Ojinaga; solucionar los problemas de producción de algunos de los plantíos de mariguana, mantener relaciones con la autoridad y un sinnúmero de tareas más que planteaban severas exigencias en el horario de Pablo.

La primera semana de julio de 1985 fue típica de la vida que llevaban los narcotraficantes de Ojinaga.

Sucede que Becky se encontraba en Ojinaga preparándose para realizar una entrega más de droga. Pablo acudió a su habitación en el motel con el fin de hablarle acerca de unos negocios de los cuales quería que ella se encargara en Carlsbad, Nuevo México. Se suponía que iban a llegar dos pilotos norteamericanos de Albuquerque a hablar con él acerca de técnicas para transportar por aire cargamentos de mariguana. Pablo quería que ella los condujese hasta Ojinaga y los hospedase en un motel hasta que él pudiera entrevistarse con ellos.

Y mientras ella se encontrase en Carlsbad, Pablo le quería encomendar otra tarea: quería que le ayudase a conseguir un avión. Lo necesitaba "dentro de una semana". El no le explicó el motivo, pero ella estaba al tanto de la situación. Quería que Becky hiciera el pedido de la aeronave con Sal Torres. Pablo nunca usaba la palabra "robo", pero ésa era siempre la implicación. El casi nunca compraba nada, al menos no a su dueño legal. Simplemente mandaba a alguien a robar lo que necesitaba y luego le pagaba al autor del robo, por lo general con heroína o mariguana. Pablo quería que Becky le ayudara a hacer los arreglos y que luego estuviese en Ojinaga cuando llegara el avión.

Al igual que Sammy García, Sal Torres era un amigo de los Acosta desde los días en que Pablo se dedicaba a la construcción y la reparación de techos, y en ese entonces era un distribuidor de heroína que administraba un taller de hojalatería en Seagraves, pequeño poblado agrícola de Texas, aproximadamente a una hora de camino al este de Hobbs, Nuevo México.

—¿Qué clase de avión quieres? —le preguntó Becky.

—Un bimotor pequeño —le dijo Pablo.

—¿Algún modelo en especial?

—Eso no importa, mientras sea bimotor.

Como en el caso de los automóviles, también se robaban aviones con regularidad en los Estados Unidos, para luego intercambiarlos en México por droga. Algunos eran robados con lujo de audacia. Como cuando Torres entró en el hangar del Parque Aéreo Industrial de Hobbs y se apoderó de un Cessna 182. Para ese robo en particular, Torres llevó consigo una navaja y un juego de letras y números adheribles para cubrir el registro norteamericano de la cola con una identificación mexicana falsa. Luego, él y un piloto lo volaron hasta Ojinaga donde lo entregaron a la organización de Pablo. Más tarde, el avión fue usado para transportar cargamentos de mariguana.

En otras ocasiones, los robos eran parte de una maniobra contra las aseguradoras: el avión desaparecía a sabiendas del propietario. Este llenaba un informe manifestando la pérdida, cobraba la suma asegurada y luego recibía una comisión una vez que el "ladrón" había recibido el pago correspondiente por llevar el avión a México.

Tan pronto como entregó al cliente el cargamento de mariguana que llevaba dentro del tanque de propano y regresó a Carlsbad, Becky se comunicó con Torres y le dijo lo que Pablo quería. Ella no estaba autorizada para negociar el precio, le comentó. Torres tenía que acudir a México y tratarlo directamente con Pablo. Luego se puso en contacto con los pilotos en Albuquerque y les dijo que Pablo pensaba reunirse con ellos. Un abogado conocido de Becky se había encargado de presentarla con los aviadores en uno de sus recientes acarreos de droga a Albuquerque. Los hombres, Charlie y Red, habían sido miembros de la llamada Fuerza Aérea Columbus, una famosa organización dedicada al contrabando aéreo. Vieron una buena oportunidad de hacer negocio cuando supieron que Becky trabajaba para Pablo Acosta, el famoso narcotraficante de Ojinaga. Cuando Becky le comentó a Pablo días más tarde de su encuentro con dos integrantes de la Fuerza Aérea Columbus, él se mostró interesado.

Pablo, que siempre andaba a la búsqueda de pilotos dignos de confianza, había oído hablar del equipo de contrabando yanqui, un grupo de pilotos norteamericanos especializados en cargamentos de droga que habían tomado el nombre del pequeño pueblo fronterizo de Columbus, Nuevo México, donde durante algún tiempo habían tenido sus hangares e instalaciones. Estos jockeys del aire, algunos de los cuales habían acumulado horas de vuelo en Vietnam, amén de cierto cinismo, aseguraban poder despegar y aterrizar lo que fuera con los ojos vendados; contaban con una fuerza aérea privada que incluía aviones de la Segunda Guerra Mundial y tenían la reputación de hacer lo que fuese siempre y cuando se les pagara lo que pedían. Hacia 1985, la organización había mermado bastante debido a fallecimientos, arrestos y accidentes. Pero algunos pilotos, entre ellos Red y Charlie, aún trabajaban por su cuenta, apoyándose en su conexión con la antigua Fuerza Aérea Columbus.

Becky llevó a los pilotos al pueblo fronterizo el 3 de julio a una velocidad propia para dislocarles el cuello. Se registraron en el motel Ojinaga y una vez instalados Marco acudió a su habitación y les dijo que era probable que Pablo Acosta los viera al día siguiente. Le preguntaron a Marco si tenía un poco de mariguana, y una hora más tarde éste regresó con un paquetito de treinta gramos.

Charlie y Red acabaron esperando durante varios días. Durante esa primera semana de julio, simplemente había demasiados asuntos que atender y nadie parecía tener tiempo para ellos. Entre otras cosas, Pablo estaba organizando una fiesta de despedida para el comandante saliente de la Dirección Federal de Seguridad, dependiente de la Secretaría de Gobernación, evento programado para la noche siguiente. Estaba por llegar de Colombia un cargamento de cocaína. Luego, Marco y Becky tenían que ir hacia las montañas a escoltar un embarque de mariguana procedente de la ciudad de Chihuahua. También se esperaba el arribo del avión robado.

Justo antes del amanecer, a la mañana siguiente de que Red y Charlie llegaran a Ojinaga, el bimotor robado aterrizaba en el aeropuerto de Ojinaga, al mando de un piloto norteamericano, quien a su vez iba acompañado de otros dos hombres. Marco y Becky, junto con una multitud de pistoleros, habían estado esperando en cuatro Broncos en uno de los extremos de la pista de tierra, fumando cocaína pura. Tan pronto como el avión se detuvo al final de la pista, las cuatro Broncos se dirigieron hacia él, rodeándolo, Todo el mundo se bajó con el habitual despliegue de armas.

Tres soldados armados montaban guardia en una pequeña guarnición de hormigón. Ignoraron a los narcotraficantes y éstos a su vez ignoraron a los soldados. Marco y Becky condujeron al piloto y a sus acompañantes a un motel y ahí los dejaron. Alguien se encargaría de llevarlos de regreso a los Estados Unidos ese mismo día. De ahí se dirigieron a decirle a Pablo que el avión había llegado.

Para entonces el sol ya estaba saliendo, y Marco y Becky no tenían más remedio que permanecer despiertos: un cargamento de doscientos cincuenta kilos de mariguana venía procedente de la ciudad de Chihuahua a través de las montañas. Pero primero condujeron río abajo hacia El Mulato a fin de recoger a Tito, un comprador habitual de Odessa. Tito, hombre delgado, de edad madura, cabello cano, tez oscura y ojos hundidos, que hacía muchos negocios con Marco, había cruzado el río Bravo en un bote de remos muy temprano esa mañana y estaba esperándolos junto a la embarcación para que lo recogieran; planeaba llevar la droga de regreso al río ese mismo día y personalmente pasarla al otro lado, donde tenía oculto un vehículo de carga.

Era la acostumbrada caravana de Broncos robada. Se dirigieron hacia el sur de Ojinaga, lo que les tornó aproximadamente una hora, se detuvieron en una casa tipo hacienda, donde dejaron a Tito, y prosiguieron hacia el sur para cumplir con la cita en las montañas. Uno de los hermanos de Marco y otros pistoleros conducían el cargamento en un camión de una tonelada, y dos hombres más los seguían a bordo de un jeep a fin de brindarles protección.

La noche anterior Marco había telefoneado a la ciudad de Chihuahua para averiguar la hora a la que los hombres iban a salir, y que él y Becky supieran a qué hora tenían que llegar.

Con frecuencia los cargamentos de mariguana llegaban directamente por la carretera que conectaba a la ciudad de Chihuahua con Ojinaga, cuando no eran enviados por aire. Pero en ocasiones los narcotraficantes de Ojinaga consideraban más prudente transportar la droga por las carreteras del desierto y las montañas, casi siempre con el fin de burlar a las autoridades implicadas en el asunto de la protección. La cuota que Pablo pagaba por la plaza se basaba en el volumen. Mientras mayor fuese la cantidad de droga que Pablo y la gente bajo su tutela moviesen, más fuertes eran las cantidades de dinero que tenían que pagar. Por lo tanto, los narcotraficantes concebían métodos ingeniosos para llevar su mercancía hasta la frontera sin que nadie se diese por enterado. Mientras tanto, las autoridades confiaban. en los soplones para mantenerse al tanto de los movimientos de droga. Era un jugar constante al gato y al ratón.

Por ejemplo, en una ocasión, ya entrada la noche, Pablo se llevó a una docena de hombres para que escoltaran una voluminosa carga de mariguana y heroína que venía por las montañas. La caravana llegó hasta un lecho de río seco en algún punto de las montañas al sur de Ojinaga y fue detenida por un pequeño grupo de hombres armados que amablemente les mostraron sus credenciales de agentes de la policía federal mexicana. De alguna manera los federales se habían enterado del cargamento de Pablo, así como de la ruta por la cual pensaban hacerla llegar a Ojinaga. "Nos dijeron que tenían que decomisar el cargamento. Que sabían que iba a venir y que no nos iban a dejar ir con él", Becky recuerda.

De haberse suscitado un enfrentamiento los federales hubieran acabado hechos trizas. Eran muchos menos que los narcotraficantes y no había forma de que pudieran hacerles frente, pero Becky pronto se dio cuenta de que nadie tenía intenciones de armar un zafarrancho. Pablo, Marco y los federales estaban barbullando en un pequeño círculo frente a uno de los vehículos, a la luz de los faros. Pablo señaló en dirección a una camioneta de color amarillo que conducía uno de sus pistoleros. Becky vio una multitud de cabezas asintiendo. Entonces observó cómo el pistolero de Pablo se apeaba de la camioneta y dos de los agentes mexicanos la abordaban y la ponían en marcha. El resto de los agentes le dieron indicaciones a la caravana de que prosiguiera.

Becky se dio cuenta más tarde de que Pablo había llevado la camioneta a propósito, pues sabía que podía haber un intento de interceptar el cargamento. La camioneta había sido robada en los Estados Unidos y llevada a Ojinaga tan sólo unos días antes de la excursión a la montaña. El vehículo había sido llevado en calidad de tributo.

Becky sabía que ese tipo de vehículos robados difícilmente le costaba algo a Pablo. A lo máximo daba al ladrón diez gramos de heroína sin rebajar, lo que para Pablo tal vez representaba unos quinientos dólares. El ladrón rebajaba la heroína, generalmente con leche en polvo con sabor a chocolate, y la vendía en las calles de Odessa, Hobbs, Albuquerque u Oklahoma, obteniendo por ella entre cinco y seis mil dólares.

Esta vez, Marco y Becky no encontraron ningún impedimento por parte de los agentes federales mexicanos. Esperaron en un valle estrecho rodeado de pardas montañas, y después de una hora se oyó el motor de la camioneta que descendía por el camino de tierra de la montaña con el jeep siguiéndola muy de cerca. La camioneta era un pick-up grande con costados de madera que traqueteaban con el movimiento. La mariguana venía acomodada en fardos bajo una lona. La caravana, con la Bronco de Marco y Becky a la cabeza, avanzó por las montañas hasta el rancho donde Tito los estaba esperando. Este inspeccionó la mariguana cuidadosamente, percibiendo su aroma, palpándola entre los dedos y finalmente haciendo un carrujo y encendiéndolo; luego dio su aprobación. Condujeron hacia el río, dejando a Tito y la mercancía en El Mulato. Una vez en sus manos, la droga era responsabilidad de Tito.

Para cuando regresaron a Ojinaga de El Mulato, ya era casi la tarde del 4 de julio y llevaban dos días sin dormir en el incesante cúmulo de actividades. Al llegar a su habitación del hotel Rohana, cayeron totalmente rendidos.

Becky pudo haber dormido durante dieciséis horas seguidas, pero a eso de las nueve o las diez de la noche la despertó el ruido que provenía de una fiesta que estaban celebrando en el cobertizo para automóviles al otro lado de su cuarto. Además, Pedro Ramírez Acosta, sobrino de Pablo, acudía con frecuencia a sacar cocaína de un escondite que ella y Marco tenían en el tocador. En algún momento ella se levantó para ir por emparedados para ella y para Marco, tomándolos de la parrilla que se había instalado en el estacionamiento.

Becky vio a Pablo que conversaba con el extrovertido comandante. Vio también a un hermano de Marco y más de una docena de personas que de alguna u otra manera se encontraban ligadas a la organización de Pablo, amontonadas alrededor de unas cuantas mesas que se habían preparado para el evento. No había mariachis tocando, pero alguien había sintonizado la radio en una estación local y de ella provenía música norteña a alto volumen. Si alguno de los propietarios del hotel se sentía molesto por el escándalo de la fiesta, nadie acudió a quejarse: todos los asistentes estaban armados con rifles de asalto y pistolas automáticas.

De hecho, uno de los pistoleros sostenía un AR-15 en posición horizontal a la altura del pecho. En el canto del cargador estriado había líneas blancas, y alguien se encontraba frente al pistolero aspirando las líneas directamente del cargador. Era

un estilo de aspirar la droga que los jactanciosos narcotraficantes tenían por "muy macho". Todos los demás estaban
fumando la cocaína pura que Pedro Ramírez Acosta preparaba a partir de la que obtenía del cuarto de Becky. Ella
permaneció ahí el tiempo suficiente para preparar los emparedados y luego se fue con paso vacilante de regreso a su cuarto.

Ella y Marco durmieron hasta el medio día siguiente. Pedro los despertó pidiéndoles más cocaína para Pablo. Pablo
estaba por levantarse, Pedro comentó, y se podría molestar si
veía que no había cocaína preparada para él. Mientras Marco
le daba un poco de cocaína en una bolsita de plástico, le preguntó cuál era la causa de todo el escándalo de la noche anterior.
Pedro le dijo que el comandante de la DFS se iba del pueblo y
Pablo le había organizado una fiesta de despedida. Marco sabía de antemano pero se le había olvidado por completo. Y
habría asistido de no haber llegado a los límites de su capacidad por el agitado ritmo de actividades.

Becky nunca había hablado mucho con el comandante, pero
él siempre parecía estar con los narcotraficantes. Era un tipo
rollizo, alto y agradable y cada vez que Becky lo veía tenía
una cerveza en la mano. Siempre se había mostrado exagera-
damente cortés con ella, aunque su conversación nunca fue
más allá del intercambio elemental de saludos:

—¿Cómo le va señorita?

—Muy bien, comandante, ¿Y a usted?

La Dirección Federal de Seguridad o DFS era una fuerza
policiaca de carácter político interno que fue creada en México poco después de la Segunda Guerra Mundial como parte
de la poderosa Secretaría de Gobernación. Durante varias
décadas la agencia se encargó de vigilar a todo aquel que tuviera ideas políticas contrarias al gobierno; a fines de los años
sesenta y durante los años setenta, ayudó a sofocar varios
movimientos de guerrilla urbana y rural tanto en el norte como
en el sur.

Los Estados Unidos empezaron a sospechar que la DFS se
estaba involucrando en actividades delictivas desde principios de los años setenta. Escudándose en sus credenciales
oficiales, los agentes se dedicaban a escoltar cargamentos de

droga a su paso por México, así como a proporcionar otro tipo de servicios, e incluso a vender frecuentemente narcóticos decomisados a las organizaciones favorecidas. Estudios de inteligencia realizados posteriormente revelaron que la DFS había emprendido un ambicioso proyecto de organización de la protección a escala nacional que uniera a la mayor parte posible de la nación bajo un solo sistema.

Como en el caso de los puestos en la policía judicial federal, en ocasiones los delincuentes lograban mediante soborno infiltrarse a las filas de la agencia, y luego valerse de sus cargos para involucrarse en actividades criminales.

Más tarde, algunos agentes de la DFS serían acusados de controlar operativos de robo de autos que actuaban sobre todo al sudoeste de los Estados Unidos. En mayo de 1981, un gran jurado norteamericano en San Diego acusó al entonces director de esa agencia del delito de robo de automóviles. Fue arrestado en San Diego, pero desapareció después de depositar una fianza de doscientos mil dólares. El director de la DFS supuestamente vendía credenciales de esa agencia a poderosos narcotraficantes de Guadalajara que más tarde participaron en el asesinato de Enrique Camarena Salazar, el agente de la DEA que fue secuestrado y asesinado en Guadalajara en febrero de 1985.

El jefe de la agencia fue despedido meses después de haberse suscitado ese asesinato, junto con varios cientos de agentes más. La DFS fue reorganizada y se asignó el nuevo nombre de Dirección General [Centro] de Investigación y Seguridad Nacional [CISN]. Pero antes de que el año finalizara, algunos narcotraficantes, entre los que figuraban Pablo e Ismael Espudo, ex comisionado del condado de Culberson, portaban credenciales ostentando el nombre de la nueva organización,

El Servicio de Aduanas de los Estados Unidos se enteró más tarde, por un informante, de la fiesta de despedida dada en honor del comandante de la DFS

En una entrevista posterior con los contactos norteamericanos, la fuente de información dijo que Pablo y el comandante empezaron a ver quién de los dos caía primero bebiendo tequila y fumando cocaína. Pablo reservó un cuarto para el oficial federal en el hotel Rohana y lo acondicionó lleno de sorpresas: había mandado a alguien a la zona de tolerancia a que trajera a tres de las prostitutas más atractivas, a las cuales les pidió que se escondieran en la habitación. Con una amplia sonrisa, Pablo escoltó a su huésped de honor hasta el cuarto y le abrió la puerta. Si el dignatario federal difícilmente podía mantenerse en pie camino al cuarto, su equilibrio resultó mucho menos estable cuando finalmente despertó,

El informante (qué más tarde pasó las pruebas oficiales de polígrafo) refirió al Servicio de Aduanas estadounidense y a la DEA que las despedidas entre el comandante y Pablo Acosta no concluyeron en la puerta de la habitación del hotel. Ya muy entrada la noche, los dos hombres llegaron tambaleantes. hasta la pista de despegue. Un bimotor estaba esperando con los propulsores encendidos para llevar al comandante a la ciudad de México. Pablo lo despidió al pie del avión, que posiblemente era el mismo que había sido robado de los Estados Unidos por orden de Becky, después de darle un reloj de oro e intercambiar con él cálidos abrazos. El comandante abordó la aeronave con una "enorme, avejentada y estúpida sonrisa en el rostro", comentó el informante.

Hacia los últimos días de la primera semana de julio, dos días después de la fiesta de despedida, Pablo finalmente logró ver a Charlie y Red, los dos pilotos de la Fuerza Aérea Columbus. Red era un hombre alto y corpulento, pelirrojo, con bigote y barba. Charlie era delgado y con atractivos rasgos italianos. A mediodía, Marco y Becky pasaron al motel y los dos pilotos subieron a la parte posterior del vehículo. Enfilaron hacia la Casa Chávez, la bodega donde Pablo almacenaba la droga.

La construcción de adobe estaba llena de los pistoleros de Pablo. Bastó un chasquido de dedos para que todos los hombres se incorporaran. Estaban armados con rifles AR-15, AK-47, Uzis, pistolas calibre 45 y cuchillos. Su grupo de pistoleros sabía exactamente qué hacer en el momento en que alguien empuñara un arma. Tirar a matar en caso necesario. El resto del tiempo se suponía que debían mantener los ojos abiertos y la boca cerrada, y dirigir miradas de fría hostilidad cuando anduviesen extraños por ahí, algo que hacían sin que nadie se los estuviese recordando.

En el camino a Ojinaga, Becky había sondeado a los pilotos para averiguar los precios que tenían en mente y entonces pasarle la información a Pablo. Otros narcotraficantes les habían estado pagando diez mil dólares por cargamento, pero pensaban que podían obtener cuarenta mil con Pablo. Los pilotos habían concebido todo un plan para justificarla cantidad: volarían los quinientos kilos de mariguana en un bimotor hasta Nuevo México. Prometían contribuir con la tripulación de tierra en México para cargar la mercancía, y otra tripulación en Nuevo México para descargarla, así como un lugar de almacenamiento en algún punto de las montañas al sudoeste de Nuevo México y ahí conservarla hasta que Pablo enviase a alguien por ella. Incluso podrían entregar la mercancía a su destino final mediante el pago de una cuota adicional. También querían que el pago fuese en droga y no en efectivo.

Antes de hacerlos pasar, Pablo había hecho los preparativos que a su juicio correspondían a un zar de la droga de su envergadura.

Se encontraba sentado en la orilla de una estrecha cama en la estancia y tenía un AR-15 junto a él, con el cañón apuntando hacia adelante. Tenía metidos los pantalones en las botas a fin de que sobresaliera de una de ellas el mango de un cuchillo, mientras que en la otra asomaba la cacha de una pistola. Se veía justo como el hombre que era: un auténtico y despiadado bandido mexicano que controlaba el hampa a lo largo de un considerable trecho de la frontera México-Estados Unidos

Se requería de mucho para acobardar a un par de experimentados pilotos como Red y Charlie, especializados en contrabando de droga. El peligro constante los hacía ser tan arrogantes como los ases combatientes de la Primera Guerra Mundial. Hubo un tiempo en que en diversos puntos del norte de México cada mes se estrellaban un promedio de veinte avionetas cargadas de droga Generalmente esto sucedía debido a la codicia de los pilotos o de los compradores que sobrecargaban las aeronaves, o a que los pilotos trataban de volar durante periodos prolongados con el auxilio de anfetaminas o cocaína. Incluso aspirar el olor concentrado de un cargamento de mariguana podía ser fatal.

El área de Ojinaga había tenido su parte de accidentes. En una ocasión un avión se estrelló e incendió en un rancho al este de El Mulato. La aeronave llevaba suficiente combustible para volar sin escalas hasta Michigan, su punto de destino. Pero el campo resultaba peligroso debido a lo corto de la pista y a las elevadas colinas que circundaban el lugar. En esa ocasión, el avión también iba sobrecargado de mariguana. Cuando el piloto hizo un ascenso pronunciado para librar la colina, los fardos se movieron. Esto hizo que el avión perdiera velocidad y el piloto y el cargamento se fueron de picada contra la arena del desierto. No hubo mucho que enterrar, pero lo poco que quedó del piloto pasó a reunirse con otros que también habían fallado en su intento. Ese rancho en particular pertenecía a uno de los primos de Manuel Carrasco y se decía que en su perímetro se encontraban las tumbas de cinco o seis pilotos norteamericanos. Normalmente, los narcotraficantes mexicanos trataban de comunicarse con los parientes del piloto muerto, siempre y cuando hubiese algún tipo de documentación disponible. Pero lo habitual era que no hubiera ninguna, y entonces se procedía a enterrar los restos y a poner una cruz con el nombre que el piloto había usado, casi siempre un solo nombre, sin apellidos, en caso de que alguien acudiese a preguntar acerca de un pariente desaparecido.

Tratando de impresionar a Pablo, los pilotos hablaron acerca de sus años de vuelo con la Fuerza Aérea Columbus y lo entretuvieron hablándole de sus proezas. Red era el que hablaba la mayor parte del tiempo. Le describió su avión y fue exponiéndole los detalles técnicos acerca de la capacidad de carga útil, alcance, la clase de pista que necesitaba, sus servicios de descarga, almacenamiento y acarreo una vez que la droga llegase a los Estados Unidos, y otros aspectos más. Le habló de una pista secreta de aterrizaje en las montañas del sudoeste de Nuevo México.

A excepción de su descuidado aspecto de hippies y las referencias que hacían a la mota, los pilotos bien podían haber sido un par de agentes de ventas de alto nivel exponiendo las ventajas de una compañía aérea de transporte. Pablo hacía muchas preguntas, se reía de algunas de las anécdotas y procedía a referirles algunas de las que él había tenido. Pero una vez que llegaron al punto del regateo, las sonrisas se desvanecieron. Cuando Red le mencionó los cuarenta mil dólares de tarifa por toda la operación, Pablo hizo como que era la primera vez que escuchaba esa cantidad. Sacudió la cabeza. Su intención era darles diez mil dólares por cargamento. Por experiencia, Becky sabía cómo operaba Pablo: cuando los compradores de droga acudían a él por primera vez, generalmente elevaba el precio al doble del que le asignaba a los demás. Cuando se daba cuenta de que sabían lo que estaban haciendo y tenían buenos contactos del lado norteamericano para desplazar la droga, empezaba a bajar el precio. Becky se imaginaba que Pablo iba a usar el mismo método con estos pilotos. Los pondría a prueba durante un par de cargamentos y si en realidad hacían todo cuanto decían que podían hacer, entonces les daría cuarenta mil dólares por cargamento. Pero no antes.

Sin embargo, los pilotos siguieron insistiendo y poniendo muy en alto su conexión con la Fuerza Aérea Columbus.

"Eso me da lo mismo —dijo Pablo—. Tengo elementos que no pertenecen a ninguna fuerza aérea y sin embargo me hacen buenos trabajos. Y ellos no me cobran lo que ustedes pretenden."

Empezó el estira y afloja. Pablo les insinuó que les pagaría más después de haberlos puesto a prueba. Finalmente acabó por cruzarse de brazos y mirarlos con frialdad. Becky se dio cuenta de que los pilotos se estaban desanimando. Se inclinó un poco y dijo: "Si tan sólo lo escuchan y dejan de interrumpirlo, entenderán lo que les quiere decir".

El pelirrojo replicó, sin siquiera dirigirle una mirada: "No necesitamos que ninguna mujer intervenga en nuestros negocios".

Fue un error decir eso. Marco frunció el entrecejo, y Pablo se incorporó y dijo: "Si tuviera que decidir entre escucharte a ti y a ella, me inclinaría mil veces por ella". Se fue a la cocina y regresó a la estancia con un cigarrillo preparado con cocaína entre los labios. Entonces les dijo: "Lo discutiremos en otra ocasión. Ya los mandaré llamar".

Se dejo oír un traqueteo de armas a su espalda. Los pilotos se incorporaron y cruzaron la puerta en dirección al automóvil. Se acomodaron en el asiento posterior. Marco y Becky se subieron adelante para llevarlos de regreso al motel.

Becky se volvió en el asiento del pasajero mientras Marco avanzaba por la calle de tierra y tomaba la carretera a Camargo para dirigirse hacia el centro.

"Comprendan su posición —dijo ella—. Se trata de un hombre sumamente poderoso en su propio territorio. Nunca los había visto antes. Y no estoy segura de que le hayan causado una buena impresión por la forma en que me trataron delante de él. Se dio cuenta de que no me tienen respeto y yo fui quien los presentó con él. No pueden hacer eso."

Red dijo: "Vamos, tú nos lo describiste como si fuera dueño de todo el norte de México. Y no es más que un insignificante hampón fronterizo. Y nosotros no venimos aquí a jugar juegos de niños".

Marco había permanecido callado todo el tiempo. Pero en ese momento se inclinó hacia adelante, contra el volante, y llevando la mano hacia su espalda extrajo la 45 automática de su cinturón. La colocó sobre el asiento a la vista de los dos hombres y puso su mano sobre ella. Pudieron ver el tamborileo de sus dedos sobre la superficie niquelada próxima al gatillo.

Becky se volvió, y entornando los ojos les dijo con una dulzura exagerada: "Nosotros tampoco jugamos juegos de niños"

Nadie dijo una palabra más durante el resto del trayecto al motel. Una vez ahí, Marco y Becky siguieron a los pilotos escaleras arriba

Marco todavía llevaba en la mano la pistola y Becky esperaba que no fuera a cometer una estupidez. Con la pistola en manos de Marco, parecía como si llevasen a un par de rehenes; pero en realidad iban subiendo las escaleras hasta la habitación del motel contigua a la de los pilotos, la cual Becky había reservado esa mañana.

Se separaron en el descanso de las escaleras. Los pilotos no quitaban la vista del arma de Marco. "Los veo más tarde", Becky les dijo alegremente.

Una vez que llegaron al cuarto, Marco explotó. Agarró una

silla que estaba junto al tocador y la estrelló contra la pared. Apuntó la pistola hacia el muro, como si estuviera decidido a disparar.

—Nadie se sale con la suya después de habla de esa forma —gritó.

Becky trató de calmarlo: —¿Por qué te incomodas tanto? No son más que un par de mal nacidos que piensan que pueden lograr todo al hacer alarde de sus conexiones en la Fuerza Aérea Columbus. A Pablo no le importa eso así estuvieran ellos en la Fuerza Aérea norteamericana. Y van a tener que hacerlo a su manera si es que quieren tener negocios con él.

Finalmente Marco llamó a Pablo a Casa Chávez, y le contó de la conversación que habían tenido,

Pablo le dijo: —No vamos a jugar juegos de niños, Voy a dejarlos que lleven una carga por diez mil dólares, pero sólo les voy a pagar cinco mil. Luego van a tener que transportar otra carga por diez mil dólares, y también les pagaré cinco mil. A la tercera carga que tomen, si es que aún están dispuestos a seguir trabajando para mí, les pagaré cuarenta mil dólares más los diez mil que les debo. —¿Cuándo quieres volver a verlos? —preguntó Marco. —Diles que en cuatro o cinco días. Hazlos esperar. Más tarde, ese día, Becky acudió sola a hablar con Red y Charlie. Acabaron por acceder a los términos de Pablo.

XVI

CRUZANDO EL RÍO

Marco y Becky conocían el cruce de Lomas de Arena como la palma de su mano. Se trataba de una ruta relativamente segura, situada a unos ochenta kilómetros río arriba de Ojinaga, y era uno de los muchos cruces del río Bravo que Pablo había usado a lo largo de los años para pasar cargamentos de droga. Tomaba de tres a cuatro horas llegar hasta Lomas de Arena a lo largo de un estrecho camino de tierra que serpenteaba por las bajas y áridas montañas. Del lado norteamericano, un ranchero había levantado una cerca con una puerta. La gente de Pablo tenía la llave, así como las llaves de todas las demás puertas pertenecientes a una multitud de ranchos ubicados en las montañas, entre el río y la Interestatal 10, que miles de camiones, automóviles, camionetas, remolques casas rodantes y motocicletas cruzaban todos los días.

El cruce tomaba su nombre de la cercana población de Lomas de Arena, un caserío agrícola expuesto a los candentes rayos del sol, y que constaba de unas cuantas chozas de adobe, sin agua corriente o electricidad y que debido a su aislamiento había resultado de una gran importancia estratégica para Pablo. El poblado estaba enclavado en una baja colina arenosa, aproximadamente un kilómetro al sur del río. Uno de los habitantes del lugar se hizo de buen dinero al almacenar tambos de cincuenta y cinco galones de gasolina para Pablo en una barraca contigua a su casa. Cuando la reserva de combustible disminuía, Pablo enviaba por camioneta nuevos tambos y los que quedaban vacíos se llevaban de regreso a Ojinaga.

El cruce siempre había sido importante en la organización de Pablo para el contrabando de narcóticos. Pero en 1985, Pablo también empezó a usarlo para introducir armas a México. Durante varios años, los acarreadores simplemente conducían las armas y municiones a México cruzando el puente internacional entre Presidio y Ojinaga. Los norteamericanos jamás revisaban los vehículos que salían de Estados Unidos hacia México, y los oficiales mexicanos de aduanas incluidos en la nómina de Pablo simplemente se hacían de la vista gorda cuando el armamento y parque para Pablo cruzaban la frontera.

Pero entonces tuvieron lugar los acontecimientos de 1985 que pusieron fin al descarado tráfico de armas por el puente internacional. Amado Carrillo Fuentes, uno de los socios de Pablo en Guadalajara, fue detenido en el lado norteamericano del puente cuando traía hacia México un rifle AR-15. Era ése el resultado de una política, iniciada sin explicación o advertencia, de revisar los vehículos que se dirigían hacia el sur. Justo antes de que dieran inicio dichas inspecciones, uno de los acarreadores de Becky cometió una torpeza del lado mexicano cuando, en estado de ebriedad, se trenzó a tiros con un inspector aduanal mexicano. Se suponía que "Jimmy" debía pasar un cargamento de armas, y la justa cantidad de dinero ya se había depositado en el número adecuado de manos. Lo que nadie había previsto era que Jimmy se emborrachara con tequila antes de dirigirse hacia México. Se mostró insolente con un joven oficial mexicano de aduanas que insistía en echar un vistazo a su camioneta. El oficial siguió insistiendo hasta que el bocón lo mandó a joder a su madre. Desenfundaron y empezaron a dispararse entre sí, aun cuando el puente estaba muy concurrido por el tráfico de la tarde. Milagrosamente, salieron ilesos los dos contrincantes, aunque sí hubo un gran griterío y multitud de personas que se tiraron al suelo para cubrirse.

Los norteamericanos dejaron libre a Amado Carrillo Fuentes, pero se quedaron con el AR-15. Los mexicanos dejaron ir a Jimmy cuando Marco llegó al lugar de los hechos para apaciguar los ánimos y evitar que decomisaran las armas. Pablo pagó una gran cantidad de dinero por librarlos de la acción de la ley y eso lo tenía muy molesto.

"Es difícil hallar buenos colaboradores", Becky dijo a Pablo, apenada por la conducta de su acarreador.

Aunque implicaba recorrer un camino más largo, el cruce de Lomas de Arena presentaba menos problemas para el tráfico de armas. Y el hecho de realizar el viaje hasta ese lugar generalmente era una oportunidad bien recibida por todo el mundo para salir de la candente temperatura de Ojinaga y darse un chapuzón en el río. Siempre que Becky tenía que traer a México armas, municiones o cualquier otra cosa, llamaba a Pablo o a Marco con anticipación para notificarles su llegada. Le tomaba exactamente cuatro horas realizar el viaje, y para cuando llegaba a la orilla del río ya alguien la estaba esperando. En ocasiones tanto Marco como Pablo se hallaban ahí. Y cuando no podían acudir personalmente, siempre enviaban a alguien para que la escoltase de regreso a Ojinaga.

También usaban el cruce de Lomas de Arena para pasar una gran cantidad de droga. Los caminos eran de lo más accidentado, una llanta ponchada era el mayor inconveniente que jamás podía pasarle a alguien. Pero entonces un día, en agosto de 1985, desapareció una camioneta que había cruzado en Lomas de Arena con un cargamento de trescientos kilos de mariguana, lo que originó una misión de búsqueda y rescate por parte de un destacamento de narcotraficantes.

Un comprador de Nuevo México quería que le fuesen entregados trescientos cincuenta kilos de mariguana en una casa de tipo hacienda a las afueras de Hobbs. La carga debía ser transportada en un camión de frutas, donde iría oculta en un compartimiento bajo una tonelada de melones de Chihuahua. Sin embargo, todos los acarreadores experimentados de Pablo se encontraban en ese momento ocupados y por una u otra razón no se encontraba ninguno disponible.

"Búscame alguien que pueda llevar esta carga", Pablo le dijo a su hosco sobrino, Pedro Ramírez Acosta, una vez que el comprador se fue.

Pedro regresó con dos trabajadores del área de San Carlos. Uno de ellos tenía el cabello castaño claro y pecas, el otro era moreno y con el pelo y los ojos de color negro intenso. Ambos eran delgados como espigas debido al trabajo de campo y a la frugal dieta del campesino, compuesta de tortillas, frijoles y chile. Al igual que la mayoría de los hombres adultos de la región, habían trabajado ilegalmente por temporadas en los Estados Unidos y estaban más o menos familiarizados con la zona oeste de Texas y Nuevo México y la ruta que tendrían que tomar en cuanto llegasen a Van Horn. El tipo pecoso ya en alguna ocasión había conducido un cargamento de mariguana para otra persona en Odessa, demostrándole a Pablo que cuando menos tenía agallas. Estaban ansiosos de trabajar para un famoso mafioso como Pablo Acosta, y todavía más ansiosos de recibir el dinero que les aportarían dos días de manejo, más de lo que podrían hacer durante un año de desgastante labor en los campos.

Procedieron a cargar el vehículo en Casa Chávez bajo la inclemente temperatura de una tarde de agosto. Recargado sobre uno de los muros, a la sombra, Pablo se ocupaba de gritar órdenes a los dos campesinos y a varios trabajadores de la bodega que habían sido asignados para ayudar a cargar la camioneta. Como siempre, Marco, Becky, Pedro y algunos de los hermanos de Marco acompañaban a Pablo.

Los dos braceros rápidamente colocaron los fardos de mariguana en un compartimiento falso que había en la plataforma, luego cargaron una tonelada de melones de dulce aroma entre las redilas del vehículo. De vez en cuando echaban una mirada a los narcotraficantes, observando con envidia las ametralladoras que se hallaban apoyadas contra la pared, así como las 45 automáticas que llevaban metidas al cinto. Incluso la gringa, Becky, contaba con su propio arsenal.

Terminaron de cargar ya avanzada la tarde. Marco les dio algo de dinero para gastos, las debidas instrucciones y la cuota estándar para los acarreadores de droga: una ración de 35 gramos de mariguana en una bolsita, lo que más tarde habría de resultar un error. Pronto se encontraban por los canales de irrigación y el camino de tierra que llevaba aguas arriba hasta Lomas de Arena. Dos pistoleros los seguían en otro vehículo para asegurarse de que llegaran al cruce sin ningún problema. Para cuando llegasen al lugar, ya habría anochecido y podrían cruzar fácilmente a los Estados Unidos.

Una vez que llegaron a Lomas de Arena, los acarreadores y su escolta se detuvieron en la improvisada gasolinería a fin de llenar por completo los tanques del camión de melones. Luego los pistoleros los acompañaron hasta el río y les hicieron la señal de que pasaran después de haber abierto la puerta del lado norteamericano. A partir de ese momento, irían por su propia cuenta.

Pablo se encontraba ocupado haciendo otros negocios de venta de droga, alistando otros cargamentos para ser llevados al otro lado y no tardó en olvidarse de los trescientos cincuenta kilos de mariguana que iban en el camión de melones. El ya tenía su dinero, la carga iba en camino y la operación ya era parte del pasado.

Pero al día siguiente, ya tarde, recibió un telefonema: el comprador de Hobbs estaba muy alterado: "¿Dónde están esos malditos pajarracos? —preguntó refiriéndose a la mariguana— ¿Acaso volaron, o qué?"

"Maldita sea, no te incomodes tanto —le dijo Pablo—. No tardo en volver a llamarte."

De inmediato le dijo a Becky y a varios otros de sus colaboradores que averiguasen qué había sucedido con esos "dos estúpidos" que llevaban el camión de melones. Becky se aprestó a hacer llamadas a los Estados Unidos mientras que los demás se encargaban de acudir con todo aquel que de algún modo por remoto que fuera pudiera estar relacionado con los dos hombres a fin de averiguar si no los habían interceptado en los Estados Unidos. Si alguien podía saber algo, tendría que ser uno de los parientes. Pero no, nadie había tenido ningún tipo de noticias acerca de ellos.

Pablo estaba fuera de sí. Si no habían sido sorprendidos por las autoridades, la única explicación posible era que hubiesen huido llevándose consigo el cargamento. Y eso le pasaba por utilizar a desconocidos. De ser así, no tendría más remedio que mandar otro cargamento. Y eso significaba, en el mejor de los casos, no recibir ganancia alguna y aparecer como un estúpido si se corría la voz de que había sido timado por un par de peones.

El sabía que los acarreadores tarde o temprano acabarían

por regresar a su pueblito y entonces tendrían que explicar lo que había sucedido. No importaba que fuesen quince, ciento cincuenta o mil quinientos kilos de mariguana. Si es que se la habían robado, tendrían que pagar por ello.

"¡Voy a matar a esos mal nacidos!"

Dos días después de que los acarreadores salieran de Ojinaga para Lomas de Arena y de ahí hacia el norte, a Pablo le avisaron por teléfono que se encontraban en una habitación del motel Ojinaga. De inmediato se puso en contacto con su gente más eficiente, por radio, usando la frecuencia privada que el comandante militar le había reservado, y dándoles instrucciones de que acudieran cuanto antes al motel.

Los dos fallidos acarreadores permanecían en el cuarto con la garganta seca y los ojos vidriosos. Ellos mismos habían llamado de varios puntos del pueblo tratando de localizar a Pablo. Y esperaban lo peor al momento de explicar lo que había sucedido con el camión: habían estado fumando la mariguana que Marco les había proporcionado, y el conductor no había puesto la debida atención a la carretera. De pronto, se fueron contra una zanja y poco faltó para que se voltearan. Aunque no eran acarreadores experimentados, sabían que, en el momento de aceptar llevar la carga, se hacían responsables de ésta con su vida de por medio. Era un código que habían asimilado prácticamente con la leche con la cual habían sido criados por su madre. Y si bien podían huir, sabían que no podían permanecer escondidos. La única solución era regresar, decirle a Pablo la verdad y esperar de los males el menos.

Estaban buscando la manera de explicárselo a Pablo cuando de pronto la puerta se abrió dando paso a Pablo, Marco, Pedro, Becky, cuatro pistoleros y algunas personas más.

Pablo y Marco asieron a los hombres del cuello de la camisa y empezaron a sacudirlos y abofetearlos.

—¿Qué hicieron con la mariguana? ¡Díganme qué hicieron!

Siguieron gritándoles variantes de la misma pregunta pero sin darles siquiera la oportunidad de hablar. Todo el mundo gritaba, como en un encuentro de lucha libre, mientras los dos atemorizados campesinos suplicaban se les diese la oportunidad de hablar.

Pablo dejó de sujetar al individuo pecoso y volviéndose a Marco le dijo: —Basta con eso. Déjalos hablar para ver qué tienen que decirnos. Luego vamos a matarlos.

Casi al unísono, los dos exclamaron: —Nosotros no nos robamos la mercancía; tuvimos un accidente.

Le explicaron a Pablo que se habían ido a una zanja, unos dieciséis kilómetros después de cruzar el río. Estaba muy oscuro, el camino era difícil de seguir y se salieron de la carretera al llegar a una curva pronunciada. El camión no se volteó, pero parte de los melones se habían caído. Sus esfuerzos por sacar el camión habían sido inútiles.

—Malditos mentirosos. ¿Por qué tardaron tanto en llamarme? —Pablo les preguntó.

—Todo este tiempo nos tardamos en llegar a Ojinaga. Tuvimos que caminar por el desierto —dijo el pecoso.

Pablo frunció el ceño. —Más vale que nos lleven adonde está el camión y que todavía esté ahí la mercancía, de lo contrario van a tener que morir.

Sacaron a los hombres del motel y los metieron en un jeep que se encontraba estacionado frente al restaurante del motel. Incluyendo a los campesinos, iban en total doce personas. Desde el interior de los tres jeeps y una pick-up resplandecía el gran acopio de armas. Todo mundo llevaba una automática 45 e iba provisto de un AR-15 o un Kalashnikov. Pasaron por la bodega de Pablo a recoger parque y después enfilaron hacia el oeste en dirección al camino de tierra que conduce a Lomas de Arena.

El camino estaba lleno de profundos surcos, y al paso de los vehículos las piedras salían disparadas aquí y allá; el trayecto fue de lo más accidentado y lleno de polvo. Pablo siempre iba a la cabeza de la expedición. Y a la distancia sus convoyes semejaban imponentes demonios de polvo surcando por el desierto. Los hombres de Pablo solían decir en broma que iban a morir o bien por aspirar plomo o por el polvo que Pablo iba dejando tras de sí.

Al lado de Pablo iba Amado Carrillo Fuentes. Al igual que Marco DeHaro, Amado había sido oficial federal mexicano de algún tipo y tenía importantes contactos tanto en Guadalajara como en la ciudad de México. Amado no tenía ninguna participación financiera en este cargamento de mariguana, sin embargo, había decidido acompañarlos.

Cuando llegaron al río era cerca de la media noche. Los cuatro vehículos se estacionaron en la orilla, con los faros iluminando las revueltas y pardas aguas. Se escuchó el traqueteo de las armas al apearse todo el mundo de los jeeps, con excepción de los campesinos. Se sentaron en total silencio.

Amado, un hombre alto de rostro rollizo y facciones infantiles, se preguntaba si sería conveniente cruzar al otro lado. Caminó por la orilla del río y vio a través del agua lodosa. "Esto me da mala espina. No sabemos qué pueda haber allá. Es posible que a estos dos infelices los hayan detenido y les hayan propuesto como condición para su libertad que nos hicieran cruzar la frontera. 0 que el camión realmente se encuentre en una zanja, pero que ya lo hayan encontrado y estén esperando que acudamos a recogerlo."

Decidieron apagar los faros de los vehículos. El cielo estaba lleno de estrellas pero sin luna; difícilmente podían distinguir las crestas de las montañas Van Horn que los separaban de la ciudad de Van Horn y la Interestatal 10, a unos treinta y dos kilómetros hacia el norte a través de un paso por las montañas.

Llevaban consigo una dotación de cigarrillos de mariguana que Pedro había preparado ese día; sacaron un paquete y todo el mundo empezó a fumar. Las anaranjadas puntas de los cigarrillos se movían en la oscuridad como inquietas luciérnagas. Durante aproximadamente diez minutos estuvieron discutiendo quién, si acaso, debería acudir a ver lo del camión. Pablo se hundió en un silencio reflexivo. El sabía que algún día tenía que morir de forma violenta; así era como tenía que ser. Pero ¿acaso debía ser esa noche? ¿Sobre un maldito camión de melones? Concibió en su mente la imagen de un pequeño destacamento de narcotraficantes enfrentándose a fuego de ametralladora con un pelotón de agentes norteamericanos antinarcóticos. La gran guerra de los melones, de pronto le sugirió el suceso.

Finalmente se decidió: "Maldita sea. Vamos todos. Si nos

están esperando, vamos a llevarnos a algunos de ellos por delante".

Habiendo cruzado por ese punto varias veces a la semana transportando armas o droga entre Ojinaga y Carlsbad, Becky conocía el terreno del lado norteamericano mejor que cualquiera de los presentes. Pero de pronto se le heló la sangre ante la idea de un enfrentamiento suicida en el desierto con los agentes antinarcóticos. Si es que había elementos esperando emboscarlos, ella estaba segura de que se daría el tiroteo. Pues Pablo siempre había sido muy claro en ese sentido: nadie que tuviese una placa iba a poder aprehenderlo con vida.

—En realidad yo no quiero participar en esto —dijo—. Yo los espero aquí.

Pero Marco le dijo con firmeza: —Tú vienes con nosotros. Vamos todos juntos.

Decidieron dividirse en dos grupos. Dos de los jeeps con Pablo, Amado, varios pistoleros y los dos atemorizados campesinos avanzaron río arriba varios kilómetros y cruzaron hacia los Estados Unidos en un punto donde las aguas eran poco profundas. Cada uno de los jeeps estaba equipado con un reflector instalado del lado del conductor. Cuando alcanzaron el terraplén, los pistoleros de Pablo se pusieron de pie apuntando sus ametralladoras hacia donde los reflectores dirigían la luz.

Esto era con el fin de asegurarse de que los caminos estuviesen despejados en caso de que tuvieran que emprender una rápida retirada en dirección al río y refugiarse en México. Si habían tendido una emboscada, ésta tenía que ser en el área donde se encontraba el camión, en algún punto más adelante. Estaban al tanto de cómo procedían los gringos. Estos se esperarían hasta que llegasen al sitio del percance, descargasen los melones y pusieran al descubierto la mariguana antes de hacer la confiscación que ameritara ponerla a consideración de los tribunales.

Las luces de los reflectores iluminaban arbustos de mezquite, lechos secos de riachuelos y piedras, conforme avanzaban lentamente hacia una bifurcación donde se encontraban dos caminos de tierra. Marco, Becky y los pistoleros que iban con ellos ya se encontraban en la encrucijada cuando los vehículos de Pablo los alcanzaron. Condujeron en una sola fila adentrándose cinco kilómetros más en territorio norteamericano antes de toparse con el camión de melones. Se encontraba apoyado, en un ángulo peligroso, contra un arroyo paralelo a la carretera, tal y como los acarreadores lo habían descrito. Los melones estaban regados por doquier. Pablo envío a dos jeeps a explorar el terreno. Regresaron quince minutos más tarde. No había nadie por los alrededores.

Todo el mundo se ocupó de descargar los melones y acomodarlos en una simétrica pila; luego Marco subió de un brinco hacia la plataforma y zafó una de las duelas que cubrían el compartimiento falso y la mariguana que había adentro.

—¡Todo está aquí!

Obviamente la única manera de recuperar el camión era improvisar un sendero que lo condujese de vuelta a la carretera. Los campesinos y los pistoleros se dedicaron a formar una base de piedras a fin de que el vehículo pudiese ser remolcado.

Pablo se sentó sobre el cofre de uno de los jeeps, fumando cocaína pacientemente con Amado y Marco mientras observaba las labores, desarrolladas a la luz de los reflectores de uno de los jeeps. Cuando finalmente, después de cinco horas, concluyeron el trabajo, Marco se puso al volante y con experiencia maniobró el camión hasta ponerlo de vuelta en la carretera. Rápidamente volvieron a cargar los melones. Los dos campesinos habían hecho la mayor parte del trabajo pesado que implicaba sacar el camión de la zanja y estaban tan sucios como si hubiesen salido de una mina de carbón.

Se encontraban cerca del camión después de que éste había sido reinstalado en la carretera y observaron a Pablo deslizarse del cofre del jeep, para luego dirigirse hacia ellos llevando consigo su AR-15. De sus labios pendía uno de sus cigarrillos preparados.

—Fue muy estúpido de su parte el que se les haya ido el camión a esa zanja ——dijo con seriedad y frunciendo el ceño—. Sin embargo, hicieron bien en regresar a Ojinaga a buscarme.

El zar de la droga se disculpó: dijo que sentía haber desconfiado de ellos. Luego se dedicó a darles una larga y complicada explicación de cómo se había vuelto desconfiado de la gente. Una y otra vez había depositado su confianza en la gente y ¿cuántas veces no lo habían estafado? ¿Cuánto dinero no había perdido al confiar en personas en quienes no debería haberlo hecho? Los dos acarreadores habían sido víctimas de las malas jugadas que les habían hecho otras personas.

Becky y Marco habían escuchado la misma queja una y otra vez, como también había sucedido con todo aquel que hubiese pasado una velada con el padrino, fumando cocaína y bebiendo whisky hasta la madrugada. Pero más que cualquier otro, Marco y Becky sabían lo que en realidad les había sucedido a quienes habían tratado de traicionar a Pablo.

—¿Tienen dinero? —les preguntó.

—No, señor.

Sacó de su bolsillo un fajo de dólares y les dio quinientos a cada uno de los sucios hombres.

—Entonces tomen esto. Y tengan cuidado de no caer en otra zanja. Vayan con Dios.

Era ésa la bendición de un cura de pueblo. Por un instante Becky pensó que los campesinos se arrodillarían para besarle las manos a Pablo.

Eran ignorantes pero no tontos. Se subieron al camión de melones, dijeron un "Adiós, señores", pusieron en marcha el vehículo y enfilaron hacia el norte tan rápido como pudieron sin caer en otra zanja.

Pablo y su corte permanecieron en la carretera observando las luces traseras del camión hasta que desaparecieron al otro lado de una colina. Entonces todo el mundo abordó los jeeps y con desgano retornaron a Ojinaga.

Más tarde, esa noche, un bimotor turbopropulsor sobrevolaba a baja altura el desierto del norte de Chihuahua. Justo antes de la medianoche, el piloto, experto en aterrizar sobre pistas de tierra durante la noche, detectó la hilera de linternas. Descendió con uniformidad y recorrió toda la pista hasta llegar cerca de una guarnición de hormigón.

El avión no tardó en verse rodeado por una pequeña flotilla de Broncos y camionetas pick-up. De su interior salieron hombres con rifles de asalto y se mantuvieron a la expectativa mientras Pablo se dirigía hacia la aeronave. El piloto apagó los motores y Pablo hizo una seña a sus hombres. Subieron al avión y empezaron a bajar resistentes cajas de cartón, cada una de 1.20 metros de largo, 1 metro de ancho y 30 centímetros de profundidad.

Pablo procedía a abrir cada caja mientras sus hombres se dedicaban a acomodarlas en la plataforma de una de las pick-ups. Cada una contenía paquetes aproximadamente del tamaño y forma de un libro promedio de pasta dura; estaban firmemente aseguradas con cinta de plástico de color verde, plateado o gris y cada una tenía marcas hechas con tinta imborrable. Cuando todas las cajas estuvieron depositadas en las camionetas, Pablo le indicó al piloto que se fuera.

Tres soldados habían salido de la guarnición cuando llegó el avión, reclutas indígenas de ojos negros e inexpresivos que permanecían en silencio con el rifle pendiendo de sus hombros. Se pusieron rígidos al aproximarse el narcotraficante de la enorme nariz y el rostro lleno de cicatrices. Les dio veinte dólares a cada uno, lo que hacía de costumbre, aun cuando estuviese "arreglado" con el comandante de Ojinaga. Asintieron con todo y sus cascos al tomar los billetes y deslizarlos en los bolsillos de sus uniformes.

El vacío avión se disponía a despegar por la irregular pista cuando las pick-ups y las Broncos abandonaban el aeropuerto y se dirigían por las calles sin pavimentar hacia Casa Chávez. Pablo hizo que llevaran las cajas al interior de la casa de adobe. Sacó uno de los paquetes del tamaño de un libro y lo abrió con una navaja mientras todo el mundo contemplaba a su alrededor.

Era tiempo de probar el cargamento de novecientos kilos de cocaína que acababa de llegar de Colombia.

—Tú prepárala —le dijo Pablo a su sobrino Pedro.

XVII

DIÁLOGO NORTE-SUR

Fueron las fuerzas que operaban en el sur de Florida las que impulsaron a Pablo Acosta hacia el narcotráfico de cocaína y convirtieron a Ojinaga en lo que quizás haya sido el depósito más grande de ese narcótico en Norteamérica. Durante años, la mayor parte de la cocaína que se introducía a los Estados Unidos pasaba a través de los cientos de desoladas caletas del sur de Florida. Miami era el centro de control de las operaciones de tráfico de cocaína en los Estados Unidos de todos los importantes traficantes colombianos. La presencia de su organización transformó a la fragante ciudad de recreo en una de las capitales del crimen de los Estados Unidos.

En 1982, los Estados Unidos crearon la Fuerza del Sur de Florida a fin de concentrar en Miami personal federal antinarcóticos; su objetivo era eliminar las líneas de abastecimiento de cocaína que provenían de las vaporosas junglas sudamericanas. La fuerza en cuestión contaba con el auxilio de la Guardia Costera, el Departamento de Alcohol, Tabaco y Armas de Fuego y otras agencias federales. La concentración de recursos y efectivos condujo a una serie de confiscaciones sin precedente.

Sin embargo, los esfuerzos eran tan frustrantes como combatir una plaga de cucarachas con un periódico enrollado. Las más grandes acababan aplastadas, pero el resto se escurría a cualquier otro lado.

Desde principios de los años setenta se sabía que narcotraficantes de cocaína tanto mexicanos como colombianos

En 1985, el servicio de inteligencia de Estados Unidos apenas empezaba a identificar a Amado Carrillo Fuentes como un elemento clave en Ojinaga. Carrillo se estaba preparando para la sucesión y se convirtió eventualmente en el traficante más poderoso de México. Acompañó a Pablo Acosta, Marco DeHaro y Becky García en varias operaciones de narcotráfico, incluyendo el rescate del camión de mariguana que se había averiado cerca de Lomas de Arena. La fotografía de la izquierda fue tomada por un agente aduanal de los Estados Unidos después de que el traficante fuera detenido por posesión de un rifle de asalto al cruzar el puente internacional hacia México. El rifle fue encontrado en la cajuela de su auto. La fotografía de la derecha fue tomada alrededor de 1989 cuando Carrillo Fuentes fue detenido en México por un corto tiempo. Para ese entonces, Carrillo ya se había hecho cirugía plástica cuando menos una vez para cambiar de apariencia.

contribuían a abastecer de cocaína la Costa Occidental de los Estados Unidos. Los colombianos se valían de las organizaciones mexicanas, que contaban con elaboradas redes de contrabando para el tráfico de mariguana y heroína. Conforme les fue resultando más costoso a los colombianos emprender sus negocios a través de Florida, empezaron a buscar las prósperas organizaciones de narcotráfico que actuaban a lo largo de la frontera México-Estados Unidos, canalizando a través de ellas sus operaciones.

Las autoridades norteamericanas empezaron a sospechar que México se había convertido, hacia 1987, en una de las rutas principales para el tráfico de cocaína, cuando se decomi-

saron en el puente internacional dos toneladas que se pretendía llevar a El Paso. Cualquier duda que pudiese quedar en
cuanto a la utilización del territorio mexicano se disipó el 28
de septiembre de 1989 cuando la DEA confiscó veinte toneladas de cocaína en una bodega de Los Angeles. Las
investigaciones rastrearon el origen de la droga hasta llegar a
El Paso y Ciudad Juárez, así como a pistas de aterrizaje clan-
destinas en el desierto del norte de Chihuahua, entre Ojinaga
y Ciudad Juárez.

No se supo exactamente cómo los colombianos se unieron a
Pablo Acosta hasta mucho después. Pero por lo pronto la presencia de Amado Carrillo Fuentes constituía una pista. Amado
era sobrino de Ernesto Fonseca Carrillo, un poderoso traficante de Guadalajara cortado con la misma tijera de
bandido-gángster-campesino que Pablo Acosta. Se creía que
Pablo tenía desde hacía tiempo relaciones comerciales con
Fonseca Carrillo y otros traficantes de Guadalajara, ciudad
que es para el crimen organizado en México lo que Nueva
York es para la mafia norteamericana. Los traficantes colombianos habían tratado sin éxito de establecerse de manera
independiente en México, pero sólo lograron prosperar por
medio de sus contactos en Guadalajara. Los agentes norteamericanos antinarcóticos, familiarizados con la actividad de
la frontera, suponen que en su búsqueda de la persona idónea
a los colombianos les dijeron: "Vayan a ver a Pablo Acosta en
Ojinaga" y que después de acudir a él le propusieron un trato
que no pudo rechazar. Actualmente se cree que Carrillo Fuentes fue enviado a trabajar con Acosta y a supervisar los tratos
de cocaína que se habían originado en Guadalajara. Los agentes han especulado que la presencia colombiana en Ojinaga
era inevitable y que Acosta, al darse cuenta de que podían
prescindir de él o eliminarlo, hizo de la necesidad una virtud.

De cualquier forma, hacia finales de 1984 o principios de
1985 aviones con cargamentos de cocaína empezaron a llegar
a Ojinaga, o a ranchos de los alrededores, con una precisión
asombrosa. Turbopropulsores ejecutivos de largo alcance volaban directamente de Colombia al norte de México. Cada semana
llegaba uno, y en ocasiones hasta dos, con la cristalina carga.

Pablo les recibía a los colombianos la cocaína y se las almacenaba en Ojinaga. Su responsabilidad era garantizar la protección de los cargamentos ante las autoridades mexicanas, especialmente a través de sus contactos con miembros del ejército. Su propia organización introducía parte de la cocaína a los Estados Unidos; el resto la reservaba para otros narcotraficantes de puntos tan distantes hacia el sur como Matamoros y hacia el norte, a través del gran desierto de Sonora, como Tijuana. Acudían con Pablo a recoger su mercancía. Por el solo hecho de almacenarla y garantizar su seguridad, Pablo recibía entre mil y mil quinientos dólares por kilogramo.

Más tarde, los informantes dijeron que Pablo se había reunido con Lados Lehder Rivas en Colombia. Hasta antes de ser extraditado a los Estados Unidos en febrero de 1987, Lehder era uno de los miembros más importantes del llamado cartel de Medellín, un grupo de narcotraficantes colombianos al que se creía responsable de producir el ochenta por ciento de la cocaína introducida a los Estados Unidos. Aunque productor de cocaína, se decía que su especialidad era organizar redes de narcotráfico para otros miembros del cartel. Pablo realizó varios viajes a Colombia, evidentemente para ultimar los detalles de la operación de almacenamiento en Ojinaga. Es posible que Lehder también haya visitado a Pablo Acosta varias veces en Ojinaga.

Cuando la cocaína llegó a Ojinaga, Pablo ya contaba con métodos sofisticados para almacenarla. Un informante del Servicio de Aduanas norteamericano describió la llegada de un avión bimotor durante el mes de mayo de 1985 a un rancho que se encontraba a cincuenta kilómetros al sudeste de Ojinaga, con un cargamento de novecientos kilos de cocaína. La cocaína iba envuelta en paquetes circulares o rectangulares de un kilogramo con apariencia de quesos importados recubiertos de cera. Para descargar la mercancía, los hombres de Pablo formaron una "cadena" entre el avión y un hoyo de un metro de profundidad próximo a un tanque de agua destinado para el ganado y a unos pasos de la pista. Al fondo del hoyo una oxidada compuerta de metal daba acceso a un tanque también de metal enterrado bajo el suelo del desierto. Uno de los trabajadores se deslizaba hasta el tanque de almacenamiento a través de la compuerta circular y apilaba los paquetes dentro. Una vez acomodado el último de éstos, procedía a cerrar la compuerta y a asegurarla con llave. Entonces volvía a rellenar el hoyo, lo recubría con caliche y le colocaban unas cuantas piedras encima. Fuera de los narcotraficantes, nadie podía sospechar que ahí abajo se encontraba enterrado un tesoro de Moctezuma.

Ese día, Marco DeHaro estuvo presente en el rancho, desde el principio hasta el final de la operación, al igual que Ismael Espudo, ex comisionado del condado de Culberson. Marco envió a hombres a que patrullaran por el rancho y a que le ayudaran a Espudo a supervisar la descarga y almacenamiento de la cocaína.

Estacionado a un lado de la pista de aterrizaje del desierto se encontraba un camión tanque cargado con mil quinientos galones de combustible para aviones de reacción. Mientras algunos de los hombres de Pablo paleaban con tierra el hoyo que daba acceso al compartimiento subterráneo, otros se encargaban de abastecer de combustible el turbopropulsor. Una vez reabastecido el avión de combustible, se viraba levantando una estela de polvo y recorriendo la larga pista a gran velocidad despegaba en medio de un gran estruendo.

El informante que describió la descarga de cocaína dijo estar presente unas semanas más tarde cuando la cocaína fue desenterrada y transferida a Ojinaga. Un nutrido grupo de hombres al servicio de Pablo volvió a cavar hasta llegar al tanque subterráneo. Alguien descendió hasta éste y empezó a pasar los paquetes de cocaína, los cuales eran colocados en cajas de cartón en la parte posterior de dos camionetas pick-up. Esa vez, un escuadrón de soldados mexicanos estuvo presente para fines de seguridad y se encargó de escoltar el embarque desde el rancho del desierto hasta las afueras de Ojinaga, donde Pablo y un grupo de sus pistoleros estaban esperando que llegase el convoy a un lado del camino de tierra. Fiel a su costumbre, Pablo sacó un fajo de billetes de la bolsa de su camisa y le dio a cada uno de los soldados un reluciente billete de veinte dólares. Entonces regresaron a Ojinaga por su cuenta.

Los hombres de Pablo llevaron la cocaína hasta una bodega en Ojinaga, ubicada a un lado de la autopista a Chihuahua, frente a una estación de gasolina y a unas cuantas cuadras de Casa Chávez, donde Pablo guardaba la mayor parte de su droga. La bodega se encontraba situada dentro de un extenso terreno rodeado por una elevada barda de hormigón. El lugar estaba lleno de tanques de propano en proceso de ser modificados y acondicionados con un tanque más pequeño también de propano, tal y como Sammy García lo había hecho. Era como una fábrica en pequeño, con numerosos empleados que trabajaban horas extra para cumplir una fecha límite.

Durante los siguientes días, la cocaína fue dividida en siete cargamentos separados, y cada paquete fue colocado en su correspondiente tanque de propano modificado. Después de sellar el tanque con bondo, se aseguraba al piso de la camioneta y se conectaba para dar la apariencia de un tanque auténtico. Un acarreador de confianza conducía la camioneta a Lomas de Arena o a algún otro vado, cruzaba el río Bravo, y luego enfilaba hacia su destino.

Marco y Becky trabajaban esencialmente para sí mismos, pagándole a Pablo un porcentaje de sus utilidades por el derecho de operar en su territorio. No obstante, le daban una mano siempre que se encontraban en Ojinaga. En el verano de 1985 decidieron trasladar su base de operaciones a Carlsbad, Nuevo México, después de obtener la bendición de Pablo: sin ella, les hubiera resultado sumamente difícil pasar su droga por Ojinaga.

Cuando Marco le habló de la decisión que había tomado, Pablo trató de disuadirlo. Marco no conocía muy bien los Estados Unidos. Y las autoridades no tardarían en averiguar quién era él, con lo cual empezarían a seguirlo a todas partes buscando el momento propicio para aprehenderlo; podría acabar tras las rejas con veinte años de condena. Allá no tendría la protección de que gozaba en México. Lo mejor era permanecer en el país y dejar que los acarreadores corrieran todos los riesgos. Pero Marco era obstinado. Pablo mandó llamar a Becky y la aconsejó como un padre: "Sólo asegúrate de que él esté bien. Si necesitan algo, llámenme".

Vivían en el departamento al cual Becky se había mudado después de separarse de su esposo, en un elegante complejo habitacional situado en la parte norte de Carlsbad, con unidades en renta diseñadas para una clientela selecta. Marco y Becky daban la apariencia de ser respetables; se vestían bien, conducían vehículos recientes y bien podían pasar por un par de exitosos empresarios. Lo único que no encuadraba con todo esto era la sucesión de zaparrastrosos y corrientes individuos que entraban y salían del departamento a todas horas del día y de la noche.

Marco y Becky de hecho tenían en mente una empresa de grandes proporciones. Esperaban obtener limpios dos millones y medio de dólares en menos de seis meses, producto de sus ágiles operaciones en la venta de narcóticos. Una gran parte del dinero provendría del acre de mariguana que tenían cultivando al sur de Ojinaga. Una vez vendida la droga, pensaban invertir los dos y medio millones de dólares en la adquisición de una tonelada de cocaína, la cual comprarían a Carlos Lehder, un contacto que Marco había establecido a través de Pablo.

Entre el verano de 1985 y el mes de noviembre, cuando fueron arrestados en Odessa, habían realizado cuatro viajes a Colombia para tratar lo concerniente a la compra de la cocaína. Pablo los acompañó a Bogotá en el primer viaje y los llevó a visitar a Carlos Lehder en Medellín, la capital colombiana de la cocaína. Lehder los invitó a su suntuosa finca y al día siguiente los llevó a visitar una "fábrica" de cocaína que estaba supervisando en la selva, aproximadamente a medio día de camino de Medellín. La operación era de Marco, pero Pablo decidió acompañarlos. Como aficionado aún, Pablo sabía que la cocaína se extraía mediante un largo y tedioso proceso químico que implicaba el uso de solventes industriales altamente inflamables, sin embargo, nunca había podido presenciarlo.

La "fábrica" consistía en una serie de barracas provistas de techos de lámina acanalada y grandes tiendas diseminadas en varios acres de un claro de la selva. Era pleno verano y la humedad era tan intensa como la de un baño de vapor; el aire estaba infestado de mosquitos. La gente que se encontraba trabajando cerca de tinas y tanques de productos químicos apenas si reparó en los visitantes, a quienes Lehder se encargó de guiar a través del laberinto de producción, paso por paso. Por doquier se percibía el característico olor de la acetona. Pablo y Marco, vestidos con costosas ropas occidentales y totalmente absortos ante lo complejo de la operación, no cesaban de hacer preguntas. Becky estaba impresionada por la pulcritud, la organización y la atención que se prestaba al mínimo de los detalles. A pesar de que era un improvisado poblado en el corazón de la selva que podía ser desarmado y trasladado de ahí durante la noche, en caso necesario, las calles sin pavimentar se veían limpias de basura y una pipa de agua pasaba periódicamente para regar la tierra y así mantener el polvo bajo control.

Lehder les mostró una tonelada de cocaína, la producción más reciente de las instalaciones, almacenada dentro de una tienda junto a lo que parecía ser la edificación principal. Los trabajadores ya habían procedido a envolver la cocaína en paquetes de un kilogramo y a acomodarlos dentro de guacales de madera. Los paquetes tenían escritas letras o símbolos en tinta imborrable a fin de identificar a los distintos clientes. Los guacales se encontraban apilados en plataformas de carga, junto a un montacargas de horquilla.

Lehder recogió de una banca una bolsa de plástico llena de cocaína y vertió aproximadamente unos cien gramos en otra bolsa. La distribuyó entre sus visitantes a manera de muestra. Ahí mismo aspiraron un poco de la droga. Y ya en el interior de la edificación principal prepararon un poco de cocaína y la fumaron "a la mexicana" (en cigarrillos con filtro), con evidentes muestras de aprobación.

Marco ya se había encargado de hacer arreglos con un colombiano llamado Jaime Herrera, individuo espigado, con facciones de roedor y vástago de una familia de narcotraficantes de Bogotá, para embarcar el cargamento a Florida. La familia Herrera estaba conectada con la organización de Carlos Lehder; la hermana de Jaime, que vivía en Miami, sería la encargada de recibir la droga; Jaime supervisaría que llegase a San Antonio después de recibirla en Miami.

Se suponía que Jaime llegaría en avión a Ojinaga, donde Marco y Becky se encargarían de recogerlo en el cruce de Lomas de Arena, pasarlo ilegalmente a los Estados Unidos y luego llevarlo hasta Carlsbad. Tan pronto como la hermana de Jaime recibiera la carga en Miami, Marco y Becky pondrían a Jaime en un vuelo a Florida. Una vez que el cargamento de cocaína llegase al lugar de escondite en San Antonio, Marco y Becky dispondrían de él, procederían a dividirlo en cargas menores para así distribuirlo a los clientes que estaban a la espera.

Marco y Becky realizaron dos viajes más a Colombia para ultimar detalles y luego un viaje final a principios de noviembre para cerrar el trato. Volvieron a visitar las instalaciones de la selva donde presenciaron el empaque de la cocaína que iban a recibir, la cual iba marcada con las iniciales MB, Marco y Becky. De regreso volaron a Jamaica para tratar los últimos detalles en cuanto a la forma en que se iba a hacer la entrega del dinero. Las operaciones las realizaron con un banquero alto, de aspecto distinguido, que hablaba con acento británico.

Marco y Becky se encontraban extasiados al llegar a Carlsbad. Si todo salía como estaba planeado, iban a cuadruplicar su inversión.

Pero las cosas no iban a salir como ellos pensaban. Pablo había tenido razón en cuanto a los riesgos que implicaba dirigir una organización de narcóticos en. los Estados Unidos. A los pocos meses de que empezaron a operar desde su departamento de Carlsbad, la policía de esa ciudad empezó a vigilarlos. Los informantes no sólo identificaron a Marco y Becky como dos importantes narcotraficantes sino también como miembros relevantes de la organización de Pablo. Marco se había jactado de haber asesinado a varias personas, por órdenes de Pablo, entre quienes se decía figuraban dos hombres que habían sido victimados en las inmediaciones de Hobbs en septiembre de 1983, asesinatos que seguían sin resolver.

Tal y como Pablo había anticipado, la policía no tardó en seguir los pasos a Marco y Becky, buscando alguna evidencia con la cual pudieran aprehenderlos. La policía de la ciudad investigó los registros de la compañía de teléfonos correspondientes al número telefónico de Becky y encontró que se habían hecho ochocientas llamadas de larga distancia, desde mediados de mayo hasta finales de agosto, a México, Texas, Oklahoma, Wyoming y Nuevo México. Muchos de los números marcados pertenecían a presuntos distribuidores de droga. En octubre, un tribunal estatal autorizó intervenir el teléfono de Becky e instalar un micrófono en su departamento.

Las autoridades no tardaron en darse cuenta de que estaban ante una importante operación de tráfico de cocaína. Sin embargo, el lenguaje que Marco y Becky empleaban por teléfono era tan vago y codificado que la policía no podía más que adivinar los detalles. No obstante, mediante la intervención telefónica pudieron detectar el optimismo de Becky en cuanto a las operaciones de cocaína y darse una idea de sus grandes dimensiones: "Con esto será más que suficiente. Y ya no tendremos que preocuparnos más. Nunca más", dijo en una de sus conversaciones.

En tanto que sus operaciones comerciales parecían descansar sobre bases firmes, la relación personal de Marco y Becky había empezado a deteriorarse ya antes de que instalasen el micrófono en su casa. Los pleitos, con frecuencia acerca de negocios, empezaron a suscitarse a diario. Ambos fumaban cocaína en grandes cantidades, con lo cual sus discusiones resultaban potencialmente peligrosas. En una de las riñas, mientras la policía escuchaba por el micrófono instalado en la estancia, Becky le arrojó a Marco una bolsa de papel llena de dinero, y éste se la arrojó de vuelta pegándole arriba del ojo. Empezaron a darse empellones. Becky tomó su automática y la apuntó hacia la cabeza de Marco; tiró del gatillo, pero no había cortado cartucho y accidentalmente había liberado el cargador. Marco no le dio una segunda oportunidad, y poniéndole su 45 en la cabeza le dijo: "¿Quieres saber qué se siente morir?"

La policía de Carlsbad y los agentes de la DEA que se encontraban escuchando en la camioneta estacionada afuera sudaron al oír esto. ¿Qué se suponía deberían hacer? Si irrumpían en el departamento, su labor de vigilancia se vendría abajo. Cuando parecía que de veras Marco y Becky se iban a matar uno a otro, decidieron tomar al hijo de Becky, de nueve años de edad, que se encontraba jugando en el patio del departamento, y ponerlo a salvo de la zona de peligro.

Pero justo cuando los agentes se apeaban del vehículo Marco recuperó el control de sí mismo y arrojó la automática que había estado sosteniendo contra la cabeza de Becky. Después de haber tenido tan peligrosa discusión, decidieron reducir su consumo de cocaína. Sin embargo, su relación ya no volvió a ser la misma.

En uno de sus últimos viajes a Ojinaga, Becky le contó a Pablo acerca de la discusión.

"Tal vez tú seas la única persona que hayas estado tan cerca de matarlo y puedas vivir para contarlo", le dijo Pablo.

El 12 de noviembre de 1985, un equipo de vigilancia siguió a Marco y a Becky desde Carlsbad hasta un camino de tierra al sur de Van Horn. Los oficiales no se atrevieron a seguirlos más adelante por el temor de hacerse evidentes: el camino en cuestión cortaba directamente hacia el sur a través de las montañas de Van Horn hasta llegar al cruce del río en Lomas de Arena. Decidieron esperar a un lado de la autopista para ver si Marco y Becky regresaban. Varias horas más tarde, volvió a aparecer en la carretera la polvosa Bronco negra con Marco y Becky a bordo. Pero esta vez una tercera persona los acompañaba: un individuo pálido, delgado y con facciones de roedor que más tarde se habría de registrar en el motel Driftwood con el nombre de Jaime Herrera.

Una semana más tarde, el micrófono captó la voz de Jaime Herrera hablando a Bogotá por el teléfono de Becky. Al otro lado de la línea contestó una mujer, a quien Jaime le preguntó amablemente si ya habían enviado a la "dama". "Sí, ya enviaron a la dama", le contestaron.

Al día siguiente, Marco, Becky, Jaime y el hijo de Becky se dirigieron hacia Odessa, registrándose en uno de los moteles de esa ciudad. Necesitaban cobrarle ciento cuarenta mil dólares a un distribuidor de heroína de ese lugar y a su vez entregarle más heroína; después llevarían a Jaime al aeropuerto de Odessa para que abordara un vuelo a Florida. Al día siguiente, Marco y Becky conducirían hasta Ojinaga a fin de arreglar algunos negocios con Pablo, y de ahí partirían a San Antonio para verse con Jaime y hacerse cargo de la cocaína.

Marco y Becky coincidían en todos los aspectos de la operación, excepto en uno: el darle o no a Pablo Acosta su participación en el negocio. Marco quería darle el porcentaje acostumbrado aun cuando no iban a pasar por la plaza que Pablo controlaba. Para Marco era cuestión de lealtad. Sin embargo, Becky lo veía como una cuestión estrictamente comercial. ¿Por qué pagar por una protección que ni siquiera iban a usar?

Justo después de registrarse en el motel, empezaron a gritarse de nuevo. Marco se salió a la calle a calmarse. Y justo al dirigirse hacia la Bronco, una multitud de agentes de la DEA y de policías citadinos se movilizaron para arrestarlo.

Marco solía llevar una pistola adondequiera que iba pero por alguna razón había dejado su 45 en la Bronco. Los agentes de la DEA lo hicieron arrodillarse. Uno de ellos le ordenó que permaneciera boca abajo contra el suelo. Hacía frío y Marco se encontraba arrodillado sobre un charco de agua,

—¡Obedece, de cara contra el suelo! —el agente le repitió la instrucción.

Marco lo miró despectivamente. —¿Sabes a quién le estás hablando?

El agente apoyó el cañón de un M-14 contra la nuca de Marco e hizo presión hasta que el rostro de éste se hundió en el charco.

—Sí, claro que lo sé.

Sólo hasta después las autoridades se dieron cuenta de que habían actuado con excesiva precipitación. De haber proseguido con la vigilancia unos días más, hubieran sorprendido a Marco, Becky y Jaime con una gran carga de cocaína.

Ante el juzgado de distrito estatal de Nuevo México se les imputaron doce cargos, desde conspiración hasta narcotráfico; a Marco le impusieron además los cargos de acopio de armas e ingreso ilegal a los Estados Unidos.

Becky logró salir libre bajo fianza y se dio cuenta de que se había quedado sin dinero tras cubrir los honorarios de los abogados en Texas y Nuevo México. Todo el dinero que ella y Marco habían acumulado durante los seis meses anteriores, unos dos y medio millones de dólares, lo habían enviado a Colombia y se imaginaba que ya nunca más volverían a verlo. En febrero de 1986 condujo hasta Ojinaga para ver si Pablo le fiaba algunos cargamentos de mariguana.

Le dijo que necesitaba hacer dinero a la brevedad posible.

Pablo mandó despejar otro bar a fin de que pudieran hablar, tal y como había procedido la primera vez que ella acudió a Ojinaga para hablar con él acerca de trabajo, Pablo mandó a su sobrino a que trajera algunos músicos de la zona de tolerancia, y Pedro regresó media hora más tarde con un grupo de mariachis. Se agruparon en un pabellón, en una de las esquinas, y empezaron a tocar suavemente mientras los pistoleros de Pablo vigilaban tanto la entrada como la puerta posterior.

¿Cómo habían logrado enterarse las autoridades? ¿Y cómo es que Becky había logrado salir libre y no Marco?

Becky procedió a explicarle: la policía de Carlsbad tenía cuatro informantes que evidentemente sabían mucho acerca de ellos, al igual que de Pablo. A Marco no se le había otorgado el derecho a fianza por ser extranjero y porque consideraban que podía darse a la fuga.

Becky había llevado consigo dos copias de un afidávit para la intervención de las líneas telefónicas, de veintinueve páginas de extensión, documento que las autoridades de Carlsbad habían presentado solicitando que se extendiera la autorización original de un mes. El documento detallaba los antecedentes de Marco y Becky así como el papel que desempeñaban en la organización de Pablo. El afidávit resumía la información que habían obtenido los cuatro informantes que en el documento sólo aparecían identificados por número.

Entre tragos de una botella de brandy y prolongadas fumadas a sus cigarrillos preparados con cocaína, Pablo se dedicó a leer todo el documento, pidiéndole a Becky que le explicara pasajes que no lograba entender. Trataron de deducir la identidad de los informantes y lograron obtener varias posibilidades. Lo único que Pablo le dijo a Becky fue: "No te preocupes", y se quedó con una copia del afidávit.

Entonces pasaron al asunto de los negocios: Becky quería un cargamento de mariguana; tenía algunos clientes que le comprarían tanta droga como pudiese suministrarles, pero prácticamente no contaba con nada de dinero. Le habían confiscado todos su vehículos, excepto la camioneta con tanque de propano que había dejado con Pablo poco antes de ser arrestada. Pablo acababa de enviar ese vehículo con un cargamento y aún no había regresado, así que tendría que fiarle el cargamento y su tanque de propano.

—¿Cuándo la vas a necesitar?

—Ahora mismo. La necesito ahora.

—¿Tienes alguien que te la maneje?

—No, yo misma lo haré.

—No quiero que te agarren. Te voy a conseguir un chofer —le dijo Pablo.

—No tengo dinero para pagarle. Todo lo que tenía se lo di a esos abogados. No tengo dinero para pagarle al chofer, así que prefiero hacerlo yo misma.

—Yo cubro los gastos del chofer —le dijo Pablo—. ¿Cuándo quieres que se vaya?

Al día siguiente, en Casa Chávez, Becky cargó un tanque de propano con cincuenta kilos de mariguana. El conductor asignado por Pablo llevó la carga a través del río y de ahí hacia la dirección que Becky le indicó. Una vez que cobró el dinero, regresó a Ojinaga llevando consigo el porcentaje que le correspondía a Pablo.

En total hizo cuatro envíos, ganándose de veinte a veinticinco mil dólares en cada cargamento, sin embargo, el dinero se le iba con la misma rapidez en cubrir los honorarios de los abogados. Y, para su desgracia, la costosa ayuda legal no la estaba llevando a ninguna parte. Su caso se agravó cuando uno de sus anteriores acarreadores accedió a atestiguar en contra de ella y Marco. Se daba cuenta de que iba a pasar por lo menos los siguientes diez años en la cárcel; le quedaba eso o huir hacia México, alternativa no muy tentadora, pues sus ingresos y seguridad en México dependían casi por entero de Pablo y no estaba segura de que éste siguiese reinando durante mucho tiempo como zar de la droga de Ojinaga

Cada vez que lo veía, observaba los efectos de su creciente adicción a la cocaína. La última vez que lo vio fue en junio, ya entrada la noche. Balbuceaba mucho y era difícil entender lo que estaba diciendo; además, repetía las cosas una y otra vez. Ya no era el mismo Pablo, alerta, dominante y sumamente agudo, que había conocido varios años atrás por mediación de Sammy. En tales condiciones no podía durar en el poder de manera indefinida.

Incluso antes del último encuentro que tuvieron en junio, ella ya había considerado la posibilidad de un alegato con el abogado de distrito en Carlsbad: un alegato de culpabilidad a cambio de una sentencia menor.

Se encontraba terriblemente cansada de la vida que había llevado. Parecía que su existencia se le iba escapando de las manos y que no era difícil que acabara sus días en medio de un tiroteo. ¿Y qué hubiera pasado si no la hubieran arrestado en noviembre? Lo más probable es que tanto ella como Marco hubieran estado al lado de Pablo cuando, meses después, le volvieron a tender una emboscada, esa vez enfrente de un supermercado. Pensaba si la habrían asesinado de haber estado ellos con Pablo esa fatídica noche. Ahora ella se aprestaba a hacer dinero traficando con droga para pagar a los abogados a fin de que la librasen de los cargos levantados en su contra por narcotráfico. Era un círculo vicioso que parecía no tener fin.

Al día siguiente de ver a Pablo por última vez, condujo hasta Carlsbad para ver si podía presentar su alegato de culpabilidad.

Tanto las autoridades de Nuevo México como la DEA la consideraban un elemento importante de la red de narcotráfico al igual que una potencial fuente de información. Meses después se llegó a un acuerdo. Becky sería eximida de ser enjuiciada por cada uno de los delitos que había cometido, siempre y cuando reconociera su culpabilidad y hablara con detalle acerca de ellos. A cambio de imponerle una condena condicional y otorgarle libertad bajo palabra, una vez que presentase el alegato de culpabilidad por los cargos de conspiración en el tráfico de drogas, debería acceder a cooperar con las investigaciones que surgieran a partir de la información que ella proporcionaría.

Lo único que se negó a hacer fue buscar la manera de que Pablo cayera en una trampa.

Los agentes de la DEA le pidieron que urdiera un plan para atraerlo hacia el lado norteamericano del río. La operación no habría revestido gran dificultad. Todo lo que tendría que hacer era organizar el cruce de un cargamento importante de mariguana por Lomas de Arena y luego simular un percance del lado norteamericano del río, justo como había sucedido el verano anterior, cuando el camión de melones se fuera a la zanja y los dos campesinos tuvieran que regresar a Ojinaga a través del desierto para solicitar ayuda. Lo más seguro es que Pablo organizara una expedición para recuperar el vehículo.

Pero ella sabía que Pablo jamás iba a permitir que la policía norteamericana lo prendiera vivo. Al lado de él iría un pequeño ejército de sus hombres: Pedro, Héctor Manuel, Armando, Joaquín, Amado y algunos de los pistoleros anónimos con quienes se le había visto últimamente. Llevarían consigo un arsenal de armas automáticas y cajas de parque. Todo acabaría en un gran tiroteo, el mayor del que se tenga memoria en la frontera, con sangre y cuerpos por doquier. Esa sería la manera de despedirse de Pablo.

Becky tenía la idea de que tarde o temprano Pablo iba a morir de manera violenta; tal vez en cuestión de unos meses. Sin embargo, más tarde comentaría: "Pensé que no era ésa la manera en que debería morir, no Pablo Acosta. No por mediación de una mujer".

XVIII

EL REINADO DEL TERROR

Muchas personas en Ojinaga respiraron con tranquilidad cuando supieron que Fermín Arévalo había sido asesinado, pensando que ya no habría balaceras una vez eliminado el archienemigo de Pablo.

Mas los asesinatos continuaron escenificándose al ir surgiendo nuevos rivales o al tratar de saldar viejas rencillas. Mes con mes aparecía un cuerpo flotando en el río, en ocasiones ya con el rostro mordisqueado por los peces. En 1985, alguien vio cómo un perro iba avanzando por la autopista a Chihuahua con un brazo humano en el hocico. Se requirió de un día de búsqueda para encontrar lo que había quedado del cuerpo, el cual fue localizado en una sepultura poco profunda que los coyotes y perros salvajes ya se habían encargado de poner al descubierto. En una ocasión un hombre fue secuestrado a plena luz del día en conocido restaurante y jamás se le volvió a ver. Aproximadamente al mismo tiempo, un solitario pistolero disparó seis veces contra Pablo en la intersección donde se encuentra el motel Ojinaga. (El frustrado asesino pagó con su vida pues Pablo y su sobrino lo persiguieron por toda la ciudad hasta que finalmente lo mataron cerca de las vías del ferrocarril.)

La única satisfacción que le quedaba a la gente de Ojinaga con todos esos asesinatos era que los narcotraficantes se estaban matando unos a otros. Al menos los inocentes ciudadanos no estaban en peligro. Sin embargo, el 20 de enero de 1986, éstos se dieron cuenta de que la inocencia había dejado de ser una forma de resguardo.

Alrededor de la medianoche, Pablo, su sobrino Pedro Ramírez Acosta y un cubano apodado El Charlie estaban a la espera de la luz verde en la intersección de las carreteras a Camargo y Chihuahua. Un semáforo de cuatro sentidos, suspendido por tensos cables por arriba de la intersección, controlaba la circulación. Era un punto de gran afluencia, con los vehículos que entraban y salían del Supermercado de la Colonia, centro comercial ubicado en la esquina noreste.

En el momento de detenerse en la intersección, Pablo y sus acompañantes de pronto se vieron sorprendidos por una emboscada. Les estaban disparando desde varios autos y camionetas ubicados al otro lado de la intersección; por los menos era una docena de hombres enviándoles mortales descargas de sus armas automáticas. Lo único que salvó a Pablo de una muerte instantánea fue el hecho de que dos rancheros a bordo de una pick-up llegaron hasta la intersección al instante de iniciarse el tiroteo. Estaban por entrar al supermercado y fueron los que cayeron en la acometida inicial. Eso permitió a Pablo y sus hombres apearse del vehículo y cubrirse tras éste y el de los dos rancheros, que yacían cubiertos de sangre.

Dentro del supermercado, las cajeras, los clientes y un policía se echaron al suelo. Las balas entraban por las ventanas y se incrustaban en la fachada de azulejos de la tienda. Los vehículos que alcanzaban a llegar a la intersección viraban presurosos, para desaparecer por las calles laterales en medio de violentos acelerones. Uno de los testigos escuchó cómo Pablo gritaba por el micrófono de su radio de banda civil solicitando refuerzos. En menos de un minuto, Héctor Manuel, el hermano menor de Pablo, llegó rechinando las llantas a bordo de una Bronco y se bajó con varios pistoleros que de inmediato empezaron a disparar.

En un punto del tiroteo, Pablo dirigió su ametralladora hacia una pick-up que salía del supermercado con cuatro jóvenes a bordo, confundiéndola con otro vehículo de los pistoleros. Los jóvenes acababan de salir del establecimiento cuando se inició el tiroteo y se tendieron en el piso de la camioneta para cubrirse. El conductor decidió huir cuando las balas empezaron a traspasar la carrocería dándole a uno de ellos en

Pablo Acosta posa frente a la camioneta Ford Bronco en que él y sus hombres viajaban cuando fueron emboscados por Fermín Arévalo a la entrada del rancho El Salto. La fotografía fue tomada el 28 de octubre de 1986, seis meses antes de que mataran a Acosta en Santa Elena. (Foto de Terrence Poppa.)

el pie. En ese momento Pablo abrió fuego, ocasionándole diecisiete impactos a la camioneta. Héctor Manuel los persiguió y logró desinflarles una de las llantas, pero los aterrorizados muchachos salieron huyendo disparados por una calle residencial cubierta de tierra.

El estruendo de las ametralladoras continuó hasta que Pablo, su sobrino y el cubano se subieron de nuevo a su camioneta y atacaron a uno de los vehículos que quedaban. Los atacantes parecían ser jóvenes e inexperimentados tiradores que aspiraban a grandes alturas. Varios de ellos disparaban detrás del auto negro mientras que otros dos hacían fuego desde el interior. Pablo condujo el vehículo hasta la intersección, se subió a la isleta del centro y disparó directamente hacia el auto, audaz contraataque que resultó fructífero. Pablo, Pedro y el cubano hicieron pedazos a los atacantes. "No sé cuántos mataríamos, pero estoy seguro de que alcanzamos a varios de ellos", más tarde Pablo le comentó a un visitante.

El tiroteo continuó en varios puntos de la ciudad. Según los testigos, los encarnizados enfrentamientos se prolongaron, a intervalos, durante dos horas y el estruendo de las armas automáticas se alcanzó a escuchar hasta Presidio, al otro lado del río. Circularon rumores de que en realidad la balacera se había iniciado antes a las afueras de la casa de Amado Carrillo Fuentes, ubicada en una colina al norte del centro de Ojinaga, desde donde se divisaban los Estados Unidos. Pablo, Ismael Espudo, Amado y varios otros hombres se encontraban reunidos hablando acerca de unos cargamentos de cocaína que estaban por llegar. Poco después, Pablo y algunos de sus hombres abordaron una Bronco que estaba estacionada en la acera de enfrente. Justo en ese momento surgió una camioneta de las sombras y se inició el tiroteo. Lo que más tarde sucedió en el supermercado no fue sino continuación del enfrentamiento.

Nadie pudo decir con exactitud cuántas personas murieron, pero tal parece que fue una verdadera masacre. Las personas que se habían echado al suelo al iniciarse la balacera salieron de sus resguardos al terminar ésta y vieron cómo los cuerpos eran depositados en la parte posterior de las camionetas. Bien podía ser que los atacantes que quedaban con vida se estuvieran llevando a sus muertas o que los hombres de Pablo estuvieran limpiando el lugar. Los testigos no se atrevieron a salir a preguntar.

Entre los narcotraficantes se comentaba que el número de muertos había aumentado aún más después de que Pablo y sus hombres bloquearon la carretera a Chihuahua, a la altura de una curva, cerca del restaurante. Mostrando sus placas de la policía federal, se dedicó a revisar todos los vehículos. Y todos aquellos individuos que llevasen rifles automáticos y no pudiesen dar una explicación satisfactoria al respecto procedían a ser llevados al desierto para ser interrogados y luego asesinados. La historia nunca fue corroborada, pero la Oficina de Seguridad del Servicio de Aduanas de Estados Unidos en Presido obtuvo informes donde se hablaba de cerca de trece personas muertas.

Autoridades federales y estatales de la ciudad de Chihuahua y la capital de la república llegaron al día siguiente con el fin de investigar. Como siempre, los resultados de las pesquisas nunca se dieron a conocer. A la mañana siguiente del ataque, un grupo de soldados rodeó la casa de Pablo, en la Calle Sexta. Al principio, la gente pensaba que habían sido enviados para arrestar a Pablo, sin embargo, los soldados iban con la consigna de proteger al zar de la droga de otro intento de asesinato.

Oficialmente, los únicos muertos fueron los dos rancheros, Adolfo Luján y su hermano Pablo. Habían recibido varios impactos en la cabeza, el pecho, las piernas y las manos. De acuerdo con las actas correspondientes, esa noche habían acudido a visitar a su padre al hospital de Ojinaga y se dirigían hacia el supermercado a comprar una caja de pañales desechables antes de regresar a casa.

Pablo estaba furioso y quería averiguar quién estaba detrás de la emboscada. El atentado tenía el sello de los Arévalo: usar pistoleros jóvenes e inexpertos. Pablo estaba seguro de que Lupe Arévalo, hermano de Lilí y el único hijo de Fermín que quedaba, estaba detrás de la operación.

Nadie que tuviera la mínima idea del incidente escapó a la labor inquisidora de Pablo. Los residentes de Ojinaga recuerdan haber escuchado descargas de ametralladora en varias partes de la ciudad casi todas las noches de la semana que siguió a la emboscada de la intersección. Las personas inocentes que habían sido vistas cerca del supermercado al iniciarse el tiroteo empezaron a ser secuestradas a fin de someterlas a interrogatorios.

Una semana después del atentado, Jesús Salinas, un ranchero que vivía en Ojinaga, y su esposa Noemí fueron despertados por unos toquidos en la puerta posterior de su vivienda.

Noemí Salinas, una mujer de aspecto benévolo, mirada amable y vetas canosas en el cabello, se puso rápidamente una bata y pegó su cabeza contra la puerta.

—¿Quién es?

—¡La policía! ¡Abran! —dijo una áspera voz al otro lado.

No había ninguna razón por la cual la policía estuviese tocando a las tres de la mañana a la puerta de la familia Salinas. Eran fieles creyentes y personas respetuosas de la ley. E incluso si la policía tuviese motivos de estar ahí, ¿no sería lógico que tocaran por la puerta de enfrente?

—Ustedes no pueden ser de la policía —Noemí Salinas dijo a través de la puerta.

De nuevo empezó el golpeteo. —¡Abran, maldita sea, o tiramos la puerta a balazos!

Para entonces su marido se había levantado, vestido tan sólo en truza y camisa. Se dirigió descalzo hacia la puerta trasera y vio el gesto de preocupación que tenía su esposa. Entonces abrió la puerta.

Lo primero que recuerda fue haber recibido el aire frío del exterior. Era el mes de enero, y los inviernos en Ojinaga son el extremo opuesto de los veranos: inclementemente fríos. De inmediato reconoció a Pablo Acosta. Detrás de él había varios hombres con ametralladoras. Pablo llevaba pendiendo de su hombro una ametralladora con el cañón apuntando hacia abajo. Jesús Salinas salió hacia el patio de concreto y sintió el frío a través de su delgada camisa y sus pies descalzos.

La voz de Pablo era amenazante. En pocas palabras, le dijo al hombre que sabía que su hijo Alberto se encontraba en una camioneta frente al Supermercado de la Colonia en el momento en que tuvo lugar la gran emboscada.

—¿Por qué no notificaste a las autoridades acerca del tiroteo? —le preguntó Pablo.

—Tuvimos miedo de hacerlo. Tuvimos miedo de decirle a las autoridades cualquier cosa —dijo Jesús.

—¿Dónde está tu hijo?

—Está durmiendo.

—¡Pues despiértalo!

Jesús Salinas vaciló en hacerlo.

—¡Muévete, maldita sea, o yo mismo iré a despertarlo!

La madre acudió a despertar a su hijo, llena de pánico. Su hijo ya se estaba poniendo los pantalones. Escuchó otra voz que no era la de Pablo gritando desde la puerta trasera.

—¡Dígale que se apresure!

Noemí Salinas era una mujer devota, perteneciente al movimiento católico evangelista, al igual que su esposo y su hijo. Creía fervientemente que todo el mundo era en esencia bueno. Y le dijo a su hijo: —No te preocupes, no te harán nada. Sólo quieren hablar contigo.

Al regresar a la puerta, les dijo con una voz entrecortada: —No somos malas personas. No tenemos ninguna arma y no tenemos que ver nada con gente asesina.

—Ustedes van a venir con nosotros —les dijo Pablo al hombre y a su hijo.

La casa estaba completamente rodeada; había hombres apostados por doquier con ametralladoras y había cuatro o cinco camionetas Bronco de tonos oscuros. Al dar la vuelta hacia el frente de la casa, Jesús Salinas reconoció a uno de sus vecinos que estaba ahí parado y con la vista baja. Más tarde, el vecino comentó haber sido sacado por la fuerza de su propio domicilio, que entre sus captores reconoció a algunos agentes federales mexicanos y que entre éstos y los narcotraficantes lo habían obligado a señalar la casa de Jesús Salinas.

Después de empujar a Jesús y Alberto Salinas al interior de una de las Broncos, los narcotraficantes vendaron a los dos aterrorizados hombres mientras salían del vecindario, mas Alberto pudo aún ver por debajo de su vendaje. Fueron llevados hacia la zona de Progreso en Ojinaga, una de las áreas residenciales más próximas a los Estados Unidos, situada a unos mil metros del puente internacional. Alberto se dio cuenta de que los llevaban hacia las instalaciones de la policía federal. Luego procedieron a atarles las manos a las espaldas y a llevarlos al interior de la comandancia.

Una vez adentro, Pablo ordenó que los "alistaran".

Padre e hijo fueron puestos en cuartos separados. Los narcotraficantes les envolvieron la cabeza con toallas asegurándoselas con cable para flejar. Los tendieron en el suelo y los hicieron permanecer boca arriba. Los interrogadores empezaron a patearlos en los costados y a golpearlos en el pecho con las culatas de los rifles. Aun con las toallas encima,

Jesús Salinas reconocía la voz de Pablo. Después de interrogar el padre, Pablo fue adonde estaba el hijo para ver si había alguna discrepancia. La golpiza más severa se la propinaban al hijo. Pablo no dejaba de preguntarle: "¿Por qué nos disparaste? ¿Quién te pagó para que me mataras?"

Todo lo que el joven podía hacer era relatar lo sucedido. Y cada vez que se declaraba inocente caía sobre él una lluvia de golpes, patadas y descargas de picana. Una y otra vez Alberto repetía lo que había sucedido: se había dirigido al supermercado en compañía de unos amigos a comprar refrescos; habían estado recorriendo Trasviña y Retes, tal y como acostumbran hacer todos los jóvenes los domingos por la noche. Y fue al salir de la tienda, al subirse a la camioneta, cuando se inició el tiroteo. Por supuesto que huyeron, pues alguien les estaba disparando.

Entonces Pablo se dirigió de nuevo al padre, preguntándole acerca de sus antecedentes, de su familia, de su rancho, de cómo había obtenido el dinero para adquirir sus bombas, el tractor y el resto del equipo agrícola. Pablo le mencionó decenas de nombres y le hizo preguntas sobre cada uno de ellos. La mayoría le eran desconocidos, pero algunos de ellos pertenecían a amigos o conocidos. Se preguntaba si habrían recibido el mismo tratamiento. A Jesús Salinas le dio la impresión de que alguien estaba tomando notas, ya que había pausas y podía escuchar el sonido de un bolígrafo anotando sobre papel.

Pablo le preguntó acerca de gente de Guadalajara. Una familia de narcotraficantes que tenía el mismo apellido que Jesús operaba en Guadalajara. "¿Ellos te mandaron, no es así?", le preguntaba con voz áspera.

Luego vinieron más preguntas, más golpes, más salvajismo.

El horror se prolongó durante tres horas. Cada vez que los interrogadores regresaban al cuarto, el padre le suplicaba a Pablo que soltara a su hijo; el hijo, por su parte, le pedía a Pablo que dejara a su padre en libertad.

Finalmente, Pablo dijo: "Llévenselos de aquí".

Los dos hombres fueron puestos de pie, llevados al exterior y empujados al interior de un vehículo. Todavía llevaban las toallas firmemente atadas alrededor de la cabeza y ninguno de los dos podía ver nada. Seguían con las manos atadas a las espaldas. El vehículo brincoteaba por los caminos de tierra y les resultaba difícil mantener el equilibrio. Jesús se preguntaba si no los llevarían a la orilla del río para matarlos de un balazo en la nuca. A los diez minutos de haber sido metidos al vehículo, éste se detuvo. Una voz les ordenó: "Salgan rápido". Se bajaron temblando. Excepto por el ruido del motor, afuera todo era silencio y el frío era insoportable. El padre seguía descalzo. Los músculos del cuello y la espalda se le tensaban involuntariamente. En cualquier momento la bala se le iba a incrustar en la nuca. Quería tocar a su hijo por última vez, pero sus manos estaban firmemente amarradas.

Entonces escuchó el accionar de un embrague, el ruido del motor en reversa y cómo se iba alejando el vehículo. Se fue escuchando cada vez más lejos hasta que por fin ya no oyeron nada. El joven logró desatarse y luego se quitó la toalla de la cabeza. Después liberó a su padre. Se encontraban a unas cuantas cuadras de su casa.

Aproximadamente un mes después de los hechos de enero de 1986, Pablo visitó a la viuda de uno de los rancheros inocentes que habían sido sorprendidos en el tiroteo. La esposa de Pablo había conocido a los finados, hijos de uno de los mejores amigos de su padre en los tiempos en que vivían en el poblado de Mezquite. Olivia le pidió a Pablo que hiciera algo más que tan sólo cubrir los gastos del funeral.

El día de la visita, Aída Luján se encontraba haciendo sus quehaceres en la modesta vivienda de Ojinaga que compartía con sus padres, algunos hermanos y hermanas menores y varios sobrinos y sobrinas. Su joven rostro todavía reflejaba el dolor de la pena. En ocasiones, el solo hecho de ver a su hija de un año de edad, ya entonces huérfana, era suficiente para que se dejara caer en el sofá hecha un mar de lágrimas

Al principio, Aída no tenía idea de quién era el hombre que estaba parado al pie de la puerta. Había tocado discretamente y pedido hablar con la "esposa del difunto".

Cuando ella lo dejó pasar a la habitación del frente, Pablo se presentó. Procedió a dar todo tipo de disculpas. Le dijo que los dos hombres eran inocentes, que no tuvieron nada que ver con la emboscada, que casualmente habían pasado en el momento en que se inició el tiroteo y al hacerlo le habían salvado la vida. Estaba apenado, muy apenado, y quería ayudar a la familia a través de un fondo fiduciario administrado por uno de los bancos locales. Le había conferido a alguien el poder en la oficina del abogado de distrito para que iniciara un fondo de ochenta mil pesos (el equivalente entonces a unos mil dólares) a nombre de su hija. La viuda podría retirar los intereses de la cuenta cada mes. Pablo también se ofreció a cambiar la camioneta, la cual había quedado inservible a causa del intenso tiroteo.

Aída Luján había sido criada en el seno de una familia rural donde a las mujeres se les enseñaba a ser sumisas y a seguir una religión que predicaba el perdón y la humildad. Sin embargo, la presencia de Pablo Acosta en su casa provocó que en ella emergieran violentas emociones. Ella quería gritarle lo mucho que había deseado su muerte, a fin de que su familia sufriera lo que ella ahora estaba padeciendo. Pero en lugar de ello, sus oscuros ojos se llenaron de lágrimas mientras miraba hacia el suelo de concreto, como tratando de hallar en él un sostén. "Como usted quiera", le dijo finalmente.

Pablo nunca supo a ciencia cierta quién estuvo detrás de la emboscada. Al principio pensaba que había sido planeada por una facción de narcotraficantes de Guadalajara que querían colocar a su propio hombre al mando de la plaza de Ojinaga, pero sus investigaciones lo llevaron a descartar tal posibilidad. Varias semanas más tarde, les dijo a sus conocidos que estaba seguro de que Lupe, el hijo de Fermín, estaba detrás de todo, "¿Quién más pudo haber sido?", repetía una y otra vez.

Pablo estaba convencido de que Lupe Arévalo había contratado a una docena de hombres para que lo mataran en venganza por los asesinatos de Lilí y Fermín. Pero había fallado en su intento, al igual que sucedió con Fermín cuando contrató a tres hombres para que emboscaran a Pablo frente al restaurante.

Pablo juró que iba a hacer pagar a Lupe por ello.

El nuevo Miami

Con la canalización de tales cantidades de cocaína, tarde o temprano se iba a acabar por confiscar uno de los cargamentos y poner al descubierto la conexión de Ojinaga.

Sucedió alrededor de las cinco de la tarde del 13 de julio de 1985, seis meses antes de la emboscada del supermercado, en un retén de la Patrulla Fronteriza norteamericana ubicado entre Las Cruces y Alamogordo. El retén se encontraba justo al otro lado de la carretera que lleva al Monumento Nacional de White Sands y las dunas de yeso que se extienden hacia el norte a lo largo de varios kilómetros, resplandeciendo con luz cegadora.

Los oficiales de la patrulla estatal de Nuevo México apostados en el retén se aseguraban de estar bien preparados para cada turno. Tan sólo en esta estación de la Patrulla Fronteriza un oficial era capaz de llenar cientos de papeletas al año por luces traseras rotas, falta de documentos, licencias de conducir vencidas, no llevar puesto el cinturón de seguridad y otras infracciones menores. Los oficiales detenían a los conductores en estado de ebriedad y decomisaban vehículos robados.

Aquel día, el sargento James Woods de la Policía Estatal de Nuevo México, un veterano con doce años de servicio, se enjugaba la frente bajo el intenso sol cuando vio que se aproximaba al retén una pick-up Ford en tonos azul y blanco. La camioneta llevaba un voluminoso tanque de propano en la parte posterior. Al momento de frenar, el vehículo se apagó.

El conductor, un adolescente latino, volvió a encender el motor, pero tan pronto como metió la velocidad se apagó de nuevo.

—¿Me permite ver su licencia de conducir, por favor? —le dijo Woods.

Mientras el joven la buscaba en su billetera, Woods extendió la mano hasta tocar la parte superior del tanque. Sabía bastante de sistemas de propano, pues recientemente había instalado uno en su propia camioneta.

—Tu vehículo correría mejor si le abrieras por completo la válvula —le dijo mientras trataba de hacer girar la manivela de la válvula, mas ésta estaba apretada con firmeza— ¿Con qué la estás corriendo?

—Con propano —dijo el joven amablemente.

Woods se asomó hacia el interior de la cabina y echó un vistazo al selector de combustible que había en el tablero. Este indicaba gasolina. El sargento norteamericano miró al joven detenidamente. Tenía aspecto sano y se veía amistoso y relajado. No había nada en él que indicara que estaba ocultando algo. Quizás era que no sabía nada acerca de tanques de propano. El joven estuvo buscando su licencia por unos instantes, luego hurgó en la guantera buscando la tarjeta de circulación, pero no pudo hallar ninguno de los dos documentos.

"Creo que los olvidé en El Paso —dijo. Explicó que se dirigía a Las Vegas a visitar a su madre, que había tenido un grave accidente automovilístico y estaba en el hospital—. Me enteré de ello al salir de trabajar y tomé esta camioneta porque mi auto no estaba en buenas condiciones."

Dijo llamarse Henry Harrison Flores y tener diecinueve años de edad. Dijo también que la camioneta pertenecía al hermano de su esposa. En la ventanilla trasera tenía una etiqueta de una distribuidora de Texas con la dirección de una concesionaria en El Paso, lo que indicaba que había sido recientemente adquirida. Woods comparó el número de identificación de la etiqueta con la placa de identificación del vehículo que ostentaba sobre el tablero, justo abajo del parabrisas. Los números no coincidían.

Mientras anotaba los números de la etiqueta, Woods había deslizado la mano por el tanque y no notó ninguna variación en la temperatura, aun cuando el indicador señalaba medio tanque. Golpeó el tanque con su anillo de boda y percibió un sonido hueco y sordo. El tanque había sido recientemente pintado y algunas gotas de pintura habían manchado el enroscado de la boquilla de relleno.

Justo entonces se aproximó Dave Skinner, el compañero de Woods, después de multar a otro conductor.

—¿Qué pasa con él? —le preguntó a Woods.

—No trae licencia de manejo; la etiqueta no corresponde con el vehículo y hay algo raro en este tanque.

—¿Cómo que algo raro? —dijo Skinner, un hombre con la constitución de un jugador de fútbol americano.

—Tócalo.

Woods había hablado hacía poco con un patrullero estatal en Hobbs que acababa de decomisar un cargamento de mariguana oculto en un tanque de propano y se preguntaba si no se estarían topando con otro. Skinner se subió a la plataforma de la camioneta y golpeó el tanque unas cuantas veces; luego abrió la válvula de escape. Un chorro de gas salió despedido. Pegó el oído contra el tanque y le dijo a Woods que meciera la camioneta

—No escucho ningún chapoteo.

Nada de lo que dijo Harrison Flores resultó ser cierto al verificarlo por radio. El distribuidor de El Paso no existía; nadie que coincidiera con la descripción de su madre había tenido un accidente en Las Vegas ni había nadie hospitalizado. Incluso no había habido un solo accidente automovilístico en las inmediaciones de la pequeña ciudad de Nuevo México en el lapso de más de una semana.

—Tú vienes con nosotros —Woods le dijo al muchacho.

Henry Harrison Flores los siguió a lo largo de cuarenta kilómetros por la carretera a Alamogordo, sede de un programa norteamericano de la posguerra dedicado al desarrollo de cohetes. Condujeron hasta un taller de servicio de una concesionaria. Un mecánico del lugar se deslizó bajo la camioneta y destornilló el tanque. Skinner hizo uso de toda su fuerza para mover el tanque, pero no logró desmontarlo.

—Debe de haber otro tornillo aquí abajo. No puedo moverlo.

El mecánico se metió abajo del vehículo. —No, no hay ningún otro tornillo debajo.

El sargento Skinner siguió intentando hasta que finalmente logró retirar el tanque de la pared de la cabina. Para entonces habían llegado un magistrado y su secretario. Los oficiales necesitaban una orden de cateo para abrir el tanque. Una vez escrita la orden y firmada por el juez, los oficiales empezaron a raspar la pintura de la parte posterior del tanque. Pronto encontraron lo que pensaban que iban a hallar: una fina línea de bondo pulido. Con cincel y martillo removieron la placa rectangular.

Woods y Skinner esperaban encontrar un cargamento de mariguana. Cuando Skinner metió la mano y extrajo un paquete de plástico firmemente sujeto con cinta y ostentando las letras NINFA, se dieron cuenta de que era cocaína. Abrieron el paquete y vieron el polvo cristalino y blanco. Cuando acabaron de vaciar el tanque habían contado en total ciento once recipientes de plástico Cada uno contenía un kilogramo de cocaína. El cargamento tenía un valor estimado en el mercado negro de cincuenta millones de dólares.

Woods y Skinner habían confiscado la mayor carga de cocaína que jamás hubiera pasado por Nuevo México y una de las más grandes en las carreteras de la nación.

Dentro del tanque encontraron otro tanque de propano menor de dos galones, envuelto parcialmente en una bolsa de suministros del ejército y conectado a los manómetros y válvulas del tanque más grande

Uno de los oficiales se dirigió al joven conductor a fin de leerle sus derechos y ponerle las esposas. Hasta el momento, Harrison Flores se había comportado como quien no tiene nada que ocultar. Incluso se había acomodado en un rincón del taller para echar una siesta mientras la policía inspeccionaba la camioneta. Pero conforme el oficial le leía la información de la tarjeta sobre su derecho a permanecer callado, el acarreador de diecinueve años de edad de pronto estalló en lágrimas.

"¿Por qué no saca su pistola y me mata de una vez? —dijo, sollozando. —De cualquier forma ellos me van a matar."

Las dimensiones del cargamento ya constituían en sí claro

indicio de que Harrison Flores trabajaba para una importante organización de narcotráfico y no tardaron en darse cuenta de lo bien coordinada que estaba: a la mañana siguiente de la confiscación dos de los más cotizados abogados penalistas de El Paso acudieron a Alamogordo para representar al modesto acarreador,

Las investigaciones se extendieron hasta El Paso, donde la policía decomisó una camioneta rojiblanca estacionada frente al departamento de Harrison Flores cuatro días después de su arresto. El vehículo tenía también un tanque de propano asegurado a la parte posterior; en su interior la policía encontró ciento veinte kilos de cocaína en paquetes de un kilogramo con las mismas iniciales que tenía el cargamento anterior. Cuando menos otras tres camionetas pick-up con las características de los dos vehículos decomisados se habían visto estacionadas a las afueras del departamento de Harrison Flores.

Poco después de las dos confiscaciones sin precedente, los investigadores antinarcóticos de Los Angeles empezaron a realizar pesquisas. En mayo, justo dos meses antes de que Harrison Flores fuera arrestado, la policía de Los Angeles decomisó doscientos cincuenta kilogramos de cocaína de una casa ubicada en un suburbio de Los Ángeles, hasta ese momento la mayor confiscación de cocaína que se realizara en la parte sur de California.

Había coincidencias entre la confiscación de Los Angeles realizada en mayo y las realizadas en Alamogordo y El Paso en julio. En el caso de Los Angeles, la cocaína primero había sido llevada a una tienda de aparatos electrónicos en dos tanques de propano asegurados a la parte posterior de camionetas pick-up. ¿Eran acaso de la misma fuente que los vehículos decomisados en Alamogordo y El Paso? La mayoría de las veintiún personas arrestadas en la operación de Los Angeles eran mexicanos; el resto, colombianos. ¿Acaso formaban parte de una de las ya establecidas organizaciones combinadas de narcotráfico mexicano-colombianas que operaban desde los estados occidentales de México y los Estados Unidos? De ser así, ¿cómo podían explicarse las placas de circulación de Texas?

William T. Frensley y William Segarra, agentes de la DEA

asignados en El Paso, fueron atando cabos a partir de recibos telefónicos, tarjetas de crédito y pedazos de papel que habían sido confiscados en el departamento de Harrison Flores. Las investigaciones los llevaron hasta un taller de ebanistería situado en el número 1329 de Overland Street, en un ruinoso vecindario de construcciones de tabique rojo, cerca del centro de El Paso. Frensley sintió que el corazón le empezaba a latir más de prisa cuando se asomó al interior y vio dos tanques de propano de ciento diez galones de capacidad, uno de ellos con una abertura rectangular en uno de los costados. Hurgando en uno de los escritorios, Frensley dio con un recibo telefónico con algunas anotaciones al reverso y un mapa. "¡Guau, vean esto! —dijo Frensley—. Creo que a partir de este momento les puedo decir quién está detrás de todo este asunto de la cocaína."

El mapa mostraba la forma de llegar a un taller propiedad de Ismael Espudo en Van Horn, a unos ciento noventa kilómetros al este de El Paso sobre la Interestatal 10, en el escasamente poblado condado de Culberson; el número telefónico de Espudo estaba escrito en el mapa. Nacido en el área de Ojinaga, Espudo se había nacionalizado norteamericano y había educado a su familia en Van Horn. Administraba un taller, un negocio de demolición y un servicio de grúas. Estaba activamente involucrado en los asuntos de la comunidad y en 1982 fue elegido para un periodo de cuatro años como uno de los cinco miembros de la corte del comisionado del condado de Culberson. Entonces, a principios de 1985, Espudo de pronto desapareció. Cuando dejó de asistir a cuatro reuniones consecutivas de la comisión del condado, su lugar fue declarado vacante.

A mediados de mayo, el fiscal del condado de Culberson le había comentado a Frensley que pensaba que Ismael Espudo estaba "tan torcido como la pata trasera de un perro". Entre otras cosas, a Espudo se le tenía bajo sospecha de homicidio y como participante en un complot para defraudar a un banco; también se sospechaba que tenía cuantiosos negocios de narcóticos con importantes narcotraficantes de Ojinaga.

Y no sólo eso, Espudo estaba relacionado con Pablo Acosta por sus lazos matrimoniales.

Frensley había tenido el cuidado de memorizar toda la información. Y al encontrar el mapa que conducía al taller de Espudo en el establecimiento de ebanistería en El Paso, recordó la conversación que había tenido con el fiscal de distrito. Todo parecía coincidir. Estaba seguro de que la cocaína decomisada en Alamogordo y El Paso procedía de Ojinaga. De ser así, Pablo Acosta tenía que estar de alguna forma involucrado.

Haciéndose pasar por coleccionista de automóviles en busca de partes para un Ford Mustang 1965, los dos agentes de la DEA visitaron el taller de Espudo. Este no se encontraba en el lugar, pero algunos jóvenes que supusieron eran sus hijos o sobrinos permitieron echar un vistazo. Durante la visita, vieron un gran tanque de propano instalado a la mitad del taller.

Las investigaciones empezaron a multiplicarse rápidamente. Hacia el mes de septiembre, los agentes del Servicio de Aduanas norteamericano en Presidio empezaron a reunirse a altas horas de la noche con un informante que tenía vínculos con la organización Acosta y que cruzaba el río a nado para rendir su último informe, en ocasiones a riesgo de ser aprehendido por los soldados mexicanos asignados en Ojinaga para patrullar el río. Los agentes norteamericanos conducían al hombre hasta Presidio y después de interrogarlo ampliamente lo mandaban de vuelta hacia el río.

Dicho informante (que más tarde pasó las pruebas del detector de mentiras administradas por uno de los más calificados polígrafos de la DEA) dijo a los agentes que había visto a Ismael Espudo en el rancho al oeste de Ojinaga cuando llegó un avión cargado de cocaína; vio cómo procedían a almacenar la droga en un tanque subterráneo y vio también cómo más tarde la desenterraban y transportaban hasta la bodega de Pablo en Ojinaga. Se encontraba presente cuando la introdujeron en los tanques de propano, cuando llegaban los cargamentos de cocaína al aeropuerto principal de Ojinaga y cuando Pablo le dio la fiesta de despedida al comandante en el hotel Rohana.

Pero una cosa era que el informante hubiera visto que los tanques de propano procedían a ser cargados con paquetes de cocaína de un kilo en Ojinaga y otra relacionarlos con Henry Harrison Flores. El informante no recordaba haber visto a nadie que coincidiera con la descripción de Harrison Flores, ni tampoco podía recordar los números de las placas y otros detalles de las camionetas que había visto en las instalaciones de Pablo y que indiscutiblemente hubieran vinculado los cargamentos de Alamogordo, El Paso y Los Angeles con Pablo Acosta.

Aun así, los agentes de la DEA estaban satisfechos de tener finalmente una visión general de la operación de narcotráfico.

Las pruebas presentadas más tarde en el tribunal federal demostraron que Henry Harrison Flores trabajaba para una red de narcotráfico que operaba a través de El Paso bajo las órdenes de un mexicano llamado Audelio Arzola. Al principio, la DEA pensó que Arzola trataba de manera independiente con los productores de cocaína colombianos y que tenía su propio cuerpo de acarreadores de droga, entre ellos una abuela en El Paso que conducía camiones escolares cuando no iba a hacer una entrega de cocaína a Los Angeles. Después se hizo evidente que su papel era de subcontratista, es decir que se hacía cargo de las tareas de contrabando de alto riesgo para la persona que tuviera las conexiones con los colombianos.

Esa persona era Pablo Acosta. Era un eslabón imprescindible en la cadena que comenzaba en Colombia y terminaba en puntos de entrega desconocidos en los Estados Unidos.

Empezó a verse que se trataba de un caso de enormes proporciones, con un sinnúmero de implicaciones de cuidado. Por las manos de Pablo pasaban mensualmente cinco toneladas de cocaína, ¡así que al año eran sesenta las toneladas que llegaban a un pequeño pueblo fronterizo de México, cuyo nombre resultaba difícil de pronunciar y del que pocas personas habían oído hablar! Los cálculos oficiales de la DEA habían establecido el consumo anual de cocaína en los Estados Unidos en menos de cien toneladas al año, aunque de manera extraoficial se reconocía que se aproximaba a las doscientas toneladas. De modo que era probable que un tercio de la cocaína introducida a los Estados Unidos proviniera de Ojinaga.

Posteriormente, los informantes proporcionaron los detalles: por una cuota que oscilaba entre mil y mil quinientos dólares por kilogramo, Pablo almacenaba y vigilaba la cocaína en Ojinaga, brindándoles la seguridad de su plaza. Ofrecía además apoyo logístico e instalaciones técnicas a las operaciones de contrabando independientes, como la que dirigía Audelio Arzola, que se encargaba de transportar aproximadamente una tonelada de cocaína al mes.

Lo que resultó evidente para los analistas de la DEA al darse cuenta de los alcances que tenía la operación de Pablo en Ojinaga fue el hecho de que los colombianos habían desviado una gran parte de sus operaciones de narcóticos del sur de Florida a México. El árido paso de Chihuahua a Texas había sido transformado en una nueva Florida, la nueva ruta de preferencia para introducir cocaína a los Estados Unidos. Esto hacía que ciudades fronterizas como El Paso y ciudad Juárez se convirtieran en centros de corrupción y asesinato: los nuevos Miami de la guerra del narcotráfico.

Hacia finales de 1985, lo vasto de las investigaciones acabó por rebasar a los agentes de la DEA asignados a tal función. Cada uno de los cabos que se iban atando aportaba valiosísimas fuentes de información acerca de Pablo Acosta y de muchas otras personas, desde ladrones de autos hasta traficantes de heroína, que tenían arreglos con él. Ernie Pérez, de origen cubano y jefe de la DEA en El Paso, se reunió con Tom McHugh, el fiscal principal de la Procuraduría en esa ciudad, y ambos coincidieron en que había llegado el momento de convertir a Pablo Acosta en un caso de la Organized Crime Drug Enforcement Task Force (OCDETF), Fuerza Unificada para Combatir el Narcotráfico del Crimen Organizado.

En 1982, la administración de Ronald Reagan creó doce OCDETF regionales con el fin de desmantelar "empresas de narcotráfico de alto nivel" mediante el arresto y proceso de sus miembros más importantes. La idea, inspirada por una fuerza unificada anterior que se había establecido al sur de Florida, era combinar investigadores antinarcóticos de varias agencias federales, estatales y locales y con ello formar una sola unidad investigadora. La zona oeste de Texas, que era donde Pablo Acosta concentraba la mayoría de sus operaciones, quedó a cargo de la Fuerza Unificada de la Costa del Golfo, abarcando los estados de Texas, Misisipi y Luisiana.

El 14 de febrero de 1986, un comité de la Fuerza Unificada formado por representantes de la DEA, el FBI, el Servicio de Aduanas norteamericano, el Servicio de Inmigración y Naturalización, el Servicio de Rentas Públicas, la Procuraduría, el Departamento de Policía de El Paso y el Departamento de Seguridad Pública de Texas se reunieron en la sala de conferencias de la DEA en El Paso para discutir el caso de Pablo Acosta.

Se distribuyeron copias de un borrador de la DEA a manera de informe inicial para la Fuerza Unificada, el cual procedía a describir la organización de Acosta, y en parte decía lo siguiente:

"Los tentáculos de esta organización abarcan los estados mexicanos de Chihuahua y Sonora, y en los Estados Unidos la parte oeste y norte de Texas, el sur y el este de Nuevo México y zonas de Kansas, California, Colorado, Oklahoma, Misuri, Nueva York, Nueva Jersey, Nevada, Idaho, Carolina del Norte y Michigan. El presente estudio, realizado por un analista del Centro de Inteligencia de El Paso, describe la organización de Acosta como un grupo multifacético de elementos con lazos familiares y asociados bien establecidos, cuya cifra va más allá de los 500 individuos...

De acuerdo con numerosos testimonios, Pablo Acosta es considerado como un fugitivo extremadamente peligroso y despiadado, y ha sido responsable, ya sea de manera directa o indirecta, de cuando menos veinte asesinatos.

Los miembros de la organización Acosta importan armas de fuego de los Estados Unidos a México. Al igual que en el caso de los vehículos robados, estas armas casi siempre se intercambian por droga. También se roban aviones, los cuales son conducidos a México para ser utilizados en las operaciones de narcótico de Acosta. Los últimos informes señalan de que numerosos oficiales de la zona oeste de Texas, entre los que figuran asistentes del alguacil, oficiales de la policía local, fiscales estatales y locales y otros oficiales elegidos y asignados, se encuentran asociados a la organización de Pablo Acosta."

El último párrafo hizo alzar las cejas a algunos de los jefes de la agencia y a sus jóvenes asistentes.

"Siete u ocho" oficiales y policías locales de El Paso y los condados de Culberson y Presidio estaban bajo sospecha, les dijo Chris Thompson, coordinador de la fuerza unificada. Thompson, de cabello platinado y veterano agente especial de la DEA en El Paso, refirió las investigaciones que se habían realizado desde el arresto de Henry Harrison Flores en Alamogordo hasta el descubrimiento del depósito de cocaína que Pablo Acosta tenía en Ojinaga. Había seguido de cerca el historial delictivo de Acosta desde las investigaciones realizadas en Eunice que obligaron a Pablo a huir a México hasta los últimos informes que detallaban las operaciones de Pablo en relación con la mariguana, la heroína y la cocaína.

Cada agencia aportó lo que sabía de Pablo.

El objetivo de la Fuerza Unificada sería aniquilar todas las facciones de los Acosta que habían sido identificadas en docenas de comunidades de la zona oeste de Texas y Nuevo México. También querían aprehender a Pablo. Algunos informes señalaban que solía cruzar la frontera para visitar parientes en Odessa y otras ciudades; de no ser así, tendría que ser atraído con engaños hacia el territorio norte-americano.

Pablo había figurado a lo largo de varios años. Todos en la sala lo conocían y casi todo el mundo había soñado en alguna ocasión con aprehenderlo. Después de casi tres horas de intercambiar informes y discutir, el comité procedió a votar. Todos levantaron unánimemente la mano. Pablo Acosta y su organización serían los siguientes objetivos a alcanzar de la Fuerza Unificada.

Más tarde, uno de los agentes comentaría: "Teníamos mucho tiempo de conocer al tipo y todo el mundo sentía que había llegado el momento de ir tras él".

XX

MIMÍ Y SU RANCHO "EL MILAGRO"

Al mismo tiempo que la Fuerza Unificada que se proponía aprehender a Pablo tomaba forma en El Paso, un oficial del Servicio de Aduanas norteamericano asignado en el Gran Recodo se había estado reuniendo mes a mes con él en Ojinaga en un intento por convertirlo en informante.

David Regela era un oficial de antinarcóticos del Servicio de Aduanas norteamericano que en 1983 había sido enviado al Parque Nacional del Gran Recodo con órdenes de "desmembrar la organización de Pablo Acosta" y había conocido a Pablo varios meses antes de que Henry Harrison Flores fuera arrestado en Alamogordo.

Atlético, con una barba castaño-rojiza, ojos de un azul suave y con una pasión por surcar los rápidos del río Bravo en kayak o en balsa, Regela era considerado uno de los investigadores antinarcóticos más eficientes del Servicio de Aduanas. Había sido reclutado justo al graduarse de la Universidad de Illinois en 1971 para participar en el programa de Vigilancia Aérea del Servicio de Aduanas de los Estados Unidos, creado para contrarrestar una racha de secuestros de aviones. Llevando oculta un arma en el cinturón, Regela anhelaba convertirse en el primer policía que hubiera logrado frustrar un secuestro aéreo a 10 000 metros de altura. Nunca tuvo la oportunidad de hacerlo, pero sí arrestó a algunos pasajeros que trataban de pasar narcóticos ocultándolos en su cuerpo o en su equipaje. Al cancelarse el programa de vigilancia aérea con el establecimiento en los aeropuertos de detectores de metales y la revisión del equipaje de mano mediante rayos X, Regela se convirtió en investigador del Servicio de Aduanas en El Paso.

Trabajó por temporadas en el Gran Recodo. En 1983 cuando las guerras entre las pandillas de Ojinaga ya habían cobrado numerosas víctimas y los informantes reportaban los asesinatos bárbaros, fue enviado ahí de manera permanente para dirigir una estación de vigilancia, con cinco hombres a su cargo.

Para él la investigación se convirtió en un emocionante viaje al pasado. Los contrabandistas con sus sombreros y los bandoleros con sus cartuchos de grueso calibre entrecruzados, usaban tácticas que sus antepasados habían usado mucho antes de la Revolución Mexicana para evitar ser detectados. No era raro que Regela y sus compañeros divisaran hogueras de señalamiento en lo alto de distantes montañas, en la noche, o reflejos de espejos que formaban señales durante el día, o que rastrearan y alcanzaran caravanas de mulas cargadas de contrabando, veinte e incluso treinta millas al norte del río Bravo.

Su bautizo de fuego se celebró en el Gran Recodo en una fría noche de diciembre de 1976, cuando él y un pequeño grupo de agentes de aduanas esperaban a arrestar lo que ellos creían que sería un pequeño grupo de contrabandistas que cruzaría el río Bravo con un cargamento de dos toneladas de mariguana. Regela y otros dos agentes se encontraban encerrados en una camper, esperando a que uno de los agentes secretos de afuera les diera la señal para que salieran e hicieran los arrestos. Los agentes estadounidenses empezaron a sudar al ver que un pequeño ejército de contrabandistas cruzaba el río con la mariguana. Perdieron la cuenta al llegar a las tres docenas. Los contrabandistas, muchos de los cuales iban a caballo y llevaban sombrero y chaparreras de cuero, estaban armados con Winchesters y revólveres. Por la ventana lateral de la camper, Regela pudo ver el vapor del aliento del caballo cuyo jinete había trotado hasta la camper e intentaba ver al interior por la ventana lateral. Cuando uno de los contrabandistas exigió ver el interior, Regela y sus compañeros brincaron, gritándoles a los asustados contrabandistas que estaban todos arrestados. Los mexicanos empezaron a disparar. Los americanos respondieron. Intercambiaron varias descargas de balas antes de que la tropa de traficantes cruzara en estampida el río, cargando con sus muertos y heridos.

La Balacera de San Vicente, como fue llamada más tarde, fue ampliamente comentada por los medios de comunicación americanos y fue sin duda la más grande balacera de la frontera desde el ataque de Pancho Villa a Columbus, Nuevo México. "De no haber sido porque llevábamos metralletas, yo creo que ninguno de nosotros hubiera salido de ahí con vida." comentó Regela posteriormente.

Su investigación más importante desembocó en el arresto del tío de Pablo, Manuel Acosta, hombre de gran talla, de toscas manos callosas, que se dedicaba a entrenar caballos en su rancho cerca de Terlingua, además de llevar semanalmente a Dallas, por encargo de Pablo, quinientos kilos de mariguana. Regela se enteró de que Manuel transportaba la droga en vehículos recreativos conducidos por parejas de norteamericanos que se hacían pasar por turistas. Regela y sus agentes detuvieron uno de estos pesados vehículos cuando salía del Parque Nacional del Gran Recodo, encontrando en su interior quinientos kilos de mariguana. Uno de los acarreadores resultó ser una mujer embarazada de Dallas que finalmente decidió cooperar con las autoridades al poner en evidencia a Manuel Acosta. Se le declaró culpable de delito de conspiración y fue sentenciado a veinte años de prisión en la penitenciaría federal.

Luego, en enero de 1985, Regela arrestó a Armando Acosta, uno de los hermanos menores de Pablo adictos a la heroína, después de perseguirlo a través de los cañones del parque nacional. La patrulla fronteriza había detenido una tarde a Armando y a su novia cuando iban por una carretera justo al norte de las oficinas del parque, a la altura de la confluencia Panther. Tan pronto como vio las luces rojas a sus espaldas, Armando se detuvo en la orilla y junto con su chica huyó a pie hacia el desértico valle cubierto de arbustos de mezquite. Regela, que había sido llamado para auxiliar en la operación, encontró veinticinco kilos de mariguana en la parte posterior del vehículo.

La persecución se suspendió al anochecer por temor a una

emboscada, pero a las primeras luces del día siguiente un avión de reconocimiento detectó a la pareja caminando en dirección al cañón del Perro, a unos diez kilómetros al sudeste de la carretera donde habían sido detenidos por la patrulla fronteriza. Regela sabía que atravesando el cañón fácilmente podían llegar al río Bravo y de ahí escapar hacia México. Las autoridades se apresuraron a bloquear el cañón en tres lados. Armando iba armado con una 38 automática niquelada y pudo haber hecho su captura más difícil, pero en lugar de ello, cuando Regela y los otros agentes los coparon, sacó una jeringa del bolsillo de su camisa. Justo al correr Regela hacia ellos, con su placa en una mano y la pistola en la otra, Armando le quitó la cubierta de plástico a la aguja y se la aplicó en el brazo.

—Sabía que lo teníamos atrapado y en lo único que pudo pensar fue en administrarse la última dosis —recuerda Regela.

Para David Regela, Pablo Acosta no era más que un personaje superficial. Cuando trataba de concebir al famoso zar de la droga, la imagen que acudía a su mente era la de un bandido con bigotes caídos y humeantes revólveres. Pablo era el extravagante bandido del otro lado del río que tenía fama de hacer alarde de violencia, esa figura tenebrosa que controlaba el flujo de narcóticos a todo lo largo del Gran Recodo y se reía de las autoridades norteamericanas desde su santuario mexicano. Y mientras el zar de la droga de Ojinaga permaneciera en México, seguiría siendo intocable. Por esa razón Regela concentró sus energías en objetivos tangibles y alcanzables que vivían y traficaban del lado norteamericano del río, como Manuel Acosta.

Gracias a la información que le proporcionaban sus informantes, Regela comprendió que el crimen organizado en México funcionaba como un sistema de franquicias y sabía, mediante cantidades de informes de inteligencia, que era una realidad institucional: el gobierno de ese país permitía que gente como Pablo Acosta operara como extensión no oficial de las agencias gubernamentales. Sus informantes le hablaron de la protección que brindaban a Pablo las autoridades federales y el ejército del país. Sabía que el ejército protegía los campos y envíos de Acosta. Pero su tarea no era aprehender al gobierno, sino detener al detenible; exponer a los que violaran la ley del lado americano.

Sin embargo, en una ocasión, él y otros agentes americanos de la oficina de Presidio pudieron observar por sí mismos cómo se daba esa protección. Unos agentes americanos habían detectado un sembradío de mariguana del otro lado del río Bravo, en el Cañón del Colorado, a medio camino entre Presidio y el Parque Nacional del Gran Recodo. El sembradío se encontraba en una saliente de tres acres, más o menos cincuenta pies arriba del río, cerca de la base de los escarpados riscos que se alzaban a ambos lados del cañón. Debido a la elevación y a las altas cañas que crecían en las riberas, el campo y las pipas de riego no podían verse desde el río. Pero la operación podía verse con binoculares desde los riscos de ochocientos pies de altura del lado americano. La plantación era una empresa sofisticada. El campo había sido aterrazado y tenía varios plantíos de hileras de plantas jóvenes junto a plantas maduras para permitir buenas cosechas. Durante el período de vigilancia, los agentes americanos observaron la presencia de soldados. La información fue transmitida a la ciudad de México a través de la agencia de Aduanas de los Estados Unidos. En respuesta, el gobierno de México anunció que iba a enviar a una unidad especial con órdenes de destruir el campo. Accedieron a que los norteamericanos los condujeran al campo, pero horas antes de que los americanos pensaran en retirarse, los mexicanos les dijeron que no requerían de sus servicios. Al día siguiente el gobierno mexicano anunciaba que había localizado y destruido el sembradío y que había realizado algunos arrestos.

Regela no tenía motivos para no creer este informe, pero una semana más tarde decidió ver qué tan a fondo habían erradicado el problema los mexicanos. El y una amiga bajaron por el río en kayak. Subieron la cuesta y vieron que el campo estaba intacto. Antes de poder llegar a la orilla del sembradío de mariguana, escucharon un disparo. Una bala pasó por encima de sus cabezas. Ocho soldados salieron de la nada, ordenando que les dijeran qué hacían ahí. Regela fingió ser un turista despistado y explicó que estaban buscando unas

Vista desde la calle de la estación de radio de Malaquías Flores en Ojinaga. Flores operaba desde aquí un sistema privado de comunicación por radio para Pablo Acosta. Ex jefe de policía de Ojinaga, Flores se convirtió en oficial de enlace del ejército mexicano, aparentando manejar las relaciones públicas, pero en realidad sirvió como intermediario entre el comandante de la guarnición militar de Ojinaga y Pablo Acosta y jugó un papel importante en la protección que el ejército proporcionó al narco de Ojinaga. (Foto de Terrence Poppa.)

ruinas indígenas. Finalmente, los soldados los dejaron ir.

En guardias ulteriores realizadas desde el lado americano del río, los norteamericanos vieron que los soldados cuidaban el campo por turnos de tres días. Observaron cómo los soldados ayudaban a la cosecha de las plantas maduras, cargando la mariguana sobre unas mulas que eran conducidas por el escarpado camino. Al terminar su turno de tres días, las tropas se retiraban a altas horas de la noche. Tres o cuatro horas después, bajaba por la pronunciada pendiente la unidad de remplazo, en fila india, con sus rifles al hombro y las mulas cargadas de víveres.

En uno de esos cambios de turno, un grupo de agentes estadounidenses que se encontraban fuera de servicio llegaron al lugar en balsas. Rápidamente escalaron el peñasco. Trabajaron febrilmente hasta arrancar todas las plantas de mariguana y destruir el sistema de riego. Antes de partir, tiraron todas las plantas y el equipo al río. Acabada la tarea, los incursores se fueron flotando río abajo en sus balsas.

Cuando llegaron los soldados del siguiente turno, sólo encontraron una bandera de Texas en medio del campo.

Cuando Regela llegó por primera vez al Gran Recodo nunca se imaginó que llegaría a conocer a Pablo, mucho menos que éste acabaría un día por cooperar con él para abrir casos contra narcotraficantes de heroína y cocaína. Mas la oportunidad de conocerlo se dio a mediados de 1985, justo cuando una cadena de turbopropulsores empezaron a aterrizar en Ojinaga con fenomenales cantidades de cocaína.

El encuentro entre Pablo y Regela se dio a través de Mimí Webb Miller, sobrina del senador norteamericano John Tower, que poseía un rancho de tres mil acres en las montañas de México, no lejos del rancho que tenía Pablo Acosta cerca de San Carlos. Conocía a Pablo desde hacía varios años por ser vecinos.

Siendo una mujer completamente rubia en una tierra donde la mayoría son de tez, cabello y ojos oscuros, Mimí definitivamente sobresalía. Se ocupaba de criar ganado, cabras, cultivar maíz, manzanas y elevar la presión sanguínea de los rancheros mexicanos que galantemente proponían matrimonio a la atractiva güerita siempre que se aventuraba a San Carlos.

Estudiante universitaria a finales de los años sesenta, Mimí desarrolló su interés en la historia del arte en instituciones de California y Texas. Después de obtener un grado en la Universidad Metodista del Sur, se dedicó a montar exhibiciones para una galería de arte en Houston. En sus tiempos libres impartía conferencias sobre historia del arte en la Universidad Rice en Houston. Durante un viaje que realizó en 1977 a Lajitas, pueblo turístico a las orillas del río Bravo, unos ochenta kilómetros aguas abajo de Presidio y Ojinaga, se enamoró del Gran Recodo.

Lajitas estaba construido de manera que reprodujese un pueblo del Viejo Oeste norteamericano, con fachadas de madera sin pintar, rústicas banquetas de tablones y calles sin pavimentar. Los turistas, impresionados por la fidelidad de la reproducción, probablemente no se habrían acercado a unos cien kilómetros de la frontera si hubieran sabido que en los pueblos y caseríos con viviendas de adobe que había apenas al sur de Lajitas había pistoleros auténticos disparando en las polvosas calles.

Pero Mimí olfateó la aventura; aceptó la invitación del promotor de Lajitas para contar con una artista de planta. No pasó mucho tiempo antes de que anduviese cruzando el río en un vehículo con transmisión en las cuatro ruedas, así como asistiendo a peleas de gallos y escandalosas pachangas de toda la noche en San Carlos. Fue en ese entonces cuando conoció a un mexicano de tez morena con negro cabello encrespado y la correosa y esbelta constitución del vaquero, que fue quien le enseñó muchas de las costumbres de las tierras fronterizas mexicanas y que también le mostrara la propiedad en la montaña que se convertiría en su rancho.

Decidió llamarlo El Milagro. Contaba con una casa rústica de dos pisos y muros de piedra de sesenta centímetros de espesor. Incluía una terraza techada, lámparas de queroseno, una estufa que se alimentaba con madera y una construcción más pequeña en el exterior.

El teléfono más cercano se encontraba en la tienda general de Lajitas, un viaje de dos horas en automóvil hacia el norte por un deslavado camino de tierra. La única agua corriente se obtenía de una cascada de doce metros de altura que formaba un arroyo justo detrás de la casa. La mayor parte de la tierra constaba de escarpadas laderas al lado de una imponente cordillera que podía verse desde Lajitas en un día claro. El amigo vaquero de Mimí se convirtió en su esposo por común acuerdo, y ella puso la propiedad a nombre del medio hermano de éste, ya que las leyes mexicanas establecen que los extranjeros no pueden poseer propiedades en un perímetro de cien kilómetros de la frontera.

Pablo Acosta se convirtió en asiduo visitante del rancho de Mimí antes de que se hiciera cargo de la plaza de Ojinaga y adquiriese el predominio del área en el mundo del narcotráfico. Resulta que el marido de Mimí había tenido ciertos arreglos con Pablo y en el curso de ellos había empezado a hacerse adicto a la heroína. Un día se presentó Pablo con su habitual despliegue de armas y pistoleros. El y sus hombres se instalaron en la parte sombreada de la terraza. Pablo daba la apariencia de no haberse bañado en dos semanas. Tenía la piel llena de manchas, sus dientes estaban mal alineados y su nariz parecía una auténtica bocina. Con la boca abierta y llena de incrustaciones de oro, Pablo veía de soslayo a Mimí mientras ésta entraba y salía de la casa sirviendo cerveza a los invitados.

A ella le parecía bastante feo.

Y aunque nunca cambió de opinión acerca de su apariencia, poco a poco la fue intimidando menos al irlo conociendo y a través de la conversación empezó a darse cuenta de lo agudo que era. Cuando finalmente consiguió la plaza de Ojinaga, supo realmente lo poderoso que era ese desaseado y prácticamente iletrado campesino. Se hicieron amigos y Pablo solía ayudarle a obtener visas para las excursiones a caballo que organizaba por los ocultos valles semitropicales al sudeste de San Carlos.

Al paso del tiempo, el rancho de Mimí se convirtió en una especie de centro recreativo para Pablo y sus hombres. Poco después de mudarse ahí, Mimí mandó construir un abrevadero de piedra para el ganado con las dimensiones de una pequeña alberca, el cual se llenaba con las cristalinas aguas de manantial del arroyo que corría atrás de la casa. Mimí ahuyentaba el ganado siempre que quería echarse un chapuzón. Pablo, por su parte, solía acudir al rancho acompañado de Pedro, Armando, Héctor Manuel y una escolta de pistoleros. A la orilla del estanque organizaba ruidosas fiestas con grandes cantidades de cerveza y algún cabrío recién sacrificado y preparado en barbacoa.

Aunque a veces se veía limitada de dinero, Mimí se negaba a aceptar las ofertas ocasionales de Pablo de ayudarla a cubrir los pagos de la propiedad. En lo que sí consintió fue en que la ayudara a construir una capilla. El cuñado de Mimí había estado padeciendo un mal hepático y nadie tenía esperanzas de que viviera. Mimí y su esposo hicieron la promesa de que si el hermano se recuperaba construirían una capilla a la Virgen de Guadalupe donde siempre tendrían prendida una veladora. Cuando el hermano logró superar la enfermedad, Pablo acudió con una docena de sus pistoleros llevando consigo cemento, cal y otros materiales para construir una pequeña estructura de piedra. Llegaron a trabajar desde la mañana a erigir la capilla en una pequeña colina puntiaguda desde la cual se dominaba el rancho, y no acabaron hasta ya entrada la noche. En el interior, colocaron una gran estatua de yeso de la Virgen de Guadalupe y prendieron algunas veladoras.

Sin embargo, a principios de 1985, la relación de Mimí con su moreno vaquero mexicano había llegado a su fin. Incluso antes de involucrarse con ella, él ya usaba heroína. Se dice que se hizo adicto a esta droga al absorberla por las uñas mientras cortaba bloques de la droga para empacarla y enviarla. La adicción fue progresando. Durante los primeros años que estuvieron juntos él había logrado prescindir de la heroína, pero la atracción era demasiado poderosa y empezó a drogarse de nuevo. Después de dos años más de aguantar su adicción, Mimí le dijo que todo había terminado.

Empezó a salir con otros hombres y pronto se la vio, en reiteradas ocasiones, con David Regela. Al igual que Mimí, Regela se estaba rehaciendo de una relación que se había deteriorado. Ella lo visitaba con frecuencia en sus oficinas de la confluencia Panther; en tanto que él, en sus días libres, la pasaba en su rancho asoleándose a un lado de la piscina o fotografiando y explorando antiguos campamentos indígenas y cementerios que había por las inmediaciones del rancho. Siendo los dos aficionados a navegar por aguas espumosas, solían recorrer juntos los rápidos del cañón del Colorado a bordo de una balsa firmemente construida.

Su relación no era una que pudiese mantenerse en secreto durante mucho tiempo en las escasamente pobladas tierras fronterizas. Con frecuencia cruzaban a caballo las montañas de su rancho a San Carlos. Ella le mostró el peculiar pueblo mexicano y lo presentó con sus amigos. Lo llevó a ver los sitios de interés de San Carlos: el salón de baile donde habían herido de muerte a Juan, hermano de Pablo, la iglesia donde habían oficiado la misa fúnebre de Shorty López.

Pablo acabó por enterarse de la relación. El sabía que Regela era el agente que había enviado a su tío y a su hermano a prisión. Se preguntaba si no querría obtener información sobre él a través de Mimí. Pablo acudió al rancho de Mimí un día que Regela no estaba presente y exigió saber qué estaba pasando.

Mimí le respondió con su desenfado habitual: "No tienes nada de qué preocuparte. Todo lo que quiere es acostarse conmigo."

La respuesta pareció satisfacer a Pablo, sin embargo, un par de meses después le dijo a Mimí que quería conocer al agente americano.

Regela estaba seguro de que Pablo tenía conocimiento de que había sido él el oficial responsable del arresto de Manuel así como de su participación en la captura y proceso de Armando en Pecos. Eso ponía a David Regela en una situación peligrosa si es que Pablo estaba buscando vengarse. Pero Mimí insistía en que Pablo era un hombre de honor, y que bien podía garantizar la seguridad de Regela.

En vista de que Pablo era un fugitivo, el encuentro no podía tener lugar en los Estados Unidos. Pablo sugirió que se vieran en la estación de radio de Malaquías Flores en Ojinaga. Pablo apostó algunos hombres en el exterior mientras él en compañía del agente norteamericano y Mimí se dirigían hacia la pequeña oficina de Malaquías. Era éste un hombre alto, calvo y de tez morena, con lentes de fondo de botella y gruesas cadenas de oro pendiendo de su cuello. Al llegar ellos, Malaquías se encontraba trabajando detrás de un escritorio ejecutivo.

"Vamos a usar tu oficina —le dijo Pablo, al tiempo que ponía una botella de brandy mexicano sobre la mesa y se dejaba caer en la confortable silla giratoria de Malaquías—. Veme a traer unos vasos."

A través de los años, Pablo le había referido a Mimí anécdotas acerca de Malaquías. David Regela, por su parte, sabía por otras fuentes del papel que desempeñaba el dueño de la estación de radio en el esquema de protección que Pablo tenía con miembros del ejército mexicano: Malaquías cobraba el dinero de la plaza y lo pasaba a otros niveles. Pablo no parecía tenerle mucho respeto. Después de regresar con tres vasos y un poco de hielo, los que colocó frente a Pablo, Malaquías hizo una reverencia como si fuese su sirviente y salió de la oficina caminando hacia atrás. Pablo se levantó y cerró la puerta. A los pocos minutos se escuchó que alguien tocaba tímidamente y Regela escuchó la voz de Malaquías pidiendo permiso para entrar. "Ahora no, Malaquías —le gritó Pablo con impaciencia— ¡Vete!"

Pablo entonces dijo: "Cuénteme de mi hermano y también de mi tío Manuel."

Regela le contó todo tal y como había sucedido. Le dijo que Manuel habla sido su objetivo principal desde que las autoridades de El Paso lo comisionaron en el Gran Recodo. El Servicio de Aduana norteamericano durante años había tenido un caso abierto contra las operaciones de narcotráfico que Manuel controlaba desde Terlingua, pero nadie había sido capaz de atraparlo. Regela le expuso los detalles del caso que se dieron a la hora del juicio. También le explicó la forma en que habían aprehendido a Armando Acosta, describiéndole la persecución por el Gran Recodo. Le comentó a Pablo acerca de la jeringa.

"A decir verdad, ni siquiera sabíamos que era tu hermano —añadió Regela, frotándose la barba rojiza y mirando a Pablo con sus ojos azules —. Nos dio un nombre falso y no supimos quién era realmente hasta que lo llevamos a Alpine para formularle los cargos." Uno de los carceleros lo reconoció y le dijo: "¡Mando, has vuelto con nosotros!" Armando había escapado de la prisión de Alpine tres meses antes de que fuera arrestado en el Gran Recodo.

En realidad a Pablo le agradaba la idea de que Armando estuviese tras las rejas. "Mi hermano es un adicto y le hará bien pasarse un tiempo en prisión. No hay problema. Tú cumpliste con tu trabajo."

Contaron sus historias de guerra. Pablo le contó a Regela cómo había escapado de los Estados Unidos en 1976 e insistió en que alguien lo había delatado. Él creía que iba con Delfino Rendón a hacer un negocio de mariguana.

Regela, por su parte, le relató la Balacera de San Vicente

ocurrida ese mismo año y le explicó lo que significaba estar amontonado en una camper rodeada de tres docenas de bandidos. Le contó a Pablo que de no ser porque iban armados con M-16, no hubieran sobrevivido. Pablo recordaba el incidente. Para entonces ya había huido a México y estaba trabajando para Shorty López. La mariguana confiscada era de Shorty. Se la habían dado en adelanto al primo de Shorty para el trato de San Vicente. El propio Pablo había llevado la mariguana río abajo y se la había entregado al primo de Shorty. Era el primo de Shorty, Belen Maldonado Lopez, quien había exigido ver el interior de la camper. El trabajo de Pablo consistía simplemente en entregar la mariguana; el contrabando de la droga no le correspondía y por eso se aprestaba a regresar a Ojinaga cuando escuchó la ensordecedora batalla del lado americano del río. Condujo de regreso al río justo a tiempo para ver a los hombres de Maldonado cruzar el río despavoridos, disparando con todo lo que llevaban mientras se retiraban.

Pablo le dijo que los mexicanos habían sufrido muchas bajas y habían aprendido la lección. A partir de entonces, empezaron a adquirir metralletas y pistolas semiautomáticas.

Durante las siguientes horas se acabaron la botella de brandy. Sólo Pablo consumió más de la mitad. A lo largo de la conversación Pablo insistió en que él sólo traficaba con mariguana y negaba vehementemente tener algo que ver con heroína o cocaína. En ese entonces, Regela no tenía ninguna razón para no creer en sus palabras.

Conforme fue avanzando la noche, Regela empezó a darse cuenta de que Pablo sería una potencial fuente de información; no creyó que hubiera nada de malo en pedirle que le ayudara a resolver algunos casos. Al igual que cualquier otro narcotraficante, Pablo tenía rivales que necesitaba hacer a un lado. "¿Así que porqué no trabajamos juntos? —le preguntó Regela —. Tú tienes competidores, gringos que vienen al río a comprar droga para otras personas. Ayúdame."

Regela vio cierto brillo de astucia en los ojos de Pablo, como si estuviese pensando en alguien a quien le gustaría que arrestaran: "Voy a pensarlo".

La reunión concluyó a medianoche. A Pablo le pareció que Regela era una persona amena y tal vez muy útil, de manera que quería seguirlo viendo. Por su parte, el agente norteamericano se dio cuenta de que Pablo era simpático, amistoso y que podía serle de suma utilidad. No quedaron en cuándo iba a ser su próxima reunión, pero al despedirse acordaron ultimar los detalles más tarde.

Dada la sanguinaria reputación de Pablo, Regela había estado listo para cualquier cosa, pero la velada había resultado agradable, informal y apacible como una barbacoa de traspatio entre vecinos. Sin embargo, una vez en la calle sin pavimentar frente a la estación de radio, un absurdo incidente le recordó a Regela que estaba operando tras las líneas enemigas sin ningún tipo de respaldo. Había conducido a Ojinaga desde la confluencia Panther en un sedán del gobierno desprovisto de logotipo alguno y se le había olvidado que la portezuela del lado del conductor no se podía abrir desde afuera, En cuanto puso la mano en la manivela, se acordó del problema y caminó alrededor del vehículo para entrar por la puerta opuesta. En cualquier otra circunstancia el inesperado movimiento no hubiera significado nada. Pero en cuanto abrió la puerta y se deslizó al interior, Regela vio que el hermano y el sobrino de Pablo salían de la oscuridad y se colocaban a la luz ámbar de un arbotante. Los dos pistoleros se habían estado ocultando a la vuelta de la esquina donde se encontraba la estación de radio y aparentemente interpretaron su inusual movimiento como un signo de hostilidad. Esto hizo que alistaran sus ametralladoras en forma elocuente. Tal vez pensaron que iba por una bazuca o una granada. Sin embargo, Regela agitó las manos y les gritó:

"¡Eh!, la puerta está trabada y tengo que entrar por el otro lado".

En unos segundos se puso al volante y se fue de ahí cuanto antes.

Esa reunión fue el principio de una relación insólita entre el zar mexicano de la droga y el agente antinarcóticos norteamericano. Continuaron viéndose de manera esporádica durante los dieciocho meses siguientes no obstante que Regela fue transferido del Gran Recodo a la oficina regional de El Paso en septiembre de 1985. Y aunque Mimí y él habían dado por terminada su relación, continuaban viéndose como amigos, Cuando era necesario, Regela hacía los cuatrocientos kilómetros de recorrido de El Paso a Ojinaga para reunirse con Pablo. Aunque en estas reuniones predominaban fundamentalmente los monólogos de Pablo sobre las formas en que había logrado burlar a la muerte, sus exposiciones sobre lo que pensaba del narcotráfico, la economía mundial y las relaciones entre México y Estados Unidos, así como otros asuntos de poco interés para el agente norteamericano, estos contactos le dieron la oportunidad a Regela de observar al zar de la droga en su medio, de ganarse poco a poco su confianza y de estudiar a las diversas personas que lo rodeaban.

Para una de esas reuniones, Pablo invitó a Regela y a Mimí a su casa de ladrillo de la Calle Sexta. Regela pudo ver brevemente a Pablo Acosta en su papel de padre de familia. Cuando fueron conducidos a la sala, se encontraron con el temible zar de la droga leyendo "Blancanieves y los Siete Enanitos" a su hija y a varias amiguitas de ésta. Mientras el narco leía, modulaba su voz, imitando la de un enanito, o la de la bruja, o la de Blancanieves. Cuando concluyó la lectura, las niñas se fueron a la sala y Pablo atendió a sus huéspedes.

Siempre había guardias; dos o tres, y en ocasiones hasta seis. Invariablemente se hallaba presenta Pedro Ramírez Acosta, el hosco sobrino de Pablo, con sus cicatrices de acné y su cara de comadreja. De todos aquellos que rodeaban a Pablo, Regela consideraba que Pedro era el más parco. Rara vez decía algo más que un simple "hola", y jamás sonreía. Mientras Pablo y Regela hablaban, él se paseaba con una ametralladora fumando cigarrillos preparados con cocaína.

Regela sentía que si alguna vez algo salía mal y él tenía que defenderse, al primero que tendría que eliminar sería a Pedro, pues era el más peligroso,

A sabiendas de Pablo, Regela siempre acudía a estas reuniones con un arma oculta entre sus ropas. Más tarde, Mimí le comentó a Regela que se trataba de un raro honor: en todo el tiempo que ella había conocido a Pablo, éste siempre había hecho que sus hombres catearan a los visitantes en busca de armas antes de llevarlos hasta su presencia. Los únicos que podían tener armas al estar cerca de él eran sus amigos y parientes más cercanos, y sus guardaespaldas personales.

Al principio Regela estaba tan intrigado en cuanto a las reuniones con Pablo como lo había estado Clayton McKinney, oficial de la policía montada de Texas, tiempo atrás. Regela no alcanzaba a imaginarse lo que Pablo quería de él. Sin embargo, poco a poco fue llegando a la misma conclusión que había obtenido el oficial de la Policía Montada de Texas: que Pablo siempre quería mantener abiertas las puertas de los Estados Unidos en caso de que la situación se pusiera muy difícil para él en México. Y si se tuviese que ver en la necesidad de entregarse, quería ponerse a disposición de alguien a quien ya conociese, a fin de que esa persona le ayudara en lo posible.

No fue mucho lo que se obtuvo de las reuniones hasta principios de 1986.

Para entonces, las investigaciones propiciadas por la confiscación de Alamogordo se habían extendido y Regela había leído todos los informes correspondientes. Ahora empezaba a ver a Pablo con un interés más marcado.

Después de la emboscada del supermercado y de las sospechas que tenía Pablo en cuanto a que Lupe Arévalo estuviera detrás de ella, Pablo se dio cuenta de cómo podía utilizar al agente norteamericano. Un mes después del encarnizado tiroteo, Pablo organizó otra reunión con Regela. Se volvieron a reunir en la oficina de Malaquías Flores.

En varias ocasiones Pablo le había contado a Regela sobre la sangrienta rivalidad entre las dos familias: cómo se inició, las víctimas que había habido en cada enfrentamiento, el tiroteo con Fermín y otros detalles. Entonces le dijo a Regela que Lupe Arévalo se encontraba viviendo en la ciudad de Chihuahua y que estaba movilizando cargamentos de heroína a través de su territorio sin su autorización. Le dijo que quería librarse de Lupe y se ofreció a colaborar para que éste fuera arrestado en los Estados Unidos.

¿Por qué no te encargas tú mismo de él si tanto problema te representa?

—Si me atrevo a tocarlo, continuaría la lucha entre ambas familias. Pero si tú lo arrestas, nadie va a enterarse de que yo te ayudé.

Lupe Arévalo sería un buen objetivo, pensó Regela. Las autoridades norteamericanas sabían que la facción de los Arévalo se dedicaba a traficar con heroína y sospechaban de que Lupe, el mayor de los hombres del clan, estaba al mando de la operación. Lo tenían por un importante traficante de heroína, capaz de negociar con la droga en cantidades de varios kilogramos.

Llevado por el miedo a Pablo, Lupe se había ido a vivir a la ciudad de Chihuahua después de las heridas de bala que le habían ocasionado en la emboscada de 1982, frente a la fuente de sodas. Cuando acudía a Ojinaga para visitar a su madre y sus hermanas, así como para arreglar cuestiones de negocios, Lupe viajaba en una camioneta con los vidrios polarizados y llegaba a altas horas de la noche.

Durante aproximadamente un mes, Pablo le estuvo pasando información por teléfono a Regela sobre las actividades de Lupe. Pablo le aseguraba que miembros de la familia Arévalo se fijaban a cuerpo, mediante cinta adhesiva, paquetes de 30 gramos de heroína, que Lupe se encargaba de proporcionarles, para luego pasarlos caminando a través del puente internacional. Regela le confió la información a los inspectores y oficiales de inmigración. Pero los informes de Pablo o bien resultaron muy tardíos, o eran falsos, o los inspectores los malinterpretaron, ya que nunca aprehendieron a ninguno de los Arévalo con droga encima. Como tampoco vieron a Lupe en una sola ocasión,

Si en realidad Pablo quería que aprehendieran a Lupe, él y Regela tenían que urdir un plan para atraerlo con engaños hacia los Estados Unidos, le dijo Regela a Pablo. Rara era la vez que Lupe acudía a los Estados Unidos, pero quizá podrían atraerlo convenciéndolo de la posibilidad de un importante negocio de droga, por decir algo, ¿un kilogramo de heroína? Regela iba a tener que hacerse pasar por un comprador de droga o conseguir a alguien que desempeñara tal función. Desde principios de los años setenta, Regela había trabajado eficazmente con un informante de Ciudad Juárez. Su informante confidencial le había ayudado al agente norte-americano a aprehender a algunos importantes narcotraficantes en El Paso, Deja que Gene the Bean, el informante, haga contacto con Lupe, sugirió Regela. Después de ganarse la confianza de Lupe, The Bean (frijol) podría atraer a Lupe hacia los Estados Unidos con el prospecto de un gran negocio de heroína; Regela entonces aprehendería a Lupe en posesión de la heroína. Si hacían las cosas bien, es probable que el informante también lograra atraer a otros miembros de la facción de los Arévalo.

La idea le pareció buena a Pablo.

Regela llevó a Gene the Bean para que se entrevistara con Pablo en la oficina de Malaquías. Fue una reunión muy secreta entre Pablo, Regela y su informante. Durante las siguientes horas, Pablo le dijo a The Bean lo que quería y dejó a criterio del informante encontrar la forma de prender a Lupe. Dado que Regela no estaba autorizado para llevar casos directamente en México, dejó que todo el desarrollo del plan quedara entre The Bean y Pablo. Más tarde, Pablo le prometió al informante confidencial todo el dinero que pudiera necesitar para comprarle heroína a Lupe. Una vez que éste confiara lo suficiente en The Bean, procederían a atraerlo a los Estados Unidos para una transacción realmente grande a la par de un citatorio ante el juez federal.

Obviamente, Pablo no iba a presentar a The Bean con alguno de los miembros de la facción de los Arévalo, sin embargo, el informante resultó sumamente versátil. Hizo amistad con un muchacho limpiabotas que trabajaba afuera de uno de los hoteles. El le comentó que había estado al servicio de Fermín Arévalo después de que Lilí fuera asesinado. The Bean se llevó al muchacho en un taxi a fin de que le señalara la casa de la viuda de Fermín Arévalo. Antonia lo dejó pasar a su casa. El, por su parte, llevaba pensada una buena historia: había estado en la penitenciaría federal durante los últimos diez años por tráfico de heroína. Solía comprarle la droga a Manuel Carrasco, La Víbora. Le habían dicho que podía volver a poner en contacto con La Víbora a través de Fermín Arévalo. Había establecido muy buenos contactos en prisión y tenía algunos compradores importantes en los Estados Unidos que estaban ansiosos por empezar a negociar con él. Antonia le dijo que Fermín había muerto. Entonces él agregó que le habían aconsejado hablar con Pablo Acosta en caso de no poder establecer contacto con La Vibora. ¿Acaso Antonia iba a atreverse a ponerlo en contacto con Pablo Acosta?

Tal y como se esperaba, Antonia se alteró al instante: "Más le vale mantenerse alejado de Pablo Acosta; no es alguien que le convenga. ¡Es él quien está tratando de controlar todo el pueblo y también el que asesinó a mi marido!"

The Bean le contó a Pablo y a Regela que Antonia le hizo muchas preguntas astutas a fin de ver si podía sorprenderlo en algunas de sus aseveraciones. Incluso le preguntó acerca de la prisión donde afirmaba haber estado, y el procedió a describírsela satisfactoriamente, dándole detalles del galerón, el cuarto de visitantes y otros puntos más. Finalmente, Antonia le sugirió que se pusiera en contacto con su hijo Lupe en la ciudad de Chihuahua.

Le dijo que se iba a encargar de arreglar una cita con él.

Cuando Pablo se enteró de los progresos alcanzados se sintió tan feliz como no había estado en mucho tiempo. Su principal preocupación estaba por convertirse en cosa del pasado. Le dio instrucciones a Gene the Bean para que concretara la reunión y le comprara un par de onzas de heroína.

Más adelante, el informante podría seguirle comprando heroína en pequeñas cantidades a fin de demostrar a Lupe que era un comprador serio con buenas conexiones en los Estados Unidos. Una vez que se hubiera ganado plenamente la confianza de Lupe, entonces podría hacer los arreglos para atraerlo hacia territorio norteamericano.

Mientras tanto, Pablo necesitaba tomarse un muy requerido descanso. Viajó en avión hacia Cancún, donde permaneció durante dos meses. Le dijo a todo el mundo en Ojinaga que se iba a las famosas playas mexicanas a descansar. Pero David Regela, Mimí y otros allegados a él sabían el verdadero motivo: la adicción de Pablo a la cocaína había empeorado al punto de que incluso él ya reconocía que era un problema realmente serio. Se había ido a Cancún para alejarse de Ojinaga y sus toneladas y toneladas de tentadora cocaína. Quería desintoxicarse y cortar el hábito de la cocaína de una vez y para siempre.

Mientras se encontraba en Cancún en ocasiones practicaba el inglés haciéndose pasar por camarero en algunos de los hoteles turísticos donde se hospedaban los norteamericanos. Los turistas, agradecidos, le extendían propinas, sin tener la menor idea de que esa persona tan simpática, platicadora y servicial, con los dientes incrustados de oro y el rostro lleno de cicatrices, era de hecho uno de los narcotraficantes más temidos del norte de México. Pablo se complacía en ser él el único al tanto de esa situación.

Mediante la pura fuerza de voluntad y distrayéndose con los turistas, Pablo logró prescindir de la cocaína durante dos meses.

Tercera Parte

MUERTE DE UN ZAR
DE LA DROGA

*S*e informó que Acosta recibió un balazo en la cabeza en 1983 durante la escaramuza en la que murió Fermín Arévalo. Sufrió una lesión ocular seria por lo que utilizaba un parche en el ojo. Sin embargo, datos recientes indican que su apariencia ha cambiado considerablemente pues ahora pesa entre 185 y 195 libras. Su pelo está encaneciendo y se ha hecho cirugía plástica para corregir la cicatriz.

Aparentemente está teniendo problemas con la Policía Judicial del estado de Chihuahua y con otros elementos del narcotráfico del área de Ojinaga. Los informes discrepan en cuanto a su paradero, ubicándolo en Ciudad Juárez, Nogales y Ojinaga.

En mayo de 1985 se informó que supuestamente Acosta estaba intentando salir del negocio de los narcóticos y planeaba dejar la plaza de Ojinaga a un sujeto identificado solamente como Armadad, para irse al interior de México. En junio de 1985, se obtuvo información según la cual Amado Carrillo Fuentes podría ser el líder del crimen organizado de México en el área de Ojinaga y el superior de Acosta. Carrillo ha estado en el área de Ojinaga desde hace aproximadamente tres meses y es dueño del rancho La Perla ubicado en Manuel Benavides, Chihuahua.

Se sabe que Carrillo es del área de Guadalajara y que trabajó para el gobierno federal de México durante los últimos cinco años, si bien se desconoce qué función desempeñó. Al parecer, Carrillo está extremadamente bien conectado, incluso con el comandante de Ojinaga y posiblemente con el infame Rafael Caro Quintero, un narcotraficante secundario de Guadalajara. Es posible que Amado Carrillo Fuentes y Armadad sean una misma persona.

El 13 de julio de 1985 fue decomisado un envío de 265 libras de cocaína en Alamogordo, Nuevo México y el 17 del mismo mes otro de 263 libras en El Paso, Texas. La droga viajaba oculta en tanques de propano montados sobre camionetas pick-up. Se cree que iba con destino a Los Angeles, California, y que era parte de un cargamento de 850 kilogramos enviados por aire desde Medellín, Colombia, a Ojinaga.

Tomado de la introducción del informe confidencial de la DEA "La organización de Pablo Acosta", de abril de 1986 (223 pp).

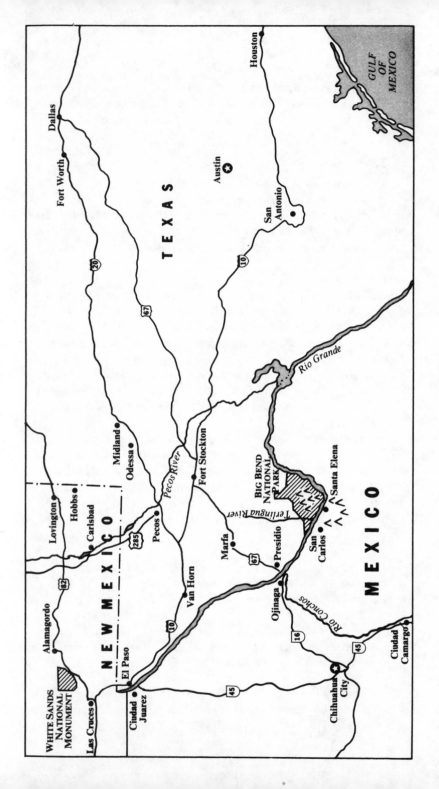

XXI

ALBINA DEIDAD

Aunque ocasionalmente Pablo se dedicaba a consumir mariguana, hasta 1984 sólo se había limitado a aspirarla. Sin embargo, cuando empezó a traficar mariguana y heroína en grandes cantidades, incluso a él mismo a veces le costaba trabajo conseguir suficiente cocaína para su uso personal. Entonces era cuando solía llamar a Sammy o a Becky García desde Ojinaga recurriendo a un lenguaje en clave. "Dos novias vestidas de blanco" significaba dos onzas de cocaína. Becky disponía de su propia fuente en El Paso, así que no le significaba problema alguno conseguirle a Pablo la que necesitara. A veces no tenía más que esperar un par de días.

En 1984 uno de los hermanos de Pablo lo introdujo a la cocaína preparada para fumarse "a la mexicana". El método consistía en sacar los filamentos de tabaco del extremo de un cigarrillo con filtro dejando un espacio de aproximadamente un centímetro. El extremo vacío se utilizaba para recoger una fracción de gramo del polvo puro. Después de formar con el extremo un pabilo, Pablo le pasaba un encendedor a fin de vaporizar la cocaína y darle una prolongada fumada. En segundos la droga empezaba a circular por su cerebro, generando con ello los sentimientos de supremacía que había empezado a concebir.

El clorhidrato de cocaína, la droga producida por los carteles sudamericanos, tiene un punto más elevado de fusión y no puede fumarse con facilidad. Sin embargo, la cocaína extraída de la molécula de hidrocloruro era fácil de vaporizar y por consiguiente se prestaba a ser fumada. "Cocinar" la cocaína, en la

jerga de los narcotraficantes, consistía en eliminar el engorro-
so hidrocloruro de la fórmula. El proceso era todo un ritual
para Pedro Ramírez Acosta, el sobrino inseparable de Pablo,
quien lo llevaba a cabo con la reverencia de un sacerdote con-
sagrando el pan y el vino.

Pedro tenía dos formas de prepararla. Una era la forma
burda, que consistía en mezclar al calor de la flama una mez-
cla de cocaína y bicarbonato. Bastaban una cucharada grande
y una llama sostenida. Con este método, cualquier olla y cualquier estufa servían para preparar grandes cantidades. Luego
procedía a raspar la sustancia solidificada hasta que todo
quedaba reducido a un polvo fino, fácil de fumar.

El método más elaborado consistía en disolver bicarbonato en agua, hervir ésta y luego agregar una porción de cocaína.
Al enfriarse la solución, la base de la cocaína insoluble quedaba flotando encima de la película aceitosa y se agrupaba en el
centro. Al solidificarse, Pedro la argamasaba o la raspaba hasta convertirla en un polvo fino. Esto constituía la mirra y el
incienso de su credo.

Con el tiempo, Pablo se obsesionó por todo cuanto tuviese
que ver con el tema de la cocaína o el tráfico de ella. La película Cara Cortada se convirtió en una de las grandes favoritas
en su casa de la Calle Sexta.

Poco después de que Becky acudiera por primera vez a
Ojinaga a trabajar para Pablo, ella se encontraba en la casa
de tabique de éste esperando que llegaran unas personas a
tratar un negocio con Pablo.

—¿Quieres ver una película?

—Claro, ¿por qué no?

Pablo deslizó en la videograbadora una copia de Cara
Cortada.

—Siempre había querido verla —dijo Becky mientras se
acomodaba en el sofá.

—¡Oh, es estupenda, maravillosa! Espérate a que la veas.

Casi no había nadie en el círculo de allegados a Pablo que
no la hubiese visto una y otra vez. Las reuniones de Pablo con
su gente tenían lugar en el departamento de Becky, en el departamento que había a espaldas de la estación de radio de

Malaquías Flores, en la casa de Pablo o bien en la de Pedro Ramírez Acosta, ubicada en el centro de Ojinaga. Pablo solía mandar a alguien por una videograbadora y el videocasete y entonces se sentaba a consumir cocaína mientras veían la película de un astuto narcotraficante que al final acaba siendo asesinado por un pequeño ejército de matones colombianos.

En una ocasión, pocos días después de que todo mundo había visto Cara Cortada por enésima vez, un pequeño grupo formado por los más allegados a Pablo se encontraba reunido alrededor de la mesa en el departamento de Becky, situado en una de las calles adyacentes a la plaza principal, pesando raciones de cocaína en una báscula. Tenían ante sí entre kilo y kilo y medio de cocaína en bolsas de plástico. Una de las bolsas contenía un kilo entero. Pablo la levantó y la abrió. Enrolló la parte superior de la bolsa y miró a los presentes con una sonrisa maliciosa. "¡Vean esto!", dijo. Imitando a Al Pacino en una de las escenas más crudas de Cara Cortada, Pablo hundió la cabeza en la bolsa. Al levantarla, tenía cocaína en toda la cara: en el bigote, en sus sobresalientes pómulos indígenas, en su enorme nariz, en las ventanas de ésta y en toda la barbilla.

Sus dientes con incrustaciones de oro resplandecieron a través de la polvosa máscara. "¿Qué más se le puede pedir a la vida?", preguntó.

Y no sólo era la cocaína lo que le atraía del film. Pablo se identificaba con los tiroteos, los atentados, la forma en que iban ganando poder los narcotraficantes, los asesinatos sangrientos, así como el alud de dólares, el despilfarro en el modo de vivir y la sensación de ser el número uno.

Nunca veía Cara Cortada de principio a fin, tal vez no queriendo ver en realidad la forma en que acababa. En lugar de ello lo pedía a Becky o a alguien que la hiciese retroceder o avanzar a las partes de la película que realmente quería ver.

—¿Recuerdas la parte donde...? Fue como cuando...

Cara Cortada era cubano, y Pablo hablaba acerca de ir a Cuba un día ya que también los cubanos estaban involucrados en el tráfico de cocaína. O si no, a Colombia. Pero no, si iba a Colombia acabaría por ser más grande que esos "mal nacidos" para quienes había empezado a almacenar la cocaína, y entonces alguien trataría de matarlo. No importaba el tamaño de su castillo, en tanto él siguiera siendo el rey. Más valía permanecer en el viejo y pequeño Ojinaga. Ahí al menos era el zar.

Lo grave que se había vuelto la adicción de Pablo a la cocaína se hizo evidente hacia fines de 1985. Podía pasarse días enteros (no había otra opción) con todo y sus noches supervisando que todo marchara bien: recibir la droga, abastecer a los compradores, apaciguar a las autoridades y pagar a pistoleros, acarreadores, pilotos, empacadores, distribuidores, cultivadores y fuentes de información. Aspirando o fumando cocaína podía pasarla con una hora o dos de sueño al día. Tenía mujeres en todo el lugar y a algunas de ellas las tenía alojadas en hoteles y moteles, hábito que junto con el de la cocaína acabaría por separarlo de su esposa. Bastaba con acudir a uno de los cuartos para satisfacer sus apetitos. Media hora, una hora o dos horas más tarde se hallaba de nuevo en pie; sin embargo, ese ritmo acabó por minar su salud.

Marco y Becky sabían cómo reconocer los síntomas. Al principio empezó a olvidar las cosas, y no sólo nimiedades, sino cuestiones importantes como alguna reunión que había planeado con alguien esa misma mañana. 0 si no perdía el hilo de lo que estaba diciendo, o de pronto cambiaba de tema y empezaba hablar de la forma en que habían ultimado a Fermín en El Salto o de cómo habían ametrallado al insolente mocoso que trató de matarlo en la intersección próxima al motel Ojinaga. Su dominio del inglés empezaba a deteriorarse; e incluso lo que decía en español no tenía mucho sentido.

"¿Cómo? ¿Qué dijiste?", Marco y Becky solían preguntarle viéndose uno a la otra.

En una ocasión, en el verano de 1985, después de uno de estos enervantes episodios relacionados con la cocaína, Marco y Becky condujeron a Pablo al poblado de Santa Elena a obligarlo a tomarse un descanso y mantenerlo alejado de la cocaína. Habían acudido a ese lugar docenas de veces por una u otra razón, sobre todo para realizar envíos de drogas, y como siempre iban seguidos por dos o tres vehículos repletos de pistoleros. Sería el último viaje que realizarían a ese lugar juntos Pablo, Marco y Becky.

En los viajes anteriores, Pablo se había caracterizado por ser ameno, interesante y sabio en su plática, y hablaba con conocimiento de causa de la historia del pueblo dónde había nacido. Durante todo el viaje, Pablo no dejó de mascullar y divagar como un borracho, con la consiguiente desesperación de Marco y Becky. Tenían que tomar el accidentado camino de tierra que pasa por San Carlos, de ahí dirigirse a Providencia, luego enfilar por el engañoso camino de la montaña desde lo alto de Sierra Ponce hasta el río; un largo y ajetreado camino. La única cocaína que tenían era la que Pablo llevaba en el bolsillo. Siempre que salía, llevaba consigo un paquete de cigarrillos preparados para fumarlos en el camino. Para cuando llegaron a Santa Elena, ya había dispuesto de todo el paquete y en el poblado no había nada de cocaína.

Y ése era el motivo por el cual Marco y Becky lo habían llevado hasta ahí: para que se desintoxicara.

Llegaron a media tarde a la casa de adobe de Pablo, situada a unos cien metros del río Bravo; detrás de ellos iban los pistoleros. Estos se fueron a echar un vistazo por el poblado y luego asumieron sus posiciones habituales. Marco y Becky llevaron a Pablo al interior, no se podía sostener fácilmente en pie. Lo sentaron en la orilla de una cama de una de las reducidas recámaras. El lugar era una construcción en forma de U que constaba prácticamente de puras recámaras, con la estancia, el comedor y la cocina agrupados al frente sin ningún tipo de paredes divisorias. Pablo había reforzado esta casa con pesadas puertas de metal y postigos de madera lo suficientemente gruesos para resistir las balas. Las puertas tenían hendiduras bastante amplias como para meter por ellas el cañón de un arma. Las paredes tenían un espesor de casi sesenta centímetros. En el interior había un arsenal de armas automáticas y una pila de parque.

Después de que lo sentaron en la cama, Pablo empezó a pedir su cocaína. Por precaución, Marco y Becky le habían quitado su rifle y sus pistolas, ya que siempre que se excedía en las dosis de droga empezaba a disparar al aire y contra los muros como cualquier pistolero bebido. Se llevó la mano al cinturón buscando su 45 y luego palpó su bota para ver si estaba el pequeño revólver que solía llevar ahí. Entonces se dio cuenta de que lo habían despojado de sus armas, y también de que se había quedado sin cigarrillos preparados y que no había más cocaína para preparar una dotación extra.

Como un verdadero adicto, empezó a hacer una rabieta: "¡Malditos hijos de perra! —gritó—. Vámonos, vamos a conseguir más. Yo sé donde hay. Vengan, vamos por un poco." Quería que lo llevaran de regreso hasta Ojinaga para conseguir más cocaína.

Marco entonces le dijo: "Está bien, escucha. Tómate una siesta y nosotros vamos a traerte más. Acuéstate y descansa unos minutos. Te prometo que regresamos pronto". "Está bien. Está bien", Pablo masculló. Se tendió y Becky le dio un poco de leche con hielo. Luego empezó a desvariar murmurando para sí. Uno de los hermanos de Marco que había ido a explorar por el poblado regresó al poco rato: "No hay problema, todo está tranquilo", le dijo a Marco. Entonces se sentó con Marco y Becky y empezaron a jugar cartas. Finalmente Pablo se despertó. Sin un tranquilizante, sabían que despertaría en cosa de una hora; sin embargo, Marco estaba preparado. Sacó una jeringa de un maletín que llevaba y se sentó junto a Pablo en la cama. Era un sedante que había conseguido con un doctor en Ojinaga. Hábilmente introdujo la aguja en el brazo de Pablo, teniendo cuidado de no lastimarlo. A Becky siempre le sorprendía el lado tierno de Marco, pensando en todas las brutalidades que le había visto cometer. Después de aplicarle la inyección, Marco le quitó las botas a Pablo, lo desvistió y lo cubrió con la sábana hasta el cuello.

No había mucho que hacer en el poblado de casuchas de adobe de techo raso, enclavado en una de las regiones más aisladas e inhóspitas de Norteamérica. Marco y Becky se fueron a caminar por el lugar, luego se dirigieron hacia la orilla del río y durante un rato estuvieron observando el correr de las amarillentas aguas. Al otro lado Becky alcanzaba a ver un extenso banco de arena al final del cual había un agrupamiento de elevados árboles de mezquite y viejos álamos. La espesa vegetación crecía en la zona de inundación del río, unos ochocientos metros tierra adentro.

Al otro lado, la carretera de dos carriles conducía a la estación de Park Service. La estación, con la bandera estadounidense ondeando en alto, se alcanzaba a ver desde Santa Elena.

Marco había enviado a alguien en la chalupa para que comprase todos los cigarrillos que pudiese en la tienda del parque. Los pobladores de ese lugar usaban un pequeño bote de remos para ir y venir a través del río Bravo; los que tenían visa para cruzar la frontera incluso guardaban sus camionetas en el lado norteamericano. Podían conducir hasta Presidio y Ojinaga en dos horas por la autopista de dos carriles del lado estadounidense. Del lado mexicano, el viaje se llevaba de seis a siete horas cruzando las montañas por los accidentados caminos que Marco y Becky habían recorrido ese día temprano.

Pablo siempre había amado el rupestre valle de Santa Elena, delimitado a uno de sus lados por el río y al otro por los acantilados de la Sierra Ponce. Mientras estaban sentados mirando el agua arremolinada, Marco y Becky volvían a escuchar la historia que Pablo una y otra vez les había contado sobre su pueblo en estancias pasadas. Le gustaba hablar de las hazañas de su padre cuando se dedicaba a contrabandear cera de candelilla con Macario Vázquez, el más famoso de los contrabandistas de candelilla, así como de los tiroteos que habían librado con los forestales en las colinas de Santa Elena. O también le gustaba referir las sucesivas oleadas de colonos que se dedicaron a limpiar y trabajar la tierra contra todo impedimento.

Pablo había escuchado las historias de pioneros de boca de su padre, así como de sus tíos y tías: originalmente los colonos habían venido en los treinta del valle agrícola de Juárez con el propósito de crear un ejido en Santa Elena, pero el experimento comunal fracasó y la mayoría de ellos se dirigieron hacia el norte. Policarpo Alonzo, uno de los colonos originales, trató de establecer otro ejido en Santa Elena en 1950 reclutando a sesenta familias del valle agrícola de Juárez. Obtuvieron el título comunal de las tierras, un préstamo del banco rural para comprar semilla, fertilizantes, picos y palas, dos tractores y una bomba para traer agua del río. Al principio, mientras esperaban el dinero del préstamo, tenían poco que comer y se iban a las montañas a cazar burros salvajes, acosándolos desde acantilados o arrinconándolos en zonas cerradas de los cañones, para después matarlos a golpes.

Durante el primer año limpiaron setenta hectáreas de piedras y persistentes raíces de mezquite, y plantaron algodón para pagarle al banco rural. Como siempre, algunas personas trabajaban más que otras, aun cuando el dinero del préstamo y las tierras se iban a dividir en partes iguales. Pablo describía la forma como los colonos hacían tabiques de adobe para sus viviendas, juntaban ramas de ocotillo para construir el techo y cortaban álamos para de ahí hacer los tablones. Erigieron sus construcciones de adobe en lo que pensaban era terreno elevado, pero a la primera lluvia fuerte el agua corrió desde lo alto de Sierra Ponce y convirtió el floreciente poblado en un deprimente lodazal. Luego, en 1958, el río Bravo se desbordó llevándose consigo la mayor parte del trabajo de ocho años.

Muchas familias vieron que ya no había ningún futuro para ellas en Santa Elena, pues estaban trabajando una tierra que nunca llegarían a poseer: tanto la naturaleza como el gobierno la reclamaban. Finalmente, emigraron hacia el norte.

Las historias acerca de Santa Elena solían intrigar a Becky: ¿cómo explicarle a un norteamericano lo que es un ejido? Sin embargo, Marco sí entendía.

Mucho tiempo después, Pablo solía toparse con algunas de las personas que había conocido en aquellos días de pobreza y lucha. A veces coincidían en el polvoso camino que va de San Carlos a Ojinaga o en alguno de los lodosos poblados calcinados por el sol. Algunos de estos conocidos se habían sumado a los movimientos evangelistas e iban por el desierto predicando la palabra de Dios. Entonces le daban a Pablo ejemplares del Nuevo Testamento, impreso en letra grande. Estos viejos conocidos tenían ahora la obstinada insistencia de convertir a todo mundo, pero Pablo estaba molesto por otra razón. Mas él solía decirles con gran seriedad: "Por favor, recen por mí", o "No me olviden en sus oraciones".

A la mañana siguiente Pablo despertó con un insoportable dolor de cabeza. Y no era precisamente por la cocaína, ya que la mayor parte de sus jaquecas eran consecuencia de las numerosas heridas de bala que había recibido en la cabeza. Una bala que le dio de rozón justo arriba de la ceja de alguna manera le había afectado un nervio. Esto hacía que el párpado se le cayera con frecuencia, sobre todo cuando una de las jaquecas estaba en su apogeo.

Le pidió a Becky una aspirina y se tragó un puñado. Todavía estaba medio drogado y con los efectos del sedante. Marco le preparó de desayuno huevos con tocino y papas fritas, y luego le hizo un omelet de queso cuando dijo que todavía tenía hambre. Después de eso Pablo se fumó algunos cigarrillos normales y volvió a tenderse en la cama.

Durmió de corrido otras veinticuatro horas.

Marco y Becky tenían algunos negocios que atender en Ojinaga, por lo cual regresaron ese día, dejando a algunos de los pistoleros a cargo de Pablo. Cuando volvieron a la mañana siguiente, Pablo ya se encontraba levantado; se había bañado, rasurado y se veía recuperado. En lugar del hombre irracional y drogado que habían visto dos días antes, dispuesto a dispararle con sus automáticas a todo lo que tuviese enfrente, Becky y Marco tenían ahora al Pablo alerta, brillante e inteligente que siempre habían admirado.

Horas más tarde, se hallaban de regreso en Ojinaga, y ahí estaba Pablo de nuevo, en la cima del mundo y dispuesto a volver a entrar en acción.

XXII

INFORMANTE

Los agentes asignados a la Fuerza Unificada para Combatir el Narcotráfico del Crimen Organizado en El Paso hubieran preferido dedicarse en secreto a la organización Acosta, sin embargo no tardaron en aparecer noticias acerca del objetivo de sus investigaciones. En abril de 1986, dos meses después de la reunión que había tenido la Fuerza Unificada en la sala de conferencias de la DEA, los diarios de El Paso y Albuquerque publicaron extensas historias acerca de Pablo Acosta y su "supuesto ejecutor principal", Marco DeHaro, quien para entonces purgaba su condena en la prisión del condado de Eddy, en Carlsbad. historias vinculaban a Acosta con dos confiscaciones de cocaína que habían tenido lugar en Alamogordo y El Paso.

Según una fuente mexicana del bajo mundo de Sinaloa, Pablo Acosta era uno de los siete padrinos de la droga en México.

Phil Jordan, director de la división de la DEA en Dallas, cuya jurisdicción cubría la zona oeste de Texas, reconoció que una fuerza unificada contra el crimen organizado se había formado para proceder en contra de Pablo Acosta, pero se negó a dar detalles.

Jordan describió a Acosta en un reportaje de *El Paso Herald-Post* como una "persona viciosa, extremadamente peligrosa y con muy poco respeto por la vi a humana". En una de las crónicas se afirmaba que Pablo Acosta tenía fama de arrastrar los cuerpos de sus víctimas a través del desierto, detrás de su Bronco, hasta que no quedaba otra cosa que el torso; se daban además otras descripciones de escalofriante barbarismo.

Fuera de los semanales de Ojinaga que habían sido fácilmente intimidados para permanecer en silencio, ésta era la primera vez que el nombre de Pablo aparecía en un periódico desde la balacera escenificada en Lovington en 1964, frente a La Poblanita. Al principio, la notoriedad le hizo experimentar un placer narcisista; pero luego se enfureció por la forma en que lo describían. Todo era una total distorsión, Pablo le comentó lleno de ira a Mimí Webb Miller y a David Regela; pero fuera o no el caso, lo cierto era que los reportajes distaban de ser un signo favorable. Con la publicidad se había desvanecido su relativo anonimato. Fuera de Ojinaga era prácticamente desconocido, con excepción de las autoridades y el bajo mundo de las drogas a ambos lados de la frontera. Ahora su nombre se había internacionalizado y sabía que eso le iba a costar.

Pero la gente allegada a él sabía que la publicidad no era su problema más serio. Cuando Pablo regresó de Cancún a finales de la primavera de 1986, logró mantenerse alejado de la cocaína durante unas semanas más. Pero la tentación en Ojinaga era demasiado intensa: prácticamente todo el bajo mundo con el que Pablo lidiaba era afecto a consumirla. Simplemente la había en exceso en todas partes: en toneles, en guacales, cajas de cartón, tanques de almacenamiento. Permanecer alejado de ella era corno tratar de evitar arena en el Sahara.

David Regela, que reanudó sus visitas a Ojinaga cuando Pablo regresó de Cancún, se sorprendía de las cantidades de cocaína y brandy que Pablo había empezado a consumir. Se enteró de que el círculo de allegados de Pablo llegaba a consumir en una semana hasta un kilogramo de cocaína. Esto pudo constatarlo Regela cuando ese verano de 1986 vio cómo Pablo fumaba los cigarrillos preparados con cocaína uno tras otro. Era como si se estuviese rehaciendo de sus dos meses de abstinencia.

Conforme fueron prosiguiendo sus reuniones, el agente del Servicio de Aduanas norteamericano empezó a observar que a Pablo cada vez le obsesionaba más la idea de que aprehendieran a Lupe Arévalo, como si éste fuera la causa de todos sus problemas. Regela consideraba que el intento de asesinato que se había dado hacía unos meses pudo haber sido planeado por cualquiera de entre docenas de personas: la plaza de Ojinaga era entonces una de las más importantes de la frontera, dado el papel que desempeñaba como depósito de cocaína. Era razonable suponer que otros grupos, y no sólo la facción de los Arévalo, querían obtener el control de ella.

Sin embargo, para Pablo la única persona que quería matarlo era Lupe Arévalo.

Desde la emboscada del supermercado, Pablo había vivido con el temor de que quisieran atentar otra vez contra su vida. Tomaba tantas precauciones que Regela se quejaba de lo difícil que era localizarlo. Pablo estaba constantemente en movimiento. Jamás dormía en un mismo lugar durante dos noches seguidas. Redujo el número de sus guardaespaldas a dos o tres para no llamar la atención. Cada vez usaba un vehículo distinto, en ocasiones cambiando varias veces de automóvil y camioneta sólo para ir de un lado de Ojinaga a otro. Por lo general Pablo sólo permitía que lo acompañaran Héctor Manuel y Pedro Ramírez Acosta, ambos parientes consanguíneos. Cuando la situación ameritaba protección adicional, Pablo hacía que otro carro lleno de pistoleros lo siguiera a distancia.

Pablo se volvió más precavido en relación con sus sitios de reunión con el agente norteamericano. Cuando al principio Regela empezó a acudir a Ojinaga, solían hablar despreocupadamente en la habitación de alguno de los hoteles o en la oficina que tenía Malaquías en la estación de radio. Pero después de la emboscada en la intersección, empezaron a reunirse casi siempre en lugares aislados del campo o en la casa de Pedro, cerca del centro de Ojinaga. Cuando se veían en la casa de Pedro, Pablo y su visitante hablaban en una de las sofocantes habitaciones posteriores desprovistas de ventanas, mientras Pedro vigilaba con fría mirada la calle a través de la barda de acero forjado frente a la casa.

Y si acaso había una luz de esperanza en el cada vez más oscuro horizonte de Pablo, era el hecho de que el informante de Regela, Gene the Bean, estaba muy cerca de tenderle la trampa a Lupe Arévalo.

Mientras Pablo se encontraba en Cancún, The Bean se las había arreglado para conocer a Lupe Arévalo por mediación de la madre de éste, Antonia. Lupe era un hombre de baja estatura, delgado y con facciones de adolescente aun cuando ya estaba próximo a cumplir los treinta años. Después de repetirle lo que le había contado a Antonia, The Bean le dijo a Lupe que quería negociar con él de manera regular. Para demostrarle que disponía de dinero en efectivo, le compró unas cuantas onzas de heroína.

Durante el verano, The Bean volvió a comprarle heroína a Lupe Arévalo en varias ocasiones; unas tres onzas cada vez, con el dinero que Pablo le había dado.

Para Agosto, The Bean había convencido a Lupe de que podía hacer los arreglos para realizar una venta realmente grande en El Paso. Le dijo tener unos clientes que de inmediato necesitaban un kilo. The Bean le hizo creer a Lupe que se trataba de la gran oportunidad de su vida, de la conexión definitiva que le permitiría colocar docenas de kilogramos de heroína al año. El único problema era que los clientes de The Bean desconfiaban de la policía mexicana y no querían hacer ningún trato en México. Tampoco querían llevar su dinero al otro lado de la frontera.

A fin de ganarse la confianza de Lupe, The Bean lo invitó a Ciudad Juárez, donde se hospedaron durante unos días en el hotel El Presidente, ubicado en la avenida Lincoln. The Bean llevó a Lupe a comer a restaurantes de categoría y a algunas discotecas propiedad de narcotraficantes, presentándolo con sus amigos del bajo mundo. Algunos de esos amigos eran muy conocidos en todo Chihuahua. Todo esto hizo que Lupe quedara muy impresionado.

A los ojos de Pablo y Regela, tal parecía que muy pronto iban a poder atraer a los Arévalo al otro lado de la frontera. Pablo estaba de lo más complacido.

A fines de agosto de 1986, Pablo sorprendió a Regela al decirle que quería usar a The Bean para poder llevar a cabo algunos otros arrestos. Se encontraban en casa de Pedro y, mientras hablaban, éste se dedicaba a vigilar la calle.

—¿A quién tienes en mente? —le preguntó Regela, espe-

rando que le mencionara a algunos narcotraficantes menores
de mariguana o distribuidores de heroína de Odessa que habían estado transgrediendo su territorio.

—Quiero sacar a los colombianos de Ojinaga.

Regela se inclinó hacia adelante, sintiendo que el corazón
le latía de prisa. Pablo siempre había negado tener participación alguna en el tráfico de cocaína, aun cuando Regela sabía
que una gran cantidad de esa droga se estaba pasando por el
pequeño pueblo fronterizo. Tras de su regreso de Cancún esa
primavera, Pablo había empezado a referirse vagamente a los
colombianos, pero sin llegar a reconocer ningún tipo de participación. Sin decirle a Regela nada acerca de sus actividades
de almacenamiento, Pablo reconoció que había permitido que
los colombianos entraran a Ojinaga. El arreglo le estaba pro-
duciendo mucho dinero; más del que pudiera alcanzar a gastar
en toda una vida, pero ahora se arrepentía, le comentó a Regela. Los colombianos se estaban apropiando de Ojinaga y de
otras partes de México. Su presencia había generado mucha
presión, especialmente de parte de los norteamericanos. Si tan
sólo se hubiera limitado al tráfico de mariguana y hubiera
mantenido a Ojinaga libre de la cocaína, tal vez no andaría
una fuerza unificada tratando de aprehenderlo.

Pablo tenía otras razones que no discutió con Regela pero
que eran del dominio público en el bajo mundo de Ojinaga.
Muchos de los traficantes de menor rango, los cientos de hombres a lo largo del río que le compraban a Pablo mariguana en
pequeñas cantidades (dos, cinco o diez kilogramos), o que trabajaban en algunas de las ramas del comercio de la mariguana
o la heroína, también habían empezado a protestar por la presencia de los sudamericanos. Se quejaban de que la vida les
estaba resultando realmente difícil, ya que debido a los colombianos ahora había más policías que nunca en el lado
norteamericano, y cada vez era más difícil pasar un cargamento de droga sin ser aprehendido. Con ello se iba haciendo
más complicado obtener un ingreso para sostener a sus familias. Y todavía se esperaba lo peor: los gringos ya estaban
pensando en recurrir a la Guardia Nacional para patrullar la
frontera.

Y ellos culpaban a Pablo porque era él quien había dejado entrar a los colombianos a Ojinaga en primera instancia. De ahí que quisiera expulsarlos y con ello quitarse de encima a las autoridades norteamericanas, pues sólo así podría restituir el ambiente favorable de antaño en Ojinaga.

Gene the Bean era la clave. De lograr que se infiltrara en las operaciones colombianas en la frontera, Regela podría realizar las mayores confiscaciones de droga que pudiera haber soñado jamás: grandes golpes de cientos de kilogramos de cocaína pura. En esto también saldría ganando The Bean: las recompensas que Estados Unidos pagaba a los informantes. The Bean podría hacer una fortuna.

Pablo llevó a The Bean ante sus contactos colombianos presentándolo como un amigo personal, un hombre en quien se podía confiar y que estaba en condiciones de hacer grandes transacciones de cocaína a través de sus propias conexiones en los Estados Unidos.

The Bean fue presentado, entre otros, con Amado Carrillo Fuentes e Ismael Espudo. Amado, que en aquel entonces era apenas una señal en las pantallas del servicio de inteligencia de los Estados Unidos, pero luego se convertiría en el narcotraficante más poderoso de todo México había estado como contacto en Ojinaga desde 1985. Vivía en una elegante casa de tres pisos sobre una colina próxima al centro de Ojinaga, desde donde se divisaban los Estados Unidos. Siempre que se hallaban en el pueblo, había guardias con ametralladoras vigilando la entrada de su casa. Según los investigadores de narcóticos estadounidenses, Amado era un narcotraficante joven, bien educado y refinado en el vestir que durante cinco años había sido una especie de oficial federal en Guadalajara. Supuestamente representaba a poderosos narcotraficantes de Guadalajara a quienes Pablo también les almacenaba cocaína. Era obvio que Amado había sido enviado a Ojinaga para supervisar las operaciones de narcotráfico relacionadas con la cocaína que pertenecían a la facción de Guadalajara.

Ismael Espudo, en un tiempo comisionado del condado de Culberson, temiendo que hubiese una orden de arresto en su contra en los Estados Unidos, permanecía en Ojinaga o en su rancho situado más al sur, cerca del poblado de Cuchillo Parado. Espudo solía estar con frecuencia en la casa de Amado.

Entre los colombianos con quienes Pablo debe de haber presentado a The Bean en Ojinaga estaba Carlos Lehder Rivas, uno de los más importantes traficantes de cocaína de Colombia, que se dice visitó México en una ocasión. A The Bean se lo presentaron como Carlos Rivas y coincidía con la descripción física del narcotraficante mitad colombiano, mitad alemán, que finalmente fue capturado y extraditado a los Estados Unidos en 1987.

Regela sabía algo de Amado Carrillo Fuentes por las conversaciones con Mimí y otros y por los expedientes del servicio de aduanas de los Estados Unidos, pero el socio de Pablo seguía siendo un enigma.

Después de presentar a Gene the Bean al círculo íntimo de los traficantes colombianos y mexicanos, Pablo también hizo arreglos para que Regela conociera a Amado. Presentando a Regela como socio comercial de Gene, Pablo llevó a Regela y al informante a desayunar con Amado en dos ocasiones a restaurantes de Ojinaga.

Sin saber nada del norteamericano, Amado se comportaba seco y reservado. Las conversaciones nunca pasaron de ser triviales.

El americano tuvo que conformarse con recoger sus impresiones. Durante la primera reunión, un desayuno en el restaurante del Motel Ojinaga, Regela observó que los guardaespaldas de Pablo se habían sentado en una mesa distinta de la de los pistoleros de Amado. Percibió cierta tensión entre Pablo y Amado. Había en el tono de la conversación entre los dos narcotraficantes cierta sequedad que no podía atribuirse a la presencia de Regela. Al finalizar el desayuno, Regela y The Bean se aprestaban a salir, pero alcanzaron a oír que Pablo empezaba a hablar a Amado en voz baja pero firme. Regela tenía dificultad para entender el español cuando lo hablaban rápidamente, pero captó las inflexiones y el lenguaje corporal. La cara de Pablo se veía severa. La respuesta de Amado fue áspera.

Cuando salieron, The Bean explicó la conversación. Los

traficantes tenían un escondite de cocaína en alguna parte del desierto, en un tanque de almacenamiento subterráneo. De algún modo, la DEA se había enterado de la existencia del escondite. Y de algún modo también, Amado se había enterado de que la DEA estaba enterada. Tanto Amado como Pablo estaban muy preocupados ante la posibilidad de una fuga de información. Pero Amado había tomado cartas en el asunto: sin consultar a Pablo, había mandado juntar a seis personas que tenían algo que ver con el escondite. La interrogación se hizo a fondo. Cada persona había sido torturada para que hablara y asesinada. Ninguno de los hombres asesinados resultó ser informante; ni siquiera sospechaban que hubiera un informante entre ellos. Pablo se enfureció al enterarse de la acción de Amado y todavía no se había repuesto de su enojo cuando él, Amado, Regela y The Bean se reunieron a desayunar.

En el restaurante, Pablo exigió una explicación, llamando a la matanza un desperdicio.

"¿Qué es lo que has hecho?" dijo Pablo. "Mataste a seis personas y ¿qué lograste con eso?"

Amado respondió secamente, en un tono de voz que no daba pie para seguir discutiendo el asunto. "Es mejor que mueran seis inocentes a que quede sin castigar un solo culpable."

XXIII

PABLO DECIDE HABLAR

Aproximadamente cuando Pablo decidió actuar en contra de los colombianos, se involucró también con Mimí Webb Miller. Su adicción a la cocaína lo había alejado de su esposa Olivia, quien nunca dejaba de advertirle que se apartara de la droga. Pero su grado de adicción era tan avanzado que ya no le sería posible hacerlo.

Pablo le consiguió a Mimí un departamento con teléfono en Ojinaga y ella empezó a permanecer más tiempo ahí que en el rancho El Milagro. El departamento se convirtió en uno de los sitios seguros para Pablo y ella pasó a ser su confidente.

Como resultado, a Regela le empezó a preocupar la seguridad de Mimí. Entre todas las intrigas, tramas y contratramas, asesinatos e intentos de asesinato, ella contrastaba con su confianza e inocencia. Regela se daba cuenta de que la rubia sobrina del senador de Texas se había enamorado del zar de la droga. ¿Sabía ella realmente con quién se estaba involucrando? Pablo era un blanco movible, y en cualquier día alguien podría concretar una emboscada. En caso de que Mimí estuviera con él, ella también perecería.

El investigador antinarcóticos norteamericano le dijo en reiteradas ocasiones: "Pablo no va durar otro año. Necesitas alejarte de él y volver a organizar tus excursiones. O, mejor aún, irte a casa con tu familia y esperar ahí hasta que todo esto se resuelva".

Pero en lugar de retirarse a una prudente distancia, Mimí parecía haber adoptado a Pablo como una causa. El Pablo que ella conocía no concordaba con la caracterización de la DEA:

"una persona viciosa, extremadamente peligrosa y con poca consideración por la vida humana". La idea que ella tenía de Pablo era la que él quería proyectar: la de un benefactor de los pobres, de un hombre de honor que reemplazaba a un gobierno rapaz al que sólo le interesaba perpetuarse en el poder a expensas del pueblo. Sabía que hacía mal, Pablo lo reconocía ante ella. Pero lo hacía para obtener dinero y así poder reparar escuelas, pagar la hospitalización de los indigentes, ofrecerle empleo a la gente. El se encargaba de dar mientras que todos aquellos que tenían poder sólo pensaban en despojar.

Regela se daba cuenta de que Pablo tenía el cuidado de no contarle ni a él ni a Mimí el lado oscuro de sus actividades. Ella nunca supo de los secuestros a las primeras horas del día, de las despiadadas sesiones de tortura, de aquellos que hacía desaparecer para siempre, de las matanzas ordenadas en México y en Estados Unidos.

Ella quería que los demás vieran a Pablo como ella lo veía. Las autoridades norteamericanas malinterpretaban a Pablo. A pesar de todo, él estaba haciendo cosas buenas por su comunidad. Y ella advertía que la situación podría ser mucho peor si otra persona tomara el poder en Ojinaga.

Mimí había empezado a promover la imagen que tenía de Pablo incluso antes de que su control sobre Ojinaga empezara a írsele de las manos. En el verano de 1985 hizo los arreglos para que se entrevistara con un periodista de Arizona que estaba viajando desde el Golfo de México hasta el Océano Pacífico a fin de obtener información sobre el choque de culturas a lo largo de la frontera México-Estados Unidos, para después elaborar un libro. Mimí conoció al periodista, Alan Weisman, en Lajitas. Weisman quería averiguar acerca de la mafia mexicana y se había enterado de que la rubia podría darle ciertos informes. Mimí le dijo que podía ponerlo en contacto con la cabeza de la mafia, con el hombre que tenía todas las respuestas.

Mimí le comentó a Pablo que la concesión de una entrevista podría ser un buen recurso para cultivar su imagen y acallar los rumores que había acerca de él. Pablo estuvo de acuerdo y se pasó tres horas con un Weisman presa de la tensión en la oficina de Malaquías Flores. Pablo minimizó su importancia en el mundo del narcotráfico. Y aunque estaba volando aviones a Ojinaga con cargamentos de novecientos kilos de cocaína con la regularidad de un servicio comercial, declaró que sólo traficaba con mariguana; e incluso no en grandes volúmenes.

"La gente piensa que soy un hombre rico, y que gano dinero sin mover un dedo. Eso no es cierto. Están equivocados. Ni siquiera dispongo de una cochera", le dijo Pablo a Weisman, y luego empezó a referirle cómo ayudaba a los pobres con su dinero.

Luego un periodista que estaba escribiendo para el periódico *The Washington Post* acerca de la llamada violación de Terlingua, sostuvo una breve entrevista con Pablo por mediación de Mimí. Walt Harrington estaba preparando un artículo acerca de cómo un mexicano acusado de violar a una mujer en Terlingua había sido sacado de prisión en el lado mexicano del río, una noche, por tres hombres enmascarados vestidos con ropas de camuflaje del ejército y portando rifles de asalto. La violación había ocurrido en Terlingua, del lado norteamericano, y el violador, que había sido encarcelado en México después de ser acusado del delito, fue llevado de regreso a Texas donde procedieron a atarlo totalmente desnudo en un descanso del camino cerca de Alpine, para que pudiera encontrarlo el alguacil del condado de Brewster.

No eran pocos los que pensaban que Pablo había tenido algo que ver con esto ya que la mujer que había sido violada en Terlingua era amiga íntima de Mimí, amén del hecho de que nada parecía suceder ahí sin el consentimiento de Pablo. El incidente, de carácter internacional, fue ampliamente comentado por los diarios, tachándolo de una violación a la soberanía mexicana; sin embargo, nunca se logró identificar a los tres "ejecutores nocturnos de la extradición", como más tarde Harrington designaría a los secuestradores. Mimí llevó al periodista de Washington a Ojinaga, y esperaron a que Pablo llegara a las afueras de la estación de radio de Malaquías.

Habiendo escuchado las leyendas acerca del jefe de la mafia de Ojinaga de labios de quienes creían menos en las virtudes de Pablo que Mima, Harrington se hallaba en un estado emocional próximo al pánico para cuando Pablo llegó a bordo de una Mimí pick-up. Pablo le comentó a Mimí que había estado bebiendo tequila en serio y que no tenía ganas de hablar con nadie.

"No tuve nada que ver con eso —le gritó al periodista desde la camioneta—. Me enteré de que cuatro gringos lo hicieron."

Regela empezó a decirle a Pablo en broma que Mimí ahora se encargaba de llevarle sus relaciones públicas. Esto no parecía estar muy alejado de la verdad, pues en una ocasión Mimí llevó, de Midland a Ojinaga, a un par de agentes del FBI que querían constatar los rumores de que un grupo de terroristas libios se estaban escabullendo a los Estados Unidos a través del Gran Recodo y que había campos de entrenamiento de terroristas ocultos en los cañones del norte de Chihuahua. Pablo le dijo a los agentes del FBI que no había oído nada acerca de tales campos, que su gente no habría tardado en informarle. Los únicos terroristas de los que había tenido noticia en el norte de México eran los grupos de guerrilla urbana y rural respaldados por los soviéticos durante los años sesenta y setenta. Sin embargo, éstos habían sido disueltos por el gobierno.

Ante el asombro de los agentes del FBI, Pablo se ofreció a combatir a los terroristas si en verdad se estaban preparando para atacar a los Estados Unidos. No quería que nada le sucediese a esta nación. Todo cuanto poseía se lo debía a los Estados Unidos y estaba dispuesto a combatir a los terroristas árabes sin pedir nada a cambio. Pablo podía hacer todo menos sacar una bandera estadounidense y hacerle el saludo.

Más tarde, los agentes del FBI le escribieron a Mimí diciéndole que el haber conocido a Pablo había sido una de las "grandes satisfacciones" de su larga carrera.

Luego, a finales de octubre de 1986 un periodista de *El Paso Herald-Post*, que con anterioridad había escrito artículos acerca de Pablo, le dejó un mensaje a Mimí en la Tienda General de Lajitas. "¿Estaría dispuesto Pablo Acosta a hablar acerca de lo que se ha venido diciendo de él?"

Pablo accedió, pero cuando Regela y The Bean se enteraron de la entrevista, trataron de convencerlo de que la cancelara. Regela comentó que cualquier tipo de publicidad podría resultar perjudicial para Pablo y, si él se veía afectado, sus esfuerzos por acabar con los colombianos también sufrirían las consecuencias.

"Independientemente de cómo redacten el artículo, si aparece tu nombre en el periódico, el gobierno mexicano decidirá que no puede seguir permitiendo que alguien como tú ande suelto", dijo Regela.

The Bean también coincidió en que sería un error. Señaló que todo el estado de Chihuahua se encontraba en un ambiente de gran agitación política por las controvertidas elecciones estatales de julio. Se alegaba que el gobierno, a pesar de sus promesas de realizar elecciones limpias, había amañado las elecciones una vez más en favor del partido en el poder. Los manifestantes ocuparon durante días enteros los puentes internacionales entre Ciudad Juárez y El Paso, lo que propició noticias de primera plana en todos los Estados Unidos. No era ése el mejor momento para una entrevista con la prensa norteamericana, comentó The Bean. Si el gobierno mexicano se sentía afectado por algo que pudiese decir Pablo, no vacilaría en hacerle pagar las consecuencias.

Sin embargo Pablo prosiguió con la entrevista. Creía que ésta lo beneficiaría ya que le permitiría constar su versión de los hechos, y le proporcionaría un espacio para negar que se había aliado con los colombianos.

La reunión se concertó para el mediodía del 27 de octubre, pero cuando el reportero llegó al Motel Ojinaga, Mimí le informó que Pablo no lo recibiría inmediatamente. Le explicó que el narco andaba de resguardo en resguardo por todo el pueblo para evadir un escuadrón de policías federales mexicanos que habían llegado al pueblo con un kilogramo de heroína decomisada. Las autoridades argumentaban que era de Pablo, que éste no había pagado para que pasara la mercancía y querían su dinero. Sin embargo, Pablo les mandó decir que la droga no era suya y se negó a pagar. Y así, el reportero y Mimí esperaron siete horas en el cuarto de motel hasta que finalmente entró la llamada telefónica de despeje.

Condujeron a la estación de radio de Malaquías a través de polvosas calles sin pavimentar. Pasaron por una serie de puertas de metal hacia un patio oscurecido. Del otro lado del patio, en el descanso de la entrada a un departamento del segundo piso, se encontraba Pablo Acosta, que caminaba de un lado a otro mientras fumaba. Vestía un pantalón de mezclilla, una camisa vaquera azul oscuro, un chaleco de cuero negro, botas vaqueras y un cinturón con una gran hebilla ovalada. Llevaba al cinto una pistola semiautomática calibre 45. En cuanto el americano acabó de subir al descanso, el padrino preguntó con su voz rasposa: ¿Pues cómo metes una sandía de diez kilos en una botella de cinco galones? Con anterioridad, Mimí le había transmitido la pregunta al reportero, contándole que el narco había estado acariciando la idea de exportar esos productos a Francia como novedad. Al zar de la droga esta broma le parecía muy graciosa, por lo que cuando el reportero le contestó que tendría que cultivar las sandias adentro de las botellas, el narco pareció complacido.

El zar de la droga mostró una enorme sonrisa y escoltó a sus huéspedes hacia el interior de una sala escasamente amueblada. Abrió una de las botellas de medio litro de brandy Presidente que el reportero había llevado y la colocó sobre una larga mesa situada en medio de la sala.

Había cartuchos de ametralladora cargados y ceniceros repletos de colillas de cigarro regados por toda la mesa. No había pistoleros a la vista pero recargado contra la pared y al alcance de la mano de Pablo se encontraba un rifle de asalto con el gatillo hacia adelante.

Sólo Mimí estaba con ellos, traduciendo en ocasiones y ayudándole a Pablo a recordar algo que tuviera que decir.

Generalmente, Pablo mandaba registrar a la gente que quisiera verlo, pero no había mandado registrar al reportero. Se recargó hacia atrás en su silla, relajado, pero sin dejar de examinar al norteamericano ni de observarle las manos. Empezó por decir que la gente no lo comprendía y que se habían contado historias falsas de él. En efecto, él había matado, pero nunca había sido el primero en disparar. Por supuesto, él era un narcotraficante buscado por los Estados Unidos, pero sólo comerciaba con mariguana y con el fin exclusivo de satisfacer una demanda como cualquier empresario lo haría. Reconocía que sus pistoleros habían matado a Lilí Arévalo, pero no porque él lo hubiera ordenado.

De reojo y con cortesía, revisó una lista que el reportero había llevado de veintiséis asesinatos que le atribuían a él o a su organización durante un periodo de tres años, negando su responsabilidad en todos ellos excepto en los que había actuado en defensa propia. Explicó cómo se habían suscitado muchos de los demás. Insistió en que la DEA estaba exagerando en gran medida el papel que desempeñaban en el narcotráfico; que no tenía un ejército de quinientas personas trabajando para él, sino sólo unos cuantos; que pasaba pequeños cargamentos de mariguana por el río, entre Lajitas y Santa Elena. Sostuvo también que no traficaba con heroína porque en eso no se ganaba mucho dinero. En cuanto a la cocaína, ni modo, por ser un traficante menor, simplemente no tenía el dinero suficiente para financiar cargamentos de esa droga.

Las emboscadas y las balaceras constituían hechos desafortunados, pero en su negocio es algo que siempre puede suceder. Había escapado de la muerte tantas veces que pensaba que Dios le había permitido sobrevivir a fin de que pudiera seguir ayudando a los pobres y a la pujante comunidad de Ojinaga. De cada veinte dólares que ganaba en el narcotráfico, sólo se quedaba con uno. El resto lo destinaba a ayudar a la gente.

El periodista quería saber acerca de las retribuciones, sobre lo que se decía de que estaba pagando cien mil dólares al mes a fin de obtener la protección de las autoridades. Contestó que ya quisiera él ver todo ese dinero junto. Aunque sí reconoció que la policía federal formaba parte de la operación: "No hay ningún contrato. Si yo gano algún dinero, les doy una parte para que coman bien o la gasten en otras cosas... Les doy tanto como quieren... Como policía federal nunca vas a ganar lo suficiente para mandar a tus hijos a la escuela. Así que debes sacar dinero de algún otro lado".

Alguna vez cultivó mariguana con la autorización de algunos miembros del ejército: "Planté una poca, pero lo hice para ganar dinero en beneficio de las escuelas".

La conversación se vio interrumpida en algún punto por la llegada de un visitante inesperado. Un hombre bajo, regordete, vistiendo un uniforme de oficial del ejército mexicano tocó con rigidez la puerta del frente. Pablo salió al descanso y habló con el oficial durante aproximadamente un minuto en voz baja. Entonces Pablo dijo en tono fuerte: "Ahora no, tengo compañía. Ven mañana".

"Un amigo de borrachera", explicó Pablo.

Cerca de la medianoche, Pablo miró el reloj de oro macizo de cuatro mil dólares que llevaba en la muñeca, obsequio de Amado Carrillo Fuentes, al igual que el dije de oro de una onza que resplandecía en su cuello. Pablo quería visitar a una niña ciega. Ella era un ejemplo vivo de su filantropía: estaba haciendo los arreglos para que le hicieran un trasplante de córnea y así pudiera recuperar la vista. Tomó la ametralladora que se hallaba apoyada contra el muro, le colocó todo un cargador completo, deslizó otro en una de sus botas vaqueras de piel de vicuña y recogió un tercero que estaba sobre la mesa. "Si hay otra emboscada, yo me encargo de protegerte", dijo en tono de prevención.

Al correr de la noche, su actitud, que había sido humilde, se fue volviendo engreída. Con gran petulancia tomó el AR-15 y, sosteniéndolo únicamente con el brazo derecho, barrió el cuarto como si estuviese disparando. Le gustaban los AR-15 por su ligereza, en contraste con los Kalashnikovs, que eran tan populares entre narcotraficantes de otras partes de México. Describió cómo dos años atrás había sostenido un AR-15 del lado del asiento del pasajero de su camioneta y le había hecho dos disparos a Jesús Muñoz en la nuca cuando él y Pedro Ramírez Acosta le dieron alcance por las vías del ferrocarril.

Alguien de Odessa había contratado a Muñoz para que matara a Pablo, explicó éste. El pistolero iba en una pick-up y le disparó seis veces mientras esperaba con su sobrino a que cambiara la luz del semáforo en un cruce cercano al puente internacional. El gatillero falló y se arrancó; Pablo y su sobrino se encontraban justo detrás de él. "Podría haberle disparado en ese momento, pero estábamos en una calle residencial y me daba miedo darles a los niños" siguió contando Pablo, dándole una calada a su Marlboro preparado. Explicó cómo el pistolero aceleró por una calle que daba a la estación del tren.

La calle terminaba en las vías del tren pero Muñoz se brincó las vías y siguió del otro lado por una calle de terracería llena de baches. Pedro también se brincó las vías y se acercó hasta casi tocar la defensa del vehículo del pistolero. Pablo mostró cómo se asomó por la ventanilla para tirar sin obstáculos, sosteniendo el rifle de asalto con un solo brazo

"Había muchos baches, pero yo nunca fallo." dijo Pablo.

Pablo apenas estaba entrando en calor con su historia mientras él, Mimí y el reportero bajaban la escalera de madera hacia el patio oscuro de la estación de radio de Malaquías. Pablo reseñó cómo Muñoz había recibido un balazo en la nuca y se había ido a estrellar en una zanja. Dos balas le habían atravesado el cuello por los costados y le habían salido por la barbilla. Creyeron que Muñoz estaba muerto, pero en cuanto Pablo y Pedro se bajaron de su camioneta, Muñoz saltó desde la parte posterior de la camioneta estrellada y disparó seis rondas más. "Tenía otra pistola. Conté uno, dos, tres hasta seis, y cuando se le acabó el parque, le dije a Pedro, 'Hay que agarrarlo'. Pedro se dio la vuelta por un lado y yo por el otro. La camioneta estaba en una zanja y Muñoz estaba recargado contra el asiento tratando de recargar su arma, pero no le dimos chance".

El zar de la droga le mostró al reportero cómo él y Pedro habían vaciado sus cartucheras en la espalda de aquel hombre.

"Esto no me gusta nada —dijo, sacudiendo el cargador de su ametralladora por encima de la cabeza mientras conducía a sus invitados por el oscuro patio y a través de la puerta posterior de la estación de radio—. No me gusta matar gente. Tengo que cargar esto desde que se iniciaron las matanzas, pero no es algo que me guste. Antes podía andar en shorts, sin llevar ninguna arma."

Los pueblos fronterizos mexicanos están rodeados de caseríos de adobe. La niña ciega y su madre de setenta años de edad vivían en una de esas casas. Elva Fernández, con los ojos vendados por el tratamiento preliminar, buscó a tientas la mano de Acosta y se la besó cuando éste se sentó a su lado en la cama. Colocó la ametralladora en las rodillas y empezó a explicar que la señora le había puesto por equivocación a la niña, cuando sólo tenía algunos meses de edad, peróxido de

hidrógeno en lugar de gotas para los ojos, y que desde entonces Elva había quedado ciega. Costaba trabajo entender lo
que la niña decía. Se había ido de bruces tantas veces al ir
mendigando por las calles de Ojinaga que había perdido los
dientes de enfrente. Su nariz y frente estaban desfiguradas.

Más tarde, cuando todos caminaban por la oscura calle de
tierra, después de visitar a la niña ciega, Pablo dijo, con una
voz distorsionada por toda la cocaína que había estado fumando: "Había personas antes en Ojinaga que ganaban dinero
con el narcotráfico. ¿Cómo es que no hacían nada por esta
gente? Yo no amo tanto el dinero como a la propia gente, y lo
que hago, lo hago por ella".

Al día siguiente, el zar de la droga llevó al periodista a hacer el gran recorrido de la Ojinaga de Pablo, a esa parte del
pueblo que quería que observara el de fuera: el asilo de ancianos que estaba construyendo a una cuadra de la casa de Amado
Carrillo Fuentes; las escuelas a las que les había mandado
cambiar el mobiliario; las zonas de tiro que habían sido la
base para la legendaria invulnerabilidad de Pablo.

El recorrido terminó en una de las casas donde Pablo se
resguardaba. Poco después de que llegaron, Amado Carrillo
Fuentes llegó de repente. Era alto, cortés, reservado y llevaba
una cara vestimenta de vaquero. Él y Pablo hablaron de negocios en un cuarto de atrás y luego Amado se fue.

Cuando Amado se fue, Pablo dejó a sus invitados viendo
una videocinta que había filmado el invierno pasado en el
rancho de Pablo cerca de San Carlos: en la película aparecían
Pablo, Pedro, Amado, Héctor Manuel y varios otros hombres
a caballo. Todos estaban fumando cigarrillos preparados. Por
turnos hacían girar la cuerda y trataban torpemente de lazar
las vaquillas que soltaban de un improvisado conducto. Ya
drogados, se reían escandalosamente siempre que alguien estaba a punto de caerse de su cabalgadura. De vez en cuando
alguno de ellos lograba lazar alguna vaquilla.

Mientras la cinta corría, Pablo se encontraba en la cocina,
"cocinando". El olor se empezó a percibir y pronto toda la casa
estaba invadida por el olor a cocaína fusionándose con el bicarbonato de soda. Debe de haber preparado cuando menos

medio kilo. El periodista empezó a sentir que le pulsaba la cabeza y, media hora más tarde, una oleada de náuseas.

Mimí le fue a avisar a Pablo. Este salió de la cocina y parecía estar sorprendido y desilusionado de que el periodista de El Paso quisiera retirarse. Apenas eran las siete; la noche era joven y él apenas empezaba a entrar en calor. Pero el periodista insistió en irse y cortésmente tomó sus pertenencias. Pablo lo acompañó hasta el portal del frente. El zar de la droga colocó su brazo sobre los hombros del visitante y le dio dos palmadas en la espalda antes de estrechar su mano.

"Vuelva cuando quiera —le dijo en tono cálido—. Ojinaga es suyo."

XXIV

¿SE RINDE EL ZAR
DE LA DROGA?

Los días de Pablo al mando de la plaza de Ojinaga estaban contados. Su adicción a la cocaína iba empeorando cada vez más; se pasaba de doce a catorce horas diarias fumando cocaína preparada y bebiendo brandy o whisky. Las personas que tenían que hacer negocios con él sólo podían arreglarlos entre mediodía, que era cuando solía levantarse, y las tres de la tarde. Después de eso, cualquier asunto serio quedaba fuera de lugar. En ocasiones a la medianoche difícilmente se hallaba coherente. Cuando David Regela se entrevistó con los miembros de la Fuerza Unificada, les dijo que la cocaína iba a disponer de Pablo antes de que pudieran ponerle las manos encima.

Muchos asociados de Pablo estaban perdiendo la confianza en él y optaban por desertar de la organización. Se daban cuenta de que ya no tenía la capacidad mental o física para dirigir una red de narcotráfico de tal diversidad de facetas. Incluso los pistoleros de más bajo rango parecían estar abandonando el barco. Regela recuerda que antes siempre había visto las mismas caras una y otra vez. Pero ahora a los únicos a quienes reconocía era a Pedro y a Héctor Manuel. Los otros eran nuevos; Regela suponía que eran jóvenes entusiasmados ante la idea de trabajar para el famoso zar de la droga.

El primer indicio que tuvo Regela de que Pablo también comprendía que su control sobre Ojinaga estaba llegando a su fin fue poco después de que Pablo presentara a Gene The Bean con la organización colombiana. Pablo y Regela se reunieron en la casa de Pedro para discutir acerca de los progresos de The

Bean con Lupe y los colombianos. Después de que Regela lo puso al tanto de las acciones realizadas por el informante, Pablo inesperadamente empezó a cuestionarlo acerca de la posibilidad de entregarse. ¿Habría una especie de trato que pudiera hacer con los federales en El Paso?

De regreso a El Paso, Regela acudió a visitar a Tom McHugh, el fiscal suplente que tenía a su cargo los enjuiciamientos de la OCDETF, y le dijo que Pablo podría estar dispuesto a entregarse en el puente internacional de Presidio o El Paso siempre y cuando se cumplieran ciertas condiciones. Pablo quería llevar a su familia y todo su dinero en efectivo a los Estados Unidos. A cambio de ello, daría por terminada su operación de narcotráfico.

Cuatro o cinco mensajes se intercambiaron entre McHugh y Pablo por mediación de Regela.

McHugh, un abogado delgado y docto de apariencia que había procesado casos de narcotráfico en Florida antes de trasladarse a El Paso, vio con extrañeza este desenlace. Había negociado alegatos de culpabilidad de delito inferior, pero la oferta de Pablo era inaceptable. Hizo ver claramente que Pablo tendría que purgar el tiempo establecido en el auto de acusación de dos cargos por tráfico de heroína que aún estaba vigente en Albuquerque, y que fue anunciado poco después de que Pablo saliera huyendo hacia México a fines de 1976. Después de entregarse, Pablo tendría que ir a Albuquerque para responder por esos cargos.

En un viaje de regreso a Ojinaga, Regela le dijo a Pablo que siempre podría llegarse a algún acuerdo y que valía la pena investigarlo. Una vez en El Paso, Regela dio a conocer el mensaje de Pablo: quería hablar con el fiscal norteamericano acerca de la posibilidad de rendirse, pero tendría que ser en México. Pablo garantizaría la seguridad de McHugh mientras él estuviese en el país. Regela dijo que, entre otras cosas, Pablo quería hablar acerca de su condición de ciudadano en los Estados Unidos. Quería asegurarse de que no tratarían de deportarlo a México una vez purgada su condena. Si iba a regresar a los Estados Unidos, su deseo era permanecer ahí.

Regela le advirtió al alto y delgado McHugh que Ojinaga

era otro mundo: "Va a haber hombres merodeando por ahí con ametralladoras y fumando cocaína".

McHugh reflexionó. Había seguido de cerca las investigaciones sobre la organización de Acosta incluso antes de que se creara la Fuerza Unificada meses atrás. Él estaba al tanto de cuanto pudiera saber la Fuerza Unificada acerca de Pablo Acosta. Éste parecía ser por mucho la persona más siniestra con quien él se hubiese topado jamás en sus años como fiscal. Se trataba de un adversario con el cual quería enfrentarse cara a cara, sin embargo, prevaleció la prudencia cuando se empezó a preguntar cuáles podrían ser sus verdaderas intenciones. Regela insistía en que Acosta era un hombre de palabra. ¿Pero qué tal si Pablo tenía un motivo ulterior? Que por ejemplo quisiese que alguien les tomase una fotografía juntos. ¿Acaso Pablo pensaría en la posibilidad de manipular a un fiscal federal y al gobierno norteamericano con una fotografía comprometedora?

McHugh le pidió a David Regela que acudiera a su oficina del tercer piso del tribunal federal, en el centro de El Paso. "Dile a Pablo Acosta que si quiere que hablemos tendrá que ser después de que se entregue y no antes."

Pablo se encogió de hombros cuando Regela le dijo que McHugh había cambiado de opinión. Regela dejó la puerta abierta. "Tú sabes que ellos quieren que te entregues. Si lo haces a través de mí, te aseguro que recibirás buen trato."

Hacia octubre, The Bean apenas había empezado a infiltrarse en la organización colombiana y aún no había obtenido mucha información que resultase valiosa. Tampoco había hecho muchos progresos en cuanto a tenderle la trampa a Lupe Arévalo. Pablo, enfurecido, le echó en cara a Regela que la razón de que The Bean no hubiese todavía logrado atrapar a Lupe era porque se estaba embolsando el dinero que le había dado para comprarle heroína. The Bean le estaba refiriendo a Pablo una serie de historias sin sentido, al igual que lo hacía Regela. Todos lo estaban engañando, según él.

Eso no era verdad, le contestó Regela. Lupe Arévalo desconfiaba y por una muy buena razón: ya había estado en prisión en los Estados Unidos y no quería regresar. Actuaba con cautela. Después del viaje que The Bean y Lupe hicieron juntos a Ciudad Juárez, éste no hacía más que darle vueltas a la operación que le proponía The Bean. Hasta que finalmente Lupe le dijo de manera directa que no quería hacerse cargo de ese negocio. Lupe sentía que algo no andaba bien en toda esa transacción, Regela le dijo a Pablo.

The Bean se limitó a encogerse de hombros cuando le dijo a Regela acerca del fracaso, y le comentó que la única forma de llevarlo a los Estados Unidos sería secuestrándolo.

Era evidente que para aprehender a Lupe se tenía que recurrir a un nuevo método. Regela acudió a ver a un oficial de alto rango de la policía judicial federal en Ciudad Juárez, Guillermo González Calderoni, y le pidió su ayuda para que arrestaran a Lupe en México. Días más tarde, cuando Regela volvió a visitar al oficial para enterarse de cómo iban las cosas, el comandante le dijo secamente que no iba a ser posible: "Cuenta con protección, de la mejor clase, y no hay forma en que yo pueda tocarlo".

Regela la explicó la situación a Pablo y defendió a The Bean. Le comentó que a The Bean sí le interesaba atrapar a Lupe porque así podría cobrar la recompensa que ofrecía el gobierno de los Estados Unidos: hasta veinticinco mil dólares si lograban prender a Lupe con un par de kilogramos de heroína. The Bean también sería quien cobrara las recompensas por otros arrestos que Pablo le ayudara a llevar a cabo, sobre todo si llegaban a confiscar algunos cargamentos grandes de cocaína.

"A él no le interesa estafarte", le dijo Regela a Pablo.

Aun con eso, a Pablo cada vez le impacientaba más lo de Lupe. Tal parecía que, entre más se estrechaba el mundo de Pablo, mayor era su obstinación en Lupe.

Regela se dio cuenta del grado al que había llegado su obsesión por Lupe cuando Pablo le propuso que lo asesinara. Le ofreció quinientos mil dólares por matar a Lupe Arévalo en México. "No tendrás que preocuparte por dinero durante el resto de tu vida."

Regela se lo quedó viendo lleno de incredulidad. "Olvídalo, Pablo —le dijo—. Entre mis funciones no está la de asesinar gente. Me interesa aprehenderlo con droga encima y creo que aún podemos hacerlo."

Un mes más tarde Pablo llamó por teléfono a The Bean a una casa en El Paso. Alterado por los efecto de la cocaína, le echó en cara las sospechas que tenía de él y lo amenazó: "Por menos que esto he matado a mal nacidos como tu".

El informante de Regela había vivido, respirado y subsistido en el bajo mundo de la frontera a lo largo de tres décadas. "Mira, infeliz bastardo mexicano, aunque somos del mismo país, te voy a demostrar lo que soy capaz de hacerte."

"Puedes venir cuando quieras y entonces veremos lo muy pendejo que eres", le contestó Pablo.

Regela trató de tranquilizar a Pablo a través de Mimí, que ahora estaba más cerca de Pablo que ninguna otra persona. Regela hizo los arreglos para acompañar a su informante al rancho de Mimí, donde verían a Pablo, a fin de arreglar las cosas y buscar que éste y The Bean se reconciliaran. Regela quería sobre todo asegurarse de que Pablo no tratara de matar a su informante en un arranque de ira así como también presionar a Pablo para que lo ayudara a lograr algunas confiscaciones.

Más tarde, Regela supo que había tenido razón en preocuparse de su propia seguridad. El día de la reunión, Pablo le preguntó a Mimí si alguna vez había visto a Regela o a The Bean con granadas de mano. Pablo estaba convencido de que el agente norteamericano tenía acceso a ellas y de que estaba planeando eliminarlo: "No le sería nada difícil matarme. Lo único que tendría que hacer sería arrojar una granada al interior de la Bronco cuando yo me dirigiera a tu rancho".

A fines de noviembre Regela y The Bean cruzaron el río Bravo en un pequeño bote de remos; Mimí los estaba esperando del lado mexicano. Condujeron dieciséis kilómetros hacia el sur en dirección a su rancho; una vez ahí se instalaron en el patio techado y esperaron llenos de tensión la llegada de Pablo. Una hora después del momento en que se suponía iba a llegar vieron aproximarse una Bronco por el camino en medio de una tolvanera. Misteriosamente la Bronco se detuvo en un vado donde el camino descendía hacia un arroyo, antes de llegar a la entrada del rancho, a varios cientos de metros de distancia. Lo único que alcanzaban a ver era el toldo de la Bronco y las cabezas de dos hombres que corrían hacia la orilla de un arroyo que pasaba por la parte posterior de la casa. "¿Qué está haciendo Pablo? ¿Rodeando la casa?", preguntó Regela.

La Bronco se aproximó hasta la casa y Héctor Manuel bajó junto con otros dos hombres armados con ametralladoras. A uno de los hombres lo llamaban el "joven Pablo" y al otro no lo reconocieron ni Mimí ni Regela. Con frialdad, Héctor Manuel le dijo a Mimí que quería revisar todos los cuartos de la casa. Los pistoleros entraron a la construcción de piedra de dos pisos y procedieron a inspeccionar cuarto por cuarto. Cuando regresaron se sentaron silenciosamente en el patio techado con las ametralladoras entre las piernas. Mimí les ofreció cerveza.

Veinte minutos después, Pablo llegó con Pedro Ramírez Acosta. Pedro iba armado con un rifle de asalto y Pablo llevaba al cinto su 45 automática niquelada. Pablo no sonrió ni tampoco le extendió la mano a Regela o a The Bean.

Después de pedirle a Mimí que los dejara solos, Pablo los indicó que se sentaran y él y el informante de Regela quedaron instalados uno junto al otro. Sostuvieron una larga y animada charla en español que Regela no pudo seguir. Supuso que The Bean le estaba dando a Pablo los pormenores de sus acciones. Los dos hombres estuvieron hablando durante una media hora mientras el sobrino de Pablo permanecía ahí con su actitud hosca y el cañón de su AR-15 apuntando al suelo. Regela pensó en lo nerviosas que siempre estaban estas personas. Con toda la cocaína que consumían, no sería nada remoto que Pablo pudiera cambiar en cualquier momento, pasando de simpático amigo a enemigo mortal. Regela se imaginó que bastaría un chasquido de dedos de Pablo para que Pedro levantase el AR-15 y lo acribillase en ese instante.

Pero Pablo se fue haciendo más afable al ir hablando con The Bean y al final parecía estar verdaderamente feliz. Obviamente habían resuelto el problema entre ellos porque Pablo extendió impulsivamente sus brazos hacia The Bean y Regela y dijo emocionado: "Dios mío, qué alegría volver a verlos".

El río Bravo pasa por el Gran Recodo, formando la frontera internacional, como se puede observar en esta foto tomada río arriba desde Boquillas, cerca de la línea divisoria entre los estados de Chihuahua y Coahuila. Los pueblos como Boquillas, Santa Elena, San Vicente y otros que se esparcen por el lado mexicano del río fueron originalmente fundados como aldeas agrícolas, pero se han convertido principalmente en escenarios para las actividades de contrabando.

No obstante, Regela notó un asomo de inquietud en los ojos de Pablo, como si estuviese ocupado en pensamientos profundamente perturbadores y requiriese de un gran esfuerzo para concentrarse en lo que estaba pasando en ese momento.

Pablo chasqueó los dedos y Pedro, sin soltar la ametralladora, fue a buscar la dotación de cocaína preparada. Pablo encendió su cigarrillo; Pedro lo secundó y The Bean también.

Regela sabía desde el principio que el tratar de ganarse a Pablo como informante iba a ser una tarea larga y tediosa. Y ahora temía que, justo cuando se estaba ganando la confianza de Pablo, éste empezara a perderla con todo el mundo: con quienes lo abastecían de droga, con sus protectores en la policía federal mexicana y en el ejército y en cualquier otro lugar donde le ofreciesen protección. En realidad Pablo sí le había dado información a Regela, por conducto de The Bean, acerca de algunos cargamentos de cocaína que iban a llegar por avión a la zona oeste de Texas, a la altura del área de Lomas de Arena. El Servicio de Aduanas norteamericano había copado las pistas de aterrizaje y enviado aviones de intercepción. Sin embargo, los cargamentos nunca llegaron. Tal vez fue demasiado temprano, demasiado tarde, o bien las cargas se entregaron en algún otro punto o se aplazaron los vuelos clandestinos. Cualquiera que haya sido la razón, no lograron obtener las buscadas confiscaciones. Regela se estaba impacientando. Y si bien no habían sido todavía capaces de concretar la aprehensión de Lupe Arévalo, Pablo, por su parte, tampoco había ofrecido gran ayuda con los colombianos.

"Tienes que hacer que se me dé un caso —le dijo Regela—. Me he ocupado demasiado tiempo de todo esto y no tengo nada con lo cual pueda justificarme. Y a ti te consta que me estoy esforzando, así que tú también necesitas hacer un esfuerzo."

Pablo le dio una larga fumada a su cigarrillo preparado. "Veré que puedo ofrecerte." Después de reflexionar unos instantes, le dijo al agente norteamericano que estaba pensando salirse definitivamente del negocio de la droga. Le comentó que había sido una buena experiencia; que había logrado hacer más dinero del que jamás podría llegar a gastar. Sin embargo, había llegado el momento de retirarse. Prometió llamar a todos aquellos clientes importantes que le compraban mariguana y venderles toda su existencia de la droga. Al hacerlo, les avisaría a Regela y al Servicio de Aduanas norteamericano a fin de que pudieran sorprenderlos cuando cruzaran el río con la droga.

"¿Qué tal si lo haces ahora mismo? No hay nada como el presente. Si los llamas en este momento, me quedo. Puedo hacer que manden unos elementos de Presidio y El Paso."

Pablo sacudió la cabeza. "Ha llovido mucho al sur de aquí, en las montañas. Podría llamarlos en este momento, pero mis camionetas no podrían llegar hasta ahí para traer la mercancía."

Prometió hacer los arreglos lo más pronto posible.

Más tarde, esa noche, Mimí condujo de regreso a Regela y a The Bean al cruce del río Bravo en Lajitas. El sol ya se había puesto y se veía el crepúsculo sobre el río Bravo mientras los dos hombres atravesaban hacia el otro lado en el bote de remos. Cuando se disponía a partir, Regela volvió a suplicar a Mimí que se alejara de Pablo antes de que fuera demasiado tarde. "Mimí, me gustaría que te alejaras de esto, y que lo hicieras cuanto antes. Vas a salir lastimada." Al irse alejando, se despidió con un ademán de Mimí, mientras ella permanecía a la orilla del río del lado mexicano. Se había echado el rubio cabello hacia atrás fijándolo con un moño y Regela pensó en lo frágil y vulnerable que se veía ante los agonizantes rayos de luz.

Durante el trayecto de regreso a El Paso por la Interestatal 10, Regela le comentó a su informante: —¿Sabes una cosa? Creo que Pablo ya sabe que va a morir pronto.

—¿Cómo puedes decir cuándo un hombre sabe que va a morir? —preguntó The Bean.

—Por su mirada —dijo Regela, recordando los ojos de Pablo, inanimados, carentes de brillo y con cierto asomo de temor—. Simplemente da la impresión de saber que no va a vivir mucho tiempo

Los hombres llegaron a la conclusión de que no todo se había perdido. The Bean había logrado establecer más contactos con los colombianos actuando por cuenta propia, aunque seguían trabajando bajo la sombra de Pablo. Tarde o temprano The Bean lograría establecerse con los colombianos al grado de que ya no necesitara más del auxilio de Pablo. Se preguntaban si todavía estaría Pablo con vida para cuando eso sucediese

XXV

COMANDANTE CALDERONI

La inquietud de Regela en cuanto a que la entrevista periodística pudiera ser contraproducente para Pablo resultó plenamente justificada.

El 3 de diciembre de 1986, dio inicio una serie de tres artículos referente a Pablo Acosta en *El Paso Herald-Post*, con una fotografía en primera plana del padrino de la droga sentado en la cama de la vivienda de adobe y abrazando a la niña ciega. El encabezado decía: PABLO ACOSTA. Afirma ser un narcotraficante menor dispuesto a ayudar a los demás. Sin embargo, las autoridades lo acusan de ser una pieza clave en las operaciones de narcotráfico de la frontera, un verdadero PADRINO MEXICANO.

En el artículo se referían las compensaciones que Pablo entregaba a funcionarios de la policía federal mexicana, así como que había cultivado un campo de mariguana con autorización de miembros del ejército mexicano. También se describían con detalle algunos de los asesinatos por cuestiones de narcotráfico en los cuales había estado complicado. La serie se distribuyó por cable en los Estados Unidos; en México, las historias fueron difundidas por una cadena periodística omitiendo todas las alusiones a la corrupción oficial.

Los oficiales de la DEA en Dallas y El Paso, así como los agentes asignados a la Fuerza Unificada para Combatir el Narcotráfico del Crimen Organizado, empezaron a hacer apuestas en cuanto a que Pablo no tardaría en ser aprehendido o asesinado.

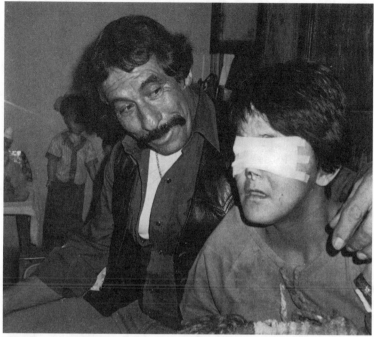

Pablo Acosta disfrutaba de su papel de "padrino" e insistía en que daba la mayoría de su dinero a los pobres. En esta foto se ve cómo reconforta a una muchacha ciega de Ojinaga, Elva Fernández, a la que próximamente se le va a realizar un transplante de córnea en la ciudad de Chihuahua gracias a la generosidad de Acosta. La foto fue tomada el 27 de octubre de 1986 durante una entrevista con el autor. Al principio, Acosta no permitió que se le tomaran fotos, pero después cambió de parecer argumentando: "Bueno, si me agarran, me van a agarrar con o sin fotos". (Foto de Terrence Poppa.)

El 5 de diciembre, un agente del FBI que trabajaba como un oficial de enlace entre la oficina del FBI en El Paso y la policía federal mexicana en Ciudad Juárez se encontraba en la oficina del comandante federal cuando llegaron órdenes de la ciudad de México para proceder en contra de Pablo. Las autoridades de la capital mexicana habían sacado a la luz tres órdenes federales de arresto, una de ellas extendida varios años atrás por un juez federal en el estado de Michoacán por tráfico de narcóticos. La Procuraduría General procedió a ordenar cambios jurisdiccionales, dándole a Ciudad Juárez autoridad sobre Ojinaga. Las órdenes establecían traer a Pablo vivo o muerto.

Guillermo González Calderoni, el comandante de Ciudad Juárez, se aprestó a llevar un escuadrón de catorce hombres a Ojinaga, vía ciudad Chihuahua. Para entonces Pablo ya había huido, al igual que lo habían hecho Amado Carrillo Fuentes, Ismael Espudo y otros narcotraficantes mayores. La policía federal buscó en algunas casas, bloqueó carreteras y arrestó a algunos traficantes menores que no habían recibido noticias de la operación. Pablo no se hallaba por ninguna parte.

En un tiempo ganadero, propietario de un periódico y administrador federal, González Calderoni se distinguía de la mayoría de los comandantes federales mexicanos de ese entonces. Mientras que muchos de sus colegas eran de humilde extracción, su padre había tenido un puesto importante en Pemex y se decía que él contaba con su propia fortuna. Su madre era de origen italiano-norteamericano, y él hablaba bien el inglés y el francés. A ambos lados de la frontera la gente lo llamaba por su apellido materno, Calderoni, y no por su primer apellido, González. Aunque sólo tenía tres años de trabajar como policía federal antes de ser asignado en Ciudad Juárez, el comandante, de rostro ovalado y cabello ondulado, se había ganado la reputación de ser un domador de pueblos en las conflictivas comunidades fronterizas cercanas a la costa del golfo.

Al momento del traslado de Calderoni a Ciudad Juárez, las agencias norteamericanas desconfiaban grandemente de la policía mexicana, en especial de las agencias de policía federales. Los archivos de inteligencia de los Estados Unidos no eran más que masivas compilaciones de información obtenida por medio de los informantes y otros métodos de inteligencia acerca de la participación activa de los sistemas y el personal de la policía federal mexicana en la protección del crimen organizado. La Policía Judicial Federal Mexicana y la Dirección Federal de Seguridad habían estado implicadas a lo largo de toda la frontera, una y otra vez, no sólo en la protección de los narcotraficantes, sino también en las pandillas de robo de automóviles que acechaban en los Estados Unidos y las bandas de "coyotes", organizaciones que pasaban a los indocumentados. Se sabía gracias a numerosos informantes y

gente de dentro del sistema que las comandancias funcionaban como franquicias y los gángsters-comandantes que
tuvieran el dinero y la influencia suficientes se las compraban
a la Procuraduría General de la República, la PGR, en millones de dólares y que una vez que adquirían su puesto, los
comandantes remitían a sus patrones una cuota mensual, por
concepto de la plaza, cuyo monto se determinaba por el volumen de las ganancias obtenidas de las empresas criminales de
una zona determinada.

Para las agencias judiciales estadounidenses, por tanto,
solicitar la cooperación de la policía mexicana o proporcionar
a ésta información, era como tratar directamente con la misma Mafia. Muchos norteamericanos se empezaron a preguntar
si existía todavía una distinción entre las dos.

Por su parte, la policía federal mexicana tenía gran desconfianza y miedo de la policía estadounidense.

Sin embargo, Calderoni dio al principio la impresión de
haber salido de otro molde. Cuando había estado a cargo en
Matamoros y Reynosa, la policía norteamericana de McAllen,
Laredo y Brownsville, al otro lado de Matamoros, se dio cuenta
de que podía recurrir con frecuencia a Calderoni para llevar a
cabo sus investigaciones. Y ahora Calderoni era trasladado a
Ciudad Juárez, dos días después de que el principal narco de
la ciudad, Gilberto Ontiveros, secuestrara y torturara a un
fotógrafo independiente de El Paso y amenazara con matar a
un periodista de la misma ciudad. Se dice que el primer acto
oficial del comandante fue darle a su predecesor "veinticuatro
horas para salir de la ciudad". El segundo fue tocar a la puerta
de la mansión de Ontiveros y arrestarlo junto con doce de sus
secuaces; después de pasar por las mascotas del narcotraficante:
una boa, un tigre y varios cocodrilos.

Después del encarcelamiento del traficante, oficiales de la
policía estadounidense de las diversas agencias antinarcóticos
de El Paso invitaban a almorzar al nuevo comandante a un
restaurante mexicano en esa ciudad. Calderoni aceptaba de
buena gana y entretenía a sus anfitriones contándoles sus hazañas en el valle del río Bravo. Les relataba el arresto de
Ontiveros; cómo había puesto el cañón de su ametralladora

en la boca del narco, obligándolo a ponerse de pie mientras sus agentes lo esposaban. Fascinados, los norteamericanos pretendían no reparar en la pistola que llevaba fija a una de sus botas.

Les dijo que lo habían enviado a limpiar Ciudad Juárez, creciente ciudad de más de un millón de habitantes, situada al otro lado de El Paso. Durante años, ahí habían operado impunemente traficantes mayores, entre los que figuraban oficiales federales de alto rango. Era imprescindible efectuar la limpieza de esa ciudad: el procurador estatal de distrito en Ciudad Juárez se encargaba de dirigir su propia operación de tráfico de mariguana con un puñado de policías del estado de Chihuahua; la policía federal y estatal de Ciudad Juárez les cobraba a los narcotraficantes bajo su protección entre doce y diecisiete dólares por cada libra de mariguana que pasaran por la ciudad. Las bandas de ladrones de autos que operaban en ciudades de la zona oeste de Texas y Nuevo México eran controladas desde las comandancias de la policía federal y estatal de Ciudad Juárez.

El procurador general de Chihuahua, su hijo y funcionarios importantes de esa entidad habían sido sorprendidos transitando en automóviles robados por esas bandas.

Se aproximaban las elecciones estatales y el descontento popular en Chihuahua a causa del empeoramiento en las condiciones económicas y la evidente corrupción se estaba volviendo políticamente peligroso. Mucha gente temía brotes de violencia, si no es que una franca revuelta. Dado el contexto político y los arrestos que Calderoni había logrado hacer, algunos oficiales estadounidenses especularon que Calderoni representaba un ala reformista de la administración de Miguel De la Madrid, el entonces presidente de México. Los eventos ulteriores desmintieron esta teoría, pero durante un tiempo el comandante gozó de la credibilidad que adquirió gracias a otras acciones policiacas y a sus buenas relaciones públicas.

Pablo Acosta iba a ser más difícil de aprehender. Y si acaso regresaba a Ojinaga, sería al amparo de la oscuridad. Calderoni dejó a varios de sus agentes en Ojinaga después de una búsqueda de siete días, luego organizó la cacería de Pablo por todo México. Según informes, se hallaba escondido en la ciudad de Chihuahua, en Torreón, Guadalajara, Toluca o Puerto Vallarta; Calderoni siguió cada una de esas pistas. Sin embargo, a fines de enero de 1987 estaba tan lejos de capturar a Pablo como lo había estado dos meses antes.

Los problemas de Pablo con las autoridades mexicanas continuaban acumulándose mientras se encontraba huyendo. Se procedió a desempolvar la orden de arresto que se había expedido tres años antes por el asesinato de Fermín Arévalo. Luego, dos semanas después de que Pablo saliera huyendo de Ojinaga, periódicos de Chihuahua empezaron a publicar reportajes sobre el asesinato de una operadora de teléfonos de la ciudad de Chihuahua, en el cual estaban implicados Pablo Acosta y un agente federal de seguridad. El asesinato había tenido lugar el 30 de octubre, dos días después de que Pablo le concediera la entrevista al periodista de El Paso. El cuerpo salvajemente golpeado de Olga Gutiérrez, amante de un ex agente de la DFS con quien Pablo evidentemente había tenido arreglos, fue hallado en la autopista a Chihuahua.

En diciembre las autoridades arrestaron a Hugo Lozano Flotte, hijo del jefe de la policía de la Secretaría de Gobernación en Ojinaga, bajo los cargos de secuestro y homicidio. En una confesión firmada, declaró que Pablo Acosta le había ofrecido diez mil dólares por sacar con engaños a la mujer de su domicilio en la ciudad de Chihuahua y entregársela a los hombres de Pablo. De acuerdo con la confesión, Pablo tenía algunas "cuentas" no especificadas que saldar con un agente de Gobernación que vivía en la ciudad de Chihuahua y que se negó a reunirse con Pablo en Ojinaga para resolver el problema. De modo que Pablo envió a Pedro, Hugo Lozano Flotte y un narcotraficante llamado El Mudo a que secuestraran a la novia del agente y la llevaran a Ojinaga en calidad de rehén. Lozano Flotte dijo que había dejado a la mujer en manos de Pedro y El Mudo, y que no quiso cobrarle los diez mil dólares a Pablo cuando se enteró que la mujer había sido asesinada.

Lozano Flotte más tarde se retractó, diciendo que había firmado su testimonio bajo coerción: la policía estatal lo amenazó con arrestar a su esposa y a su padre si se negaba a hacerlo. No obstante, se expidió una orden de arresto contra Pablo y Pedro Ramírez Acosta, el 6 de febrero de 1987, por el asesinato.

Pese a lo frustrante de no poderle poner a Pablo la mano encima, Calderoni continuó con su búsqueda desde su pequeña oficina en la penitenciaría de Ciudad Juárez. El primer gran avance se dio el 24 de febrero, cuando sus agentes lograron capturar al sobrino de Pablo mientras se encontraba en Ojinaga buscando un poco de heroína.

De acuerdo con los informes legales mexicanos, Pablo y Pedro se habían estado hospedando en el hotel El Presidente de Torreón. Habían ido a la casa de un abogado en esa ciudad en compañía de Amado Carrillo Fuentes y su hermano Cipriano, donde habían estado bebiendo y fumando cocaína preparada. Pedro se salió de la reunión y trató en vano de conseguir un poco de heroína para contrarrestar los efectos adversos de la cocaína, sin embargo no tenía en Torreón contactos para obtenerla. Sin avisarle a Pablo, regresó Ojinaga, en un viaje de toda la noche de más de seiscientos kilómetros hacia el norte, aspirando cocaína durante el camino a fin de mantenerse despierto. Llegó a Ojinaga aproximadamente a las once de la mañana y llamó a Pablo al hotel Presidente en Torreón.

Pablo había estado paseándose en la habitación del hotel ansioso por saber qué podía haberle pasado a su sobrino. Estaba furioso. "¡Eres un estúpido! —le gritó—. Sal de Ojinaga en este preciso instante. Los hombres de Calderoni están por todo el pueblo. Si te agarran no te van a dejar con vida."

Pedro le prometió que saldría de ahí cuanto antes después de arreglar unos cuantos "asuntos", sin mencionar nada acerca de la heroína que tan desesperadamente andaba buscando. Tratando de conseguirla, dejó un recado en la casa de un contacto diciéndole que lo estaría esperando en un restaurante. Mientras se encontraba sentado en el restaurante, alguien telefoneó a la comandancia de la policía federal en Ojinaga y puso en aviso a los hombres de Calderoni. Velozmente se dirigieron al restaurante por la autopista a Chihuahua. Para entonces Pedro ya se dirigía de nuevo a su camioneta; alcanzó a ver que venía la policía y logró burlarla.

Frustrados, los elementos de la policía federal regresaron a la comandancia. Varias horas más tarde, recibieron una llamada anónima informándoles que Pedro transitaba por Trasviña y Retes. Tras perseguirlo unas cuantas calles, lo coparon frente a una escuela primaria. Pedro trató de sacar una pistola, pero los agentes lo sacaron de la camioneta y empezaron a golpearlo. Luego se lo llevaron a la comandancia para interrogarla.

De acuerdo con los informes de la policía federal, durante el interrogatorio Pedro reconoció haber participado en los asesinatos de Lilí Arévalo, Fermín Arévalo, Olga Gutiérrez y otras personas más. Durante la sesión se comportó como un animal salvaje. Cuando no estaba amenazando a los agentes de que los iba a matar "la gente de Pablo", procedía a golpearse la cabeza contra el escritorio o la pared."

Según informes de la policía federal mexicana, los agentes llamaron a Calderoni para preguntarle qué hacían con Pedro. Calderoni, que se encontraba en la ciudad de Chihuahua para reunirse con autoridades federales de alto rango, les ordenó que lo llevaran a la capital del estado. Más tarde, la policía federal declaró que Pedro había muerto de un ataque al corazón durante el trayecto, supuestamente a causa de toda la cocaína y heroína que había consumido. Infructuosamente trataron de resucitarlo dándole respiración de boca a boca, comentaba el informe oficial. Al efectuarle la autopsia ese mismo día en la ciudad de Chihuahua, se determinó que la "causa principal" de la muerte había sido un paro cardiaco.

Sin embargo, otro narcotraficante que había sido arrestado en Ojinaga y llevado a la ciudad de Chihuahua junto con Pedro más tarde declaró a la prensa que Pedro todavía iba vivo cuando llegaron a la capital de la entidad. Que si murió, debió haber sido en la comandancia federal. Después del entierro, que tuvo lugar a los pocos días en una colina a las afueras del poblado de Tecolote, al sur de Ojinaga, la viuda de Pedro le dijo a los periodistas que a Pedro lo habían matado a golpes. Le habían roto las costillas y había muerto de un golpe en la cabeza. Un policía norteamericano que más tarde vio fotografías del cuerpo dijo que parecía como si le hubiesen hundido un costado del cráneo a golpes de culata de rifle.

Durante el interrogatorio, Pedro le dijo a la policía federal dónde se habían hospedado él y Pablo en Torreón. Calderoni se apresuró a ir a Torreón y los agentes mexicanos rodearon el hotel. Pero Pablo se había enterado de la suerte de su sobrino unas cuantas horas después de que muriera y a los pocos minutos abandonó el hotel, para no regresar. No obstante, la policía mexicana estaba segura de que seguía escondido en algún lugar de la extensa ciudad industrial. El comandante federal en Torreón anunció que arrestarían a Pablo de un momento a otro. El optimismo resultó carente de fundamento: Pablo había salido de Torreón para internarse en el desierto de Chihuahua, una de las regiones más áridas y menos habitadas de México.

Después del fallido intento de captura, el procurador federal en Chihuahua solicitó la intervención de todas las corporaciones policiacas en México para que ayudaran en la captura de Pablo.

Después de años de impunidad, Pablo era ahora el hombre más buscado de México.

David Regela no había perdido por completo el contacto con el fugitivo zar de la droga. Durante los primeros días en que Pablo anduvo huyendo, Regela había logrado comunicarse con él.

A escasa una semana o diez días: de que Pablo saliera de Ojinaga, se puso en contacto con Regela desde México. Alguien hablaba por Pablo, aunque Regela podía escuchar la voz de éste en el fondo indicándole lo que tenía que decir o respondiendo las preguntas que Regela planteaba. Pablo no especificó de dónde llamaba, ni tampoco Regela se lo preguntó.

Pablo creía que aún podía arreglar las cosas y dijo que tal vez podría volver pronto a Ojinaga a fin de retomar el control de la plaza. Entonces podrían reanudar su colaboración. Las entrevistas periodísticas le habían complicado sus problemas, dijo, refiriéndolo como un "error de criterio". Pero no creía que el daño fuese irreparable.

Regela le recordó a Pablo sobre su promesa de permitirle hacer una confiscación. "Dile que necesito algo en este preciso momento —le indicó Regela—. Que le he dedicado mucho tiempo y esfuerzo y necesito justificarlos con algo."

Dos días más tarde, Pablo finalmente dio muestras de querer colaborar. Regela recibió un telefonema en El Paso de The Bean. Independientemente de donde estuviese en México, Pablo sabía que esa noche iban a pasar por el río hacia El Paso un kilogramo o más de cocaína, a la altura de la refinería de cobre Asarco. El Servicio de Aduanas norteamericano y los oficiales de la patrulla fronteriza coparon el río. Vieron venir a un hombre vadeando las aguas para luego abordar una camioneta. Lo persiguieron por la carretera paralela al río a lo largo de unos tres kilómetros, y luego lo vieron saltar del vehículo aún en marcha. La camioneta se estrelló contra una construcción mientras el individuo se alejaba corriendo. Regela se apeó de su vehículo y fue tras él. El traficante se echó al canal en el lado norteamericano del río y desapareció bajo las precipitadas aguas. Regela pensó que se había ahogado, pero salió al otro lado, unos doscientos metros más abajo, justo donde se encontraban dos patrulleros fronterizos que estaban esperando que saliera a la superficie. El traficante se escabulló y se precipitó otra vez hacia el río. Uno de los policías, un corpulento recluta de 1.90 m de estatura, se tiró a las aguas y logró atraparlo. Pero después de intercambiar unos cuantos golpes, el traficante logró escapar al otro lado, refugiándose en México.

En la camioneta, los agentes del Servicio de Aduanas encontraron kilo y medio de cocaína. No era una gran cantidad comparada con las cargas que Regela sabía se hacían pasar por Ojinaga, pero demostraba lo que Pablo podía hacer cuando se decidía. aun cuando estuviese huyendo de las autoridades mexicanas.

Regela todavía tenía cierta esperanza de que Pablo lograra arreglar sus problemas en México y regresara a Ojinaga. Trató de reunirse con él a fines de diciembre. Pablo le dijo a su gente que había enviado a un hombre con sesenta mil dólares de "anticipo" para llegar a un arreglo con los agentes federales y quitárselos de encima. Pronto todo volvería a la normalidad, Pablo anticipaba.

Sin embargo, al morir Pedro, Regela se dio cuenta de que pronto todo habría de terminar también para Pablo.

Regela había conseguido informes acerca de la muerte de Pedro. De acuerdo con una de las versiones que entonces circulaban en Ojinaga, los agentes federales no se habían conformado sólo con golpear a Pedro; al interrogarlo acerca del paradero de Pablo, le habían cortado algunos dedos con una tijeras para cortar pernos; lo cual fue negado más tarde por la familia de éste.

Pero Pablo sí lo creía y había caído en una profunda depresión. Pedro era el hijo de una de sus hermanas, el hijo que nunca había tenido. Y ahora él había contribuido a provocar su muerte.

Y si habían matado a Pedro de esa manera, era evidente que pretendía hacer lo mismo con él.

Cuando Pablo no estaba hundido en la depresión, se dejaba invadir por la ira. Incluso había dejado de considerar la idea de entregarse a los norteamericanos. Quería vengarse personalmente de los agentes federales por la forma en que habían asesinado a Pedro, le dijo a Regela; y quería asesinar a todos los que pudiera, aun a costa de su propia vida.

Más tarde empezaron a circular rumores de que Pablo incluso llegó a llamar a Calderoni a su oficina en Ciudad Juárez para retarlo a un duelo a muerte entre los dos. Supuestamente Pablo le dijo: "Tú deja a tus hombres en Ciudad Juárez y yo dejo a los míos en Ojinaga".

Según los rumores, el comandante se limitó a reírse de Pablo.

Al salir de Torreón, lo más seguro es que Pablo haya cruzado el desierto del norte hasta llegar a Santa Elena, el poblado a orillas del río donde nació.

Era un sitio ideal para esconderse, al otro lado del río, sobre territorio norteamericano, en las tierras áridas y casi inhabitadas del Gran Recodo. La policía mexicana no podía penetrar por esa dirección sin violar la soberanía norteamericana. Directamente atrás del poblado y extendiéndose por varios kilómetros al este y al oeste, se hallaban los acantilados de seiscientos metros de altura de Sierra Ponce, una mesa de piedra caliza que había surgido de las entrañas de la tierra en un cataclismo tectónico millones de años atrás. Ocho kilómetros aguas arriba del poblado, el río Bravo emergía del cañón para luego internarse serpenteando en el valle. Excepto por los osados que se atrevían a acudir ahí en balsas de hule, no había manera de acceder al poblado de Santa Elena a través del cañón. Y en caso de que la policía intentara esa ruta, serian blancos perfectos al ir avanzando por el río. La única opción que le quedaba a la policía era el estrecho valle de aguas abajo, un tramo fértil entre el río y los imponentes acantilados. Mas, a pesar de los problemas que Pablo tenía con el gobierno, muchos de los campesinos de los poblados de río abajo o de los altiplanos de Sierra Ponce seguían siendo leales a él. Inmediatamente se enterarían de cualquier movimiento inusitado que proviniera de esa dirección mucho antes de que el enemigo pudiera llegar hasta donde él estaba en Santa Elena.

Según se dice, Pablo se puso a reclutar hombres jóvenes para un posible enfrentamiento. Algunos de sus primos jóvenes se encargaban de montar guardia, y en todo momento Pablo contaba con por lo menos media docena de hombres bajo sus órdenes. Dentro de la casa de adobe, Pablo tenía escondidas armas y cajas de parque. Atrás de la vivienda había una barrera de piedra provista de una gruesa puerta de madera donde supuestamente se guardaba un arsenal de armas automáticas y parque.

Además de sus pistoleros, se dice que Pablo llevó consigo bolsas de suministros del ejército llenas de billetes, tal vez más de un millón de dólares, que mantenía ocultas dentro de la casa de adobe. No escatimaba en hacer fluir el dinero a fin de que sus necesidades se vieran satisfechas. La gente le llevaba víveres, incluyendo su ración de cocaína, ya fuera a través de las montañas por el camino que lleva a San Carlos y Providencia o de los Estados Unidos.

Era fácil llegar a Santa Elena a través del Parque Nacional. Algunos centenares de metros más adelante de la Estación de Vigilancia de Castolón se encontraba un camino de tierra que conducía directamente hacia el río, en dirección sur. El camino atravesaba unos ochocientos metros de mezquites, tamariscos y álamos que crecían en abundancia a lo largo de la zona de inundación del río Bravo y que terminaban en un claro arenoso próximo a éste. Directamente al otro lado del claro estaba el poblado, enclavado en una escarpadura que se proyectaba hacia el río, creando un ligero recodo donde el río era hondo y estrecho.

Los visitantes que acudían a Santa Elena, con sus aproximadamente trescientos habitantes, llegaban hasta ahí en botes de remos, luego ascendían los diez metros del empinado banco hasta llegar a la altiplanicie donde se hallaba edificado el poblado. La casa de Pablo se hallaba unos cien metros al sur del río, por un transitado camino de tierra, frente a una cancha de cemento de baloncesto que hacía las veces de plaza principal del lugar.

Fiel a su tradición de padrino, Pablo se había mostrado interesado en satisfacer las necesidades de los lugareños. En marzo de ese año, algunos de los pobladores acudieron a él, sombreros de palma en mano, y le dijeron que el techo de la escuela primaria, que constaba de tres aulas, dejaba pasar el agua. Mandó a algunos de sus hombres de regreso a Ojinaga y al día siguiente volvieron con rollos de material para techos, tablas, bloques de brea, botes de cinco galones de yeso, brochas y estropajo para brea. Una vez que llegó el material, Pablo le dijo a los lugareños que organizaran una brigada de trabajo. El zar de la droga se arremangó la camisa y se puso a supervisar las reparaciones.

Siendo fugitivo de la justicia, Pablo pudo ocultar su presencia en Santa Elena por unos cuantos días pero no durante un mes entero. A principios de abril de 1987, los guardabosques del Servicio del Parque asignados en el Gran Recodo estaban casi seguros, por la conmoción que llegaba del otro lado del río, de que Pablo estaba en Santa Elena. Con anterioridad, cada vez que Pablo había estado en el poblado, siempre había alguien que iba a comprar todos los paquetes de cigarrillos que tuvieran en la tienda del parque. Pero ahora, durante todo el mes de marzo, cada vez que la tienda se abastecía de cigarrillos, alguien llegaba invariablemente al día siguiente y se llevaba todos los paquetes.

Otro indicio radicaba en las escandalosas fiestas que se celebraban en las calles con música de guitarra y acordeón y los gritos de falsete que acompañan a la música norteña. Por lo general, las fiestas en Santa Elena consistían en pequeños grupos de hombres que se sentaban bajo los arbustos de mezquite a la orilla del río, donde se dedicaban a beber cerveza. Sin embargo, las últimas celebraciones eran desenfrenadas pachangas que tenían lugar a todas horas del día y la noche. Los guardabosques podían oír el escándalo desde sus viviendas prefabricadas, unos metros camino arriba de la estación de Castolón.

Durante los días intermedios de la segunda semana de abril, equipos de cinco hombres formados por agentes de la Patrulla Fronteriza y del Servicio de Aduanas empezaron a quedarse en Castolón y a efectuar una discreta vigilancia de la región. Permanecieron hasta el veinte de abril y se fueron tan silenciosamente como habían llegado, sin que jamás le expusieran a ninguno de los guardabosques la razón de su visita.

Mientras tanto, Guillermo González Calderoni se enteraba indirectamente de la ubicación del escondite de Pablo mediante la intervención de líneas telefónicas de personas cercanas a Pablo, entre las que estaba Olivia, su esposa. Basándose en las intervenciones telefónicas, Calderoni mandó traer a dos personas para interrogarlas. De ellas el comandante se enteró de que Pablo se estaba quedando en Santa Elena y probablemente se quedaría ahí hasta el domingo siguiente.

Uno de los informantes, persuadido por Calderoni de que no le quedaba más que cooperar, dibujó un mapa del poblado a fin de mostrar dónde se encontraba la casa de Pablo en relación con el resto del lugar, e incluso dibujó un plano de la construcción en forma de U de Pablo. Por el informante, Calderoni se enteró del número de pistoleros de que disponía Pablo, de la ubicación de otras casas de donde también podían abrirles fuego y de los hábitos de Pablo desde que se levantaba hasta la hora en que, intoxicado de cocaína, se iba a la cama.

Pero Calderoni estaba imposibilitado de hacer cualquier cosa por la misma razón que el padrino había escogido permanecer en el poblado ribereño: Pablo podría salir huyendo antes de que Calderoni y sus hombres se aproximaran. Si Calderoni pretendía llegar por helicóptero, tendría que colocar tanques de abastecimiento de combustible a lo largo del camino; e incluso en el desierto Pablo tenía espías por todos lados, gente equipada con radios de banda civil que le avisarían en cuanto viesen venir helicópteros. Si venían por tierra, Pablo se enteraría con la misma prontitud.

Para capturar a Pablo en Santa Elena, Calderoni estaba consciente de que necesitaba el factor sorpresa. Necesitaba llegar por aire, pero no era posible por el lado mexicano. La única opción era llegar al poblado por el lado norteamericano del río, a fin de burlar la red de espionaje de Pablo.

Para hacerlo, necesitaba la cooperación de los norteamericanos. El comandante mexicano estudió los mapas y esquemas extendidos sobre su escritorio. Tomó el teléfono; marcó la clave internacional y luego un número de El Paso. Cuando respondió una voz femenina en inglés, pidió hablar con Bernardo "Mat" Pérez, agente encargado de la Oficina Federal de Investigaciones en esa ciudad fronteriza.

Al mismo tiempo que Calderoni en Ciudad Juárez procedía a establecer contacto con la oficina del FBI en El Paso, quinientos kilómetros aguas abajo, Mimí Webb Miller abordaba un bote de remos para cruzar el estrecho pero profundo río Bravo en dirección a Santa Elena. El lanchero luchó contra la corriente y un minuto más tarde la embarcación tocaba la otra orilla. Le dio un dólar al hombre y escaló el empinado banco hacia el poblado, enfilando luego por el camino de tierra hasta la casa de Pablo.

Al igual que muchas otras personas que seguían siendo leales a Pablo, ella acudió a visitarlo en Santa Elena durante el mes de abril, aun cuando él le había reiterado en varias ocasiones el riesgo que ese implicaba. Pablo le dijo que debido a lo estrecho de su relación ella era un blanco a seguir. Después de que Pedro fue asesinado, ella había tenido cada vez más miedo de regresar al rancho El Milagro. Ahora se estaba hospedando en la casa de unos amigos en Lajitas.

Mimí se dio cuenta de que Pablo lucía muy enfermo y profundamente deprimido; de hecho nunca antes lo había visto así. Desde la última vez que había estado con él, se le había hinchado el estómago cual si fuera una mujer embarazada y se veía diez años más viejo. Quizás era el efecto de la cocaína en los riñones y el hígado. No se sabía en realidad. Pablo no podía mandar traer un doctor a Santa Elena para que lo examinara; tampoco podía ir a la ciudad de Chihuahua ni a ningún otro lugar en busca de ayuda médica.

Pasaron la tarde y la noche juntos. Pablo pasaba del ataque de llanto a la calma, a momentos llenos de recuerdos de tiempos mejores. Predijo que no viviría más de dos semanas más: o bien moriría a causa de la enfermedad que estaba padeciendo o lo asesinarían. Podía seguir huyendo, pero estaba cansado de hacerlo. Esta vez iba a permanecer ahí para responder al ataque.

Le dijo a Mimí lo que le había dicho a otras personas: bajo ninguna circunstancia la policía mexicana se lo iba a llevar con vida. Estaba seguro de que si lo aprehendían, lo torturarían hasta la muerte, y de un modo más sanguinario del que pensaba habían utilizado con su sobrino.

Mimí permaneció con Pablo toda la mañana del jueves y parte de la tarde, en el modesto conjunto de cocina-comedor y estancia, al frente de la casa de adobe. Dos de los sobrinos de Pablo, medios hermanos de Pedro y procedentes de Odessa, permanecían en la cocina en calidad de guardaespaldas de Pablo.

Mimí y Pablo hablaron acerca de las extrañas cosas que habían estado sucediendo en el rancho de ella. Recientemente alguien había conducido hasta ahí ametrallando la casa del rancho cuando nadie se encontraba en el lugar. Luego se rumoró que se había levantado una acta en la ciudad de Chihuahua acusando a Pablo del atentado. Supuestamente el acta estaba firmada por Mimí. Si de verdad existía tal documento, era un hecho absurdo. Pablo se imaginó que alguien quería matar a Mimí y echarle la culpa a él. El acta falsificada podría servir como un pretexto. Pablo le suplicó a Mimí se alejara por completo de las tierras fronterizas, que volviera a Texas y se quedara con su familia: "Si te quedas aquí, te matarán y lo harán en fea forma".

Mimí dijo que no entendía lo que Pablo quería decir con "matar en fea forma".

El se encogió de hombros y le dijo: "Te harán sufrir antes de matarte".

Mimí se volvió hacia uno de los sobrinos de Pablo y le pidió que le dijera en inglés lo que Pablo quería decir. El sobrino le describió gráficamente lo que pensaba que le podrían hacer a ella, primero como mujer en manos de un grupo de hombres brutales y luego como alguien a quien querrían someter a una muerte lenta y dolorosa.

—Basta, no sigas —le dijo Mimí, palideciendo.

Como a las dos de la tarde, Pablo le dijo a Mimí que tenía que irse. Alguien estaba por ir a verlo y no quería que nadie lo viera en su compañía. Se despidieron con lágrimas. Uno de los pistoleros la escoltó hasta el río y vio que el lanchero la llevara de regreso al otro lado del río Bravo.

Mimí recorrió el camino de tierra para llegar a su auto. Antes de internarse en la espesura de mezquites se dio la vuelta y miró otra vez hacia el río y luego hacia la elevada escarpadura que ya desde esa perspectiva impedía ver el poblado. Tuvo el presentimiento de que ya nunca más iba a volver a ver a Pablo.

Algunos días antes de que Mimí acudiera a Santa Elena, Pablo había enviado a alguien a Presidio a fin de hablar con el alguacil de ese condado, Rick Thompson. El enviado de Pablo le comunicó al veterano de Vietnam, de elevada estatura y afecto a mascar tabaco, que Pablo estaba considerando la idea de entregarse y quería saber si el alguacil podía recogerlo en el río en caso de que el zar de la droga decidiera rendirse.

Thompson se aprestó a decir que sí lo haría.

—Le dije al enviado que no tenía intenciones de hacerme acompañar por un grupo numeroso. Sólo acudiría yo; recogería a Pablo y lo llevaría ante un juez magistrado en Marfa. Y luego lo turnaría a Nuevo México; sin ningún tipo de fanfarrias —dijo Thompson más tarde.

Pablo también hizo unas ofertas similares al alguacil del condado de Brewster en Alpine, George Jones, y al Departamento de Seguridad del Servicio de Aduanas en Presidio. Un oficial de este organismo dijo más tarde que Pablo de hecho concertó una cita en el río pero nunca se presentó.

Cuando Mimí estuvo con él, Pablo no hizo referencia alguna a estas propuestas. De haberlo hecho, ella hubiera entendido al ver su semblante por qué aún no se había entregado ante la ley. Al ir por el camino de tierra de regreso a su auto, Mimí se dio cuenta de que Pablo había perdido la voluntad de vivir.

Después de comunicarse por teléfono con Mat Pérez, del Departamento del FBI en El Paso, el comandante Calderoni solicitó la ayuda de esta agencia para organizar una operación de ataque contra la guarida de Pablo en Santa Elena, llegando por la zona oeste de Texas. Pérez turnó la petición a las oficinas del FBI en Washington, junto con las condiciones que ponía Calderoni: quería tener el control de la operación incluso mientras estuviese en territorio norteamericano. Además el oficial mexicano quería que no se dijera nada de esto a la DEA, al Servicio de Aduanas norteamericano, a la Patrulla Fronteriza o a cualquiera de las agencias locales y estatales. Temía que una fuga de información pudiese echar por tierra los planes de ataque.

—Si se presenta alguien más aparte de los elementos del FBI, cancelo la operación —advirtió Calderoni.

Pérez, en ese entonces el latino de más alto rango dentro del FBI, pronto obtuvo luz verde para dirigir la misión secreta. Ni siquiera se iba a notificar al Departamento de Estado, sino hasta después de concluidas las acciones. Otro agente, Leo González, en un tiempo oficial de infantería del Cuerpo de Marina que había combatido en Vietnam, acompañó a Pérez a Ciudad Juárez a fin de ayudarle a Calderoni a formular el plan de ataque.

Calderoni le dijo a los agentes del FBI que quería disponer de una escolta de helicópteros a través del territorio estadounidense y que los norteamericanos bloquearan el río de su lado, en caso de que Acosta y sus hombres quisieran huir a través de éste. Los mexicanos llegarían al poblado en sus propios helicópteros. Calderoni hizo los arreglos para que enviaran de Sinaloa a Ciudad Juárez dos helicópteros Bell 212 en azul y blanco, pertenecientes a la Procuraduría General de la República. Los dos helicópteros que llevaban un pelotón de agentes vestidos de civiles pero bien armados, llegaron al Aeropuerto Internacional de Juárez antes del amanecer. Un camión tanque con combustible se tendría listo en Ciudad Juárez.

Como medida de seguridad, los únicos que sabían acerca del inminente ataque a la guarida de Pablo eran dos o tres elementos de la policía federal mexicana y, por parte de Estados Unidos, sólo Pérez y el oficial de enlace del FBI y sus superiores en Washington.

Mat Pérez, a su vez, contactó por teléfono a catorce agente en El Paso la noche del jueves, y a cuatro más en Midland, Texas. Les ordenó presentarse a las seis de la mañana del día siguiente. "Duerman bien —les dijo—. En la mañana recibirán instrucciones".

Al día siguiente, los agentes del FBI se dirigieron al Biggs Army Airfield en Fort Bliss. Supuestamente, un helicóptero del ejército, que iba a pilotear un agente del FBI, los estaba esperando para que salieran temprano. Pero la autorización para usar un helicóptero del ejército se había topado con algunas trabas burocráticas y todavía no había podido obtenerse. Al final, Pérez y otros agentes del FBI de Washington D.C. estuvieron horas al teléfono con el Pentágono hasta que pudieron llevarse el helicóptero.

Aproximadamente a la misma hora, diecisiete agentes federales mexicanos, en su mayoría elementos que apenas rebasaban los veinte años de edad, se reunieron en torno a Calderoni frente a los dos helicópteros azul y blanco en el aeropuerto de Ciudad Juárez, veinticinco kilómetros al sur de la base norteamericana. Leo González, el oficial de enlace del FBI, había conducido a Ciudad Juárez y había aprovechado algo del tiempo para explicar a los agentes las técnicas de inserción. Veterano condecorado de la guerra de Vietnam, el agente del FBI había vivido muchos combates como capitán de una compañía de fusileros de la Infantería de Marina estadounidense. Iba a volar en uno de los helicópteros mexicanos. El comandante mexicano iba vestido con vistosas botas vaqueras, pantalones de mezclilla grises y una chamarra de color canela. Sostenía un rifle de asalto Kalashnikov y llevaba una Colt 45 automática en una funda unida al cinto. El informante de Calderoni, un hombre bajo y delgado de unos treinta años, permanecía ahí esposado y con la vista clavada en el suelo. Se suponía que él iba a señalar cuál era la casa de Pablo cuando llegaran al poblado; de no hacerlo, le habían advertido que lo iban a arrojar del helicóptero.

Después de explicarles el propósito de la misión en el extremo distante de la pista de aterrizaje, Calderoni procedió a dar instrucciones de último minuto: —El aspecto más importante de esta misión es su propia seguridad. Quiero capturar a Pablo Acosta con vida, pero no a costa de que su seguridad se vea comprometida.

Tenían que asegurar el poblado, rodear a cuantos hombres pudieran, eliminar a los francotiradores y aislar a Pablo Acosta. Su única ventaja era la sorpresa. La operación iba a ser peligrosa y podría haber bajas.

Los agentes mexicanos iban vestidos con pantalones de mezclilla azul deslavada y llevaban puestos chalecos contra balas. Todos iban armados con rifles AR-15 y Kalashnikovs. Ninguno de ellos retrocedió o dio muestras de titubeo. A los ojos del agente de enlace del FBI, los hombres de Calderoni parecían estar bien entrenados y ser muy disciplinados. Cada vez que Calderoni se dirigía a ellos, se aprestaban a responderle: "Sí, mi comandante" o "No, mi comandante".

Con base en las experiencias de combate que había tenido en las aldeas de Vietnam, el oficial del FBI hablaba de tácticas de asalto e inserción con los dos pilotos mexicanos: sobrevolarían el poblado con la puerta en ángulo con el blanco; uno de los helicópteros bajaría para que los agentes brincaran y aseguraran un perímetro y mientras el otro helicóptero volaría en círculos para cubrirlos, luego se repetiría la maniobra para que pudiera bajar el segundo helicóptero.

Calderoni esperaba con impaciencia la señal de Mat Pérez. Los dos helicópteros blanquiazules de la PGR sobresalían y sólo lograban que los agentes se hicieran preguntas, las preguntas llevaban a conclusiones y las conclusiones podían acarrear problemas. Al recibir por fin la señal de los norteamericanos, abordaron los helicópteros y pusieron al informante esposado en el helicóptero que iba a ir al frente con Calderoni. Diez minutos más tarde, las dos aeronaves azul y blanco sobrevolaban el río Bravo. A los pocos minutos, se les incorporó el Huey de color amarillo verdoso con los agentes del FBI a bordo. Con su arsenal de ametralladoras, los tres helicópteros volaron trescientos veinte kilómetros hacia el sudeste hasta llegar al campo aéreo de la Patrulla Fronteriza en Marfa, donde se reabastecieron de combustible ante las miradas atónitas de los empleados del lugar.

En el trayecto, los agentes mexicanos se estaban impacientando y estaban prontos a disparar. Hubo un momento en que el enlace del FBI emitió una señal de radio desde el helicóptero de Calderoni diciendo que los agentes habían visto unas cabras de cuernos grandes en el flanco de una montaña y que querían sobrevolarlas para dispararles.

"¡Diles que no pueden hacer eso!" exclamó Pérez.

"¡Estoy tratando!' contestó el agente del FBI.

La fuerza de ataque voló otros ciento sesenta kilómetros hacia el sudeste para luego aterrizar en un aislado valle a diez millas de distancia de la estación del Parque del Gran Recodo, a la altura de Panther Junction. Un guardabosques y algunos agentes del FBI que habían conducido desde Midland, entre ellos uno que había llevado una camioneta llena de provisiones desde El Paso, se reunieron ahí con ellos. Arriba, un avión de reconocimiento del FBI sobrevolaba a 15,000 pies de altura y había coordinado el encuentro.

Necesitaban recoger a un guardabosques del parque para que les dijera cómo llegar a Santa Elena; asimismo tenían que intercambiar una parte del equipo. Al ir descendiendo, el oficial de enlace del FBI y el comandante mexicano coincidieron en que los chalecos a prueba de balas que llevaban los agentes eran adecuados hasta cierto punto, pero que no podrían protegerlos contra el fuego de las ametralladoras. Por otra parte, los agentes del FBI llevaban consigo chalecos de combate forrados con una plancha de blindaje. Estos chalecos eran sobrantes de la era de Vietnam que contaban con el gusto de los tripulantes de helicópteros por sus planchas gruesas y sus altos collares blindados. Los agentes del FBI sacaron estos pesados chalecos de la camioneta de provisiones en cuanto aterrizaron en el punto de encuentro en Panther Junction y se los facilitaron a los agentes mexicanos.

Calderoni y Pérez vieron hacia el cielo. El sol estaría ocultándose en media hora, aproximadamente el tiempo que les tomaría llegar a Santa Elena. A lo más, podrían disponer de cuarenta y cinco minutos de luz para perpetrar el ataque. Ninguno de los helicópteros contaba con luces de aterrizaje. Pérez habló de posponer la operación hasta la mañana del día siguiente. Calderoni vio el cielo, después los helicópteros y por último los rostros de sus hombres. La operación estaba a su cargo. La decisión era suya.

—Si esperamos hasta mañana, alguien puede avisarle a Pablo y ya se habrá ido antes de que lleguemos. Mis hombres están listos, así que, adelante, hagámoslo.

Todos volvieron a abordar los helicópteros. El guardabosques se subió al helicóptero del FBI. El plan era sencillo. El helicóptero del FBI conduciría a los mexicanos hasta el río; una vez ahí, el helicóptero norteamericano aterrizaría en el espacioso banco de arena que existe al otro lado de Santa Elena, y de inmediato los agentes del FBI procederían a desplegarse a lo largo del río.

Los dos helicópteros mexicanos avanzarían directamente hacia el poblado.

XXVI

SANTA ELENA

Cuando los dos helicópteros despegaron dejando atrás la confluencia Panther, cuarenta kilómetros hacia el sur, en Santa Elena, las mujeres del poblado se encontraban ocupadas en sus quehaceres, esperando que sus maridos e hijos regresaran de los campos en cualquier momento.

A varias casas de distancia de la vivienda de Pablo, al pie de un elevado álamo, en el costado opuesto de la calle, una veintena de hombres en medio de un gran bullicio se encontraban alrededor de una fogata rostizando un ternero que habían empalado en un largo azadón de hierro. Era abril 24 y celebraban el cumpleaños de Fidel, medio hermano de Pedro Ramírez Acosta y uno de los guardaespaldas de Pablo; todo el pueblo había sido invitado a la fiesta. Los hombres, con sus sombreros de palma y sus ropas de estilo vaquero, se agrupaban en torno al fuego o se ocupaban de sacar las cervezas de las hieleras. Ahí sólo se encontraban unos cuantos de los pistoleros de Pablo, los cuales llamaban la atención por sus ametralladoras; el resto o bien habían regresado temprano de los campos o eran jóvenes demasiado ambiciosos para ese tipo de labores.

Pablo no se encontraba en la fiesta. Dos mujeres habían acudido a visitarlo horas antes ese día, y las estaba acompañando de vuelta al río.

Enedina Ortega, la esposa del alcalde, vio pasar a Pablo y las dos mujeres frente a su modesta casa de adobe, en cuyo patio ella administraba un restaurante de dos mesas. Su casa quedaba entre el río y la vivienda de Pablo; todo el mundo tenía que pasar por ahí, ya sea que viniese del río o fuera hacia él, y algunos de los visitantes de Pablo pasaban de vez en cuando a su patio techado por un refresco o una comida de frijoles con tortillas. Durante los últimos dos meses, muchas personas del otro lado habían acudido a ver a Pablo, pero ella nunca había visto a las dos mujeres antes.

—Buenas tardes, señora —le dijo Pablo al pasar.

—Buenas tardes, don Pablo —le contestó ella, con todo respeto.

No era fácil tener como vecino a un hombre como Pablo. Durante años había ido y venido, y nunca había habido ningún tipo de problema. Pero ahora se rumoraba que los judiciales andaban tras él y que se estaban preparando para un enfrentamiento. Su casa de adobe no estaba más que a tres viviendas de la de él. Vio a sus niños y al pensar en lo que podría pasar le rogó a Dios que Pablo pudiera encontrar algún otro sitio donde esconderse.

Enedina vio que Pablo y sus invitadas se dirigían hacia la orilla de la escarpadura, unos cien metros camino abajo, donde terminaba el poblado y empezaba el río. Los vio desaparecer por el sendero y se dirigían hacia el bote de remos que su hijo se encargaba de manejar.

Diez minutos más tarde, Pablo volvió a pasar frente a su casa, esta vez solo, de regreso a su vivienda. Algunos de los hombres que estaban en la fiesta agitando sus botellas de cerveza invitaron a Pablo a que se les uniera, pero él prosiguió caminando hacia su casa.

En ese momento, los helicópteros llegaron con el aterrorizador zumbido de sus aspas. Uno de ellos aterrizó del lado norteamericano; los otros dos volaron hasta el poblado virando abruptamente justo por arriba de los techados.

Las personas que estaban alrededor del fuego se dispersaron. De la casa de Pablo salió un hombre con una ametralladora y apuntó hacia el helicóptero que estaba depositando hombres sobre los techos de las casas y en la calle posterior al lugar de la fiesta. Pablo sacudió el puño contra el helicóptero que iba a la cabeza cuando reconoció al informante en el momento en que se asomaba por el helicóptero para señalar la casa de

Pablo. Después de gritarle "¡Traidor!", él y el hombre joven se precipitaron corriendo hacia la casa de adobe.

Enedina Ortega vio descender uno de los helicópteros detrás de su casa, a unos cincuenta metros de distancia. La aeronave quedó suspendida arriba del maizal recientemente plantado, provocando con la fuerza de sus aspas que las tiernas plantas se plegaran contra el suelo y se levantaran espesas nubes de polvo. Sobre el plantío empezaron a saltar hombres armados con ametralladoras incluso antes de que el artefacto tocase tierra. Agachando la cabeza, se dispersaron al ir corriendo hacia las casas.

El hijo mayor de la señora Ortega todavía se encontraba en el río con el bote de remos. Su esposo aún no había regresado de los campos. Corrió hacia su casa y con manos temblorosas aseguró la puerta de malla justo en el momento en que un joven vestido con un chamarra militar y portando una ametralladora apareció en el umbral. "¡Judicial federal!" Era un policía federal mexicano, apenas un poco mayor que su hijo más grande, pero había tal dureza reflejada en sus ojos y su boca que ella esperó nunca llegar a ver en su hijo.

—¿Quién vive aquí?

—El alcalde. Yo soy su esposa.

—¿Quién más vive aquí?

—Mis hijos.

—Abra la puerta.

Con las manos aún temblorosas, quitó el cerrojo de la puerta. Su hija más pequeña se prendió de sus piernas y empezó a llorar. El joven federal entró en la cocina con su ametralladora lista para disparar. Miró rápidamente a izquierda y derecha buscando hallar algún cañón de arma o a alguien que se estuviese escondiendo; luego se dirigió hacia la recámara. Justo en ese momento, la aterrorizada mujer corrió ante él, golpeándose accidentalmente contra el cañón de su ametralladora.

—¡Son sólo niños! Y no tienen nada que ver con esta gente.

El joven agente la miró y le dijo:

—Nada les va a pasar a ninguno de ustedes, señora. Ponga a sus hijos contra el suelo y ahí quédense. De esa forma estarán seguros.

Entonces se dio la vuelta y salió corriendo de la casa.

La mujer escuchó detonaciones esporádicas y el rugir del helicóptero mientras éste iba y venía por el poblado. Sus hijos adolescentes se encontraban en la recámara, tendidos sobre el piso de concreto, debajo del marco de las ventanas y tras la protección del grueso muro de tabiques de barro.

El ataque había sido tan sorpresivo que los pistoleros de Pablo, que se encontraban en el claro, al tratar de esconderse habían abandonado sus armas y en ese momento trataban de rehacerse de ellas mediante la ayuda de unos jóvenes campesinos que habían estado con ellos. Sin embargo, uno de los helicópteros obligó a los fugitivos a regresar al poblado disparando ráfagas frente a ellos. Varias camionetas pick-up llenas de hombres impedían el paso por la calle principal hacia donde se encontraba la acción, pero se fueron cuando los helicópteros descendieron y dispararon sobre ellos.

Los hombres que viajaban en el helicóptero de Calderoni, el cual había corrido desde la milpa hacia la cumbre de la colina, se unieron a los que habían saltado antes del helicóptero a los techos para rodear el centro del poblado. Sacaron a los hombres a la calle, fuera de la vista de la casa de adobe de Pablo y los hicieron tenderse boca abajo con las manos y las piernas abiertas. En total habían capturado a tres docenas de hombres.

Otros de los hombres de Calderoni procedieron simultáneamente a inspeccionar todas las casas cercanas advirtiendo a los atemorizados moradores que se pusieran a salvo. De las viviendas fueron sacados varios hombres a quienes condujeron junto a los otros cautivos.

En menos de diez minutos habían asegurado el control del poblado, sin que hubiera bajas de ningún lado. Por radio, Calderoni mantenía informado a su contraparte del FBI sobre el desarrollo de la operación.

Durante el primer recorrido del helicóptero de Calderoni sobre el poblado, el informante había visto cómo Pablo corría hacia su casa y le había señalado al comandante la construcción en forma de U. Después de rodear a todos los hombres que pudieron hallar en el poblado, los federales mexicanos

Dos tomas del escondite de adobe de Acosta en Santa Elena después del tiroteo y el incendio. La toma exterior muestra la fachada de la casa, donde se concentró la mayor parte de los disparos. En la toma interior, dos niñas del poblado exploran las ruinas de lo que fueron la cocina y la sala (Foto superior de Terrence Poppa. Foto inferior cortesía de Carolyn Cole.)

rodearon la guarida del zar de la droga por tres lados distintos. Todos los postigos y las puertas de madera se encontraban
cerrados. En lo alto, uno de los helicópteros iba y venía por el
poblado buscando francotiradores.

Con su 45 automática en la mano, Calderoni gritó a través
de un altoparlante: "Habla el Comandante Guillermo González Calderoni de la Policía Judicial Federal. Te tenemos
rodeado. Pablo. ¡Ríndete!"

Repitió la orden varias veces.

Mientras se dedicaban a registrar las casas vecinas y a efectuar la redada, Pablo había estado colocando cargadores de
cuarenta balas en los rifles automáticos y distribuyendo algunos cargadores más al pie de todas las ventanas de la casa de
adobe. Se ajustó un chaleco contra balas sobre su camisa vaquera de color azul oscuro, lo cual le resultó difícil de hacer
debido a lo inflamado que tenía el vientre. Había logrado armar cuando menos a media docena de hombres, pero ahora en
el momento crítico sólo había dos con él en la casa y sospechaba que los otros o bien habían sido capturados o muertos.
Algunos de sus otros hombres se hallaban fuera de Santa Elena cumpliendo encargos. Pablo había sido vilmente engañado.
¿Quién hubiera pensado que la policía mexicana iba a llegar
por el lado norteamericano? Uno de los dos hombres que quedaban con él era su sobrino, Fidel, proveniente Odessa, quien
al salir de la casa de adobe había apuntado hacia el helicóptero para luego volverse a meter corriendo; el otro era un
campesino llamado Jesús, de un punto cercano a Ojinaga, y
que esa mañana había llegado a Santa Elena para hacerle entrega a Pablo de sesenta millones de pesos.

Después de que Pablo y Fidel regresaron corriendo a la
casa, Pablo gritó: "¡Estamos perdidos! Nos tienen rodeados.
Yo no sé que piensen ustedes, pero a mí no me van a capturar
con vida". Les dijo a Fidel y a Jesús que podían rendirse si
querían; no tenía caso que ellos también muriesen. Entonces
Pablo corrió hacia uno de los cuartos posteriores y empezó a
preparar sus armas. Sin decir una palabra, Fidel y Jesús veían
hacia el piso de la cocina llenos de confusión y temor. Finalmente, decidieron quedarse y pelear.

Tan pronto como Calderoni les gritó que salieran con las manos en alto, asomaron los cañones de sus rifles por las ventanas y empezaron a disparar. Varios de los hombres de Calderoni abrieron fuego simultáneamente con sus rifles de asalto a fin de cubrir al comandante y a dos de sus subalternos mientras avanzaban corriendo hacia el frente de la casa. Uno de los agentes, Ranulfo Galindo, de una patada abrió una de las puertas. Al entrar en la habitación, vio a Pablo en el marco de una de las puertas. Este le hizo dos descargas con su rifle de asalto, dándole a Galindo en cuatro ocasiones. Una de las balas se le incrustó en el bíceps izquierdo y las otras tres le dieron en su chamarra militar. El impacto hizo que cayera noqueado. Pero al irse desplomando hacia atrás el agente herido alcanzó a tirar del gatillo de su rifle automático dirigiendo una descarga de doce disparos hacia donde se encontraba Pablo.

Calderoni y el segundo agente asieron a Galindo de la chamarra para ponerlo de pie. Agachados, corrieron hacia el muro de una vivienda vecina a fin de alejarse de la línea de fuego. La sangre manaba del brazo del agente herido goteando incesantemente por la punta de sus dedos. El comandante ordenó a sus hombres que continuaran disparando hacia la casa mientras procedía a comunicarse por radio con Mat Pérez.

A través del comunicador, Calderoni gritó: "Tengo un hombre herido. Voy a mandarlo allá en el helicóptero". Galindo fue subido a una de las aeronaves mexicanas y llevado hacia el lado norteamericano, donde los agentes del FBI contuvieron la hemorragia y lo llevaron por aire hasta un hospital en Alpine.

Mientras tanto, dos de los agentes de Calderoni habían logrado abrir la puerta de la cocina. Fidel, que ahí se encontraba solo, alzó de inmediato las manos. Los agentes lo sacaron de la casa y lo pusieron boca abajo con el resto de los cautivos.

Cuando regresó el helicóptero que había llevado a Galindo, Calderoni ordenó el cese al fuego y en un instante el ensordecedor tiroteo dio paso a un silencio absoluto. La fortaleza de adobe había recibido cientos de disparos. Grandes capas de yeso habían caído a causa de los impactos, formando blancas pilas de cascajo al pie de los muros. Muchos de los postigos estaban hechos pedazos.

Con el altavoz en la mano, Calderoni gritó: "Pablo, no tienes escapatoria. Sal con las manos en alto", alcanzaron a escuchar esto los agentes del FBI que estaban a lo largo del río.

Pablo y el único pistolero que le quedaba respondieron con más ráfagas de ametralladora. Aunque antes había lucido enfermo y apático, Pablo se había vuelto un dínamo cargado de adrenalina y lleno de odio. Ya disparaba desde una ventana, luego desde la otra, alternándose en ambos costados de la construcción. Sosteniendo sus ametralladoras con una sola mano, los dos hombres disparaban a ciegas por encima de los antepechos de las ventanas. Las ráfagas de contraataque acabaron con lo que quedaba de los postigos y estrellaban las paredes cubiertas de yeso a sus espaldas. Pero mientras mantuvieran la cabeza por abajo del marco de las ventanas, estaban a salvo: las balas no rebotan fácilmente en los tabiques de barro.

La policía mexicana había llegado al poblado poco después de las seis de la tarde. A las seis y media ya habían copado a todo mundo y habían procedido a rodear la casa de Pablo. Durante la siguiente hora, los agentes mexicanos y Pablo estuvieron intercambiando fuego. Periódicamente, Calderoni ordenaba el cese al fuego a fin de darle a Pablo la oportunidad de rendirse. Cada vez que Pablo disparaba, se iniciaba otra ronda de intenso tiroteo. La única vez que escucharon a Pablo decir algo fue como a las siete y media, cuando el poblado estaba totalmente a oscuras. Pablo gritó por detrás de una de las ventanas: "¡Vete a chingar a tu madre, Calderoni! ¡De aquí no me vas a llevar vivo! ¡Si quieres atraparme vas a tener que venir por mí."

Pocos minutos después de la sentencia de Pablo, empezó a salir humo por puertas y ventanas de uno de los costados de la casa, haciéndose cada vez más denso. Del lado americano, los agentes del FBI habían escuchado al comandante mexicano amenazar varias veces con lanzar granadas de humo o latas de gas lacrimógeno, derribar el edificio con una camioneta o quemarlo para que Acosta saliera. Los mexicanos intentaron las tres primeras maniobras, una tras otra, sin éxito. El intento de derribar el edificio falló porque los muros de ladrillo de barro eran de dos pies de ancho. Los federales mexicanos dieron vuelta a la camioneta, poniéndola fuera del alcance de las balas, y de ahí empezaron a sacar gasolina para llenar unas cubetas. Luego tiraron la gasolina por encima del techo y le prendieron fuego. Las ramas de ocotillo que formaban la base del techo rápidamente prendieron fuego y éste se propagó. Luego hubo una explosión de balas, en sucesión tan rápida que ni siquiera diez hombres la hubieran podido provocar. Aparentemente algunas cajas de parque se habían empezado a incendiar, haciendo detonar las balas como series de cohetes. Durante varios minutos continuaron escuchándose ese tipo de detonaciones.

"¡Paren el fuego!", gritó el único pistolero que quedaba con Pablo, desde otro punto de la casa de adobe. Salió corriendo con las manos en alto. Los agentes lo sujetaron y se lo llevaron de ahí. En el interior ya sólo quedaba Pablo.

Calderoni aguardó unos cuantos minutos más. Escucharon unas cuantas detonaciones más provenir de la casa de adobe. Calderoni indicó a uno de sus hombres que se asomara por la ventana a través de la cual creían que Pablo había estado disparando. Mientras otros hombres lo cubrían, el agente avanzó agachado hacia el muro. Estirando el cuello, vio hacia dentro. El agente pudo ver que alguien estaba tendido sobre una cama, ligeramente apoyado. Al parecer tenía los ojos semiabiertos, sin embargo, permanecía inmóvil. En una mano sostenía un rifle automático y en la otra un revólver. "Puedo verlo. ¡Creo que todavía está vivo!"

Las llamas se estaban propagando a esa parte de la casa. Jesús, el pistolero, fue llevado ante Calderoni. Dijo que creía que Pablo ya estaba muerto, que había sido herido antes y que yacía en una cama en la parte posterior de una de las alas de la construcción. Calderoni le ordenó al agente, que estaba pegado de espaldas a la pared de adobe, sosteniendo firmemente su ametralladora contra el pecho, que volviera a asomarse. El federal respiró profundamente, luego introdujo el cañón de su ametralladora a través de la ventana y con cuidado se asomó más allá de donde lo había hecho antes.

Pablo seguía sin moverse. El agente le hizo una señal a Calderoni, quien corrió hasta la ventana gritando órdenes de que sacaran el cuerpo de Pablo antes de que las llamas consumieran toda la casa.

Uno de los agentes entró a través de la ventana mientras otros dos se aprestaban a entrar por una puerta posterior. Pablo aún seguía sosteniendo una ametralladora en una mano y una pistola calibre 45 en la otra, como si estuviese esperando dispararle a cualquiera que entrase por la puerta. En medio del humo, arrastraron su cuerpo hasta la calle de tierra. Todavía tenía bien sujeta su 45. Uno de los agentes arrancó la pistola y se la dio al comandante.

A la luz del fuego, que ya se había extendido por toda la casa y estaba consumiendo el techo en uno de los costados, Calderoni le quitó a Pablo el chaleco contra balas. La única que tenía era en la parte posterior de la cabeza. Tenía varias contusiones en el pecho, evidentemente causadas por el impacto de las balas contra el chaleco. Excepto por el fino hilo de sangre que le corría por una de las cejas, parecía que Pablo estaba durmiendo.

Calderoni oprimió el botón del transmisor de su radio portátil.

—Necesito que vengan a ayudar —le dijo a Pérez.

El agente del FBI le contestó que no tenía autorización para intervenir en un tiroteo en México.

—Pablo ya está muerto —le dijo Calderoni—. Ya todo se terminó. Creo que él mismo se mató.

El oficial mexicano repitió varias veces, mientras mantenía oprimido el botón del transmisor: —Pablo ya está muerto.

El helicóptero del FBI todavía no regresaba de llevar al agente mexicano herido, por lo que Calderoni envió su propio helicóptero a que recogiera al agente norteamericano. Mientras sobrevolaba el río Bravo en el helicóptero mexicano, Pérez vio el brillante techo de la casa de adobe de Pablo. Al bajar del helicóptero, cuando éste hubo aterrizado en una cancha de baloncesto frente a la casa, Pérez vio una fila de hombres que se encontraban apoyados con los brazos extendidos contra el muro de una casa de adobe. Otros hombres, tal vez dos docenas de ellos, yacían boca abajo sobre el camino formando dos filas, cabeza con cabeza. Un agente mexicano los vigilaba con la orden de Calderoni de "acabar con toda la fila si uno solo de ellos trataba de levantarse".

Tres muchachos adolescentes habían permanecido sentados en el descanso de una puerta, no lejos de la acción, con sus rifles de asalto en el regazo. Los tres estaban en estado de shock. Cuando todo se había acabado, alguien los observó, les quitó sus armas y los llevó junto con los otros prisioneros.

Calderoni quería llevarse a todos esos hombres como prisioneros. Sin embargo, Pérez le dijo que no sería posible hacerlo a través de los Estados Unidos: no habían cometido ningún delito en los Estados Unidos y no habría ninguna manera legal de mantenerlos prisioneros una vez que cruzaran el río. Calderoni hizo que fotografiaran a todos los prisioneros con una cámara Polaroid y más tarde soltó a todos menos a tres: Fidel, Jesús y un tercer hombre más grande apodado El Perro, debido a lo prominente de sus mandíbulas. El Perro había sido capturado frente a la casa de adobe de Pablo justo después de que aterrizaron los federales.

Los tres prisioneros fueron esposados. Calderoni ordenó a varios de sus hombres que condujeran a los prisioneros a Ciudad Juárez, del lado mexicano, en unas camionetas del pueblo. Los agentes se fueron con los prisioneros atados y amontonados en la parte de atrás, pero pronto volvieron. Se les había advertido que los esperaba una emboscada carretera arriba y solicitaron de nuevo los chalecos antibalas americanos. Se habían quitado los pesados chalecos pero después consideraron prudente ponérselos hasta salir totalmente del poblado y se encontrarse en lo alto de las montañas.

Mientras el agente mexicano encargado de la cámara tomaba fotografías del cadáver de Pablo, otros agentes registraron algunas viviendas del poblado en busca de armas. En una casa al otro lado de la de Pablo encontraron cuatro mil cartuchos de parque y en otras viviendas, cantidades más pequeñas de parque y algunas armas. Como estaba tan oscuro, no se aventuraron más allá del centro.

Calderoni y Pérez examinaron el cuerpo. Parecía en efecto

que el zar de la droga se había suicidado, pero era necesario realizar una autopsia para confirmar la causa de su muerte. Pérez observó algunos impactos de bala en la parte posterior del chaleco antibalas de Pablo y sin embargo, la espalda del narco no mostraba ninguna marca.

Uno de los agentes mexicanos dio una explicación plausible: en México no era raro que se disparara varias rondas de balas de varios calibres a un chaleco antibalas antes de usarlo "para ver si servía".

Tanto Calderoni como el agente del FBI norteamericano estaban preocupados por su vulnerabilidad. Tarde o temprano, los simpatizantes de Pablo saldrían de su asombro y podrían empezar a dispararles desde sus escondites. El cadáver de Pablo fue llevado al helicóptero de Calderoni que había aterrizado cerca de ahí en una cancha de baloncesto hecha de concreto. Pérez subió a bordo y ayudó a alzar a Pablo sosteniéndolo por debajo de los brazos mientras los agentes mexicanos empujaban el cuerpo desde abajo. El agente del FBI se sorprendió del olor a tabaco tan penetrante que despedía el cadáver del zar de la droga.

Una vez cargados con las armas y municiones decomisadas, los helicópteros mexicanos, con todo y sus equipos de asalto, despegaron. Volaron al lado norteamericano y pronto fueron alcanzados por el helicóptero del FBI. Habían colocado el cuerpo de Pablo cerca de los asientos de pasajeros paralelos a la puerta abierta. El cuerpo rodaba de un lado a otro mientras el helicóptero hacía las maniobras para salir de Santa Elena. Los agentes fatigados colocaron sus pies sobre el cadáver para evitar que éste rodara y golpeara la pared. Pérez solicitó por radio un sitio de aterrizaje. Todos los automóviles disponibles, incluyendo los vehículos particulares de los guardabosques que vivían en un conjunto de casas para los servidores forestales, fueron convocados a la acción y formaron un gran círculo para iluminar el descenso de los tres helicópteros.

Los agentes de FBI, todavía vestidos con overoles de camuflaje y portando los implementos de combate, se agruparon para echar un vistazo al cuerpo mientras éste seguía en el

Un helicóptero de la policía federal mexicana sobrevuela Santa Elena para cubrir con ametralladoras la operación de un segundo helicóptero suspendido cerca del suelo (al centro) que deja a unos agentes sobre los techos de las casas cercanas a la casa de adobe de Acosta. La fotografía fue tomada desde la cabina del helicóptero del FBI desde el lado americano del Río Bravo. (Foto cortesía de Mat Pérez.)

helicóptero. Un agente de Midland, que junto con otro había visitado a Pablo en Ojinaga ocho meses antes para interrogarlo acerca de los rumores relativos a los terroristas libios, se agachó a examinar de cerca su rostro. Pablo se había rasurado el bigote, pero aun así resultaban inconfundibles los pómulos salientes, el trabajo dental en oro y todas la cicatrices.

—No hay duda, éste es Pablo.

Otros agentes del FBI lo identificaron con base en las pocas fotografías que de él existían, incluyendo las que habían sido publicadas en un periódico de El Paso cinco meses antes. Algunos de los federales mexicanos también reconocieron que sí era Pablo, al igual que lo hizo el informante, que esposado había sido llevado hasta el helicóptero para que examinara el cuerpo.

Algunos de los agentes mexicanos reiteraron la idea de que Pablo se había matado. Uno de los guardabosques del parque,

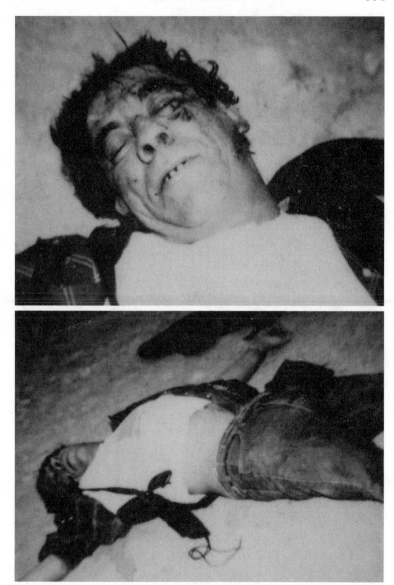

Poco después de que helicópteros de la policía federal mexicana llegaran a Santa Elena y lo acorralaran en su casa de adobe junto con dos de sus pistoleros, Pablo Acosta yacía muerto. Tuvieron que arrastrar el cadáver fuera de la casa, que se había incendiado durante el ataque. Sus últimas palabras fueron: "¡Jamás me atraparán con vida!" (Foto cortesía de la Agencia Antinarcóticos de Estados Unidos, la DEA.)

La fotografía superior muestra a los hombres capturados después del asesinato de Acosta formados contra una pared. Más de tres docenas de lugareños y miembros de la pandilla de Acosta fueron acorralados, pero sólo unos cuantos fueron arrestados y llevados a Ciudad Juárez. En la foto inferior: Algunas de las armas y municiones confiscadas en la casa de Acosta y a los hombres de éste. (Foto superior cortesía del FBI; foto inferior cortesía de El Fronterizo.)

auxiliado por uno de los agentes del FBI, le abrió la boca a Pablo y vieron hacia el interior con la luz de una linterna. Su paladar parecía estar ennegrecido, pero no pudieron hallar ningún orificio en la parte posterior de la boca que pudiera explicar la herida en la base del cráneo. Parecía como si la bala hubiese entrado en forma lateral. Posteriormente, Pérez se enteró que la mancha negra era el resultado de años de fumar cocaína.

Mientras los agentes mexicanos y norteamericanos se arremolinaban en torno a los helicópteros, uno de los guardabosques se dirigió a la estación de vigilancia a fin de traer una bolsa para envolver el cadáver; siempre las tenían en existencia para los inevitables accidentes automovilísticos o las personas que se ahogaban en el río. Otro guardabosque regresó del pueblo de Study Butte, a una hora de camino, con una cantidad considerable de hielo que había conseguido en una tienda de autoservicio. Los guardabosques procedieron a deslizar el cuerpo hacia la bolsa con los pies por delante, luego llenaron ésta con hielo y la dejaron cerrada sobre el suelo, debajo de uno de los helicópteros mexicanos. Durante la noche, guardabosques del parque armados con rifles M-16 montaron guardia ante el cadáver de Pablo y los tres helicópteros.

La discusión sobre cómo pudo haber muerto Pablo continuó en un restaurante de Study Butte, adonde fueron llevados los agentes del FBI y los federales mexicanos para que comieran y pasaran ahí la noche. Más tarde, el consenso general fue que Galindo debió haberle dado a Pablo a principios del tiroteo, o que éste recibió un impacto después pero antes de que se iniciara el incendio. Pablo continuó luchando hasta que la hemorragia lo debilitó al grado de ya no poder seguir; entonces se tendió en la cama pero siguió disparando a través de la ventana hasta que murió desangrado. Los agentes que encontraron su cuerpo observaron que junto a la cama había cientos de casquillos. Aunque los resultados de la autopsia realizada en Ciudad Juárez nunca se dieron a conocer, fuentes allegadas a la oficina del coronel en ese lugar dijeron que tanto el ángulo de entrada como la ausencia de quemaduras por pólvora cerca de la herida descartaba la posibilidad del suicidio.

Al día siguiente, Calderoni quería regresar temprano a Ciudad Juárez con el cuerpo de Pablo, sin embargo, el retorno se vio retrasado por una serie de imprevistos. El camión tanque que habían enviado de Ciudad Juárez había estado fallando en repetidas ocasiones después de salir de El Paso, deteniéndose por última vez en la Confluencia Maverick, cerca de la entrada a Study Butte en la zona oeste del parque nacional. Los tres helicópteros volaron de la caseta del guardabosques hasta la confluencia y aterrizaron uno tras otro en un camino de tierra que llevaba hacia el sur en dirección al río. La bomba de combustible del camión tanque también falló; y después de que le compusieron la boquilla empezó a arrojar lodo. El FBI se comunicó por radio con Marfa para que de ahí enviaran un camión tanque de la Patrulla Fronteriza. Cuando finalmente los helicópteros fueron reabastecidos de combustible, el motor del helicóptero de Calderoni se negó a arrancar y los agentes tuvieron que pasarle corriente de los acumuladores del otro helicóptero mexicano usando los cables que uno de los guardabosques tenía en su camioneta. En la tarde, la temperatura casi llegaba a los treinta y ocho grados y uno de los guardabosques fue enviado de nuevo a Study Butte por más hielo a fin de volver a llenar la bolsa donde estaba Pablo, la cual yacía en el helicóptero del comandante como una arrugada maleta de viaje.

Mientras los agentes federales esperaban que llegara el camión tanque de Marfa, Mimí Webb Miller y la sobrina de Pablo llegaron hasta el helicóptero del FBI en el auto que Mimí tenía en Lajitas. Ahí se había quedado ella la noche anterior y no tardó en enterarse del tiroteo en Santa Elena. Mat Pérez, el comandante norteamericano, observó con curiosidad que las dos mujeres se acercaban. Mimí se presentó y luego hizo lo propio con la sobrina de Pablo. Las dos habían estado llorando.

—Queremos saber si tienen aquí a Pablo; si está muerto —dijo Mimí.

Pérez asintió con la cabeza.

—Queremos saber si podemos reclamar su cuerpo para llevarlo con su familia —le dijo ella al agente del FBI.

—Lo siento —dijo Pérez, tratando de imprimirle a la vez

Guillermo González Calderoni (quinto de izquierda a derecha) el comandante de la policía federal mexicana, posa aquí con Mat Pérez del FBI (a la derecha de Calderoni) y con algunos de los agentes mexicanos que participaron en el ataque de Santa Elena. El cadáver de Pablo Acosta, envuelto en una bolsa para restos humanos proporcionada por el Servicio de Parques de Estados Unidos, yace en el suelo, frente al helicóptero. Varios años después, Calderoni huyó a los Estados Unidos y proporcionó al gobierno estadounidense información detallada acerca de la participación de alto nivel del gobierno mexicano en el tráfico de drogas, incluyendo el tráfico de influencias del hermano del presidente mexicano para que los narcotraficantes pudieran adquirir puertos en el Golfo de México y el Océano Pacífico para facilitar los transbordos de narcóticos. (Foto cortesía del FBI.)

un tono de compasión y firmeza a su respuesta—. Tienen que ir a Ciudad Juárez y arreglar ahí todo con las autoridades

—Pero es que él era ciudadano norteamericano —dijo en son de protesta la sobrina de Pablo.

El agente del FBI denegó con la cabeza; eso no importaba. El cuerpo estaba en manos de las autoridades mexicanas y a ellas les correspondía tomar la decisión de entregar el cuerpo.

Poco después de que las mujeres se fueron, el camión tanque llegó de Marfa. Hacia las tres de la tarde, la fuerza de ataque internacional iba rumbo a casa; el FBI hacia El Paso y la policía federal mexicana hacia México.

El cuerpo de Pablo yacía a los pies del comandante, cual si fuese un trofeo, mientras los helicópteros mexicanos volaban de regreso a Ciudad Juárez.

El funeral de Pablo, que tuvo lugar el 28 de abril en un poblado al sur de Ojinaga, fue muy concurrido y tétricamente festivo, con mariachis y grupos norteños cantando corridos a la memoria del narcotraficante caído. Uno de ellos decía:

El zar de los traficantes ha muerto.
El auténtico rey de la mafia,
que siempre se ganó el respeto
en los caseríos y los pueblos del lugar.
Adondequiera que iba
hasta los más valientes temblaban de miedo.

La misa se ofició en una capilla de La Esmeralda, un ejido cercano al río Bravo, ocho kilómetros aguas arriba de Ojinaga. Al principio, el sacerdote de la parroquia católica de Ojinaga se había negado a oficiar una misa fúnebre en Ojinaga o en cualquier otro lado. Pero entonces uno de los tíos del fallecido le recordó al clérigo que sólo Dios podía juzgar a Pablo y que el sacerdote no era Dios. Aunque el cuerpo permaneció en un ataúd abierto en el pasillo de la pequeña capilla, el sacerdote jamás se refirió a Pablo por su nombre durante el servicio.

La procesión fúnebre, compuesta de cientos de camionetas y automóviles, muchos de ellos con placas de Texas y Nuevo México, después de salir de La Esmeralda, se internó por las calles de Ojinaga, para continuar lentamente hacia el sur por la autopista a Chihuahua en dirección al poblado de Tecolote, donde Pablo iba a ser enterrado. Otra congregación formada por unas mil personas aguardaba en silencio en el pequeño cementerio situado en una colina desde donde se dominaba el poblado.

Debido a la publicidad que había suscitado su muerte, una multitud de periodistas y fotógrafos de Chihuahua, Ciudad Juárez y la capital de la República se encontraba en Tecolote esperando la llegada del cortejo fúnebre. La presencia de los medios de difusión era exclusivamente mexicana a pesar de la cobertura que se le dio a su muerte en Texas y Nuevo México. Los periodistas de esos lugares temían que el bajo mundo de Ojinaga de alguna manera achacase a los medios norteamericanos la culpa de que hubiesen matado a Pablo. Sin embargo, incluso los periodistas y fotógrafos mexicanos recibieron empellones y fueron amenazados por acercarse demasiado al momento en que los portaféretros pasaban con el ataúd hacia la colina. Uno de los fotógrafos recibió un golpe en la boca.

El ataúd de Pablo fue colocado debajo de una tienda donde un sencillo hoyo había sido cavado a través del duro caliche, a escasos dos metros de la tumba de Pedro Ramírez Acosta, el sobrino de Pablo, a quien habían enterrado ahí dos meses atrás. La viuda de Pablo y la madre de éste decidieron abrir la parte superior de la caja para que todo aquel que quisiera pudiese ver a Pablo por última vez. No tardó en formarse una larga fila de personas.

Mientras tanto, el mariachi y un grupo norteño se alternaban para cantar canciones populares con temas nostálgicos y simbólicos, así como corridos extemporáneos sobre la trayectoria de Pablo:

> *Se ha ido Pablito, amigo de los pobres,*
> *muerto por el gobierno*
> *en un mundo que muestra misericordia*
> *por personas como él*
> *y los gringos, riéndose al otro lado del río,*
> *rogaron porque Pablito muriera,*
> *mas él no hizo otra cosa*
> *que darles lo que ellos querían.*

Concluida la ceremonia, procedieron a bajar el cuerpo de Pablo.

Lo que siguió a la muerte de Pablo parecía indicar que las cosas estaban cambiando, al menos en Ojinaga. Después del entierro de Acosta, el gobierno se desmoronó. El comandante de la policía estatal y varios de sus agentes fueron arrestados y llevados a la ciudad de Chihuahua. Héctor Manuel, uno de los hermanos menores de Pablo, fue arrestado por haber participado en el asesinato de Fermín Arévalo y encarcelado en la misma ciudad. Narcotraficantes importantes relacionados con Acosta, como Amado Carrillo Fuentes e Ismael Espudo, desaparecieron.

Cuando un nuevo general tomó el mando de la guarnición de Ojinaga, empezó a correr la voz de que el brigadier no era como los que le habían precedido. Era refinado y educado. Su esposa abrió una escuela de comportamiento para mejorar los modales de las muchachas jóvenes de Ojinaga. Se dice que a Malaquías Flores lo echaron de la casa del general por haberle propuesto a éste un trato.

Pero se especulaba que en Ojinaga un general así no duraría mucho tiempo. Pronto se verificaría esta especulación. Tres meses después llegaba a la guarnición un nuevo comandante que retomaba las viejas costumbres. A finales de 1987, la agencia de Aduanas de E.U. de Presidio se enteró por sus informantes que el ejército mexicano estaba otra vez involucrado en la protección de los narcos de la región. Alrededor del mes de noviembre de 1987, a escasos seis meses de la muerte de Pablo Acosta, las tropas del general quemaron un sembradío de mariguana cerca de El Chapo y se publicaron en los periódicos de Chihuahua artículos y fotografías. Sin embargo, fuentes confiables dijeron que se trataba de un truco: las tropas habían llevado un camión lleno de llantas viejas al campo, las habían cubierto con alfalfa y habían quemado las llantas y no la "mota". Esta ya había sido cosechada para ser llevada al pueblo por los soldados después de quemar la hoguera de caucho. Para respaldar esta información, se informó más tarde que los soldados se habían jactado de la estrategia en las cantinas de Ojinaga.

Los informantes reportaron que los envíos aéreos de cocaína de Colombia a Ojinaga se reanudaron un año después de la muerte de Pablo. Se dice que una de las pistas de aterrizaje de tierra se encontraba cerca del pueblo del Tecolote y podía verse desde la colina donde habían enterrado a Pablo.

También se notó un reincidencia por parte de la policía

federal. Ojinaga siguió bajo la jurisdicción de la Policía Judicial Federal Mexicana de Ciudad Juárez, pero el hecho de que la PJFM estuviera todavía involucrada en la protección era incuestionable después de la redesignación de Calderoni. Poco después de la muerte de Pablo Acosta, Calderoni fue promovido como coordinador de operaciones antinarcóticos especiales desde la ciudad de México. Al momento de partir de Ciudad Juárez, Calderoni dijo a los medios de comunicación que su remplazo sería una "grata sorpresa" para la ciudad. Un nuevo grupo de federales mexicanos bajo el mando de Salvador Joaquín Galván, apostados antes en Matamoros, ciudad situada junto a Brownsville, remplazaron a Calderoni.

Las actividades de Galván fueron pronto descubiertas mediante una conversación, intervenida y grabada por la DEA, que sostuvo con un traficante de mariguana mexicano que operaba en El Paso. Galván estaba llamando desde su oficina de Ciudad Juárez para anunciar al narcotraficante que había detenido a dos de sus hombres junto con su cargamento de 330 libras de mariguana. Galván exigía setenta mil dólares por soltar a los traficantes y devolver los vehículos con el cargamento de "mota".

Esta intervención telefónica provocó el enjuiciamiento tanto de Galván como del narcotraficante en enero de 1988 en el tribunal distrital federal de los E.U. de El Paso. Este juicio tensó las relaciones entre las agencias policiales federales de Ciudad Juárez y las de El Paso. Según la información proporcionada por informantes de la DEA, Aduanas de E.U. y la Patrulla Fronteriza, Galván había ofrecido una recompensa de 25 mil dólares a quien pudiera identificar el vehículo de un agente federal norteamericano en Ciudad Juárez para que los federales mexicanos pudieran meter narcóticos en el vehículo y posteriormente arrestar al oficial norteamericano por posesión de la droga. Todas las agencias federales estadounidenses alertaron a sus agentes, aconsejándoles que no se aventuraran en Ciudad Juárez, incluso en horas fuera de servicio.

Galván y su subgrupo de Ojinaga se quedaron en Ciudad Juárez hasta julio de 1988, fecha en que la presentadora de televisión Linda Bejarano, su suegra y otra persona murieron

ametralladas a manos de diez de los hombres de Galván en
una zona residencial de Ciudad Juárez. Galván no pudo ofrecer mejor excusa que ésta: sus hombres habían confundido el
vehículo de la reportera con el de unos traficantes de cocaína
y consideró necesario emprender la acción. El esposo de la
comentarista ofreció una explicación distinta: Galván tenia
miedo de que la reportera hubiera acumulado evidencias para
probar su participación en el tráfico de drogas y temía que
estuviese a punto de divulgar la información.

El recuerdo de Pablo Acosta persistió en Ojinaga. Poco después de su entierro, fue colocado en el panteón de los
inmortales. Mil personas desfilaron frente a su cadáver antes
de que sellaran el féretro y lo enterraran. Y sin embargo empezaron a circular rumores de que no era él quien había sido
enterrado, sino que había hecho un trato con las autoridades
estadounidenses y se encontraba en secreto del otro lado de la
frontera y vivía protegido bajo el programa de protección a
testigos; se había hecho cirugía plástica y estaba viviendo en
un rancho de Sinaloa, Coahuila o Sonora. Se rumoraba que lo
habían visto sano y salvo en Odessa, en la ciudad de Chihuahua, en Hobbs y en otros pueblos a ambos lados de la frontera.

Meses después de haber sido enterrado en Tecolote, los corridos que hablaban de él no habían perdido su popularidad.
Cuando el proyeccionista del Cine Armida, una sala que pro-
yecta películas eróticas mexicanas, puso los corridos de Pablo
Acosta en el intermedio, el público se puso de pie vitoreando y
aplaudiendo escandalosamente.

Pero lo que muchas personas de Ojinaga recuerdan en los
días que siguieron a la muerte de Pablo fue cierto aligeramien-
to del ambiente, como si al fin se hubiese quitado un peso
tremendo de la frontera. No tardaron mucho en darse cuenta
del porqué. Atrás habían quedado los aterradores días de los
enfrentamientos callejeros, los secuestros nocturnos y los asesinatos a plena luz del día.

La muerte de Pablo había liberado a la ciudad de sus
temores.

Desde que Manuel Carrasco, La Víbora, había transformado al pueblo fronterizo en un importante punto de distribución de drogas, Ojinaga había contado con un reconocido zar de la droga. Pero a dos años de la muerte de Pablo, la pregunta "¿Quién está manejando la plaza?" sigue obteniendo como respuesta un encogimiento de hombros acompañado de otra pregunta: "¿Quién sabe?"

Varios nombres se han mencionado: Amado Carrillo Fuentes, el narcotraficante de Guadalajara; uno de sus hermanos; Lorenzo Hinojos, alias El Mudo, uno de los sospechosos en el asesinato de la operadora de teléfonos; Ismael Espudo, el ex comisionado del condado de Van Horn. Al propio Manuel Carrasco se le había visto hospedarse en el hotel Rohana. ¿Acaso habrá retomado La Víbora la plaza que en un tiempo fue suya?

Hasta ahora, nadie se ha aventurado a reclamarla.

Al menos no públicamente.

Epílogo

Pablo Acosta fue superado más que sucedido. Amado Carrillo Fuentes, quien fuera su socio por algún tiempo en Ojinaga, desapareció cuando Acosta huyó. Al reaparecer ya era el criminal más poderoso que se haya conocido en este hemisferio. Desde Ojinaga, su base de operaciones original, se propuso crear una red de tráfico que se extendiera al corredor de México central.

Lo que distingue al crimen organizado en México durante la década de 1990 es la forma en que los equipos gobierno-traficantes dividieron al país en grandes zonas de distribución de las drogas provenientes de Colombia, México y el Medio Oriente a los Estados Unidos.

De acuerdo con este sistema, Juan García Abrego controlaba la zona de la costa del Golfo, por lo que su organización llegó a conocerse como el Cártel del Golfo. La costa oeste de México vio el ascenso de los hermanos Arellano Félix, la familia de traficantes a cargo del Cártel de Tijuana. La organización de Carrillo Fuentes, que centraba sus operaciones de gran alcance en Ciudad Juárez, llegó a conocerse como el Cártel de Juárez. La Ojinaga de Pablo Acosta cayó bajo la tutela de Ciudad Juárez. Se cree que Malaquías Flores, ex contacto militar y dueño de una estación de radio, asumió posteriormente el control de la plaza de Ojinaga, pero respondiendo a las órdenes de Carrillo Fuentes.

Carrillo Fuentes aprendió de los fracasos de Pablo Acosta. Le parecía claro que la tendencia a llamar la atención y los excesos de Acosta habían acabado con él. De este modo, Carrillo se mantuvo en la sombra, expandiendo calladamente su influencia, reforzando sus conexiones en Guadalajara y Ojinaga, además de la relación con su tío Ernesto Fonseca Carrillo quien se encontraba preso. Periódicamente se hacía cirugía plástica para cambiar de apariencia.

La historia del ascenso de Amado Carrillo Fuentes, zar de la droga, es en esencia la misma que la de Pablo Acosta. Es la del asesinato, la traición y la complicidad con la autoridad, pero en el caso de Carrillo son los números los que llaman la atención: los volúmenes de cocaína que transportó para los colombianos a través de México, el número de aviones que poseían sus "negocios de fachada", el tamaño de sus aviones y sus cargamentos, el número de personas que mató o mandó matar, la cantidad de dinero que pagó a cambio de protección. Los analistas norteamericanos calculan que el presupuesto anual de pagos a sus protectores gubernamentales podría estar entre 500 y 800 millones de dólares. Transportaba hasta ocho toneladas de cocaína a la vez, en viejos Boeing 727 o Caravelles reconvertidos. Se le atribuyen cuatrocientos asesinatos.

A pesar de los esfuerzos de Carrillo por pasar inadvertido, el servicio de inteligencia estadounidense pudo seguirle la pista. Las operaciones de contrabando de cocaína realizadas en los ranchos del desierto en las afueras de Ojinaga se reanudaron poco después de la muerte de Pablo, pero Carrillo eventualmente transfirió sus actividades de aterrizaje y almacenamiento a Ciudad Juárez. Dejó a su hermano Vicente a cargo de las operaciones, mientras él hacía sus maniobras en la intrincada red de intereses relacionados con las drogas en distintas partes del país. Cultivó una relación personal con el líder del Cártel de Cali, Miguel Rodríguez Orejuela. Hubo un tiempo en que hablaba por teléfono celular con el colombiano todos los días.

A principios de la década de 1990, se creía que la plaza de Ciudad Juárez estaba en manos de Rafael Aguilar Guajardo, un ex agente de la DFS y traficante del más alto nivel, emparentado con una prominente familia de industriales de Juárez. Aguilar pertenecía a una generación anterior, la de los años setenta, cuando la policía secreta mexicana daba protección a escala nacional y el país estaba dividido en regiones al mando de comandantes como Aguilar. Pero la DFS había sido desmembrada en 1985 tras el asesinato del agente de la DEA Enrique Camarena. De ahí en adelante, Aguilar tuvo que arreglárselas como todos los demás traficantes, cultivando sus relaciones para obtener la protección de quien tuviera el poder de otorgarla.

El control de Carrillo sobre Ciudad Juárez quedó decidido con el asesinato de Aguilar. El servicio de inteligencia de los E.U. obtuvo información en el sentido de que Aguilar se había estado quejando con sus protectores de las grandes cantidades de dinero que le obligaban a pagar. Estaba harto de ello y amenazó con divulgar "quién es quién" en la industria de la protección. En 1993, dos días después de pronunciar la amenaza, fue ametrallado mientras conversaba con una amiga norteamericana en un café de Culiacán. Los analistas del servicio estadounidense de inteligencia creen que fue Carrillo quien organizó el asesinato de acuerdo con las autoridades. Es posible que futuras investigaciones revelen que el asesinato de Aguilar benefició tanto a Carrillo como a sus aliados narcopolíticos: el control de Carrillo Fuentes sobre Ciudad Juárez se fortaleció y gran parte de las posesiones de Aguilar, estimadas en 800 millones de dólares, incluyendo centros hoteleros, pasaron a engrosar las fortunas de algunos miembros de la administración salinista y sus socios.

Amado también sufrió atentados, pero su culto a la invisibilidad lo salvó. A principios de 1994, varios pistoleros entraron en un restaurante de la ciudad de México donde cenaban él y varios de sus socios. Dos de sus principales ayudantes fueron acribillados, ya que aparentemente los pistoleros confundieron a Carrillo con uno de ellos. En la confusión, Carrillo se había metido bajo la mesa.

A pesar de la rivalidad, a veces mortal, que existía entre Carrillo y otras organizaciones de tráfico de drogas, éste logró establecer un arreglo de coexistencia negociando para ellas contratos con los colombianos y permitiéndoles usar su increíble flota aérea para sus entregas. A falta de mejor nombre, para poder definir de algún modo el crecimiento del poder, la organización y la interconexión de los grupos narcotraficantes mexicanos, los norteamericanos comenzaron a llamar "la Federación Mexicana" a esta dispersa asociación presidida por Amado Carrillo Fuentes.

La década de 1990 es una época marcada por el absurdo número de asesinatos. Al igual que Ojinaga bajo el dominio de Pablo Acosta, todo pueblo fronterizo de México se convirtió en un campo de muerte. Pero Ciudad Juárez destacaba en las estadísticas. Ahí se cometieron más asesinatos que en ningún otro lado, lo que refleja la propensión de Carrillo a matar a cualquiera que pareciera mínimamente sospechoso de ser informante. Este rasgo sociopatológico repugnaba incluso a Pablo Acosta, quien tampoco se tocaba el corazón cuando había que matar a alguien.

El agente secreto de Aduanas David Regela escuchó en 1986 a Carrillo resumir su política de asesinatos: "Más vale que mueran seis inocentes, a que viva un solo culpable", dijo refiriéndose a la tortura y asesinato de seis hombres para descubrir a un individuo que había estado entregando a la DEA información sobre sus escondites de cocaína. Cada vez que incautaban un cargamento de narcóticos, Amado suponía una infiltración, por lo que torturaba y mataba a las personas involucradas. Se dice que una vez, en 1995, Carrillo obtuvo una lista de informantes que trabajaban para los Estados Unidos. La lista había sido proporcionada a la PJFM por un acuerdo de cooperación con la Procuraduría General de la República. Durante los meses siguientes aparecieron en Ciudad Juárez, torturados, un cadáver tras otro hasta sumar sesenta hombres y mujeres.

En su apogeo, gracias a los asesinatos, a su cómoda relación con las autoridades y a sus tratos directos con los productores colombianos de cocaína, Amado Carrillo Fuentes llevaba a México 200 millones de dólares a la semana por la venta de cocaína, es decir, más de 10 mil millones de dólares al año, según estimaciones de la DEA.

Los niveles exorbitantes de criminalidad que había alcanzado el sistema de poder se reflejaban en las sumas de dinero que recibían las autoridades a cambio de su protección, pero quedaron confirmados con la serie de asesinatos ocurridos en un muy breve lapso de 1994. El sucesor presidencial designado por Carlos Salinas de Gortari, Luis Donaldo Colosio, fue muerto durante un mitin de campaña en Tijuana en marzo de ese año. El líder de la fracción priísta en el Congreso, José Francisco Ruiz Massieu, ex cuñado del presidente, también fue asesinado, al igual que otro miembro del PRI en el Congreso.

Cuando un nuevo presidente tomó posesión a fines de 1994, las investigaciones realizadas en torno a estos crímenes de alto nivel apuntaron directamente hacia la familia Salinas. El ex presidente huyó a Irlanda, país que no tiene un tratado de extradición con México. Raúl Salinas de Gortari, su hermano, fue arrestado por ser el presunto autor intelectual del asesinato de Ruiz Massieu. Los investigadores descubrieron una cuenta en un banco de Suiza, de 120 millones de dólares, que pertenecía a Raúl Salinas. Se empezó a comentar que el hermano del presidente era uno de los grandes protectores de Juan García Abrego, el líder del Cártel del Golfo, y que el dinero de la cuenta había sido recibido a cambio de protección. El nombre de García Abrego quedó ligado al asesinato del candidato presidencial.

Un escándalo posterior estalló en febrero de 1997, cuando el gobierno mexicano anunció el arresto del General del ejército mexicano Jesús Gutiérrez Rebollo, quien había sido nombrado zar antidrogas tan sólo dos meses antes. El general fue acusado por las autoridades mexicanas de aceptar sobornos de los narcotraficantes y de vivir en un departamento de lujo que le proporcionaba Carrillo Fuentes en la ciudad de México.

Vale la pena abundar en este punto. Como el arresto o asesinato de los narcotraficantes, el móvil de la caída de Gutiérrez Rebollo fue político. No se le arrestó porque hubiera cometido el crimen de proteger a los narcotraficantes; los había estado protegiendo durante años, siendo comandante de una zona militar clave en Guadalajara. La elite del poder se había beneficiado con su trabajo. No fue descubierto repentinamente. El general era uno de los elementos del mecanismo de protección formado por el ejército y la PJFM que garantizaba la seguridad de los envíos aéreos de narcóticos de Carrillo Fuentes y de los sitios de aterrizaje situados en el norte del país. El general era el chivo expiatorio que debía calmar los ánimos encendidos en México ante la cada vez más evidente conexión del PRI-gobierno con el crimen organizado. También pretendía aplacar al igualmente conmocionado Congreso de los Estados Unidos, que amenazaba con retirar a México la certificación que otorga por su cooperación en el combate contra el narcotráfico.

Así, un mes antes de que iniciara en el Congreso de E.U. el debate acerca de la certificación, Gutiérrez Rebollo se reunió con el Secretario de la Defensa de México, quien le anunció su próximo sacrificio. Se dice que al escuchar la noticia Gutiérrez Rebollo sufrió un ataque cardiaco leve.

Los medios de comunicación de E.U., desde diarios hasta redes de televisión, se lanzaron sobre la noticia, dándose particular gusto al publicar fotografías del general mexicano con el zar antidrogas de Estados Unidos Barry McCaffrey, ex general también, quien dos meses antes había descrito a su homólogo mexicano como un "hombre de absoluta e incuestionable integridad". Esta aseveración es sin duda una de las observaciones más lamentables que se hayan hecho acerca de una persona. También puso de manifiesto la escalofriante magnitud de la incomprensión de Washington respecto de lo que ha estado sucediendo en México durante décadas.

Se descubrieron las conexiones de Gutiérrez Rebollo con Amado Carrillo Fuentes, junto con el hecho de que el gobierno de Estados Unidos había proporcionado al general información confidencial sobre Carrillo Fuentes. Se supone que el general habría revelado entonces a Carrillo lo que los norteamericanos sabían de él.

La información sobre la complicidad militar con sus operaciones sacó a la luz de la noche a la mañana el hasta entonces relativamente oculto nombre de Carrillo. Se publicaron en todo el mundo fotografías suyas, tomadas años atrás.

En respuesta, Carrillo ofreció al ejército 60 millones de dólares para impedir el derrumbe de su imperio, pero el pago fue rechazado. Con un pasaporte falso empezó a viajar al extranjero, en especial a Chile, donde adquirió propiedades, abrió negocios de fachada y preparó el terreno para hacer su acto de desaparición. El 3 de julio de 1997 ingresó a una clínica de la ciudad de México donde tres cirujanos, uno de los cuales lo había acompañado a Chile, le hicieron una extensa cirugía facial y liposucción. Un nuevo Amado debía salir de la operación, pero su corazón no resistió la intensidad y duración de la cirugía. Amado Carrillo Fuentes murió al día siguiente.

Se publicaron en todo el mundo fotografías de su cadáver acostado en un ataúd, con la cara espantosamente deformada por las heridas sin cicatrizar de la cirugía. Era la imagen de lo interior vuelto exterior, una imagen indeleble del México de hoy.

La historia de Pablo Acosta está también íntimamente ligada a la vida de otro personaje: Guillermo González Calderoni, el comandante de la policía federal mexicana que lo mató en Santa Elena. El éxito que tuvo el comandante de la policía al rastrear y deshacerse del narcotraficante condenado de Ojinaga impulsó su carrera en la policía federal mexicana y realzó su imagen en el extranjero.

Calderoni era hijo de un funcionario de Pemex; inteligente y culto, hablaba inglés y francés y su posición socioeconómica era sólida, incluso antes de ingresar a la policía federal mexicana en 1983 como comandante de grupo. Se jactaba de contar con la amistad de Florentino Ventura, el líder de la PJFM, quien apadrinó su incipiente carrera. Calderoni comentó a uno de los contactos del FBI que la operación contra Pablo Acosta había "asegurado su carrera" en la PJFM. Desde Ciudad Juárez, fue promovido a la ciudad de México como agente de operaciones especiales antinarcóticos. Arrestó a varios narcotraficantes de alto nivel, de los cuales el más importante fue el narco de Guadalajara Miguel Angel Felix Gallardo. Calderoni sirvió al PRI-gobierno de muchas otras maneras. En entrevistas con periódicos estadounidenses, él mismo confesó posteriormente que había ayudado al mantenimiento del sistema usando su experiencia en la intervención de líneas telefónicas para grabar todas las conversaciones del candidato presidencial de oposición, Cuauhtémoc Cárdenas, durante la campaña electoral por la presidencia de 1988. Los servicios prestados fueron de gran ayuda para Carlos Salinas de Gortari, del PRI, quien ocupó la presidencia en diciembre de 1988. Salinas no fue electo por el pueblo de México, sino el PRI-gobierno el que controló y amañó los resultados electorales, en cierta medida gracias a la ayuda de González Calderoni.

Dados sus antecedentes y su utilidad para el sistema mexicano, Calderoni tenía motivos para aspirar a convertirse ulteriormente en el policía número uno de México, en el régimen de algún futuro presidente del PRI, y gozar de todos los privilegios que un puesto de tan alto nivel acarreaba.

González Calderoni era el hombre del sistema por excelencia. El "comandante" era un maestro de las relaciones públicas,

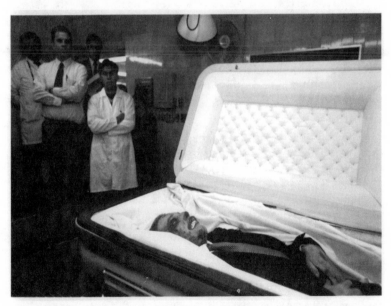

Amado Carrillo Fuentes yace en un ataúd tres días después de su espantosa muerte, sucedida mientras se le hacía una cirugía plástica para cambiar de apariencia. Aunque los escépticos cuestionaron la posibilidad de "morir de una liposucción", el gobierno de México y la Administración Antidrogas de Estados Unidos (DEA) afirmaron que se trataba del cuerpo de Carrillo Fuentes. En la foto lo observan unos patólogos en la morgue de la Policía Judicial Federal de la ciudad de México. (Foto de Andrew Winning/Reuters/Foto de archivo.)

afable y especialista en desorienta al observador sobre la verdadera naturaleza de sus actividades. Parecía estar dedicado a hacer valer la ley. Sus acciones audaces y radicales en contra de los narcotraficantes establecidos en la frontera parecían ser una ruptura con el pasado. Al principio los americanos se inclinaron a creer que González Calderoni representaba una nueva ola en el gobierno mexicano. Cuando irrumpió en escena en Ciudad Juárez, rápidamente apresó a Gilberto Ontiveros, un narcotraficante fuera de control, que había secuestrado y torturado a un fotógrafo norteamericano y había amenazado con matar a un periodista. En menos de un año, González Calderoni volaba de regreso a Ciudad Juárez con Pablo Acosta a sus pies.

Calderoni hizo saber que había sido enviado a "limpiar" el pueblo fronterizo, como se envía a un sheriff del viejo oeste a enfrentarse con los bandidos al mediodía. Realizó otros arrestos de alto nivel. ¿Era esto señal de un movimiento reformista en el seno del gobierno mexicano de entonces? Impresionado con sus hazañas, el FBI invitó a Calderoni a una conferencia interna en Chicago, donde se le pidió que hablara del sistema policiaco mexicano. El comandante reconoció que existían problemas de corrupción, pero comparó dichos problemas con los que había enfrentado Chicago en tiempos de la Prohibición y de Al Capone. "México se encuentra en una etapa de su desarrollo", dijo Calderoni a los agentes del FBI.

El discurso de Chicago fue la mejor muestra del dominio de Calderoni de las relaciones públicas. Pero sus acciones no tenían nada que ver con la ley, sino con el control. Esta es una distinción que a los norteamericanos siempre les ha costado entender. Calderoni era un maestro en el arte de encubrir esa diferencia. Detrás de la ilusión del cumplimiento de la ley, lo que hacía en realidad era concertar nuevos arreglos de protección. Como Gutiérrez Rebollo, Calderoni era un instrumento del sistema que entonces utilizaba a la PJFM y al ejército para crear esquemas de protección más amplios que los anteriores, con nuevos actores. Bajo la dirección de altos funcionarios del gobierno, el ejército y la policía federal mexicanos, cultivaban relaciones de trabajo con traficantes mucho más sofisticados y despiadados que Pablo Acosta, como Amado Carrillo Fuentes y Juan García Abrego.

La función de Calderoni era ciertamente limpiar, pero más bien en el sentido de una reestructuración corporativa en que algunos ejecutivos son despedidos y otros pasan a ocupar sus puestos.

Aun cuando regresó triunfante con el cadáver de Pablo Acosta a sus pies, Calderoni estaba en realidad protegiendo activamente a otros traficantes, particularmente a Juan García Abrego, el zar de la droga de Matamoros. Al igual que Acosta, al principio García Abrego se dedicaba principalmente al tráfico de heroína y mariguana. Después de la muerte de aquél, empezó a dedicarse a la cocaína, estableciendo conexiones con los cárteles de Medellín y de Cali. Se convirtió en uno de los traficantes de cocaína más importantes de México de la década de los noventa, estableciendo una "megaplaza" y planeando, con sus socios del gobierno, un vasto imperio de contrabando de cocaína al que más tarde se le puso el nombre de Cártel de la Costa del Golfo, por su gran extensión.

Sin embargo, la imagen de hombre de ley que el propio Calderoni y el sistema mexicano se habían empeñado en proyectar, estaba siendo descubierta por un informante clave del FBI, Oscar Olivares López. Este había sido piloto, transportando mariguana para el narco de Matamoros, pero había subido peldaños en la organización por haber matado en defensa propia a uno de los rivales de García Abrego, "El Cacho" Espinoza. Entre las tareas que realizó posteriormente para el traficante, estaba la de llevar dinero a los funcionarios locales, estatales y federales involucrados en la protección de García Abrego. Además, fungió como mensajero e intermediario. Después de ponerse al servicio del FBI, Olivares López jugó un papel fundamental en la investigación que llevó a García Abrego a proceso judicial. Participó como testigo federal clave en contra de varios de los socios del narcotraficante cuando fueron arrestados en los Estados Unidos y en contra del propio García Abrego cuando éste fue finalmente juzgado por tráfico de drogas.

Al principio de la investigación que realizó E.U. sobre la organización de García Abrego, Olivares López identificó a Calderoni como uno de los beneficiarios de los pagos. En conversaciones telefónicas intervenidas y grabadas posteriormente por el FBI, García Abrego se refiere a Calderoni como su "hermano". Según un memorándum del FBI, Calderoni "facilitaba las actividades de dicho grupo proporcionándoles protección y escoltando las drogas desde el interior de México hasta la frontera con Estados Unidos, desde 1983". Un informe posterior indica que Olivares López "ha pagado a Calderoni en varias ocasiones de parte de García y conoce los nexos criminales de Calderoni con la mafia mexicana". Estos eventos ocurrieron antes de que Calderoni fuera enviado a Ciudad Juárez y atacara exitosamente a Pablo Acosta en Santa Elena.

Debe tomarse en cuenta que los comandantes de la PJFM eran conductos. Generalmente compraban sus puestos a la PGR, teniendo además que pagar una cuota mensual a sus jefes por el derecho de manejar una zona. No podían embolsarse todo el dinero. No eran agentes libres. Eran esencialmente gerentes de nivel medio que controlaban y regulaban el crimen organizado en sus jurisdicciones. Aunque se beneficiaba grandemente de estos arreglos, Calderoni estaba únicamente ejecutando las políticas y directivas de sus patrones. Éstos eran los principales beneficiarios de esa lucrativa maquinaria.

Al describir el papel que jugaba Calderoni en la organización de García Abrego, Olivares López permitió al FBI utilizar al comandante en contra de García Abrego. En febrero de 1988 el FBI ideó un plan para presionar a Calderoni a que colaborara en el arresto de García Abrego, de lo contrario la complicidad del comandante sería dada a conocer públicamente. Aunque estaba dispuesto a colaborar, Calderoni debía considerar los efectos de la exorbitante cantidad de dinero que García Abrego había repartido a cambio de protección, que ascendía a 500 mil millones de dólares anuales según las estimaciones del servicio de inteligencia de los E.U.

La prometedora carrera de Calderoni empezó a desmoronarse cuando unos agentes de la DEA, actuando con demasiado celo, secuestraron en México a uno de los sospechosos en el asesinato de Camarena, el doctor Humberto Alvarez Machain. Se sospechaba que el doctor había inyectado estimulantes al agente moribundo para prolongar el periodo de interrogación y tortura a manos de los narcos de Guadalajara, entre los cuales se encontraba Ernesto Fonseca Carrillo, tío de Amado Carrillo Fuentes. Los agentes norteamericanos sacaron sigilosamente al doctor de México y lo llevaron a Los Angeles donde sería juzgado, pero fue liberado por un juez federal que criticó a la agencia norteamericana por haber recurrido al secuestro.

En uno de los más curiosos reveses de la guerra contra las drogas, el Procurador General de México, Enrique Alvarez Castillo, a su vez sospechoso de haber protegido a los asesinos de Camarena, exigió a Estados Unidos que "jugaran limpio" permitiéndole colocar agentes federales mexicanos en territorio estadounidense. México amenazó con expulsar a la DEA de su territorio si E.U. no accedía.

Como parte de este nuevo programa, Calderoni fue nombrado agregado de la Procuraduría General de la República en el consulado de México en San Antonio. Aunque no había sido su idea, Estados Unidos estaba dispuesto a aprovechar la oportunidad de tener a la PJFM en su territorio. Con la información que podía usar en contra de Calderoni, el FBI presionó al comandante para que obtuviera su traslado a la delegación de la PJFM en San Antonio. Calderoni pronto se encontró tras del escritorio del consulado mexicano, no lejos de la oficina del FBI que lo manejaba. El comandante, comprendiendo la importancia de la información que el FBI poseía acerca de él, gracias al ex teniente de García Abrego, se desconcertaba cada vez que lo invitaban a las reuniones de los centros antinarcóticos como el Servicio de Inteligencia de El Paso donde se recopilaba y analizaba la información que sobre el tema se reunía a nivel mundial.

Fue durante su estancia en San Antonio que Calderoni, ante la presión del FBI para que participara en la captura de García Abrego, comenzó a explicar porqué se trataba de una tarea difícil: éste recibía protección de la familia presidencial mexicana. El hermano del presidente, Raúl, era el protector principal del grupo de García Abrego. Calderoni reveló deta-

lles que había obtenido cuando trabajaba para la organización del narcotraficante. Confesó al FBI que Raúl Salinas, por
ejemplo, había aceptado dinero de García Abrego a cambio
de las influencias que le permitirían a éste adquirir las estiba-
doras paraestatales y controlar la actividad portuaria de Salina
Cruz, en el Pacífico, y Coatzacoalcos en la costa del Golfo, y
así facilitar los envíos marítimos de narcóticos.

Calderoni hizo después las mismas declaraciones a los diarios *The New York Times* y *The Wall Street Journal.* En sus
conversaciones con éste último, afirmó que creía que era el
FBI quien había provocado su caída. Esto ocurrió después de
que algún alto funcionario del FBI habló con la PGR de sus
declaraciones.

En cuanto sus superiores se dieron cuenta de que Calderoni estaba en contacto con el FBI, lo mandaron llamar
inmediatamente a México y le asignaron un remoto puesto en
Quintana Roo. Al enterarse de que Carlos Salinas de Gortari
había ordenado personalmente su aprehensión, Calderoni huyó
a Estados Unidos donde se instaló en una casa en San Antonio protegida por el FBI.

La verdad venció a Calderoni. Vive ahora autoexiliado en
Texas, rodeado de la fortuna que amasó pero temeroso de la
clase política a la que traicionó.

Ninguna de las acusaciones que Calderoni hizo de la administración salinista al FBI se hicieron públicas en ese entonces,
pero esas mismas acusaciones empezaron a surgir en México
tras los asesinatos de Colosio y Ruiz Massieu. Es poco probable que estos crímenes se investiguen a fondo, ya que
conducirían hasta el centro de las tinieblas de la política mexicana. Arrojarían luz sobre la complicidad intencional,
organizada e histórica de la elite política mexicana con el narcotráfico. Apuntarían hacia el aniquilamiento mutuo que
estalló por el control de estas actividades entre las facciones de
la elite política y mostrarían cómo estas facciones son poco
más que las familias criminales de la mafia peleando el territorio: narcotraficantes con coronas.

Es un error pensar en la participación del sistema gubernamental mexicano en el narcotráfico en términos de corrupción y creer que los narcotraficantes tienen el poder de corromper. La corrupción es un fenómeno que se da en las naciones democráticas cuando una persona que ocupa un puesto de confianza pública abusa de su posición para su propio beneficio. Es una excepción a la regla. Los mexicanos no han controlado casi nada en lo que va de este siglo; más bien han estado bajo control. Todos los puestos y toda la autoridad emanan del PRI y de los intereses creados alrededor de este partido. Se logró proyectar un espejismo de democracia mediante la celebración de elecciones, pero no se permitía ganar a los opositores. Estrictamente hablando, por tanto, los votos de confianza no podían ser traicionados puesto que no existían tales votos.

Lo que existía era un arreglo en la cúpula del poder por el que se favorecía a un ínfimo grupo y se olvidaba al resto de la población. Como el sistema no debía rendir cuentas a nadie, utilizó situaciones como las del tráfico de drogas para satisfacer su principal meta: generar su propia riqueza. Era el mismo sistema el que corrompía hacia abajo, favoreciendo el crimen organizado. Los traficantes no pagaron ni intimidaron a nadie para entrar al sistema. Más bien, el sistema los corrompió a ellos dejándoles hacer lo que se les dejó hacer. Los narcos fueron explotados para generar riquezas para sus poderosos padrinos. Su energía y ambición fueron canalizadas y puestas al servicio de sus amos políticos. Y cuando les llegaba la hora, el mismo sistema que los había encumbrado, los mataba o encarcelaba, quedándose con el botín.

En la lucha contra las drogas sucede lo mismo que en las elecciones: México aparenta ocuparse de los narcotraficantes como parte de un elaborado engaño. Puede quemar un sembradío de mariguana en presencia de los medios de comunicación, pero después de haber cosechado las hojas. Pone en escena quemas públicas de cocaína decomisada, pero lo más probable es que el contenido de los paquetes sea fécula de maíz, una vez que la droga se ha vendido a los grupos favorecidos. Puede permitir el acceso a los agentes de la DEA, pero obstaculiza y frustra todos sus esfuerzos de investigación. El sistema

El comandante de la Policía Judicial Federal de México, Guillermo González Calderoni, posa junto al presidente Carlos Salinas de Gortari en esta fotografía oficial del gobierno de 1989. El comandante fue premiado por el arresto de Miguel Ángel Félix Gallardo, uno de los más poderosos narcotraficantes de Guadalajara. Sin embargo, Salinas de Gortari posteriormente ordenó el arresto de González Calderoni al enterarse de que el comandante federal de su confianza había estado hablando con el FBI acerca de la participación de la familia Salinas en el tráfico de drogas. Calderoni huyó entonces a los Estados Unidos donde vive a la fecha.

de corrupción que facilita el narcotráfico estimuló la adicción a las drogas en toda Norteamérica, y sin embargo culpa a las víctimas y se enfurece y echa pestes cada vez que se le critica. De vez en cuando podrá ofrecer en sacrificio a algún traficante, un chivo expiatorio que aplaque a las víctimas. Inclusive sacrificará ocasionalmente a algún funcionario. Pero todo seguirá igual.

El México de hoy es un mito, es un país donde se gastan mucho tiempo y dinero en el engaño, en crear una imagen de algo que no tiene fundamento real. La verdad acabaría con todo eso, por lo que el sistema intenta sostenerse mediante elaboradas prestidigitaciones.

Los norteamericanos se sorprenderían y quizá se inquietarían grandemente si supieran que estos asaltos criminales en contra de su país por parte de un sistema gubernamental tienen sus raíces no sólo en la avaricia desmedida de una clase particular, sino también en el odio tan profundo que siente esa elite de poder hacia Estados Unidos. Un culto al odio floreció en el seno de dicho grupo, particularmente entre 1960 y 1980. Se basaba en parte en el contexto ideológico de la época, pero su fuente de energía principal proviene de las relaciones históricas, de la pérdida sufrida por México de parte de su territorio en el siglo pasado y de los éxitos económicos, culturales, políticos, industriales y militares del país del norte en este siglo. Esta animosidad se refleja en el famoso epigrama de Luis Echeverría, presidente de México de 1970 a 1976, cuando dijo: "Pobre México, tan lejos de Dios y tan cerca de los Estados Unidos".

El odio y la venganza ayudaron a justificar la tendencia de explotación inherente al sistema mexicano en contra del norte. Cuando Ernesto Poblano, el alcalde vendido de Ojinaga en la época de Manuel Carrasco, intentaba persuadir a sus administradores panistas, simplemente retomaba un argumento que había escuchado del PRI-gobierno, es decir que el tráfico de drogas era una herramienta para la "venganza histórica". Este es un argumento que hasta hoy usan los políticos del PRI y los narcotraficantes.

Lo que con el tiempo ha logrado este sistema de control y

explotación es crear un monstruo criminal que vive a lo largo de la frontera y que poco a poco ha colonizado el territorio norteamericano, creando un estado de encarcelamiento reaccionario al norte y una zona de asesinatos y anarquía al sur de la frontera.

Nunca logrará solucionarse el problema del narcotráfico y la farmacodependencia en Norteamérica si la falsa democracia de México no se convierte en una democracia real. El día en que los mexicanos sean dueños de su destino, el día en que se arranque a los presidentes, los miembros del gabinete y los poderosos de dentro y fuera del gobierno, los privilegios y la inmunidad que ellos mismos se han concedido por estar al mando de todo, ese día será posible para los estadounidenses, canadienses y mexicanos luchar de forma realista y conjunta contra el problema de las drogas, destructoras del espíritu y las naciones.

Poco a poco van cambiando las cosas. El hecho de que el PRI-gobierno haya incluso permitido que se practiquen en México las formas de la democracia, si no su contenido, ha abierto el campo al surgimiento de grupos de oposición bien organizados cuya dirección se ha fortalecido y templado durante décadas de lucha democrática. El año pasado, por miedo a que estallara una revuelta interna y potencialmente violenta si seguía alterando los resultados electorales, el PRI-gobierno aflojó sus garras y permitió a los partidos de oposición ganar un número suficiente de curules en el congreso, lo que significó un cambio de los detentores del poder. El PRI es ahora minoría en la Cámara de Diputados. Pero una garra floja sigue siendo una garra. ¿Serán las próximas elecciones presidenciales un fraude?

En vez de proporcionar helicópteros para una falsa guerra antinarcóticos y entrenar en Fort Bragg fuerzas especiales de soldados mexicanos que sigan la pantomima, en vez de ser los socios burlados del acto de magia mexicano, Estados Unidos debería presionar a México en el tema electoral para que el sistema del PRI-gobierno llegue a su fin y para que los mexicanos puedan elegir y controlar libremente a sus líderes.

La información es un arma más poderosa que las balas. A

través del sistema judicial federal, Estados Unidos ha revelado más verdades que con otros mecanismos y esto ha tenido consecuencias en México. El proceso judicial de algunos de los asesinos de Camarena, entre ellos un cuñado del ex presidente de México Luis Echeverría, arrojó una muy necesaria luz sobre la realidad mexicana. El juicio por tráfico de drogas, más reciente, de un primo de Salinas de Gortari también favoreció a la justicia y a la verdad.

Estados Unidos debería por tanto continuar las investigaciones acerca de los miembros de la elite política mexicana de los que se sospeche participación en el tráfico de narcóticos y enjuiciarlos cuando existan evidencias suficientes en su contra. Con estas acciones, Estados Unidos obtiene justicia y los mexicanos adquieren información a la que de otra forma no tendrían acceso.

Por esta misma razón, el Congreso de los Estados Unidos debería continuar con su programa anual de certificación de la cooperación de México en la lucha contra el narcotráfico. Este método de presión sirve como palanca para ayudar a abrir el sistema mexicano. Ofrece la oportunidad de realizar reuniones informativas en comités y subcomités, y asentar en el registro público información y revelaciones que de otra manera no llegarían ahí.

La historia de México es la predecible historia del poder absoluto que corrompe absolutamente. Es la historia de una ínfima fracción de la sociedad mexicana que acumula riquezas inimaginables mediante abusos de poder y el despojo sistemático de su propia gente y la explotación de las debilidades de los Estados Unidos. Es la historia de la maquinación deliberada para la invasión de los países vecinos con drogas, con el fin no sólo de obtener ganancias sino de calmar su retorcida sed de venganza. Es la historia del consecuente empobrecimiento de la gente de la que podría ser una gran nación, gente que en la desesperación se ve obligada a huir, causando una de las más populosas migraciones en la historia norteamericana.

Es una historia que apenas empieza a contarse.

APÉNDICE A

ADMINISTRATIVE

On [December 13, 1986] SA 2620-OC was present during a conversation between OSCAR OLIVARES LOPEZ, Mexican Federal Judicial Police (MFJP); Commandante GUILLERMO GONZALES CALDERONE, Cuidad Juarez, Mexico; and MFJP agent First Name Unknown (FNU), Last Name Unknown (LNU), also known as "CHATO".

The source advised that CALDERONE, a former commandante in Nuevo Laredo and Matamoros, Mexico, is a close associate of LOPEZ and of JUAN GARCIA ABREGO, the head of the Mexican Drug Trafficking group in Matamoros, Mexico. CALDERONE, according to the source, facilitated the group's drug activities by providing protection and escorting drugs for the group from inner Mexico to the Mexican/United States border. Even though CALDERONE transferred from Matamoros in approximately 1983, CALDERONE is loyal to GARCIA, and in close contact with the group's activities.

The source advised LOPEZ told CALDERONE he had read an article in the Bu Herald regarding the arrest of some of CALDERONE's agents in El Paso, Texas, who were in possession of cocaine, large amounts of money, and weapons. CALDERONE asked if the paper had attacked him or BETO. LOPEZ replied in the negative. CALDERONE laughed and replied his men had "screwed up", and were involved in the selling of cocaine in El Paso, Texas, when they were arrested; however, the matter had been resolved.

LOPEZ asked CALDERONE if that incident had not tainted him, and CALDERONE replied not him directly in that analysis of the cocaine seized from his agents revealed the substance was not cocaine, and that the matter did look very bad for seven of the agents because they had been arrested. CALDERONE stated that the most delicate situation was that one of the Agents had in excess of $10,000.00, and that he considered damaging.

The source advised LOPEZ asked CALDERONE for some cocaine and CALDERONE advised he did not have any on him because of all the recent problems; however, he had some in Cuidad Juarez, and could get some to LOPEZ by nightfall or the next day. CALDERONE advised he had a man who crossed the cocaine for him into El Paso, Texas.

*E*l siguiente es el texto íntegro del memorándum admin istrativo del FBI con fecha 13 de diciembre de 1986, la primera página del cual se reproduce en la página anterior. Se corrigió el nombre del personaje central del memorándum, el comandante de la Policía Judicial Federal Mexicana Guillermo González Calderoni, que en aquel entonces era comandante de la PJFM en Ciudad Juárez.

Según el informante, Calderoni se reunió con un narcotraficante que durante algún tiempo había ocupado un puesto importante en la organización de contrabando de drogas de Juan García Abrego en Matamoros. La reunión tuvo lugar varios meses antes del ataque en Santa Elena y la subsiguiente muerte de Pablo Acosta. El informante proporcionó al FBI un resumen de las conversaciones que tuvieron lugar entre Calderoni y el traficante.

Este memorándum y el que se presenta en las páginas 372 a 382 se incluyen aquí por la relevancia que tienen para el tema de este libro y también porque son muestras de las decenas de miles, si no es que cientos de miles, de los documentos de ese tipo que existen en los archivos de inteligencia de los Estados Unidos. El FBI, la DEA, el Servicio de Aduanas de E.U., la patrulla fronteriza, el INS (Servicio de Inmigración y Naturalización), la ATF (Dirección de alcohol, tabaco y armas de fuego) y la CIA, por no mencionar a las agencias de la policía estatal fronteriza de California, Arizona, Nuevo México y Texas y las agencias de policía locales, han estado recopilando esta información por décadas. Dicha información rara vez se da a conocer al público.

Memorándum Administrativo

El 13 de diciembre de 1986, [el agente especial] SA-2620-OC estuvo presente en una conversación que tuvo lugar entre Oscar Olivares López, policía judicial federal de México, el comandante Guillermo González Calderoni, de Ciudad Juárez, México, y un agente de nombre de pila desconocido (NPD) y apellido desconocido (AD), conocido como "el Chato".

La fuente informó que Calderoni, un ex comandante en Nuevo Laredo y Matamoros, México, es colaborador cercano de Olivares López y de Juan García Abrego, el líder del grupo de narcotráfico mexicano de Matamoros, México. Calderoni, según la fuente, facilitaba las actividades de dicho grupo proporcionándoles protección y escoltando las drogas desde el interior de México hasta la frontera con Estados Unidos. Aunque Calderoni se fue de Matamoros en 1983 aproximadamente, Calderoni sigue siendo leal a García y se mantiene en contacto cercano con las actividades del grupo.

La fuente informó que Olivares López le dijo a Calderoni que había leído un artículo en el [diario Brownsville] Herald acerca del arresto, en El Paso, Texas, de algunos de los agentes de Calderoni por llevar cocaína, grandes cantidades de dinero y armas. Calderoni preguntó si el diario lo había atacado a él o a Beto. Olivares López respondió negativamente. Calderoni se rió y respondió que sus hombres "la habían regado" y que se encontraban vendiendo cocaína en El Paso, Texas, cuando habían sido arrestados; sin embargo, el asunto se había arreglado.

Olivares López le preguntó a Calderoni si aquel incidente no había manchado su reputación, y Calderoni respondió que no directamente, ya que el análisis de la cocaína confiscada a sus agentes había revelado que la sustancia no era cocaína pero que el asunto había hecho quedar mal a siete de los agentes porque habían sido arrestados. Calderoni expuso que la situación más delicada era el hecho de que uno de los agentes llevaba más de $10,000 y que eso sí era perjudicial.

La fuente informó que Olivares López le pidió cocaína a Calderoni a lo que Calderoni respondió que no llevaba droga consigo por los problemas recientes, pero que tenía algo de cocaína en Ciudad Juárez y se la podría tener a Olivares López para el anochecer o el día siguiente. Calderoni informó que uno de sus hombres llevaba la cocaína a El Paso, Texas.

Olivares López le explicó a Calderoni que no podía entrar a México porque su nombre estaba en la computadora y porque era considerado uno de los principales narcotraficantes por los amigos de Calderoni de la Agencia Antinarcóticos, la DEA. Calderoni dijo que los agentes de la DEA eran unos hijos de puta y que los consideraba unos puercos. Calderoni dijo que pensaba que tanto los agentes de la DEA como los del FBI eran unos hijos de puta buenos para nada.

Calderoni le preguntó a Olivares López cómo se encontraba el comandante de la PJFM Joaquín Salvador Galván de Matamoros, México. Olivares López le contestó que Galván no iba a los Estados Unidos.

Olivares López comentó que desconocía la razón por la cual Galván no cruzaba [la frontera], pero que había observado que Galván no cruzaba desde que García Abrego había dejado de ir a Estados Unidos.

Olivares López le pidió confidencialmente a Calderoni que determinase si se había girado en México una orden de aprehensión en su contra ya que recientemente una avioneta registrada a nombre suyo, propiedad de García, se había estrellado en México durante una persecución relacionada con drogas. Olivares López explicó que cuando su avioneta se estrelló en 1983 aproximadamente, García había comprado una avioneta similar, le había puesto el mismo número de matrícula que el de Olivares López, lo había pintado de manera parecida y lo había registrado a nombre de Olivares López. Calderoni preguntó si la avioneta estaba cargada de narcóticos, a lo que Olivares López respondió negativamente. Calderoni indicó que dudaba que hubiese una orden de aprehensión, pero que investigaría el asunto. Olivares López dijo que la avioneta se había estrellado cerca de Oaxaca, México, y que su ex asistente Enrique Hernández era quien piloteaba el avión. Olivares López indicó que la avioneta había sido abandonada, el piloto se había dado a la fuga, se habían retirado los asientos de la avioneta y que ésta poseía tanques auxiliares. Calderoni indicó que en México no había leyes de conspiración y que, aunque el avión llevara drogas, Olivares López no podía ser arrestado en México, siempre y cuando no hubiera estado presente [en el incidente].

Olivares López le dijo a Calderoni que había escuchado que Calderoni había arrestado recientemente a gente de mucho peso. Calderoni indicó que había arrestado a Gilberto Ontiveros y Rafael Aguilar de Matamoros, México, siendo

Aguilar el equivalente de Rafael Chou, cuando Chou era comandante de la Dirección Federal de Seguridad (DFS).
Olivares López preguntó si esas personas formaban parte del
grupo de Rafael Caro Quintero. Calderoni indicó que no directamente, pero que habían tenido muchas relaciones durante
la época de Búfalo (un rancho propiedad de Caro Quintero
desde el cual se coordinaban sus operaciones de narcóticos),
que estaba muy cerca.

Olivares López indicó a Calderoni que Emilio López Parra, ex comandante de la DFS, se fue de Matamoros y está
tratando de incorporarse a la PJFM. Olivares López indicó
que es Parra quien actualmente lleva los numerosos obsequios
de parte de García al director de la PJFM y al representante
de Interpol en México, Florentino Ventura. Olivares López
comentó que García estaba bien conectado en México con lo
que Calderoni estuvo de acuerdo.

Olivares López indicó que alguien cercano a él era Adalberto Porte Petit, hermano de Luis Octavio Porte Petit, de la
Procuraduría General de la República. Olivares López comentó
que Adalberto consideraba que su hermano era un hijo de
puta porque no le "daba chance" a nadie. [*] Calderoni preguntó si ésas eran personas con las que García tenía conexiones
debido a que eran primos del comandante de la PJFM Javier
Pesqueira Moreno, de Sonora, México, el cual era íntimo amigo de García.

Olivares López indicó que Moreno no estaba bien parado
con Luis Porte Petit y que la persona que apoya al grupo es
Galindo Ochoa (identificado anteriormente), de la Procuraduría General de la República.

Calderoni preguntó cómo estaba García. Olivares López le
respondió que García lo quería ver. Calderoni contestó que
cada vez que va a la ciudad, García y sus hombres lo evaden.
Olivares López le indicó que García le quería enviar un regalo
a Calderoni. Este le indicó que estaría en su casa en Reynosa,
México, del 16 de diciembre de 1986 hasta el día primero del

---

[*] Esta es una alusión a las cantidades de dinero que se debían por concepto de protección y no a las consecuencias de las actividades criminales.

año. Calderoni agregó que estaría a disposición de García durante todo ese tiempo y que si García no lo iba a ver, era porque no quería.

Olivares López quiso saber qué hacía Tomás Morlett con Calderoni en Ciudad Juárez. Calderoni indicó que Morlett había ido a verlo a causa de unas investigaciones que Calderoni estaba realizando sobre las actividades del comandante de aduanas de México (NPD) Villanueva y de (NPD) Parrer [Parra?].

Calderoni explicó que cuando llegó a Ciudad Juárez, los de la PJMF eran una bola de individuos corruptos y perezosos y que la ciudad entera era tierra de nadie. Calderoni indicó que Eduardo (AD), quien no fue identificado, era apoyado por el Secretario de la Defensa Juan Arévalo Gardoqui, y que todas esas personas se creían intocables. Calderoni aseveró que empezó a investigar sus actividades, metiendo a algunos de ellos a la cárcel, y que fue entonces que Morlett llegó a interceder por ellos. Calderoni le dijo a Morlett que les dijera a esas personas que no se metieran con él. Calderoni indicó que otra persona de peso que estaba involucrada era (NPD) Paredes.

Calderoni indicó sin embargo que ahora consideraba a todos esos individuos sus amigos, siempre y cuando se mantuvieran al margen de sus actividades.

Olivares López comentó que el General [Arévalo] Gardoqui estaba teniendo muchos problemas y que todos se los estaban achacando a Carlos Aguilar de Nuevo Laredo, México. Olivares López indicó que Aguilar era adicto a la cocaína, usaba heroína y era paranoico y que nadie se le acercaba. La fuente indicó que en ese momento, Calderoni pidió a su ayudante El Chato que se retirara.

Calderoni indicó que le habían dicho que Aguilar era quien había matado a los dos periodistas de Matamoros México y a su socio, el abogado (NPD) Del Bosque en Nuevo Laredo, México. Calderoni dijo que Aguilar no era del agrado de nadie y que la gente de Matamoros tampoco lo necesitaba.

Olivares López dijo estar muy confundido porque García a veces le dice que no se meta con Aguilar y luego le ordena ponerse en contacto con él. Cuando Aguilar trata de ponerse en contacto con García, éste se esconde y Olivares López se queda sin saber qué hacer.

Olivares López comentó que la seguridad de García le preocupa ya que García está tomando mucho ahora que no puede ir a Brownsville, Texas y que está frecuentando los bares. Con tantos enemigos, García se está exponiendo a que lo maten. Calderoni expresó que eso era cierto pero que la mayoría de la gente tiene miedo a enfrentársele a García. Calderoni preguntó cómo se llevaba García con Marte Martínez y Enrique Rangel Salinas, a lo que Olivares López contestó que bien pero que consideraba a estas personas inofensivas. Calderoni estuvo de acuerdo; sin embargo dijo que estas personas estaban bien conectadas en Reynosa, México, como Raúl Durán y Manuel Rentería. Calderoni informó que Rentería había sido arrestado en la ciudad de México.

Olivares López indicó que Durán es amigo de Rafael Arredondo, un oftalmólogo de Brownsville, Texas y amigo cercano de García. Calderoni quiso saber si Arredondo sigue juntándose con el grupo de García. Calderoni comentó que este es el tipo de gente con quien García tiene que tener cuidado. Olivares López disintió e indicó que para él Aguilar era la principal amenaza porque había ya demostrado de lo que era capaz al matar a los periodistas de Matamoros y de Reynosa. Calderoni preguntó si Emilio Quintero, hermano de Caro Quintero, había enviado a sus hombres a matar a Del Bosque. Olivares López dijo que García le había enviado hombres a Aguilar para que mataran al socio de éste, pero que por equivocación los hombres habían matado en su lugar a un agente de la policía judicial estatal en Laredo, Texas. Olivares López declaró que entonces Aguilar tomó el asunto en sus manos y mandó matar a su socio. Olivares López indico que Aguilar estaba bien conectado y que era hombre de peso.

Olivares López dijo que podía estar equivocado, pero que sabía que Aguilar había conectado a García y Parra con Ventura (jefe de la Policía Judicial Federal de México) y que dudaba que García pudiera contar con Ventura si [García] se volviera en contra de Aguilar. Calderoni indicó que era posible que Aguilar hubiera presentado a estas personas a Ventura, pero le advirtió a Olivares López que no debía creer que Aguilar fuese amigo cercano de Ventura, ya que el propio Calderoni sí era amigo muy cercano de Ventura. También indicó que Ventura le preguntaba constantemente qué impacto tenían las actividades de Aguilar y Parra en las actividades de la PJFM. Calderoni indicó que aunque Ventura fuera su jefe, también tenía relaciones sociales y personales con él. Calderoni indicó que Galván también era allegado de Ventura, pero no tan allegado como él. Calderoni explicó que Ventura consulta con él asuntos confidenciales y que comparando la influencia política de Ventura con la de Aguilar, las conexiones de Ventura son mucho más poderosas que las de Aguilar.

Olivares López preguntó si Manuel Ayala de Reynosa todavía estaba involucrado con Interpol. Calderoni dijo que sí pero que no valía un comino. Olivares López indicó que él sabía eso de primera mano ya que con ellos se había iniciado en el negocio de los narcóticos.

Olivares López le dijo a Calderoni que una de las cosas que le preocupaban era que el ahora alcalde de Matamoros Jesús Roberto Guerra (medio hermano de Juan García Abrego) formara su propia facción. Olivares López indicó que Guerra había ya mostrado mala voluntad al mandar matar a NPD López, ex comandante de la policía de Matamoros. "¿Y eso qué?" comentó Calderoni si ya habían matado al pistolero principal de Guerra (Brígido Sauceda). Olivares López asintió y comentó que eso formaba parte del plan.

Guerra había planeado el asesinato de Sauceda para que éste no revelara los nexos de aquél con los asesinatos a sueldo. Olivares López opinó que dudaba que Guerra quisiera estar bajo el control de García, ya que Guerra se considera de gran peso y cree estar a cargo de la ciudad. Olivares López indicó que el hermano de Guerra, conocido también como el Gordo, es quien controla el vicio de Jesús Norberto y también es quien lo inquieta. Olivares López indicó que ambos hermanos quisieran seguir los pasos de Juan N. Guerra y que el único cuerdo de todos era Pepe Guerra.

Calderoni dijo no considerar a Jesús Roberto una amenaza ya que éste no estaba tan bien conectado como García. Olivares

López dijo que por el contrario ya existía cierta hostilidad entre García y Guerra.

Calderoni dijo que si Guerra quería ser el Don, tendría que salir públicamente y que eso beneficiaría a García ya que desviaría la atención de las actividades de García.

Olivares López y Calderoni estuvieron de acuerdo en que la persona con la que todos tienen que tener cuidado es la hermana de García, NPD y AD, conocida como "La Bebé", quien controlaba y dominaba a García y a los Guerra, incluyendo a Juan N. Guerra. Está casada con Marte Martínez.

Olivares López preguntó a Calderoni si las organizaciones de tráfico de drogas operaban en la ciudad [Juárez], a lo que Calderoni dijo que sí: mariguana, cocaína, heroína y barbitúricos. Dijo que no contaba con la cooperación de la DEA ni del FBI y que sólo contaba con una persona que se encontraba muy lejos de El Paso, Texas. Afirmó que localmente, la DEA, el FBI y otros no valían un comino y [que eran] una bola de pendejos.

El informante indicó que desde su punto de vista era evidente que Calderoni había tratado con reserva a Olivares López durante su conversación con él. La fuente opinó que dicha reserva se debía al hecho de que Calderoni y Olivares López no se habían visto en más de dos años y también a que Calderoni se sentía a disgusto reuniéndose en un cuarto de motel. (Fin)

Apéndice B

Memorandum

To :   SAC, SAN ANTONIO (12C-437)(P)   Date 2/22/88

From :   SA ROBERT L. NIXON

Subject :   OSCAR OLIVARES LOPEZ;
ET AL;
NARCOTICS (C);
OO:SAN ANTONIO

       With the relocation of SA CLAUDIO DE LA O's family,
on approximately 2/29/88, the San Antonio Division will
initiate an operation designed to lure JUAN GARCIA ABREGO
to the United States. San Antonio proposes the following
scenario:

       SA 2620-D is a reliable source who was the #2
man in the GARCIA MDTO for numerous years and is thoroughly
familiar with GARCIA'S criminal activities ranging from
narcotics trafficking to kidnappings and assassinations.
Most of these activities occurred in Mexico but many of
these violations involved conspiracies in the United States.

       In approximately July, 1986 GARCIA and SAUL HERNANDEZ
(deceased), a former high ranking member of the GARCIA
MDTO, planned the killing of a newspaper publisher, ERNESTO
FLORES TORRIJOS (deceased) because TORRIJOS was publishing
diatribes against JUAN N. GUERRA, GARCIA'S uncle and recognized
godfather of Northern Mexico. GUERRA ordered GARCIA to
kill TORRIJOS and GARCIA complied because he knew that
TORRIJOS would eventually publicly attack him too. A few
months prior to TORRIJOS' killing, SA 2620-D arranged a
meeting between TORRIJOS and GARCIA. They attempted to
persuade TORRIJOS to "tone down" his attacks on GUERRA
and offered him unlimited favors and money. TORRIJOS refused
their offers citing his opposition to the wanton killings
perpetrated by GARCIA, many of these killings at the behest
of GUERRA.

       Thereafter, the source arranged subsequent meetings
between GARCIA and TORRIJOS and GARCIA became convinced
TORRIJOS would cease publicly attacking GUERRA. However,
weeks after his last meeting with GARCIA, TORRIJOS moved *12C - 1/3*
his newspaper to a building located across from the residence

2 - San Antonio

RLN:jer
(2)

Con el cambio de residencia de la familia del agente especial (AE) Claudio De la O, alrededor del 29 de febrero de 1988, la división de San Antonio iniciará una operación diseñada para atraer a Juan García Abrego a los Estados Unidos. [La división de] San Antonio plantea la siguiente situación hipotética:

El AE 2620-D es un informante confiable, fue durante varios años el segundo de a bordo en la organización de narcotráfico mexicana (ONM) de García y está totalmente familiarizado con sus actividades criminales, desde el tráfico de narcóticos hasta el secuestro y el homicidio. La mayoría de tales actividades se dieron en México, pero varias de ellas estuvieron relacionadas con conspiraciones en Estados Unidos.

Más o menos en julio de 1986 García y Saúl Hernández (fallecido), un ex miembro de alto rango de la ONM de García, planearon el homicidio de Ernesto Flores Torrijos (fallecido), editor de un periódico que estaba publicando diatribas en contra de Juan N. Guerra, tío de García y reconocido padrino del norte de México. Guerra ordenó a García que matara a [Flores] Torrijos, a lo que García accedió porque sabía que el periodista eventualmente empezaría a atacarlo en público a él también. Unos meses antes del asesinato de [Flores] Torrijos, el AE 2620-D concertó una reunión entre [Flores] Torrijos y García. Trataron de persuadirlo de que le "bajara de tono" a los ataques en contra de Guerra y le ofrecieron favores y dinero ilimitados. [Flores] Torrijos rechazó los ofrecimientos argumentando su repudio a los asesinatos desenfrenados perpetrados por García, muchos de ellos hechos por encargo de Guerra.

El informante concertó subsecuentes reuniones entre García y [Flores] Torrijos y García se convenció de que [Flores] Torrijos cesaría sus ataques en contra de Guerra. Sin embargo, semanas después de su última reunión, [Flores] Torrijos cambió el domicilio de su periódico a un edificio situado frente a la residencia de Saúl Hernández. García y Hernández interpretaron la mudanza como una "bofetada" de parte del periodista y el 30 de julio de 1986, [Flores] Torrijos y una re-

SA 12C-437

of SAUL HERNANDEZ. GARCIA and HERNANDEZ interpreted this
move by TORRIJOS as a "slap in the face" and on 7/30/86,
TORRIJOS and a female reporter accompanying TORRIJOS, NORMA
MORENO FIGUEROA, were machine gunned in Matamoros, Mexico,
by the GARCIA MDTO.

    The source also reported that during 1983, MANUEL
BUENDIA, a prominent newspaper publisher for the Mexican
newspaper Excelsior was killed in Mexico City at the behest
of President MIGUEL DE LA MADRID. DE LA MADRID assigned
then Dirrecion de Seguridad Fedens(DFS) Director MIGUEL
NASSAR HARO to liquidate BUENDIA. NASSAR ordered two of
his most trusted DFS comandantes RAFAEL CHOU LOPEZ and
TOMAS MORLETT BOURQUEZ (deceased) to carry out the operation.
LOPEZ and MORLETT were closely aligned with GARCIA in GARCIA'S
drug trafficking activities and recruited some of GARCIA'S
hitmen to participate in this operation.

    According to the source, BUENDIA was killed because
he had amassed files implicating President DE LA MADRID'S
misuse of funds and other abuses of powers as President.
Allegedly, DE LA MADRID feared BUENDIA because BUENDIA
had a close relationship with syndicated columnist JACK
ANDERSON who had a strong interest in BUENDIA'S material.
After the killing of BUENDIA, BUENDIA'S office was ransacked
and the files destroyed.

    MORLETT thereafter became closely linked with
GARCIA and SA 2620-D. MORLETT confided to SA 2620-D his
role in the killing of BUENDIA as well as his participation
in the kidnapping/killing of DEA Agent ENRIQUE CAMARENA
in Guadalajara, Mexico.

    The source advised that by the latter part of
1985, MORLETT was considered as one of the key links between
major narcotics Chieftans and corrupt law enforcment officials
in Mexico. The source advised that this power coupled
with MORLETT'S heavy dependence on cocaine turned MORLETT
into a despot and a braggart. MORLETT committed numerous
indiscretions by relating sensitive "Mexican Mafia" secrets
to people who were not considered "trustworthy."

    The source explained MORLETT became paranoid
and suspect of the source when the source and MORLETT accidently
met SA DE LA O at the SHERATON INN, Brownsville, Texas,
and the source described SA DE LA O as being his friend.
MORLETT thereafter started plotting with GARCIA the killing
of SA 2620-D in that MORLETT felt threatened with the revelations
he made to the source.

portera que lo acompañaba, Norma Moreno Figueroa, fueron ametrallados en Matamoros, México, por la ONM de García.

La fuente también indicó que durante 1983 Manuel Buendía, un destacado editor del periódico mexicano *Excélsior*, fue asesinado en la ciudad de México por orden del presidente Miguel De la Madrid. De la Madrid ordenó al entonces director de la Dirección Federal de Seguridad (DFS), Miguel Nassar Haro que liquidara a Buendía. Nassar designó a dos comandantes de la DFS de su confianza Rafael Chou López y Tomás Morlett Bourquez (Bojórquez) (fallecido) para que ejecutaran la operación. López y Morlett colaboraban con el grupo de García en las actividades de tráfico de drogas e invitaron a participar a algunos de sus pistoleros.

Según la fuente, Buendía fue asesinado porque había recopilado archivos que involucraban al presidente De la Madrid en el mal uso de los fondos públicos y otros abusos de poder que había cometido siendo presidente. Supuestamente, De la Madrid temía a Buendía por su cercana relación con el columnista sindicado Jack Anderson, quien estaba muy interesado en el material de Buendía. Asesinado Buendía, su oficina fue saqueada y sus archivos destruidos.

Después de este suceso, Morlett había quedado íntimamente ligado a García y al AE 2620-D. Morlett confesó a 2620-D el papel que había desempeñado en el asesinato de Buendía, así como su participación en el secuestro y homicidio del agente de la DEA Enrique Camarena en Guadalajara, México.

La fuente indicó que para finales de 1985, Morlett era considerado uno de los enlaces clave entre los líderes narcotraficantes y los funcionarios corruptos del gobierno de México. La fuente indicó que este poder, además de su fuerte adicción a la cocaína, volvieron a Morlett un déspota y un presumido. Morlett cometió numerosas indiscreciones al revelar los secretos de la "mafia mexicana" a personas que no eran consideradas "dignas de confianza".

La fuente explicó que Morlett se volvió paranoico y empezó a sospechar del informante cuando ambos se toparon por accidente con el AE De la O en el hotel Sheraton de Brownsville, Texas, y el informante se refirió a De la O como su amigo.

SA 12C-437

      The source explained that CHOU LOPEZ and NASSAR became aware of MORLETT'S indiscretions and cocaine addiction and MORLETT'S assassination was planned.

      On 1/27/87, MORLETT and SAUL HERNANDEZ were gunned down at the PIEDRAS NEGRAS RESTAURANT, Matamoros, Mexico, by GARCIA MDTO members. Both GARCIA and CHOU LOPEZ were present during this killing.

      SA DE LA O was last contacted by GARCIA on 11/23/87, when GARCIA proposed that SA DE LA O travel to Reynosa, Mexico, to meet with GARCIA and MFJP Comandante GUILLERMO CALDERONI at CALDERONI'S residence. GARCIA described his relationship with CALDERONI was like that of "brothers." Thereafter, GARCIA assigned an intermediary, FRANCISCO PEREZ, to meet with SA DE LA O. During numerous meetings, GARCIA asked SA DE LA O, through PEREZ, to convince SA 2620-D to travel to Matamoros to meet with GARCIA so that they can "iron" out their differences. SA DE LA O has informed GARCIA SA 2620-D resides in El Paso, Texas, but that he contacts SA 2620-D through a relative of the source and does not know the source's exact location.

      On numerous occasions, GARCIA has cultivated former acquaintances and associates of SA 2620-D in an effort to locate SA 2620-D with negative results.

      As the Bureau is aware, SA DE LA O was last contacted on 1/6/88, by PEREZ and given approximately $40,000 Christmas gift from GARCIA.

      It is the opinion of San Antonio that the only way GARCIA can be lured to the United States is for SA 2620-D to threaten exposing GARCIA'S involvement in referenced killings. The source pointed out the killing of BUENDIA is a highly relevant and volatile issue because of vast political pressures that have been exerted on the Mexican Government. As a result of these pressures, over 500 agents headed by Mexico City D.F. Federal Prosecutor RENATO SALES GOSKE have been assigned to resolve the murder. The source stated that MORLETT will in all likelihood be blamed for the killing. Therefore, SA 2620-D will use this issue as a wedge to further incite GARCIA. Additionally, SA 2620-D has been in contact with the wife of ERNESTO FLORES TORRIJOS, AMELIA FLORES TORRIJOS, who currently owns and manages her deceased husband's newspaper El Bravo, Matamoros, Mexico. SA 2620-D will meet with MRS. TORRIJOS in the immediate future and offer to solve her husband's murder.

Posteriormente, Morlett empezó a tramar con García el asesinato del AE 2620-D ya que se sentía amenazado por lo que le había revelado al informante.

La fuente explicó que Chou López y Nassar se dieron cuenta de las indiscreciones de Morlett y de su adicción a la cocaína, por lo que planearon asesinarlo.

El 27 de enero de 1987, Morlett y Saúl Hernández fueron acribillados en el restaurante "Piedras Negras" de Matamoros, México, por miembros de la ONM de García. Tanto Chou López como García se encontraban presentes en el asesinato.

García se puso en contacto con el AE De la O el 23 de noviembre de 1987 proponiéndole que viajara a Reynosa, México, para reunirse con el propio García y con el comandante de la PJFM Guillermo [González] Calderoni en la residencia de éste último. García dijo entonces tener una relación de "hermanos" con Calderoni. Después García designó a un intermediario, Francisco Pérez, para que se reuniera con el AE De la O. En varias ocasiones, García pidió al AE De la O, a través de Pérez, que convenciera al AE 2620-D de viajar a Matamoros para reunirse con él a fin de "allanar" sus diferencias. El AE De la O informó a García que el AE 2620-D vive en El Paso, Texas, pero desconoce su ubicación exacta, pues se comunica con él por medio de un pariente del informante.

Varias veces García se ha puesto en contacto con ex asociados y conocidos del AE 2620-D para averiguar, sin éxito, su paradero. Según el Departamento [FBI], Pérez se puso en contacto con el AE De la O por última vez el 6 de enero de 1988 y le dio un aguinaldo de aproximadamente 40,000 dólares de parte de García.

En opinión de [la división de] San Antonio, la única manera de atraer a García a los Estados Unidos sería que el AE 2620-D amenazara con divulgar la participación de García en los asesinatos mencionados. El informante puntualizó que el asesinato de Buendía es un asunto de gran relevancia y volatilidad debido a las grandes presiones políticas que se han ejercido sobre el gobierno de México. Por tales presiones se ha designado a más de 500 agentes, encabezados por el Fiscal

SA 12C-437

SA 2620-D and and handler opine GARCIA will immediately
make the connection of this information to the source.
The source surmises GARCIA will immediately initiate contact
with SA DE LA O to set up a meeting with SA 2620-D. SA
DE LA O will comply and attempt to coordinate a meeting
between GARCIA and SA 2620-D in the United States. If
GARCIA agrees to travel to the United States, all efforts
will be made to persuade GARCIA to "cooperate" with the
FBI and under controlled conditions expose high level corrupt
Mexican officials and set up significant controlled deliveries
of narcotics. If GARCIA refuses, he will be arrested and
an intensive investigation will be initiated to buttress
significant federal/state charges against GARCIA.

        In the event GARCIA does not "bite the bait,"
at a future date, SA 2620-D will arrange a meeting on the
United States side with Comandante CALDERONI. SA 2620-D
has in the past "paid off" CALDERONI on numerous occasions
at the behest of GARCIA and is aware of CALDERONI'S past
criminal involvement with the Mexican Mafia. Additionally,
the source will request CALDERONI bring the source cocaine.
CALDERONI has provided drugs to the source in the past.

        At this meeting with CALDERONI and SA 2620-D,
SA DE LA O will be present. SA 2620-D will follow a scenario
in which he (SA 2620-D) has forced SA DE LA O to investigate
the GARCIA MDTO or risk getting exposed to his agency as
a corrupt agent. This move will enable San Antonio to
guise CALDERONI'S future posture in event he aligns himself
with GARCIA. It is felt CALDERONI would come to SA DE LA O
and detail a plan to neutralize SA 2620-D.

        The meeting with CALDERONI will be handled in
various forms depending on CALDERONI'S disposition. Some
of the strategies are as follows:

        1. Appeal to CALDERONI'S professionalism, emphasizing
GARCIA is a "dead duck," highly unpredictable and a threat
to CALDERONI. Therefore, an offer can be made to CALDERONI
to work hand-in-hand with the FBI in a joint investigation.

        2. Convince CALDERONI that GARCIA'S relationship
with SA DE LA O was a farce and that the FBI is fully aware
of GARCIA'S relationship with CALDERONI and anything short
of total cooperation with the FBI, CALDERONI'S "future"
is at stake as the FBI will deal with him as a co-conspirator.

General del Distrito Federal Renato Sales Goske [Gasque], para resolver el caso. El informante aseveró que con toda probabilidad se acusará a Morlett del asesinato. Por tanto, el AE-2620-D podría usar la información para instigar más a García. Además, el AE 2620-D ha estado en contacto con la viuda de Ernesto Flores Torrijos, Amelia Flores Torrijos, quien actualmente es dueña y directora del periódico *El Bravo* de Matamoros, México, el cual pertenecía a su marido. El AE-2620-D va a reunirse con la Sra. [Flores] Torrijos en un futuro cercano y ofrecerle resolver el asesinato de su esposo.

El AE-2620-D y otro informante piensan que García va a relacionar inmediatamente al informante con el caso. Suponen que García va a ponerse inmediatamente en contacto con el AE De la O para concertar una reunión con el AE-2620-D. El AE De la O accederá e intentará coordinar la reunión entre García y el AE 2620-D en los Estados Unidos. Si García accede a viajar a los Estados Unidos, se harán todos los esfuerzos posibles para convencerlo de "cooperar" con el FBI, exponiendo en condiciones pactadas a altos funcionarios mexicanos corruptos y organizando entregas controladas de grandes cantidades de narcóticos. Si se niega, García será arrestado y se le hará una intensa investigación para acumular cargos federales y estatales importantes en su contra.

En caso de que García no "muerda el anzuelo", el AE 2620-D arreglará una cita posterior del lado norteamericano con el comandante Calderoni. Con anterioridad, el AE 2620-D ha llevado diversos pagos a Calderoni de parte de García y tiene conocimiento de la relación criminal de Calderoni con la mafia mexicana. Además, el informante pedirá a Calderoni que le lleve cocaína. Ya en otras ocasiones Calderoni ha proporcionado drogas al informante.

En esta reunión con Calderoni y el AE-2620-D, estará presente el AE De la O. El AE 2620-D actuará como si él (AE 2620-D) hubiera forzado al AE De la O a investigar la ONM de García con la amenaza de acusarlo de corrupto ante el departamento. Esta jugada dará a [la división de] San Antonio la oportunidad de prever cualquier postura que adopte Calderoni en caso de que se ponga del lado de García. Se cree que

SA 12C-437

        3.   Based on the source's extensive knowledge
re CALDERONI'S past criminal history with the GARCIA MDTO
and his "handle" on CALDERONI, the source will dictate
"terms" to CALDERONI or risk exposure to the Mexican media
re his relationship with the Mexican Mafia.

        One of the main requests SA 2620-D will make
of CALDERONI is for CALDERONI to place MFJP Director FLORENTINO
VENTURA in contact with the source.   VENTURA and SA 2620-D
are acquainted.   The source will attempt to assess VENTURA'S
relationship with GARCIA and enlist VENTURA'S cooperation
in pressuring GARCIA to flee to the United States.   The
source advised GARCIA has not personally met VENTURA but
remits large amounts of money and expensive gifts to VENTURA
through EMILIO LOPEZ PARRA, a former MFJP Comandante.

        Based on the source's extensive knowledge of
Mexican politics, the source opines that once he details
out GARCIA'S brutal killings, mental instability and the
fact that GARCIA is routinely using VENTURA'S name to insulate
his MDTO activities, VENTURA will perceive GARCIA as a
"liability" and exert pressure on him.

Calderoni se acercaría al AE De la O para tramar un plan para neutralizar al AE 2620-D.

La reunión con Calderoni será manejada de diferentes formas, según la disposición que muestre Calderoni. Algunas de las estrategias son:

1. Apelar al profesionalismo de Calderoni, enfatizando que García está "quemado", es altamente impredecible y representa una amenaza para él. Por tanto, se puede ofrecer a Calderoni que trabaje con el FBI en una investigación conjunta.

2. Convencer a Calderoni de que la relación de García con el AE De la O era una farsa y de que el FBI conoce sus nexos con García; de este modo, si no ofrece su total cooperación, su "futuro" corre peligro ya que el FBI lo va a tratar como conspirador.

3. Con base en el extenso conocimiento que el informante tiene del pasado criminal de Calderoni como miembro de la ONM de García, gracias al cual lo tiene "por el cuello", el informante explicará los "términos" que Calderoni [tendrá que cumplir], de lo contrario se descubrirá ante los medios de comunicación de México su relación con la mafia mexicana.

Entre muchas otras cosas, el AE 2620-D pedirá a Calderoni que lo ponga en contacto con el director de la PJFM Florentino Ventura. Ventura y el AE 2620-D ya se conocen. El informante tratará de evaluar la relación de Ventura con García y de obtener la cooperación de Ventura para presionar a García para que huya a los Estados Unidos. La fuente indicó que García no conoce personalmente a Ventura pero le ha enviado grandes cantidades de dinero y costosos regalos por medio de Emilio López Parra, un ex comandante de la PJFM.

Basándose en su gran conocimiento de la política mexicana, el informante opina que describiendo con detalle los brutales asesinatos ordenados por García, su inestabilidad mental y el hecho de que periódicamente utiliza el nombre de Ventura para encubrir las actividades de su ONM, Ventura percibirá a García como un "lastre" y ejercerá presión sobre él.

APÉNDICE C

*L*a siguiente es una lista de asesinatos de periodistas cometidos en México desde 1988. Pocos han sido resueltos a la satisfacción de los investigadores independientes. Se cree que la inmensa mayoría de ellos se debió al trabajo realizado por las víctimas por desencubrir la corrupción gubernamental, el tráfico de drogas y los nexos que existen entre las actividades del crimen organizado y el gobierno de México. (Fuente: Inter American Press Association.)

HÉCTOR FÉLIX MIRANDA. Coeditor del semanario Zeta en Tijuana, Baja California. Fue asesinado el 20 de abril de 1988. El caso permanece abierto, pero las autoridades no están en investigar la supuesta autoría intelectual. Fueron condenados a 27 y 25 años, respectivamente, como autores materiales del crimen Victoriano Medina Moreno y Antonio Vera Palestina.

RONAY GONZÁLEZ REYES. El Mundo, Comitán. Fue asesinado el 13 de julio de 1988. El caso está cerrado. No hay detenidos. (Homicidio en venganza por haber asesinado, dos años atrás, a una persona durante una discusión de cantina.)

HERMELINDA, BEJARANO, Periodista de la Televisora nacional, TV canal 44. Fue asesinada el 23 de julio de 1988, en Ciudad Juárez. El caso está cerrado. Fueron detenidos cuatro agentes y otras tres personas, quienes posteriormente salieron de prisión por falta de pruebas. La policía recibió información sobre el transporte de un cargamento de cocaína en un vehículo con características similares al auto en el que viajaba la periodista. Al localizar el vehículo los agentes dispararon contra los tripulantes. Además de la periodista pereció otra persona.

MANUEL BURGUEÑO ORDUÑO. Noroeste de Mazatlán. Fue asesinado el 22 de febrero de 1988 en Mazatlán, Sinaloa. El caso está cerrado. Las autoridades determinaron que el periodista fue asesinado por sus críticas a narcotraficantes y por sus denuncias de abusos policiales. Tres personas fueron detenidas. Dos se fugaron de prisión en 1991, mientras que la tercera es exonerado por falta de pruebas.

ALBERTO RUVALCABA TORRES. Novedades de Zapopan,

Guadalajara, Jalisco. Fue secuestrado el 19 de enero de 1989 y encontrado muerto al día siguiente. Ningún detenido por el crimen.

EZEQUIEL HUERTA ACOSTA. Revista Avances Políticos de Saltillo, Coahuila. Fue asesinado en 1989 en la ciudad de Guadalajara. Ningún detenido por el crimen.

ELÍAS MARIO MEDINA. El Sol de Durango y El Sol del Norte, Durango. Fue asesinado el 28 de junio de 1989. El Caso permanece abierto. Ningún detenido por el crimen. Al parecer el asesinato del periodista tuvo como móvil rencillas personales.

VÍCTOR MANUEL OROPEZA. Columnista del Diario de Juárez, Ciudad Juárez, Chihuahua. Fue asesinado el 3 de julio de 1991. El caso permanece abierto. Ningún detenido. Fueron acusados tres personas en un principio, pero puesta en libertad por no estar involucrados. El caso está paralizado.

ALFREDO CÓRDOVA SOLÓRZANO. UNO más DOS, Tapachula, Chiapas. Fue asesinado el, 9 de junio de 1990. 1990. El caso está cerrado. Un detenido por el crimen. Directivos de periódicos de Comitán, Chiapas, aseguran que el comunicador fue asesinado por su línea crítica contra las autoridades estatales encabezadas por Patrocinio González Garrido, ex gobernador de esa entidad, aunque no existen pruebas al respecto.

JUAN CARLOS CONTRERAS y MIGUEL ELOY GIL SOTO. Reporteros del periódico El Nacional y La Opción, respectivamente. Fueron asesinados el 26 de agosto de 1991 en Nogales, Sonora. El caso permanece cerrado. Ningún detenido por los asesinatos. Según autoridades policiales el asesinato fue un ajuste de cuentas de los narcotraficantes.

GABRIEL VENEGAS VALENCIA. Desapareció el 11 de octubre de 1991 al salir del canal de televisión donde trabajaba. Su cadáver fue encontrado cuatro días más tarde. Se dedicaba al movimiento laboral y realizaba frecuentes reportajes sobre huelgas y conflictos laborales.

JESSICA ELIZALDE DE LEÓN, Fue asesinada el 14 de marzo de 1993. El caso permanece abierto. En el momento en que la periodista acudió a la puerta de su casa a recibir un ramo de rosas, un desconocido le disparó en el rostro. Ningún detenido por el crimen. La periodista, que trabajaba para el noticiario Notiactualidades de 106 FM, Ciudad Juárez, Chihuahua, había estado investigando asuntos policiacos.

PEDRO LANGARICA MÍRELES. Fue asesinado el 20 de noviembre de 1993. Periodista independiente, trabajaba para varios medios de comunicación en Navojoa, Sonora. En caso está cerrado. Ningún detenido por el crimen. El reportero murió por golpes y estrangulamiento. La policía consideró que el asesinato de Míreles estuvo relacionado al narcotráfico.

JESÚS NÚÑEZ SÁNCHEZ, ROBERTO MANCILLA, reporteros y JOSÉ HERRERA CAÑAS, fotógrafo, fueron asesinados en 1993 en México.

JOSÉ AGUSTÍN REYES. Corresponsal del diario El Heraldo y la estación radial Raza. Fue asesinado en su oficina de La Paz, Baja California, el 16 de marzo de 1994. El caso está cerrado. Su esposa y otra persona están en prisión, acusados por el homicidio. Según la investigación, fue un crimen pasional.

JORGE MARTÍN DORANTES. Director del semanario Crucero, Cuernavaca, Morelos. Fue asesinado el 6 de junio de 1994. 1994. El caso está cerrado. Ningún detenido por el crimen. Según la investigación, el periodista fue asesinado por un agente policial de origen alemán al descubrir que su compañera sostenía relaciones amorosas con Dorantes.

JOSÉ LUIS ROJAS MERÁ. Fue asesinado el 7 de junio de 1994. Diario de Morelos, Cuernavaca. El caso está cerrado. El presunto homicida huyó a Estados Unidos. Según la investigación fue un crimen pasional.

ENRIQUE PERALTA TORRES. La Unión de Morelos, Cuernavaca, Morelos., Fue asesinado el, 6 de julio de 1994. 1994. El caso está abierto. Según la investigación, el periodista fue asesinado por el amante de una mujer con la que también Peralta Torres sostenía relaciones sentimentales.

OSCAR AYALA PEQUEÑO. Fotógrafo del vespertino La Prensa, Reynosa, Tamaulipas. Fue baleado el 21 de noviembre de 1994. El caso está cerrado. Un detenidos, quien está sentenciado y condenado.

DANTE ESPARTACO CORTÉS. Asesinado el 18 de junio de

1995 en Tijuana, Baja California. Fotógrafo de El Mexicano. El caso está abierto. El periodista fue acribillado al llegar a su domicilio por una banda de narcotraficantes. Los asesinos materiales continúan libres. Las autoridades encargadas del caso no muestran interés en continuar investigando el homicidio,

RUPERTO ARMENTA GERARDO. Subdirector del diario El Regional, Guasave, Sinaloa. Fue asesinado el 5 de febrero de 1995. El caso está cerrado. Una persona fue condenada por el crimen. Se presume que el crimen fue motivado por problemas personales ocasionadas por el alcohol.

CUAUHTÉMOC ORNELAS OCAMPO. Director de la revista Alcance, Torreón, México. Desapareció el 4 de octubre de 1995. El caso permanece abierto. Ningún detenido por el crimen. El periodista continúa desaparecido.

EDGAR FEDERICO MASÓN VILLALOBOS. Periodista independiente que escribía para varios periódicos sobre temas económicos. Fue asesinado el 29 de noviembre de 1996, en Cuernavaca, Morelos. El caso está cerrado. Ningún detenido por el crimen. La policía concluyó que el móvil del crimen fue el asalto.

BENJAMÍN FLORES GONZÁLEZ. Director del diario La Prensa, San Luis Río Colorado, Sonora. Fue asesinado el 15 de julio de 1997. El caso está cerrado. Cuatro detenidos. El asesino material se encuentra prófugo.

VÍCTOR MANUEL HERNÁNDEZ MARTÍNEZ. Revista Como de Ciudad de México. Fue asesinado el 26 de julio de 1997. El caso está abierto. Ningún detenido por el crimen. Las autoridades policiales consideran que el robo fue la causa del homicidio.

ABEL BUENO LEÓN. Director del semanario Siete Días, Chilpancingo, Guerrero. Fue asesinado el 20 de mayo de 1997. Las investigaciones están paralizadas debido al cambio masivo de autoridades estatales y policiales en el Estado. Ningún detenido.

Además, FERNANDO BALDERAS, su esposa YOLANDA FIGUEROA y sus hijos PATRICIA, PAUL y FERNANDO de 18, 13 y 8 años de edad respectivamente, fueron asesinados a golpes el 6 de diciembre de 1996 en su residencia de la ciudad de México. Fernando Balderas, periodista activista, era el editor de Cuarto Estado, publicación especializada en exponer la corrupción en México. Su esposa Yolanda acababa de publicar un libro acerca de Juan García Abrego llamado El jefe del Golfo.

Índice

Erkki Alanen

HOJA DE PEDIDO

El Zar de la Droga, la vida y la muerte de un narcotraficante mexicano
ISBN: 0-9664430-1-2
$14.95

Drug Lord, the Life and Death of a Mexican Kingpin
ISBN: 0-9664430-0-4
$14.95

Demand Publications

Pedidos postales:

(Método de pago: cheque)
2608 Second Avenue, Suite 2450
Seattle, WA 98121

Por teléfono:

Llame sin costo al 1 (888) 622-7311
(Método de pago: carta de crédito)

Pedidos en línea:

www.amazon.com
(Método de pago: carta de crédito)

Precio de un ejemplar: $14.95 + $3.95 por gastos de envío.
Agregue $2.00 de gastos de envío por cada ejemplar adicional.
Si desea obtener un descuento al mayoreo, sírvase llamar a
nuestro número gratuito para mayor información.

Visite nuestra página web: www.druglord.com